第二版
助人工作者的養成歷程與實務

Becoming a Helper / Eighth Edition

Marianne Schneider Corey & Gerald Corey ——著

楊蓓 ——校閱

黃慈音、謝艾美、林淑娥、楊雅嵐、林佩瑾、魏心敏 ——譯

❖ Cengage

Australia • Brazil • Canada • Mexico • Singapore • United Kingdom • United States

助人工作者的養成歷程與實務 / Marianne Schneider
Corey, Gerald Corey作；黃慈音，謝艾美，林淑娥，
楊雅嵐，林佩瑾，魏心敏譯. -- 二版. -- 臺北市：新
加坡商聖智學習, 2025.04
　　面；公分
譯自：Becoming a Helper, 8th ed.
ISBN 978-626-7533-22-2(平裝)

1.CST: 社會工作　2.CST: 社會服務

547　　　　　　　　　　　　　　　114002479

助人工作者的養成歷程與實務 【第二版】

© 2025 年，新加坡商聖智學習亞洲私人有限公司台灣分公司著作權所有。本書所有內容，未經本公司事前書面授權，不得以任何方式（包括儲存於資料庫或任何存取系統內）作全部或局部之翻印、仿製或轉載。

© 2025 Cengage Learning Asia Pte Ltd.
Original: Becoming a Helper, 8e
　　　　By Marianne Schneider Corey．Gerald Corey
　　　　ISBN: 9780357366271
　　　　©2021 Cengage
　　　　All rights reserved.

　　　　1 2 3 4 5 6 7 8 9 2 0 2 5

出 版 商　新加坡商聖智學習亞洲私人有限公司台灣分公司
　　　　　104415 臺北市中山區中山北路二段 129 號 3 樓之 1
　　　　　https://www.cengageasia.com
　　　　　電話：(02) 2581-6588　傳真：(02) 2581-9118
原　　著　Marianne Schneider Corey．Gerald Corey
校　　閱　楊蓓
譯　　者　黃慈音・謝艾美・林淑娥・楊雅嵐・林佩瑾・魏心敏
執行編輯　高碧嶸
總 編 輯　林敬堯
發 行 人　洪有義
總 經 銷　心理出版社股份有限公司
　　　　　231026 新北市新店區光明街 288 號 7 樓
　　　　　電話：(02) 2915-0566　傳真：(02) 2915-2928
　　　　　郵撥：19293172 心理出版社股份有限公司
　　　　　https://www.psy.com.tw
　　　　　E-mail: psychoco@ms15.hinet.net
編　　號　21145
定　　價　新臺幣 600 元
出版日期　西元 2025 年 4 月　二版一刷（原文八版）

ISBN　978-626-7533-22-2

(25CMS0)

目錄

作者介紹 / vii

校閱者簡介 / xii

譯者簡介 / xiii

作者序 / xv

Chapter 1 ｜助人專業適合你嗎？｜黃慈音 譯 ……………………… 001

　　第一節　本章目標 / 003

　　第二節　檢視你想成為助人者的動機 / 004

　　第三節　開始成為助人者 / 010

　　第四節　助人生涯適合你嗎？ / 016

　　第五節　「理想助人者」的樣貌 / 017

　　第六節　投資學習旅程 / 019

　　第七節　選擇專業生涯的途徑 / 020

　　第八節　助人專業的概述 / 023

　　第九節　選擇專業生涯時需考量的價值觀 / 029

　　第十節　開創專業旅程的建議 / 030

　　第十一節　自我評估：助人態度與信念的量表 / 031

Chapter 2 ｜認識你自己｜謝艾美 譯 ……………………………… 045

　　第一節　本章目標 / 047

　　第二節　專業實務對助人者生命的影響 / 048

　　第三節　自我探索的價值 / 050

　　　　第四節　在個別及團體諮商中認識自我 / 053

　　　　第五節　探索你的原生家庭 / 056

　　　　第六節　認識生命週期 / 069

Chapter 3 ｜了解你的價值觀｜黃慈音 譯 ………………… 087

　　　　第一節　本章目標 / 089

　　　　第二節　價值觀在助人過程中的角色 / 089

　　　　第三節　避免強行輸入價值觀 / 091

　　　　第四節　處理價值衝突 / 093

　　　　第五節　LGBTQI 族群的議題 / 097

　　　　第六節　家庭價值觀 / 103

　　　　第七節　性別角色認同議題 / 106

　　　　第八節　宗教與靈性價值觀 / 109

　　　　第九節　墮胎 / 114

　　　　第十節　性議題 / 116

　　　　第十一節　臨終抉擇 / 118

Chapter 4 ｜了解多元化差異｜林淑娥 譯 ………………… 125

　　　　第一節　本章目標 / 127

　　　　第二節　多元文化的助人觀點 / 128

　　　　第三節　多元文化實踐中倫理兩難的議題 / 130

　　　　第四節　克服狹窄的文化視野 / 132

　　　　第五節　文化價值觀與助人過程 / 135

　　　　第六節　檢視你的文化預設 / 139

　　　　第七節　了解身心障礙者 / 144

　　　　第八節　多元文化諮商能力 / 150

　　　　第九節　社會正義能力 / 156

　　　　第十節　多元文化訓練 / 157

Chapter **5** ｜新手助人者的共同議題｜楊雅嵐 譯 ················ 163
　　第一節　本章目標 / 165
　　第二節　對專業能力的自我懷疑與擔憂 / 166
　　第三節　移情與反移情 / 167
　　第四節　與表現問題行為的案主工作 / 178
　　第五節　追求專業能力 / 190

Chapter **6** ｜助人的歷程｜林佩瑾 譯 ·························· 197
　　第一節　本章目標 / 199
　　第二節　檢視你對助人歷程的觀點 / 200
　　第三節　我們對於助人歷程的信念 / 202
　　第四節　簡短的介入 / 205
　　第五節　助人歷程的階段 / 206

Chapter **7** ｜理論在實務中的應用｜黃慈音 譯 ················ 237
　　第一節　本章目標 / 239
　　第二節　以理論為藍圖 / 239
　　第三節　我們的理論取向 / 240
　　第四節　心理動力取向 / 243
　　第五節　經驗與關係導向取向 / 247
　　第六節　認知行為取向 / 254
　　第七節　後現代取向 / 265
　　第八節　家庭系統觀 / 274
　　第九節　助人歷程的整合取向 / 277

Chapter **8** ｜倫理與法律議題｜魏心敏 譯 ···················· 283
　　第一節　本章目標 / 285
　　第二節　倫理議題量表 / 285

第三節　倫理抉擇 / 287

第四節　知情同意 / 304

第五節　保密與隱私 / 308

第六節　檔案管理與紀錄 / 325

第七節　醫療管理體系中的倫理議題 / 327

第八節　服務疏失及危機管理 / 330

第九節　友善提醒 / 336

Chapter 9 ｜處理界線議題｜林淑娥 譯⋯⋯⋯⋯⋯⋯⋯⋯⋯ 341

第一節　本章目標 / 343

第二節　關於界線的自我評估 / 343

第三節　多重關係與倫理守則 / 345

第四節　多重關係的論戰 / 348

第五節　建立私人與專業的界線 / 352

第六節　整合專業與私人關係 / 355

第七節　社群媒體與界線 / 359

第八節　諮商中的以物易物交換服務 / 361

第九節　在治療關係中贈送與接受禮物 / 365

第十節　處理性吸引力 / 368

第十一節　與現任案主的性關係 / 372

第十二節　與結案案主的性關係 / 374

Chapter 10 ｜從實習與督導中獲益｜魏心敏 譯⋯⋯⋯⋯⋯⋯⋯ 377

第一節　本章目標 / 379

第二節　從實習中獲益 / 380

第三節　從督導中獲益 / 388

第四節　督導中的多重角色與關係 / 403

Chapter 11 ｜與團體一起工作｜林佩瑾 譯 409

第一節　本章目標 / 411
第二節　團體工作是一種處遇選擇 / 411
第三節　不同種類的團體 / 412
第四節　團體工作的價值 / 414
第五節　團體的階段與團體領導者的任務 / 419
第六節　團體領導者的發展技巧 / 423
第七節　團體領導者的專業與倫理 / 425
第八節　團體中的多元文化與社會正義主題 / 427
第九節　與協同領導者工作 / 429
第十節　回顧你的團體經驗 / 430
第十一節　教導團體成員如何從團體經驗中獲益 / 432

Chapter 12 ｜在社區中工作｜林淑娥 譯 437

第一節　本章目標 / 439
第二節　社區取向的範圍 / 442
第三節　社區工作者的多重角色 / 443
第四節　社區處遇 / 448
第五節　外展 / 449
第六節　培力社區 / 452
第七節　影響政策決策者 / 453
第八節　動員社區資源 / 454
第九節　在社會行動中有所作為創造改變 / 457

Chapter 13 ｜壓力、專業耗竭與自我照顧｜楊雅嵐 譯 461

第一節　本章目標 / 463
第二節　助人者的個人壓力來源 / 464
第三節　認知取向的壓力管理 / 465

第四節　助人者的環境壓力來源 / 471
第五節　機構環境中的壓力 / 473
第六節　認識專業耗竭 / 476
第七節　能力受損的專業人員 / 482
第八節　預防專業耗竭的策略 / 484
第九節　在個人和專業上保持活力 / 487
第十節　促進健康的治療性生活型態改變 / 491
第十一節　設計個人的自我照顧和健康策略 / 498

Chapter 14 │ 管理危機：兼顧個人與專業層面 │ 謝艾美 譯 ……… 503

第一節　本章目標 / 505
第二節　危機如何對我們產生影響 / 505
第三節　危機情境常見於諮商中 / 510
第四節　了解我們對危機的反應 / 511
第五節　復原力 / 513
第六節　危機的認知、情緒與行為構面 / 517
第七節　危機處遇 / 522
第八節　與身陷危機當中的案主的工作指南 / 526
第九節　災難心理健康工作者 / 527

│ 結語 │ 林淑娥 譯 ………………………………………………… 533

參考文獻請於心理出版社網站「下載區」下載
網址：https://www.psy.com.tw
解壓縮密碼：9786267533303

作者介紹

| 黃慈音 譯 |

Jean Bogroff

Marianne Schneider Corey 是加州地區具有執照之婚姻與家族治療師，且是國家認證之諮商師（National Certified Counselor）。她在查普曼大學取得婚姻、家庭與兒童諮商之碩士學位，她是團體工作專業人員協會（Association for Specialists in Group Work, ASGW）的會員，以及此機構 2001 年度卓越成就獎的獲獎者。2011 年她獲得美國心理健康諮商師學會（American Mental Health Counselors Association, AMHCA）頒發的終身成就獎。她同時也是美國諮商學會（American Counseling Association, ACA）、美國團體心理治療學會（American Group Psychotherapy Association, AGPA）、團體工作專業人員協會（Association for Specialists in Group Work, ASGW）、諮商師教育督導協會（Association for Counselor Education and Supervision, ACES）、西部諮商師教育督導學會（Western Association for Counselor Education and Supervision, WACES）以及全國人群服務組織（National Organization for Human Services, NOHS）的成員。

Marianne 在不同族群中帶領團體，提供團體動力之訓練與督導工作坊，促進諮商領域之研究生的自我探索團體，以及協同促進團體諮商師之訓練團體與為期一週、住宿型的個人成長工作坊。Marianne 和 Jerry Corey 兩人一同在美國、德國、愛爾蘭、比利時、墨西哥、香港、中國與韓國帶領訓練工作坊、繼續教育專題討論會以及個人成長團體。

除了已有日文、韓文譯本之《助人工作者的養成歷程與實務》（*Becoming a Helper*, Eighth Edition）（2021，與 Gerald Corey 合著）之外，Marianne 也

與人合著下列書籍，皆由 Cengage Learning 出版社出版：

- 《諮商倫理》（*Issues and Ethics in the Helping Professions*, Tenth Edition）（2019，與 Gerald Corey、Cindy Corey 合著），已有日文、中文及韓文譯本。
- 《團體諮商》（*Groups: Process and Practice*, Tenth Edition）（2018，與 Gerald Corey、Cindy Corey 合著），已有韓文、中文及波蘭文譯本。
- 《追求未來與過去》（*I Never Knew I Had a Choice*, Eleventh Edition）（2018，與 Gerald Corey、Michelle Muratori 合著），已有中文譯本。
- 《團體技術》（*Group Techniques*, Fourth Editon）（2015，與 Gerald Corey、Patrick Callanan 和 Michael Russell 合著），已有葡萄牙文、韓文、日文與捷克文譯本。

Marianne 為 Cengage Learning 出版社製作了教育錄影課程（附有學生練習手冊），其一為 *Groups in Action: Evolution and Challenges DVD and Workbook*（2014，與 Gerald Corey、Robert Haynes 合著），其二為 *Ethics in Action: DVD and Workbook*（2015，與 Gerald Corey、Robert Haynes 合著）。

Marianne 與 Jerry 自 1964 年起結褵至今，他們育有兩位已成年的女兒 Heidi 與 Cindy、兩位外孫女 Kyla 和 Keegan，以及一位外孫 Corey。Marianne 在德國長大，一直與她在德國的家人和朋友保持密切的往來。閒暇時她喜歡旅行、閱讀、拜訪朋友、騎腳踏車與在山區及荒野健行。

Gerald "Jerry" Corey 是加州州立大學福樂頓分校人群服務與諮商的榮譽教授。他在南加州大學取得諮商博士學位,他是美國專業心理學委員會(American Board of Professional Psychology)之諮商心理學合格醫生;有執照的心理學家;以及國家認證之諮商師。他  是美國心理學會(American Psychological Association, APA)(第 17 分部,諮商心理學;第 49 分部,團體心理治療)、美國諮商學會(ACA)、團體工作專業人員協會(ASGW)的會員。其他專業組織的會員包括美國團體心理治療學會(AGPA)、諮商師教育督導協會(ACES)、西部諮商師教育督導學會(WACES)和全國人群服務組織(NOHS)。Jerry 於 2011 年獲得美國心理健康諮商師學會(AMHCA)頒發的終身成就獎、團體工作專業人員協會之 2001 年度卓越成就獎,並於 1991 年獲得加州州立大學福樂頓分校年度傑出教授獎。他教授團體諮商、諮商理論與諮商倫理課程。除了超過 60 篇的期刊文章與書籍章節外,他是諮商領域中已出版之 16 本教科書的作者或共同作者,他有許多書被翻譯成他國文字。《諮商與心理治療理論與實務》(*Theory and Practice of Counseling and Psychotherapy*)已被翻譯成阿拉伯文、印尼文、葡萄牙文、土耳其文、韓文和中文。《團體諮商的理論與實務》(*Theory and Practice of Group Counseling*)已被翻譯成韓文、中文、西班牙語和俄文。

過去 45 年來,Jerry 和 Marianne 在美國、加拿大、墨西哥、中國、香港、韓國、德國、比利時、蘇格蘭、英國及愛爾蘭的許多大學,為心理衛生專業人員帶領團體諮商訓練工作坊。閒暇時他喜歡旅行、在山中及荒野健行或騎腳踏車,以及開著他 1931 年份的福特 Model A 載孫子女和朋友。Jerry 與 Marianne 自 1964 年起結褵至今,他們育有兩位已成年的女兒 Heidi 與 Cindy、兩位外孫女 Kyla 和 Keegan,以及一位外孫 Corey。

Gerald Corey 透過美國諮商學會出版了六本書,最新一本是 *The Art of Integrative Counseling*, Fourth Edition(2019)。Jerry 是 *Counselor Self-Care*(2018)的共同作者(與 Michelle Muratori、Jude Austin 和 Julius

Austin 合著）；他是 *Boundary Issues in Counseling: Multiple Roles and Responsibilities*, Third Edition（2015）及 *ACA Ethical Standards Casebook*, Seventh Editon（2015）的共同作者（與 Barbara Herlihy 合著）；他也是 *Clinical Supervision in the Helping Professions: A Practical Guide*, Second Edition（2010）的共同作者（與 Robert Haynes、Patrice Moulton 和 Michelle Muratori 合著）；以及 *Creating Your Professional Path: Lessons From My Journey*（2010）一書的作者。

Gerald Corey 與 Cengage Learning 合作的其他出版物包括：

- 《諮商與心理治療理論與實務》（含手冊）（*Theory and Practice of Counseling and Psychotherapy*, Enhanced Tenth Edition）（2021）。

- 《諮商倫理》（*Issues and Ethics in the Helping Professions*, Tenth Edition）（2019，與 Marianne Schneider Corey、Cindy Corey 合著）。此書已有中文、日文及韓文譯本。

- 《團體諮商》（*Groups: Process and Practice*, Tenth Edition）（2018，與 Marianne Schneider Corey、Cindy Corey 合著），已有中文、韓文及波蘭文譯本。

- 《追求未來與過去》（*I Never Knew I Had a Choice*, Eleventh Edition）（2018，與 Marianne Schneider Corey、Michelle Muratori 合著），本書已有中文、印尼文、韓文、波蘭文、俄文及越南文譯本。

- 《團體諮商的理論與實務》（含手冊）（*Theory and Practice of Group Counseling*, Ninth Edition）（2016），本書已有阿拉伯文、保加利亞文、中文、俄文、西班牙文以及土耳其文譯本。

- 《團體技術》（*Group Techniques*, Fourth Edition）（2015，與 Marianne Schneider Corey、Patrick Callanan 和 J. Michael Russell 合著），本書已有捷克文、日文、韓文與葡萄牙文譯本。

- 《從案例取向到諮商與心理治療》（*Case Approach to Counseling and Psychotherapy*, Eighth Edition）（2013）。

他也在諮商實務的多種領域製作了數套教育 DVD 課程：(1) *Ethics in Action: DVD and Workbbok*（2015，與 Marianne Schneider Corey 和 Robert Haynes 合著）；(2) *Groups in Action: Evolution and Challenges DVD and Workbbok*（2014，與 Marianne Schneider Corey 和 Robert Haynes 合著）；(3) *DVD for Theory and Practice of Counseling and Psychotherapy: The Case of Stan and Lecturettes*（2013）；(4) *DVD for Integrative Counseling: The Case of Ruth and Lecturettes*（2013，與 Robert Haynes 合著）；(5) *DVD Lecturettes for Theory and Practice of Group Counseling*（2012）；(6) *MindTap Vedio Program for Theory and Practice of Group Counseling*（2020）；(7) *MindTap Vedio Program, Counseling Gwen, for Theory and Practice of Counseling and Psychotherapy*（2021）。這些錄影課程都可以透過 Cengage Learning 出版社取得。

校閱者簡介

楊蓓

學歷：美國田納西大學教育心理與輔導博士
經歷：東海大學社會工作系講師
　　　國立中興大學法商學院學生輔導中心主任
　　　國立臺北大學社會工作學系副教授
　　　實踐大學社會工作學系副教授
　　　財團法人聖嚴教育基金會執行長
現職：法鼓文理學院特聘副教授
　　　擔任助人專業工作者之督導、訓練與諮詢多年

譯者簡介 （按章節順序排列）

黃慈音
學歷：國立臺北大學社會工作學系碩士
經歷：兒童福利聯盟基金會收出養組社工
　　　兒童福利聯盟基金會收養資訊中心副組長
現職：兒童福利聯盟基金會收養資訊中心督導員

謝艾美
學歷：國立臺北大學社會工作學系碩士
經歷：兒童福利聯盟基金會出養組社工
　　　國立臺北大學社會工作學系助教
現職：國立臺灣師範大學進修推廣學院專案經理

林淑娥
學歷：國立臺灣大學社會學研究所（應用社會學組）碩士
經歷：臺北市家庭暴力暨性侵害防治中心社工員、組長
　　　臺北市政府社會局股長、專員、科長、專門委員、主任秘書
現職：臺北市社會局副局長

楊雅嵐

學歷：國立臺灣師範大學教育心理與輔導學系碩士
經歷：中學輔導教師、輔導行政、資深義務張老師
現職：中學輔導主任、諮商心理師

林佩瑾

學歷：國立臺灣大學社會工作學系博士
經歷：臺北市家庭暴力暨性侵害防治中心社工員、組長
　　　臺北市政府社會局身心障礙者福利科股長、專員
　　　臺北市政府社會局社會工作科科長
　　　實踐大學社會工作學系助理教授
現職：東吳大學社會工作學系副教授

魏心敏

學歷：美國北德州大學諮商教育碩士
經歷：勵馨基金會臺北市蒲公英諮商輔導中心諮商心理師

作者序　　|黃慈音　譯|

有許多書籍談論助人的能力、理論及技巧,但卻少有書籍聚焦於成為一位有效能助人者的問題,或是著重在個人與他人工作的困難上。寫這本書時,我們心中浮現期望以人群服務、諮商、社會工作、心理學、婚姻與家庭治療為職業的學生,以及剛進入相關專業生涯的助人者。這本書提供一個概括性的綜觀與介紹,並在每一章節進入個別的課程。我們的目標是透過能使你繼續探索的方式,來將這些主題介紹給你們。我們期待這本書被視為是有關助人技巧以及諮商理論與實務教科書的輔助教材。《助人工作者的養成歷程與實務》(Becoming a Helper) 已被證實在人群服務、諮商、社會工作等領域的概論課程是有效用的,且在實習前、實習中、實地考察及醫師實習等課程一樣有用。

在本書中我們將主要的注意力放在助人者的掙扎、焦慮及不確定性上,此外,我們深入地探索助人專業的需求與張力,以及它們對實務者的影響。讀者在第 1 章需要覺察與檢視他們尋求成為助人專業一份子的動機,我們會協助讀者評估他們將從工作中得到什麼。貫穿本書的重點是:助人者可能如何被他們在服務中所遇到的問題以及他們對案主所做的選擇所影響。

第 2 章談論助人者自我了解的重要性,並鼓勵讀者去探索他們的原生家庭經驗,著重在早期關係如何繼續影響往後關係的品質。我們探索助人者可以如何理解他們自己生命中的發展性轉變,並討論當與處於生命轉換階段的案主工作時,助人者之自我了解所帶來的意涵。

價值觀是案主─助人者關係中不可或缺的一部分,我們在第 3 章投注相當多的心力在分析價值觀如何影響助人歷程。我們發展出的論點是:助人者的工作不是強行灌輸價值觀,而是幫助案主定義他們自己的價值觀系統。受

訓中的諮商師必須了解自己在各種議題上的價值觀，這一點至關重要。我們探索助人者的信念體系，並討論各種不同信念與假設對實務工作的正負面影響。

每當主題與多元案主群有關時，我們便特別注意對多元族群的理解與工作。此外，第4章討論多元化議題的範圍。新手與資深助人者在工作中都面臨共同的問題，亦即有關處理抗拒、移情與反移情，以及被視為是棘手的案主，我們會在第5章深入討論這些重要議題。

第6章提供助人歷程階段的概述，簡單地討論在每個階段要成為有效助人者所需要的技巧與知識。討論的焦點並不僅是技巧能力的發展，還在使助人者變得有效能的個人特質上。因為助人者要求案主檢視他們的行為，以便更完整地了解自己，我們要求助人者也要有意願對自己的生命做同等的覺察。沒有高度的自我覺察，助人者可能會妨礙了案主的歷程，尤其是當案主掙扎於助人者避免去面對的議題時。

第7章是針對不同理論的關鍵概念與實務應用提供概述，這是對諮商實務的綜合取向討論，提供如何選擇理論取向的指南。

形成倫理覺察敏感度以及學習解決專業兩難，是所有助人者所面對的任務。在第8章我們提出一些圍繞當前倫理議題的挑戰，以便使讀者對倫理抉擇更敏銳。其中包括知情同意、保密和隱私、文件紀錄，以及誤診和風險管理等主題。第9章致力於學習如何處理個人和專業界線，以及如何符合倫理地扮演多重角色。

在第10章我們要求學生在養成教育上採取主動的態度，主動性可應用在見習與實習場域的選擇，如同從督導中得到最大收穫一樣。因此，我們提供一些實用的策略，以確保實習經驗的品質以及從督導中獲益。

在第11章，我們討論團體過程，以及在人群服務中團體工作的價值觀，重點在於團體領導者在團體各個階段的任務。第12章描述了社區工作的方式以及多種形式的社區處遇。第13章討論壓力、專業耗竭、負傷和自我照顧。重點是如何觀察自己以避免專業耗竭，以及如何設計一個能保持個人和專業活力的個人自我照顧方案。

第 14 章探討了諮商師個人和專業生涯的危機管理，相對較新穎的災難心理健康領域與在自然和人為災害發生時提供協助的策略在此一起做了討論。本章讓讀者了解危機情況如何影響個案和助人者，學習如何更妥適地處理助人者生活和工作中危機的方案，以及可以幫助個案因應生活中危機的處遇。

雖然這本書應該對所有打算進入助人專業的學生有幫助，但我們的背景是在諮商領域，這個傾向會顯露在這本書中。因此，有意進入人群服務之諮商領域的人可能會發現本書特別有幫助。我們努力撰寫可以刺激思考與行動的個人化書籍，每一章節的最後，我們鼓勵讀者致力於某些可以幫助他們更接近目標的行動。

❖ 《助人工作者的養成歷程與實務》第八版有哪些新內容？

第八版（編按：本書為原文書第八版）的每一章都經過仔細檢視和更新，以呈現當前的思維、研究和實務趨勢。每一章我們都加入了「學習目標」。以下逐章的重點清單概述了第八版中新增、更新、擴充和修訂的部分節錄資料。

第 1 章：助人專業適合你嗎？
- 更新各種助人專業的資訊
- 更新建立專業生涯的建議

第 2 章：認識你自己
- 增修專業實務工作如何影響助人者個人生活的段落
- 增修與擴展有關增加自我認識之個別及團體諮商的段落
- 增修助人者反移情的內容

第 3 章：了解你的價值觀
- 大幅增修並強調有關助人者辨識與學習如何處理自己的價值觀，以避免不當地影響個案

- 強調當保持客觀成為問題時,應重視尋求督導與諮商
- 轉介不是處理價值衝突之選擇的全新討論
- 對最近允許諮商師根據個人或宗教信仰拒絕提供服務之立法的評論
- 增修有關 LGBTQI 族群的資訊
- 更加強調將個人價值觀納入諮商關係
- 增修宗教和靈性價值觀的段落

第 4 章:了解多元化差異
- 介紹社會正義取向與多元文化觀點的關連
- 有關檢視文化預設和文化價值觀的段落修訂
- 增修多元文化諮商能力的段落
- 將與文化有關的能力視為終身學習過程的新段落
- 有關了解身障人士的文獻更新
- 關於社會正義能力的新資訊
- 更新諮商及相關教育計畫認證委員會(CACREP)2016 年多元文化訓練標準

第 5 章:新手助人者的共同議題
- 更新移情和反移情的文獻
- 針對個案防衛、矛盾和抗拒的不同觀點
- 增修轉介時機與方法的討論

第 6 章:助人的歷程
- 更新各個改變階段的討論
- 增修與更新助人歷程的各個階段

第 7 章:理論在實務中的應用
- 為每種理論加入建議閱讀內容
- 增修阿德勒取向的討論
- 擴增存在主義治療目標

- 再犯預防的全新內容
- 新增心理治療中的正念和接納取向的段落
- 關於動機式晤談的新段落
- 有關女性主義治療的新段落
- 證據導向實務工作成為臨床工作趨勢的最新資訊
- 更新並擴展諮商整合觀點的涵蓋範圍
- 整合心理治療之前景的全新討論

第 8 章：倫理與法律議題
- 介紹恐懼導向之倫理觀與關注導向之倫理觀的概念
- 介紹強制性倫理與理想性倫理的概念
- 更新各專業組織的倫理守則
- 科技世界之保密和隱私的微幅增修
- 風險管理策略之增修和擴增

第 9 章：處理界線議題
- 討論多重關係的思維轉變
- 更新處理界線和多重關係的倫理守則
- 新增軍事場域中多重關係的資料
- 擴增及更新小型社群內之界線議題的涵蓋範圍
- 擴展對私人和專業關係交會之文化脈絡的討論
- 更新並擴充有關社群媒體和界線的章節
- 收費和餽贈之最新倫理守則的討論

第 10 章：從實習與督導中獲益
- 替代責任和無過失責任的擴充討論
- 更新並擴增督導之知情同意的段落
- 討論私人關係如何受到參與實習的影響
- 延伸討論多重角色和關係以及如何進行管理，以使這些關係不會形成

對受督者的剝削

第 11 章：與團體一起工作
- 退伍軍人和現役軍人團體的新段落
- 建立喪親團體的新段落
- 更新並擴增體驗式團體訓練經驗的討論
- 更加強調團體工作中多元文化議題和社會正義主題

第 12 章：在社區中工作
- 更加強調社區工作者的多重角色
- 更新社區取向範疇內的處遇

第 13 章：壓力、專業耗竭與自我照顧
- 辨識自我挫敗的內在對話相關文獻更新
- 更加重視改變失真和自我扭曲的思考方式
- 增加替代性創傷風險的討論
- 新增與個人危機有關之壓力的篇幅
- 增修將自我照顧視為倫理要求而非一種奢侈的討論
- 更多倫理守則中有關負傷的資料
- 新增有關有效能之自我照顧行動計畫之特點
- 增加能促進健康、具療效之生活型態轉變
- 更加強調正念的好處
- 冥想如何使我們思考模式更加敏銳的全新內容
- 新增自我同理的重要性以及其如何成為關心他人之方式的資料
- 更加強調身體活動和運動成為照顧自己的方式
- 擴展制定運動計畫的討論
- 飲食和營養成為一種自我照顧形式的全新段落
- 新增人際關係和幸福感之角色的段落
- 更新並擴展宗教/靈性在生活中的參與和意義的涵蓋範圍

- 新增服務他人成為一種生活模式的段落
- 新增休閒娛樂在自我照顧中之角色的討論

第 14 章：管理危機：兼顧個人與專業層面
- 更新助人專業之壓力和危機相關文獻
- 從個人和專業角度理解危機
- 危機狀態如何影響個人
- 增修有關壓力和情緒疲乏如何導致專業耗竭的討論
- 實施自我照顧之行動計畫的文獻更新
- 擴展並更新在創傷事件之後發生的創傷後成長的討論
- 如何幫助個案透過自我對話和增強復原力來重新聚焦
- 介紹災難心理衛生
- 針對有自殺風險的個案制定安全計畫的價值
- 修訂災難心理衛生諮商的章節

❖ 誌謝

為了準備這次修訂，我們針對 50 位大學講師進行了調查，他們都在過去兩年內使用過《助人工作者的養成歷程與實務》一書。這項調查的回饋有助於引導我們的修訂過程，特別是將我們的注意力集中在本書所選的課程範圍上，包括諮商、人群服務、心理學和社會工作。約翰霍普金斯大學的 Michelle Muratori 審閱了手稿，並就前一版和現行版本的修訂與我們進行討論。

感謝以下審閱《助人工作者的養成歷程與實務》第八版特定章節的人士：

Jude Austin，Mary Hardin-Baylor University 瑪麗哈丁貝勒大學（第 10 章和第 11 章）

Julius Austin，Tulane University 杜蘭大學（第 10 章和第 11 章）

James Robert Bitter，East Tennessee State University 東田納西州立大學（第 2 章）

Jamie Bludworth，Arizona State University 亞利桑那州立大學（第 10 章）

Sherry Cormier，West Virginia University 西維吉尼亞大學（第 3、6、10、11、13 和 14 章）

Robert Haynes，Borderline Productions（第 14 章）

Barbara Herlihy，University of Texas at San Antonio 德州大學聖安東尼奧分校（第 3、4、8、9 和 14 章）

Ed Neukrug，Old Dominion University 老道明大學（第 1、4 和 14 章）

Ted Remley，Our Lady of Holy Cross University 聖十字大學（第 10 章）

Mark Stebnicki，East Carolina University 東卡羅來納大學（第 4 章和第 14 章）

我們感謝 Julie Martinez 和 Vanessa Desiato，他們協助加速此修訂版進入生產。我們也感謝 Susan Cunningham 協助做了索引（編按：本書中文版未放索引）。一如既往，我們感謝本書的文字編輯 Kay Mikel 的辛勤努力，他幫助我們保持本書簡潔、實用且方便使用。

Marianne Schneider Corey
Gerald Corey

Chapter 1

助人專業適合你嗎？
Are the Helping Professions for You?

| 黃慈音 譯 |

 學習目標

1. 確認你成為助人者的動機。
2. 辨別助人專業是否適合你。
3. 辨別理想助人者的特質。
4. 描述涉及教育和專業方向選擇的考量。
5. 描述主要助人專業的重點關注領域。
6. 評估你對助人歷程的態度和信念。

 **焦點問題**

1. 助人專業為何會吸引你？在你的生命中，是誰影響了你，使你選擇成為一個專業助人者？你生活中有哪些重大事件促使你渴望進入這個領域？
2. 你成為助人者的主要動機是什麼？透過這份工作可能滿足你的哪些個人需要？
3. 回想一個需要你生命中重要人物或助人者提供幫忙的時刻。你最想從這人身上得到什麼？他/她做了什麼來幫助你或是妨礙你？
4. 在你生命中的這個時刻，你認為你已經為進入助人專業做了多少準備（從個人觀點來看）？在哪些方面你感覺準備好了，在哪些方面你感到沒有準備好？
5. 你能做些什麼讓你的養成教育變得更有意義並從學術課程中獲得最大的助益？
6. 如果你要申請這個領域的碩士課程或工作，在申請表或面試中，你將如何回答以下問題：「哪些人品、特質、態度、價值觀及信念是成為一個有效能的助人者所必備？」、「這些個人特質將會成為你在助人者角色上的資產或是絆腳石？」
7. 假如你要在某一個助人專業上追求生涯發展，哪一種工作會吸引你？你最想跟哪一類的案主或族群一起工作？你期待能夠帶給你最大意義與滿足的人群服務是哪一類？
8. 身為助人者，你有哪些個人優勢可以幫助你完成工作？哪些個人的限制可能會阻礙你的工作？你將如何著手改善這些限制？
9. 你要如何更了解自己感興趣的特定助人職業所涉及的內容？
10. 在選擇助人專業時，你認為你的價值觀會扮演什麼角色？

第一節　本章目標

　　每章開頭的學習目標將引導閱讀，焦點問題會使你即將閱讀的內容個人化。我們相信，幫助你了解自己在助人者角色上的信念和態度的最佳方法是，鼓勵你成為積極的學習者，並以個人化的方式與這些內容互動。我們並不期待你在閱讀本章之前就已經澄清了對這些主題的想法，也不期望你能夠回答我們提出的所有問題。培養身為助人者的能力是一個持續的過程，需要多年的受督經驗和反思。你們當中有許多人才剛開始你們的教育方案，可能很少或根本沒有與個案接觸過。我們提出的問題旨在激發你在踏上成為助人者的旅程時進行自我反思。

　　當你考慮進入助人專業生涯時，你可能會問自己以下的問題：

- 助人專業適合我嗎？
- 當我開始第一次實習時，我是否有足夠的知識去幫助別人？
- 我能夠和與我截然不同的人有效地工作嗎？
- 幫助他人的職業在情緒上對我來說是否太劇烈？
- 我是否能夠找到工作？
- 我的職業是否能滿足我的經濟需求？
- 我是否能將所學應用在工作上？
- 這份職業是否能夠滿足我？
- 哪一種助人專業最適合我？
- 我要如何選擇最好的學校及訓練方案？

　　本書的目的是要幫助你回答有關職業生涯的這些或其他問題，焦點在於你，以及在個人及專業上你需要什麼來使你有機會成為最好的助人者。我們也強調在你進入專業領域後將會面臨的現實層面。假如你對即將發生的事有概念，你將能夠因應助人專業的要求。除了呈現你可能會遭遇到的阻礙之外，我們也呈現出將助人視為一種人生態度所得到的滿足與報酬。也許助人

專業最有意義的報酬是協助人們創造出他們自己的一條路。

我們藉由邀請你檢視自己想成為助人者的原因來開始這一個章節。為了幫助你澄清個人及專業動機，我們分享了我們自己成為助人者的經驗，並且說明學習成為助人者是一個同時牽涉到喜樂及挑戰的過程。這一章也會說明有效助人者的特質，理想助人者並沒有固定的特質模式，但我們鼓勵你去反思在自己身上有哪些在助人工作上會幫助或妨礙的個人特質。

大部分的學生對於何種專業課程將能最有效能的幫助他們達成生涯目標感到疑惑，因此我們研究了各種教育途徑的差異。或許你認為你知道自己想追求的職業生涯為何，但我們鼓勵你在閱讀本書時保持一個開放的心態。你將可能在你最後所選擇的職涯裡擔任過幾個不同職位的工作。例如，你一開始可能是在社區機構從事直接服務，而隨後轉換為管理各方案。

最後，當你閱讀本書時記得我們交替使用「助人者」及「人群服務專業人員」這兩個名詞來代表較廣義的實務工作者，包括社工、諮商師、臨床與諮商心理學家、伴侶及家族治療師、教牧輔導者、心理衛生護士、學校諮商師、復健諮商師及社區心理衛生工作者。

第二節　檢視你想成為助人者的動機

當你要在助人專業中選擇一項職業時，反思你想進入這個領域工作的理由是相當必要的。對大多數的人而言，成為一個助人者滿足了某些個人的需求，例如「使別人生命有所不同」的需要。尤其當人們不相信自己可以改變或創造更好的生活時，獲知我們能為他們帶來很大的影響是相當令人滿足的。你可以成為這些人改變的推手並幫助他們相信自己。當你反思這一節裡所討論的理由與動機時，記得問自己：「我的個人需求如何影響我成為一個有效助人者的能力？」

一、助人者的典型需求與動機

我們的學生與實習生追求助人專業生涯的動機實為五花八門。我們希望

你能確認自己的動機與需要,並且能覺察到這些動機是如何影響你與其他人互動的品質。以下我們來看看一些可能是你成為助人者的理由。

造成影響的需求。也許你想對所服務的生命帶來一些影響。你可能會需要知道你正為某個人的生命存在創造一些正向的改變。雖然你知道不可能改變每一個人,但你很可能從增強他人的自主性或權能得到滿足。然而當案主無意改變、害怕做出改變或者不想要你的幫助時,你便會感到挫折。假如你個人的價值過度建構在幫助他人獲得改變上,你將可能會大失所望或是感到沮喪。這可能會導致你脫離助人者的角色,最終降低你的效能。你的專業工作是讓你找到人生意義的一個途徑,但我們希望那不是你獲得滿足的唯一途徑。對個案過度投入可能會導致界線模糊和專業耗竭。作為助人者,我們可以對個案進行促進、指導、充權、教育和支持,但一定要記住的是,改變的權力和決定是取決於個案。身為專業助人者的主要責任之一是尊重我們服務對象的自決權。

報答的需求。仿效角色典範的渴望有時也是成為助人者的動力之一。某個特別的人——也許是老師或治療師——會用非常特別的方式影響你的生命,或者這個有影響力的人是你的祖母、叔叔或父母。開業治療師通常承認個人諮商經驗對他們追求成為稱職之專業者的教育過程帶來很大的影響。「讓愛傳出去」一詞便闡述這個概念。

照顧他人的需求。你可能在年幼時便成為一位助人者。你是否是家中處理其他家人問題或需求的人?你的同儕與朋友是否覺得很容易對你訴說心事?如果你是「天生的助人者」,你可能會尋求培訓以便精進自己的天賦。我們的學生有許多是酗酒者的成年子女,在他們的家庭中成為和事佬的角色。雖然這個模式並非一定不妥,但這些助人者能覺察到這些動力現象,並學習自己如何能在個人及專業生活裡有效運作是重要的。在原生家庭中擔任和事佬的助人者,可能沒有意識到他們對衝突的厭惡是如何影響他們與其他人的互動,並且可能無意中引導個案去迴避檢視憤怒和怨恨等不愉快的感

受。如果不去檢視這種和事佬的模式，就可能會減低他們為其他人提供優質照護的能力。

成為一位重要他人的照顧者其中一個陷阱是：幾乎沒有人注意到你的需求，結果你可能沒有學會為自己的需求開口。如果你沒有學會為自己尋求幫助，你會很容易在個人或專業上耗竭，或是在情緒上精疲力盡。學會說「不」並設定個人限度和界線，是自我照顧的關鍵要素之一。天生的助人者經常掙扎於這些界線。

在照顧他人和照顧自己之間取得健康的平衡是相當關鍵的。Skovholt 與 Trotter-Mathison（2016）強調維持個人自我和發展專業彈性的重要性。他們告誡專業助人者要意識到在專業生涯中單向式關懷的危機。你需要仰賴自我意識做為主要工具，並注意維護和保護自己，這樣你才能持續對個案是有效能的。

自我幫助的需求。對幫助別人有興趣，可能根源於對處理己身困境所帶來之影響的興趣。受過傷的幫助者能確實的代表那些尋找自我的人。如果你成功克服了一個問題，你就能夠輕易的認出有相似議題的案主並產生移情。例如，你可能經歷過在受虐家庭長大的困苦，且仍然對這些早年傷害很敏感。在你的專業工作上，你可能會遇到許多有類似問題的人。有些曾經歷受虐關係的婦女成為專精於受暴婦女工作的助人者。有些童年受虐的男性在諮商受虐兒童及青少年方面發展出獨特的專業興趣。物質濫用諮商師自己可能正在從成癮中恢復，或者他們可能是在酗酒或吸毒成癮父母的陪伴下長大。

Stebnicki（2009a）相信曾經歷過心靈受創的專業人士，需要開放地去檢視自己的心靈健康，這樣當案主經歷失落、哀悼、創傷及生活壓力事件時，他才能成為助力。他提醒我們「憶起與這些苦痛有關的情緒以及重塑內在情緒的剪貼簿，對案主與諮商師會是極端痛苦與困難的事，尤其是對剛進入助人專業的諮商師而言。」（p. 54）

有時，心理上曾受傷的人會學習成為助人者，並試圖了解如何解決自己的問題。如果你不注重自我療癒，你就不可能有效地幫助別人。此外，投身

在緊繃的工作中會刺激和強化你自己的痛苦。如果個案的故事充滿了焦慮、憂鬱、悲傷、失落或創傷性壓力的主題，且反映出你自己的個人掙扎，那麼同理心疲乏可能會隨之而來（Stebnicki, 2008；另見本書第 14 章）。在你試圖處理別人的生命時，要先檢視自己的人生處境。進行這項內省工作將提高你的自我覺察，並幫助你避免陷入把隱藏議題強加給個案的陷阱。例如，一位與受家暴婦女工作的女性助人者，可能會試圖藉由提供婦女建議或是催促她們在還沒準備好時就做出決定，來解決自己未完成的問題與衝突。她可能基於自己未解決的個人問題而對較具控制性的伴侶顯露出敵意；她可能會假設對她「有用」的方法對其他人也會有用。

被需要的需求。僅有很少數的助人者對被需要的需求免疫。當案主對你說「因為你的影響，我變得好多了」時，是一種心理上的獎勵。這些案主可能會為著你所提供的希望而表達感謝。你可能會重視並從照顧到別人的期待得到很大的滿足，而滿足這樣的需求可能是成為助人者最大的報償之一。不需要去否認你想要被需要、被認可及被感謝。然而，假如它一直是最重要的動力，就可能會掩蓋掉案主的需求。助人者可能會因為自己有被需要的需求而增進了不健康的依賴。我們不希望個案在其需求被滿足之前停止諮商，但我們也不希望他們在達到治療目標後仍繼續長期接受諮詢。身為助人者，我們的主要目標之一是賦權個案能自助。當個案因為運作良好且治療需求得到滿足而停止諮商時，我們就能認為這是取得了成功！

　　假如你完全依靠案主來確認自己的自我價值，你將處於相當危險的境地。在現實中，許多案主不會為了你的努力表達感謝，或是有些人的生命並未因此造成改變。此外，機構通常只在你的表現未達預期標準時才提供回饋。不管你達成了什麼任務，機構都可能會期待更多。最後，你可能會發現不管你多麼努力，永遠都是不夠的。想要因自己為他人所做的事得到感謝是可理解的，但能夠對自己所做的工作予以評價和肯定，是有效助人者自我照顧的重要元素。

認可與地位的需求。除了一定的收入水平之外，你可能還希望獲得認可並獲得一定程度的地位。然而，假如你在一個許多接受服務的消費者都是經濟弱勢的機構裡工作，你的工作對象可能是處於緩刑或關押狀態的監管個案；患有毒癮或慢性精神疾病、受到種族主義和其他形式壓迫的貧窮人；或是失業或找工作有困難的個案。這些工作將無法為你帶來你所期望的經濟報償、名聲或地位，然而，你的努力可能會在其他方面得到深刻的回報，並且是這個社會迫切需要的。正如一位諮商師所說：「這項工作有其自身的一連串回報和好處，我個人認為它們比金錢和地位更有意義。根據我的經驗，當這些個案能夠找到改變和療癒時，這是巨大的而且會改變生活的，並且帶來改善他們以及他們孩子和家庭生活的漣漪效應。」對於那些不斷努力加強養成教育和培訓的人來說是有很多機會，可以在與邊緣個案群體工作的同時仍然能維持生計。

相反地，你可能在一個你可以享受被案主及同事尊重的機構工作。假如你認真工作而且做得很好，那就接受你所贏得的認可，你可以感到自豪又同時顯得謙遜。如果你因為自己的地位而變得傲慢自大，你可能會被視為難以親近，案主或同事也可能因為你的態度而疏遠。你自認對案主改變的貢獻可能遠超過你實質上對他的幫助。有些案主會崇拜你，而你可能會太過喜歡這個位置。你可能在幫助個案促進生活的改變方面發揮著重要作用，但他們才是在治療期間和治療之外努力奮鬥的人。如果你希望自己的自尊建立在穩固的基礎上，那麼你必須從自己的內在去滿足對地位的需求，而不是尋求他人來肯定你是個重要的人，不論是透過口語的評價或是經濟上的收穫。

提供答案的需求。有些學生似乎有給予別人建議和提供「正確答案」的需求。當朋友帶著問題來找他們而他們無法給予實質的建議時，他們可能會說自己不夠好，儘管他們的朋友可能只是需要有人傾聽、有人關心，而不是被告知「你應該怎麼做」。即便你可能會在影響別人時得到滿足，但非常重要的是，你必須體認到你的回答對他們未必是最好的答案。其實常常根本沒有所謂的「正確」答案。身為助人者，你的目的是提供一個方向並且幫助案

主找出他們自己的行動計畫。如果你需要透過提供建議和答案來解決這個問題，有時會妨礙與他人的有效聯繫，那麼我們建議你在個人諮商中探索這個需求。

控制的需求。與提供他人建議和答案之需要有關的需求便是控制。我們每個人都有自我控制的需求，偶爾也會有控制別人的需求。例如，出於安全原因，幼兒的父母需要進行一定程度的控制，這是可以理解的。然而，我們之中的一些人對別人的想法、感覺、行為會有強烈的（如果不是過度的話）控制慾。問問自己下列這些問題：你是否相信有些人應該想得更開明一些（或保守一些）？當人們生氣、沮喪或焦慮時，你是否會告訴他們不要這樣想，並且盡你所能去改變他們的心理狀態？你是否有時會強烈地想去改變那些與你親近的人的行為舉止，即便他們所作所為對你並沒有任何影響？如果你堅決需要為個案提出的每個問題提供解決方案，那麼你是在滿足自己的需求，而不是為了個案的最佳利益而努力。雖然有些助人者將控制的需求包裝在樂於助人外表之下，去反思當我們對所遇到的人更加地控制時將會出現什麼結果，會是很有效的練習。你的角色是控制別人的人生，還是教導別人如何重新有效地控制他們自己的人生呢？

二、需求與動機如何運作

我們常說，在理想的狀態下，當案主的需求被滿足時，你自己的需求也同時獲得滿足。大部分我們所討論的需求與動機對案主可以有正向作用，也可能是負向作用。然而如果你沒有意識到自己的需求，那麼你自己的需求將非常有可能決定了你處遇的本質。舉例來說，假如你藉由聚焦在其他人的問題上來解決自己意識或潛意識的個人內在衝突，那麼你可能會無意識地利用你的案主來滿足自己的需求。此外，假如有部分需求對你來說是相當重要且備受困擾，那麼你將會陷入困境。例如，假如控制的需求對你來說是非常的重要，你會不斷地試圖決定別人該怎麼做，因而嚴重干擾案主發展獨立與自我決定的能力。

在許多諮商課程裡，指導者期待學生在成為有效助人者的過程中去審視自己的弱點、掙扎、錯誤的信念。這些課程立基於一個前提之上，亦即認為我們的內在同時有「受傷」及「健康」兩部分在驅使我們成為助人者。學生被要求去審視自己的個人議題及內在心理經歷在未來的專業工作上將會是資產還是負債。

透過犧牲案主來滿足自己需求的助人者，便是剝奪案主應得的照護品質。我們發現一個很有用的指導原則就是聚焦於案主的過程，而非在聚焦於結果。例如，假如案主正在考慮離婚，而我們的信念是強烈反對離婚，我們幫助案主去探討離婚與否的利與弊，但我們對案主的最後決定應保持中立與尊重。身為助人者一定要記得的是，這個決定的後果是案主要去承擔與面對而不是我們。

當你認真思考上述我們所討論的需求時，想一想這些需求是如何增進或干擾你幫助別人的能力。假如你還沒有開始與案主工作，那麼試著回想你是如何回應那些遭遇某些困境的朋友或家人。當他們尋求最好的行動方針時，你是如何回應他們？假如你否認有這些需求、或是被這些需求所迷惑、或是透過犧牲別人來滿足這些需求，請盡你所能地去找出這些需求是如何變成問題的。

不太可能只有單一動機在驅使你，相反地，需求和動機經常糾纏在一起並隨時間改變。即使你最初的動機與需求改變了，你想成為助人者的渴望仍可能沒有改變。由於個人發展是一個持續的過程，我們建議你定期重新審視自己成為助人者的動機，這對自我覺察與案主福祉將是很有用的工具。

第三節　開始成為助人者

從兩方面來看，這是一本個人化的書。一方面是我們鼓勵你找出自我應用這本書的方式，另一方面我們是用自己的風格來書寫這本書，並在我們覺得恰當且有幫助時，分享我們的看法與經驗。我們討論一些我們自己成為專業助人者且繼續留在這個領域的動機，以具體說明個人動機與經驗如何影響

生涯選擇。

開始助人者生涯並非總是容易的，而且會牽涉到焦慮與不確定性。儘管我們現在比起剛開始助人生涯時感到自信多了，我們也未曾忘記當時的掙扎。我們亦必須面對前面幾頁提到的害怕與自我懷疑，藉由與你分享我們的困境，希望能鼓勵你不要太快放棄。

在我們專業生涯的此刻，我們仍繼續花時間去深思在不同的工作計畫中，我們究竟得到什麼與付出什麼。

一、Marianne Corey 的早期經驗

早在我入學研讀諮商之前，我就已經是一個助人者。在童年時期，我回應著我兄弟姊妹的需要。在我 8 歲時，剛出生的弟弟幾乎由我全權負責照顧。我不只是要照顧他，還要顧及整個大家族其他成員的需要。

我家在德國某個村莊擁有一家餐廳，我很小的時候就在那裡工作。這間餐廳——就在我們家中——是許多在地人士聚會之處。這些人來是為了社交，也是為了吃喝。他們坐在那裡一聊就是好幾個小時，而我被交代要注意聽他們說些什麼。此外，我學習到我不應該對其他村民透露這些對話或八卦。在如此年幼的年紀，我學到三個重要的技巧：專心地傾聽、同理式地了解以及保密。這些人經常分享他們的戰爭經歷，我看到透過講述他們的故事，他們得到了多少療癒。我在這些人身上觀察到的變化深深影響了我。即使現在，身為諮商師，我也能意識到人們在向有同理心的聆聽者講述自己痛苦的故事時，所經驗到的療癒性。

在我自己的生命中，我克服了許多障礙，並且超越了我的夢想。結果當有困難加諸在我的案主身上時，我經常成功地挑戰或鼓勵他們不要太快放棄。在我的工作中，當我有助於那些因著他們自己的選擇而願意去冒險、忍受不確定性、敢於與眾不同及過得更豐富之人的生命中時，我獲得了極大的滿足感。當個案對我們的合作表示感謝時，我鼓勵他們歸功於自己辛勤努力才導致他們所重視的改變。

在我現在的生活中，我發現自己能更輕鬆地對我的朋友、家人、社區付

出，一如我對案主那樣。不論是私人或專業上的付出對我言都很自然。在照顧別人與照顧自己之間取得好的平衡，對我來說仍然是一門功課。雖然我被認為是好的付出者，但我理解到當需要提出我的需求及索求我所需要的東西時，我並沒有那麼好。

將我的文化條件、我在家中的早期角色，與我在專業助人者的發展相比較是一件有趣的事。雖然我似乎很「自然地」被定位是我手足的照顧者。但當我成為正式的助人者時，我並不覺得是那樣自然。我在大學行為科學課程中的第一次實務經驗中分享了自我懷疑。

在早期的實習中，我被派到大學的諮商中心。我還記得有一天當一位學生進來要求進行會談，而我的督導指派我對這個學生進行諮商時，我簡直嚇呆了。稍後督導對於我自信度所給的回饋，與我自己的感受非常地不一致。當我與這位案主一起走向我的辦公室時，我腦袋裡出現許多想法：「我還沒準備好，我該做什麼呢？假如他都不說話怎麼辦？假如我不知道該怎麼幫他怎麼辦？我希望我能夠逃避這件事！」當我專注在我自己身上時，我完全沒有考慮到案主的感受。例如，在這次會談中他能讓人接近到何種程度？他可能會有哪些恐懼感？

我對自己的覺察比對案主來得多。我攬下過多的責任在身上，在「把事情做好」上給自己過多的壓力，太過擔心自己可能造成的傷害。在做決定這件事上，我沒有讓我的案主去承擔他應分擔的責任，我通常都比他們還要努力。我想因著我身為助人者的害怕與不安全感，我容易去放大自己造成傷害的能力。當我跟督導分享有關自己應該對會談負起全責以及對個案造成的擔憂時，她回答我：「你假設了你對案主擁有比實際上更多的影響力。」一些同事剛開始成為助人者時，他們也表達了類似我剛才所描述的擔憂和焦慮的感受，如果你是新進諮商師，在開始與個案工作時若不會感到焦慮，你似乎應該感到擔心。

另一次我對督導提到我在專業中的疑惑，我覺得我被周遭所見的苦痛淹沒，我覺得我沒有辦法幫助任何人，我記得我非常情緒化而且極度地沮喪，但是督導的笑容使我感到驚訝，他說「假如妳從不問自己這些問題，且不願

意去面對這些感覺,反倒會非常擔心妳身為助人者的狀態。」追憶此事,我認為他是想告訴我,他感到鼓舞,因為我覺察到自己的困境而且沒有假裝自己是全能、無懼的諮商者。

作為諮商新手,我對自己的焦慮非常敏感。憑著經驗,我學到最好是與個案同在當下並進入他們的世界。儘管我仍然會感到焦慮,但在進行諮商時,我的自我意識減少了。此外,雖然我要對諮商的進程負責,但我已不再認為自己應對整個會談負起全責,而且通常我也不會比案主更努力。

有一度我想要放棄成為諮商師的夢想,而想改行教德文。我清楚地察覺到我將自己與有多年經驗的專業人士做比較,並認為自己應該要像他們一樣厲害。最後我明白了我對自己的期待並不實際:我要求自己要立刻像那些資深人士一樣技巧純熟,沒有給自己學習以及忍受剛起步的空間。

在我目前的專業活動中,有一項是與剛起步的助人者一起工作。我發現他們常常處於和我當初剛入行時相同的困境,這些學生會著重在我懂了多少,以及進行處遇對我有多簡單。相較之下,他們對於缺乏知識以及要很努力地「說出對的話」感到沮喪。當我告訴他們我剛開始時的狀況,以及承認我並沒有把自己當成專家,只是視自己在諮商領域有一些專業知識與技巧,他們通常會鬆了一口氣。我想向他們表達的是,學習永無止境,起步總是困難的,而且有時是令人沮喪的。

二、Jerry Corey 的早期經驗

當我在學校裡學習成為一位老師時,我期待能為學生創造不同的學習氣氛,有別於自己做為學生時的經驗。我想幫助別人,而且對我來說帶來改變是很重要的。現在我意識到造成改變的需求是我大部分專業生涯的主要議題。在兒童及青少年時,我並不認為我的存在會造成多少改變。在我早年生活的許多層面裡,我覺得我總是格格不入,而且就像隱形人那樣沒有被人注意。我被一個大型義大利移民家族所包圍,大家都說著自己本國的語言,而我都聽不懂。被忽略的感覺帶來許多的苦痛,那時我的決定就是不再讓自己被忽略。這讓我變成麻煩的討厭鬼,這當然也帶來了負面關注。在大學裡我

有了一些成功的經驗，並且發現一些能獲得被大家認可的正向途徑。之後當我開始我的教書生涯，我開始看到自己能造成一些改變，至少在我的教室範圍內。除了幫助學生享受學習之外，我也從發現我是一個有用的人而得到個人的滿足，這與我青年時期的自我認知很不一樣。

當我剛開始成為一位諮商心理學家時，我並沒有自信，而且常常懷疑自己是否適合這個領域。我想起我與督導一起協同擔任團體帶領者時特別地困難，站在一位身為資深助人者的協同領導者旁邊，我覺得自己不能勝任且缺乏經驗。大部分時間我都不知道該說什麼、該做什麼。因為協同領導者很厲害，所以我能介入處遇的空間似乎相當有限。我相當懷疑我對團體成員能說出什麼有用的話，我的督導是多麼的富有洞察力且技術純熟，看來我永遠達不到那個專業境地。與經驗老到的團體帶領者一起工作的影響，就是增強了我的不安全感及缺乏信心。然而，回顧往事，我發現這是一個極為寶貴的學習經驗。

另外一件讓我覺得困難的事是在大學中心裡從事個人諮商。當我剛開始成為執業諮商師，我經常問自己，我能為我的案主做些什麼。我記得進展非常緩慢，似乎我需要非常多立即且正向的回饋。假如在多週的會談之後，案主仍然訴說著他覺得焦慮或憂鬱，我會立刻覺得自己身為助人者卻很無能。我常發現自己正想著：「我的督導會怎麼說？他會怎麼做？」我甚至發現我在模仿他的手勢、用詞、習性風格。許多次我感到自己沒有成為有效諮商者的特質，並且懷疑自己是否追求錯誤的生涯途徑。

通常我不知道案主從我們的會談中得到了些什麼，如果真有收穫的話。不管案主是變得更好、維持不變或是變得更糟，其徵兆都相當不易察覺。當時我不知道的是，案主必須自己努力去找出自己的答案，我的期待是他們應該很快感到好多了，這樣我就知道我對他們確實是有幫助的。我沒有意識到當案主放棄防衛開始面對傷痛時，通常會有很糟的感覺。當案主向我表達他們對未來的害怕與不確定感時，我自己也變得不確定是否能幫助到他們。因為我擔心會說錯話，所以我經常傾聽但卻沒有提供太多我自己的回應。

雖然對我來說要承認這件事很尷尬，但我確實傾向接受那些聰明、愛說

話、具吸引力而且願意談論自己問題的案主，而非那些看起來憂鬱、較無改變動力的案主。我會鼓勵那些我認為是「好的且樂於合作的案主」繼續回來會談，只要他們有說話或努力，而且願意讓我知道在會談中他們的狀況，我會很快安排下一次會談。那些看似改變極少的案主通常會加劇我的焦慮，我通常會指責自己懂得不夠多、無法解決他們的問題，而非看到在治療進程中案主自己的責任或缺乏責任感。我為他們在會談中的所作所為負起全責，我從未想過他們不再回來進行下一次會談，可能透露出一些有關他們的訊息以及他們沒有改變意願。我對不確定性以及他們在找尋方向上之掙扎，忍受度很有限。當他們下一會談沒有出現時，我的自我懷疑便出現，我認為這是他們對於從我這裡所獲得的東西感到不滿意的徵兆。

我尤其記得我鼓勵那些憂鬱沮喪的案主和其他諮商師同僚約會談。在督導時我了解到我和憂鬱的案主工作之所以特別困難，是因為我抗拒處理我對憂鬱沮喪的害怕。假如我允許自己真正地進入那些案主憂鬱沮喪的世界，我可能會接觸到一些自己的焦慮。這個經驗給我重要的一課，如果我沒有意願去探索我自己的生命，我就沒有辦法帶領案主到任何地方。如果我沒有挑戰我的恐懼與自我懷疑，我確信我將錯過許多工作上有意義及愉快的部分。

我從專業追求中學到的一個教訓是堅持的重要性，即便缺乏外部的認可。雖然當我得不到重要他人的支持時很難堅持下去，但我逐漸開始學會向自己尋求我從他人那裡尋求的那種認可。我在個人諮商中所做的努力提供了有意義的真知灼見，並幫助我接受這樣一個事實：當我第一次開始工作時，我可能不會像我預期的那樣有效能。我從朋友和家人那裡收到的具有挑戰性和建設性的回饋，也幫助我接受了一些事實，並做出一些重大的行為轉變。

我希望你在自我懷疑時不要放棄；相反，挑戰任何可能阻礙你的事情。有時你會對自己作為諮商專業人士的未來感到興奮，有時你可能會灰心喪氣，想知道這一切是否值得付出努力。如果你願意繼續探索你的個人生命，你將能夠更好地幫助那些難以為生命做出決定的人。

第四節　助人生涯適合你嗎？

　　從我們的陳述中可以清楚知道我們兩人都有自我懷疑的部分。當我們和許多同事談論從事助人專業的初期時，他們似乎也是如此。我們所有人的共同點是願意挑戰我們的自我懷疑。如果你對自己為何想走助人專業始終存疑，你很可能會經歷一段時間的自我懷疑。有時你可能會對生涯選擇的前景感到興奮，但有時你也會感到無望及沮喪。要包容這樣的矛盾感。不要基於你最初的經驗就決定要或不要追尋助人專業；要對同僚、督導、同儕持續回饋的形式保持開放的態度。某些時候你可能會聽到你不適合某個特定領域，這樣的回饋確實是相當難以接受，但如果有人對於你進入助人專業感到憂慮，要樂意傾聽並思考這個人對你說的話。你的最初反應可能是認為這個人不喜歡你，但這個建議也許是出於考量你的最佳利益。假如你聽到這樣的勸告，記得詢問做出這個評估的理由，以及此人對你其他替代選擇的建議。

　　當你閱讀我們的個人旅程和專業生涯的演進時，我們希望你思考自己的個人旅程，以及你想為自己建立的專業路徑。花時間思考以下的問題：你一生中經歷過哪些重大轉折點？此時此刻你的願望是什麼？你的願景是什麼？到目前為止是誰在鼓勵你？在努力實現你的願景時，你面臨哪些挑戰？我們希望你即使在路上遇到彎路也不會迷失方向。即便有自我懷疑，也要相信自己，要找到支持你的資源來協助度過艱難的時刻，並努力實現你的生涯目標。如果你願意保持開放的心並運用所需的努力去改變，你可能會發現你的限制可以變成資產。

　　當你第一次要把在課堂上所學的東西應用到真實世界時，例如實習，通常是最容易想放棄的時候。你可能會發現在實驗室可行的東西，在現實世界的助人情境沒辦法運作良好。在實驗室你可能是和假扮成案主、配合度很好的同學工作，但現在你面對的是不論你如何努力都不回應你的案主。學習如何將你的理論知識與技巧應用到真實情境中需要時間與經驗。一開始你在助人上的努力與嘗試可能會顯得不自然，像是排練過的。你可能會比案主更能

意識到這樣的彆扭。再提醒一次，在應用你所學的東西以及在助人角色中發揮功能上給自己多一些時間，以便獲得更好的輕鬆感。

第五節　「理想助人者」的樣貌

想像「理想助人者」的特質是一個很有用的練習，但即便是最有效能的助人者都無法符合所有的標準。如果你試著想符合我們所描繪的理想樣貌，那只會無謂地使自己陷入失敗與沮喪。但如果你是意識到需要加強的部分，這就真的有可能幫助你變成更有效能的助人者。你可以增進現有的技能並獲得新的技巧；你可以整合能增強你能力的知識；你可以做一些個人的改變，使你在介入案主的生命時能夠更專注在當下且更有效。帶著以上這些可能性，思考一下能帶來顯著改變之助人者的樣貌：

- 你承諾對自己的能力與弱點做誠實的評估判斷，你贊同一個人的本質是作為助人者最重要的工具之一。
- 你承認治療關係的品質比任何特定的理論、處遇或技術更能預測成功性。
- 你擁有基本的求知慾而且願意去學習。你明白哪些是自己不懂的事，並願意一步步填滿知識上的不足。
- 你擁有與他人建立關係所需要的人際互動技巧，並且能在助人關係中運用這些技巧。
- 你是真誠地關心你所幫助的人，而這個關心展現在依他們的最佳利益來做事。你能夠應對案主各種的想法、感覺以及行為。
- 你了解改變向來是困難的事，而且你願意陪伴案主經歷這個困難的過程。你能夠進入案主的世界，並透過他們的眼睛看這個世界，而不是將你對現實的看法強加在他們身上。
- 你明白案主通常會透過對未來可能性的有限想像來限縮自己。你能夠邀請案主去夢想並一步一步實現夢想。你不會鼓勵案主去做那些你在

自己生命中無法做到或不願意做的事。
- 你願意連結各種資源來幫助案主完成目標。你能有彈性地運用策略來達成改變，且你願意依每個案主獨特的情境來調整你的技巧。
- 當你跟種族或文化背景不同的案主一起工作時，你透過不以先入為主的預設模式來展現對他們的尊重。你會挑戰對自己特定族群個體所持有的偏見和假設，並致力於拓展你的視野，且更多地了解不同的文化觀點。你對遇到的所有案主均保持尊重的好奇心，並積極與那些在種族、民族、性別、性取向、能力／殘疾、社會經濟地位和宗教背景上與你不同的案主互動。
- 你願意大聲疾呼社會上現存之不平等現象對個案產生負面的影響。你欣然接受做為一位社會正義倡導者，有責任為那些被邊緣化和受壓迫者的需求而奮鬥，並賦權給他們。
- 你會在生理、精神、心理、社交、心靈等方面照顧自己。你要求案主做的事也會在自己的生活中實行。當你在生活中遇到問題時，你將其視為成長的機會，並積極勇敢面對挑戰。
- 你明白個人成長將是一生的旅程，且你會致力於進行必要的自我反思，在個人生活中帶來改變。
- 你對生命抱持質疑，而且會時時對自己的信念及價值觀進行省思。你能意識到自己的需求與動機，你的選擇和你人生的目標一致。你的人生哲學是來自於你自己，而不是別人強加在你身上的。
- 你至少有和幾位重要他人建立有意義的人際關係。
- 雖然你有健康的自信心與自負感，但你並不是自私的人，也不傲慢。

我們呈現這份清單的目的並不是要打擊你，而是希望提供你一些值得省思的特質。你可能會對自己說你缺乏這當中許多特質。一個缺乏技巧的助人者可以變成富有技巧的助人者，我們每個人在接觸案主的生命時，都可以變得更有效能。在面對「我適合成為專業助人者嗎？」這個問題時，鼓勵你使用這本書作為誠實地自我省察的催化劑。我們也強烈地鼓勵你和各種助人專

業領域機構的人談話，以便幫助你探索未來成為一個助人者的可能性。詢問他們進入這個專業的歷程以及他們這一路上所面臨到的掙扎。

許多訓練課程提供一些自我探索的經驗，幫助學生意識到他們的個人特質如何展現在人際關係中。實習課程及實習研討通常提供機會，讓你專注於了解個人風格如何影響你與案主建立助人關係的能力。假如你的課程沒有提供正式的個人成長經驗，就到社群中尋求其他資源。本書的其他章節大部分都是在處理你身為一個人以及身為一個專業助人者的交互影響。我們的基本假設是：為充滿變化的職涯做好準備的最佳途徑，便是欣賞自己身為人的豐富性，並且能夠運用自己的人生經驗來幫助自己在助人專業的進化。

第六節　投資學習旅程

在課程剛起步之時，你可能會覺得你需要永遠待在學校才能變得專業。然而，假如你享受這個經驗並從中獲益，可能驚訝於你很快就完成這個旅程。關鍵在於個人親身參與這個學習過程，並且明白你的學習與你個人及專業目標之間的連結。想一想你準備花多少時間與精力使你的學習有意義，把你的學習視為一種投資可能會有所幫助，然後決定你要做些什麼好讓你的投資更有收穫，最重要的是找出享受這個過程的各種方法。

投資通常會用投資報酬率來衡量。你學習的投資成本不只包括金錢，還包括你的時間與精力。要去尋找這項投資的潛在獲利，包括你所希望得到的益處。問問自己，你所付出的成本是否值得獲得你所想要得到的收益。讓自己全心投入這個正規的學習中能獲得什麼益處？就時間從人生其他層面被挪走來說，誰要為你學習的成本負責任？

一、學習因應系統

你會遇到影響你達成目標以及發揮身為學習者與專業助人者潛力的內外在阻力。我們發現學生和專業者一樣，經常低估自己所擁有的權力。舉例來說，我們知道一位學生僅是提出他的關切並呈交給教職員及行政管理人員去

參考,便在他的學術機構裡改變了一些不公平的規定。許多系統會加諸限制,你必須面臨如何有創意地在系統中工作又不犧牲自己正直的挑戰。人們常常太過忙碌以至於無法對所處系統內的工作與程序提出質疑,其實這可以被賦權去對機構與系統提出質疑與努力來爭取改變。

無疑地,在教育訓練裡你將面對許多挑戰,有些牽涉到分數、規定、課程及評估。你可能會對於被評估感到焦慮,並認為分數無法如實呈現你的學習,甚至誤認為大學畢業後就不用再被評分。舉例來說,在公司裡你的主管會對你進行評等並決定你是否可獲得升遷。假如你是一個專業人員,你的案主及工作機構都會評估你的表現。

學生有時會認為在學校的角色與身為專業人員的角色有所不同。許多你身為學生時便擁有的特質,很有可能會繼續存在於你的專業行為上。例如,如果你經常曠課,你很可能會把這個習慣帶入你的工作會談裡。在社區機構裡取得工作機會是非常競爭與努力的結果,假如你希望進入專業領域工作,那麼你需要準備好去因應職場的現實面。

我們要學生把在學期間想像成長期的面試。你在學校形成的網絡以及為自己建立起來的聲譽,是你將來找到專業與工作機會的關鍵。你的學習態度,無疑地將影響你的教授對你追求專業工作機會的支持與推薦程度。

第七節　選擇專業生涯的途徑

在這一節當中,我們將介紹在選擇教育課程及助人專業生涯時的一些考量。我們鼓勵你去思考下列這些議題如何影響你:作為助人者的報償、建立實際的期待並加以檢視、以及決定教育與專業的方向。

一、成為專業助人者的喜樂與報償

在工作上密切地參與別人的生命能為你個人帶來許多益處與禮物。極少數的工作可以讓你有機會思考自己生命的品質。幫助別人可以使你因為能對他人生命造成重大改變而獲得滿足,並藉此增加生命的意義。

二、建立實際的期待

　　學生計畫進入某個助人專業時，有時會對這個職業產生不切實際的印象。在他們心中，他們可能會想像自己能夠幫助任何來找他們的人。雖然擁有努力追求的理想與目標是成為助人者的一部分，卻很容易將你的助人者生涯描繪成一幅不切實際的圖像。你必須持續對現實做測試以便維持一個平衡的景象，你可以藉由與不同機構的實務工作者討論來測試你的想像。請他們將日常的工作內容告訴你，詢問他們選擇助人工作並持續下去的動機為何，特別要詢問他們工作上的報償、喜樂、挑戰、要求與挫折。

　　當你開始實習後，你就可以試驗你對工作現實面的理想與期待，這是再次思索你想成為助人者之動機與需求的好時機。在不同機構的觀察以及與不同案主族群的工作經驗，可以為你的職涯將如何滿足你成為助人者的需要提供更精確的圖像。如果你發現你真的不喜歡你所進行的課程，好好想想是否值得繼續下去。記得確認你已對訓練課程的所有面向做評估，而不是只針對當中某個你不喜歡的課程或規定。

三、決定教育與專業的方向

　　此時你可能還不確定是否要進入助人專業，假如你被兩年制社區大學的人群服務課程錄取，你可能會想知道當完成課程後，是否最好先找一份工作來累積經驗，然後再回到學校繼續深造。有許多人群服務工作可以選擇，包括社會服務助理員、社區裡的外展社工、和假釋者或矯治機構工作、服務身障者、成癮諮商和社區機構中的眾多職位。

　　一般來說，你的教育程度越高，可選擇的工作就越多。大學階段的人群服務課程是要訓練學生進入較廣泛的工作職場，例如家庭及兒童服務、青少年矯治、危機庇護所、生涯諮商、青年方案、居住服務中心、心理健康中心、老人中心、安養院和身心障礙機構。

　　如果你正攻讀諮商、社會工作或心理學碩士學位，你可能會考慮需要做什麼才能獲得碩士學位。你們當中的許多人將希望能累積所需的受督實習經

驗，以成為一名有執照的專業諮商師、有執照的婚姻和家庭治療師、或有執照的臨床社工。你也可能想知道是否要現在攻讀博士學位，還是將其納入你的長期計畫中。其實有很多道路向你敞開，你需要選擇最適合你的生涯路徑。

無論你是從大學生或研究所學生，你可能對選擇合適課程有一些擔憂。我們鼓勵學生對新的想法保持開放的態度，尤其是參與實習的時候。並沒有絕對的指導原則或完美的選擇，而且當你進入一個課程時，並不需要存有特定的生涯目標。收集不同大學的課程簡介並與教授或學生聊天，和專業人員討論他們的工作經驗都可以增廣你的視野，並詢問哪些是他們給予高度評價的教育課程與實務背景。在選擇課程之前，問問自己以下的問題：「這個課程是否可以提供我在想從事之工作上所需的一切？這個課程的取向符合我的價值觀嗎？我適合這個課程嗎？」

想當助人者有許多途徑可選：社工、心理醫師、伴侶及家族治療師、諮商師、心理學家或學校諮商師。每個專業都有不同的焦點，但共同點都是與人工作。取決於你想做什麼、你能花多少時間在課程上、你想在何處生活、以及你其他興趣所在。

在學士學位階段，人群服務課程主要是為社區機構工作訓練實務工作者。人群服務專業人員一般都在臨床社工、心理學家、有執照之諮商師的督導下，行使特定角色與功能。在碩士學位階段，學生可以在多種不同的課程中做選擇，包括學校諮商、心理健康諮商、成癮諮商、復健諮商、諮商心理學、臨床心理學、伴侶及家族治療、及臨床社會工作。每個專業都有各自的觀點，分別強調不同的角色與功能。

不管你對哪個助人專業最有興趣，你可能會在專業裡發現許多不同的位置。不要因為你還無法決定要選擇哪一個專業生涯，而為做「對的決定」或延後做決定而感到過度焦慮。要將你的專業生涯視為一個發展中的過程，並在獲得額外的工作經驗時去探索新的可能性。

第八節　助人專業的概述

當你讀到本節所提到的各種實務專業領域時，想一想與你期待最相符的特性。每一個專業都有被推薦之處，但你可能會發現你較被某一個專業所吸引。每個專業的專業組織都有被提及，我們也提供每個組織的聯繫方式，以便你們進一步詢問該組織之會員資格、大會、倫理守則。

一、社會工作

此專業不只是處理人的個別動力，也幫助了解人在情境中。社工（social work）的碩士學位（MSW）幫助學生為個案工作、諮商、社區處遇、社會政策與計畫、研究與發展、行政管理做廣泛地準備。此專業之工作層面較諮商來得廣泛，而且著重於發展處遇的技巧、帶來超越個人層面的社會改變。雖然臨床社會工作者與個別、伴侶、家族、團體的評估及治療有關，但他們傾向視環境因素影響個人與家庭問題甚鉅。除了學術課程之外，受督導的實習也是社工直接或間接服務的養成教育中之一部分。

全國社會工作者協會（Nation Association of Social Workers, NASW）。NASW 的會員對所有的專業社工開放，且另有針對學生的會員。負責出版屬於會員福利之「社會工作」及「全國社會工作者協會會訊」的全國社會工作者協會出版社，是專業發展上的重要推手。NASW 也針對相關議題提供小手冊，想知道更多詳情，請洽其網站 www.socialworkers.org。

二、伴侶與家族治療

伴侶與家族治療（couple and family therapy）的特點在於著重於關係諮商。它是從家庭系統的觀點來評估與治療案主。除了理論課程之外，伴侶及家族治療碩士或博士學程的學生需要參與多種有關評估與治療的課程。他們

也需要大量地在成人、兒童、伴侶及家庭領域進行實習。許多諮商碩士學位課程都提供關係諮商或是夫妻與家族治療的專業。培訓計畫的組成元素包括系統理論的研究、對原生家庭的考察、以及強調對與伴侶及家庭工作的特定倫理和專業議題。大多數州都頒發婚姻和家庭治療師執照，要成為一名有執照的婚姻和家庭治療師，最低要求包括碩士學位以及一定時數的實習和通過測驗。那些攻讀伴侶與家族治療專業學位的人需要進行從個人背景脈絡移轉到系統觀的思維轉換。

美國婚姻與家族治療協會（American Association for Marriage and Family Therapy, AAMFT）。AAMFT 有開放學生會員，該組織每年舉辦大會。會員資格或進一步的資訊，請洽其網站 www.aamft.org。

國際婚姻與家族諮商師學會（International Association of Marriage and Family Counselors, IAMFC）。IAMFC 的會員可以進行線上討論，也可以與其他進行類似研究者形成網絡。研究主題包括混合家庭、加害人諮商、分居與離婚諮商、物質濫用、家事調解、婚姻與家族治療訓練、男女同志雙性戀與跨性別議題、軍人家庭、性侵害加害人、精神疾病之系統性處遇、性虐待倖存者、學校中的家庭處遇、多元文化諮商以及家庭與暴力。想知道進一步的資訊，請洽其網站 www.iamfc.org。

三、臨床及諮商心理學

雖然臨床及諮商心理學是兩種不同的專業，但它們的專業功能沒有固定的界線區隔，所以我們放在一起討論。雖然當你擁有碩士學位時，你獲得社工、諮商師、伴侶與家族治療師的執照，但卻不能自稱是心理學家。諮商及臨床心理學都需要擁有博士學位才能核發執照（此證照制度為美國之現況）。臨床心理學家（clinical psychologists）著重在為有輕微或至嚴重困擾的人進行評估、診斷及治療程序。他們會與案主進行會談以及撰寫個案研究。諮商心理學家（counseling psychologists）則是協助相對來說較健康的人解決發展上的困擾，使他們的生活能更有效能的運作。他們協助案主找到並

使用資訊來幫助自己做出適當的個人、學業及職業選擇。這兩個領域的專業心理學家經常對個人、伴侶、家庭、團體提供心理治療，他們也可能進行教學與研究。兩個專業都著重治療及方案的評估，幫助案主發展出行動計畫。臨床及諮商心理學家通常都在相同的機構工作。

美國心理學會（American Psychological Association, APA）。APA 在美國是代表心理學界的最大型科學和專業組織，擁有學生分部，而不只是學生會員。每年 8 月，APA 都會舉辦全國大會。想知道進一步的資訊，請洽其網站 www.apa.org。

美國諮商學會（American Counseling Association, ACA）。ACA 設立了州分支機構、地區領導單位，並成立了 19 個專業部門。近 70 年來，ACA 一直為專業諮商師更新倫理守則，該守則得到了美國各地許可委員會和法院的認可。此外，ACA 還代表專業諮商師、學生和專業諮商師所服務的個案，在州和聯邦層級的公共政策領域進行倡導。就讀半時制或以上的大學生和研究生均可取得學生會員資格。該組織每年舉辦一次全國大會，並提供網路研討會。ACA 資源目錄提供諮商專業各個領域的資訊，以及有關會員資格、期刊、書籍、家庭評估方案、錄影帶和 DVD 方案以及責任保險的詳細資訊。欲了解更多資訊，請洽其網站：www.counseling.org。

四、執業專業諮商師

大多數州提供的主要執照包括執業專業諮商師、執業心理健康諮商師、執業臨床社會工作者、執業心理學家以及執業婚姻和家庭治療師。為了獲得許可資格，申請人通常必須先獲得專業領域的研究所學位（或由許可委員會許可的層級）。除了學位之外，還需要至少一定小時的受督臨床工作，並且申請人必須通過筆試，有時還需要通過口試。

執照法規決定並管理專業實務，規定持有執照者可以進行的執業內容。擁有專業執照的人被認為在臨床工作的一般實務上具有最低基本能力。州級諮商執照是指獲得特定州的許可，能以諮商師為名執業並自稱為

有執照的諮商師。諮商師的各州執照名稱因州而異。一些例子包括執業專業諮商師（LPC）、執業專業臨床諮商師（LPCC）、執業心理健康諮商師（LMHC）和執業臨床專業諮商師（LCPC）。熟悉你打算去工作的州別之執照課程和督導資格非常重要，因為這些要求會因州而異。

　　執照是向公眾保證，這些從業人員已經完成最低限度的教育課程，接受一定時間的督導培訓，並經過某種類型的評估和篩選。執照不能且很可能無法保證這些從業人員能夠勝任此執照允許他們做的事情。執照的主要優點是保護公眾免受嚴重不合格和未經培訓之從業人員的傷害，並向公眾正式表明這些從業人員是已被認可之專業的一部分。

美國心理健康諮商師學會（American Mental Health Counselors Association, AMHCA）。AMHCA 是一個不斷成長的社群，擁有約 6,200 名臨床心理健康諮商師。他們的使命是透過執照、倡導、教育和專業發展來增強臨床心理健康諮商的專業性。AMHCA 致力於成為代表有執照的臨床心理健康諮商師和各州分部的全國性組織，具有一致的教育、培訓、實務、倡導和倫理標準。AMHCA 在 2019 年之前被視為 ACA 的一個全國性部門，現在是一個獨立組織。ACA 於 2019 年在美國所有 50 個州及其領地獲得了州許可，並繼續與 AMHCA 就共同關心的問題展開合作。如需了解更多信息，請洽 AMHCA 網站：www.amhca.org。

五、學校諮商

　　學校諮商的評鑑綱要已實施了 20 年之久，使學校諮商在可信度方面朝向助人專業發展。現在美國各州皆要求需有碩士學位才能進行學校諮商，而相關專業機構也倡導取得立法創制權及建立認證制度。

　　學校諮商師（school counselors）在小學、國中、高中扮演多種不同角色與功能，包括個人諮商、團體輔導、團體諮商、會診、倡導及協調。除了與學生工作之外，許多學校諮商師也對老師及行政管理人員進行諮商，偶爾也會對家長進行諮商。學校諮商師在廣泛的教育議題上與學生工作，包括個

人或人際諮商。從多元文化角度觀之，學校諮商師正面對為所有學生倡導、增加學校社群對文化多元性議題的敏感度，以及建立綜合性啟發性的諮商方案等等挑戰（Neukrug, 2007）。

美國學校諮商師學會（American School Counselors Association, ASCA）。ASCA 是致力於學校諮商的主要機構，它具備倫理準則及提供學生會員資格。想知道進一步的資訊，請洽其網站：www.schoolcounselor.org。

六、復健諮商

復健諮商著重為那些有醫療、生理、心理、發展、認知、及精神病學方面障礙的人，提供以人為中心的方案與服務，協助他們達成個人、職業及獨立生活的綜合目標。此專業建立在人道主義的思維上，並相信每個人都有其獨特的文化特質。復健諮商是一種全面性及綜合性的方案，包含醫療、生理、心理暨社會、職業的處遇（Commission on Rehabilitation Counselor Certification [CRCC], 2014）。復健諮商師運用生涯、職業、心理健康、個案管理及諮商等策略，透過達成個人抱負、具有社會意義、與環境有效地互動運作等方式，來賦權那些患有慢性疾病或障礙的人，使之達到最大限度的獨立以及心理暨社會的調整。想知道更多復健諮商專業的資訊，請洽其網站：www.crccertification.com。

七、酒藥癮諮商

成癮是今日美國主要的公共衛生議題之一。物質濫用助人者積極地參與各種成癮的教育、預防、處遇及治療。這個領域的實務工作者在各種機構提供治療：公私立治療中心、精神療養院、醫院、私人執業及社區機構。

全國酗酒和藥物濫用諮商師學會（National Association of Alcohol and Drug Abuse Counselors, NAADAC）。NAADAC 是主要致力於成癮專業之倫理標準的全國性專業組織。NAADAC 的任務是引導、統整及

賦權那些聚焦於成癮的專業，透過教育、倡導、知識、實務標準化、倫理、專業發展及研究以臻至完美。想知道進一步的資訊，請洽其網站：www.naadac.org。

八、人群服務專業人員

除了諮商和心理治療之外，許多人還需要支持和心理協助。這些個案有時被稱為消費者，通常會得到擁有心理學、社會學或相關領域之大學或研究生學位的人士幫助。近來，這些助人者中的許多人都擁有人群服務的副學士、學士、碩士或博士學位（Neukrug, 2016a）。儘管不是具有執照的諮商師，但人群服務從業人員可以在一些困難的工作上，幫助那些可能掙扎於心理健康問題並需要日常生活技能幫助的個案。有時，這些從業人員會接受有執照的諮商師、社工或心理學家的督導。

人群服務專業人員（包括教育工作者、學生和人群服務從業人員）是接受過廣泛培訓，涵蓋諮商、心理學和社會工作之技能的通才（Woodside & McClam, 2019）。他們擔任各種工作，包括個案工作者、個案管理員、社區組織者、社區計畫員、社區外展工作者、危機輔導員、假釋官、倡導者、心理健康助理、物質濫用輔導員、社會工作助理、酒精或藥物濫用輔導員、心理健康技術人員、兒童保育員和宿舍輔導員等等，在此僅列舉部分（Moffat, 2011）。他們的重點是支持和基本心理協助，而不是深入的諮商和心理治療。一些社會服務機構發現，人群服務從業人員為這些個案提供的服務，與訓練有素、具證照的專業人員一樣好，甚至更有效。有大量尋求心理健康和日常生活技能援助的人，卻只有數量有限的具證照專業人員可以與之合作，而人群服務從業人員正填補社會服務領域中的這個落差。

全國人群服務組織（National Organization for Human Services, NOHS）。NOHS是由各種不同教育及專業背景的成員所組成，任務在於透過教育、學術研究及實務工作來促進良好的人群服務輸送。招收的會員是以教育者及實務工作者為主，也有學生會員。NOHS每年召開研討會。想知

道進一步的資訊，請洽其網站：www.nationalhumanservices.org。

第九節　選擇專業生涯時需考量的價值觀

當人們在選擇職業時通常會經歷一系列的階段。來自實務工作者與專家的資訊能幫助你確定專業方向，但選擇職業時你不能只依靠其他人的建議。在現實世界裡，成為一個通才是越來越重要了。如果你能跟不同問題領域的各式案主群工作，那你被照護系統雇用的機會便增加許多。雖然你會在某個專業領域發展出專業知識與技術，但「擁有彈性」在滿足市場多變的需求下是重要的。

最後，你必須為自己選擇最符合自己資賦並能得到最大滿足的職業。在選擇職業的過程中，想想自己的自我概念、動機及成就、興趣、能力、價值觀、職業性向、社經地位、家長的影響、族群認同、性別，以及任何生理、心理、情緒或社交障礙。你的價值觀會影響你的職業選擇，評估、確認、澄清自己的價值觀是否符合你的職業志向是非常重要的過程。

你的工作價值觀（work values）與你在工作上希望達成的成就有關。工作價值觀是你整個價值觀體系中很重要的面向。找出為你的生命帶來意義的事物，將有助於你確認具個人價值的職業。幾個工作價值觀的例子包括助人、影響他人、找到意義、聲望、地位、競爭、友誼、創造力、穩定性、表彰、冒險、生理的挑戰、改變與多元性、旅行的機會、心靈上的滿足以及自主性。由於某些價值觀與某些特定職業有關，它們可成為你與工作之間相契合的基礎。

請自我檢視以下問題，以便使部分工作價值觀更清晰：

- 我喜歡與各式各樣的人一起工作嗎？
- 當我遇到問題時，我能做到向別人尋求協助嗎？
- 我是否重視在自己的生活中做那些我鼓勵別人在他們的生活中做的事情？

- 對於幫助有困難的人，我有何感想？
- 我對組織、協調和領導他人進行工作專案感興趣嗎？
- 我是否重視由自己設計方案，或者我傾向於尋求其他人提出我可以參與的方案想法？

你的價值觀與興趣其實是彼此交織的，認清它們之後，可以幫助你確認未來能獲得最大滿足感的工作領域。

第十節　開創專業旅程的建議

在 Bemak 與 Conyne（2018）的 *Journeys to Professional Excellence* 一書中，12 位心理學和諮商領域的領導者分享他們的個人和專業生涯。他們談到自己如何選擇職業，曾經面臨到的挑戰、促使他們成功或失敗的原因、如何平衡工作與私人生活，以及給那些有意進入助人專業的人一些建議。當你正思考想要建立何種專業生涯時，我們強烈推薦這本書。

以下是一些關於積極建立個人和專業生涯的想法，提供你參考：

- 尋找挑戰你對自身限制看法的機會，並專注於你能做什麼。
- 當有需要時便尋求幫助，不論是私人或專業上的協助。
- 找到一群可以提供支持並鼓勵你的人。
- 至少找到一位良師益友，並和助人專業中的其他人建立起網絡。
- 無論你處於專業生涯的哪個階段，都要找人提供督導並對回饋與學習抱持開放的態度。
- 持續與那些在你生命中相當重要的人保持聯繫，並保留一些時間給你的家人以及好友。
- 盡力整合自己個人與專業的旅程，致力於在各方面照顧自己的需要。如果你希望能照顧別人，你就需要照顧好自己。
- 學習了解那些來自不同文化的人，並致力於獲得文化敏感度。
- 真誠不做作，並從他人身上有所學習，且將所學整合至自己的本貌。

- 傾聽內在直覺的聲音，並且創造屬於自己的一條路。
- 珍惜一路上所犯的錯誤，因為它們提供了成長和改變的機會。
- 同時設立短期及長期的目標。
- 承認阻礙、挫折及失敗都是增長經驗的時刻。
- 保持幽默感。
- 要意識到你能夠造成重要的改變，讓自己成為個人與社會改變的媒介。
- 認真工作並為自己設立高標準。
- 加入專業組織以及參加研討會。
- 閱讀、討論、反思以及撰寫個人日誌。
- 發展諮商領域以外的興趣。
- 確認你能影響的範圍，當你有能力時便去行動。
- 認清自己的優勢，找出自我探索以及有療效的經驗。
- 勇敢做夢並有追求熱情的勇氣。

有時在訓練過程中，你可能會感到沮喪，而且要將注意力集中在重要的事情上顯得有困難。回顧這份清單並藉此重獲你的能量，深思讓你最有感覺的部分。不論在個人或專業上你想要的未來是什麼？在通往未來的旅程上，現在就展開行動吧。

第十一節　自我評估：助人態度與信念的量表

對所有助人專業而言，自我評估都是一個持續的過程。完成下列量表將能幫助你澄清自己的信念與價值觀。這份量表是基於引導你進入本書所談的這項主題以及刺激你思考與興趣所設計。你可能會想一口氣做完這份量表，記得每一題都深思後再回答。

這不是一般所謂「有正確答案」的選擇題，而是針對你面對助人過程裡一些特殊議題之基本信念、態度、價值觀的檢視。寫下在每一題裡最能代表

你觀點的答案，有些題目的答案並非互斥，你可以選擇多個答案。此外，每一題都有空白欄，供你寫下更符合你想法的答案。

請留意，每一題都有兩個答案欄，請在左方欄寫下你剛開始這個探索旅程時的答案，並在旅程的最後再填寫一次這份清單，將答案寫在右方欄。記得遮住你一開始的填答，以免被起初的想法所影響。然後你可以看看這個探索經驗是如何影響你的態度。

____ ____ 1. **有效能的助人者**：助人者的個人特質
    a. 跟助人過程沒有相關。
    b. 是決定助人過程品質的重要變項。
    c. 受到那些心理健康工作者的老師所形塑與影響。
    d. 沒有助人過程的技巧與知識來得重要。
    e. _____

____ ____ 2. **個人特質**：以下哪一個描述是你認為最重要的助人者個人特質？
    a. 樂意做案主的榜樣。
    b. 勇氣。
    c. 心胸寬大與誠實。
    d. 以人為中心的觀念。
    e. _____

____ ____ 3. **自我揭露**：我相信助人者對案主的自我揭露
    a. 是建立關係的要素。
    b. 是不合宜的且僅是增加案主的負擔。
    c. 應盡量避免且只在助人者確定對案主有幫助時才進行。
    d. 有助於顯示助人者在專業關係中對案主的感受。
    e. _____

____ ____ 4. **費用**：假如我服務的案主因無法支付我的費用而不能繼續接受服務，我可能會

a. 願意免費繼續服務，但希望他/她以從事社區志願服務作為回饋。
b. 提供一些推薦名單。
c. 建議以某些形式的商品或服務來交換治療服務。
d. 調整我的收費至案主可負擔的範圍。
e. _____

____ ____ 5. **改變**：以下哪一個是決定助人過程是否能造成改變的最重要因素？
a. 助人者的個性。
b. 助人者所使用的技巧與技術。
c. 案主改變的動機。
d. 助人者的理論取向。
e. _____

____ ____ 6. **有效能助人者的關鍵態度**：你認為以下哪一個敘述是一位有效能的心理健康工作者最重要的特質？
a. 諮商與行為理論的知識。
b. 適當使用技術的技巧。
c. 真誠與心胸寬大。
d. 擬定治療計畫與評估結果的能力。
e. _____

____ ____ 7. **實地考察**：有關於實習的安排
a. 我並不認為已完全準備好進行實習。
b. 我會視實習等同於工作。
c. 我期待能限縮於最終我將投入的工作對象群中。
d. 我想與具有挑戰性的案主一起工作。
e. _____

____ ____ 8. **助人者的效能**：作為一個有效能的助人者，我相信我
a. 必須對案主的文化背景有深入的了解。

b. 必須在案主的工作領域沒有任何個人衝突。

c. 需要經歷過與案主相同的問題。

d. 必須覺察我個人想進入助人領域的需求與動機

e. ＿＿＿＿＿＿＿＿＿＿＿＿＿＿

____ ____ 9. 助人關係：對於案主與助人者之間的關係，我認為

a. 助人者必須保持客觀與中立。

b. 助人者必須成為案主的朋友。

c. 有私人關係是必要的，但不是朋友關係。

d. 私人且溫暖的關係是不必要的。

e. ＿＿＿＿＿＿＿＿＿＿＿＿＿＿

____ ____ 10. 對案主開誠布公：我應該對案主寬大且誠實

a. 當我喜歡且重視他們時。

b. 當我對他們有負面的感覺時。

c. 就算有，也很少這麼做，以避免對案主與助人者之間的關係產生負面的影響。

d. 只有當直覺認為這麼做是正確的時候。

e. ＿＿＿＿＿＿＿＿＿＿＿＿＿＿

____ ____ 11. 倫理的抉擇：當我遇到倫理上的兩難時，首先我將

a. 先與我的督導討論或尋求諮詢。

b. 試圖自己解決問題。

c. 先確認問題的本質。

d. 會告知我的案主並努力使他/她一起參與解決這個兩難。

e. ＿＿＿＿＿＿＿＿＿＿＿＿＿＿

____ ____ 12. 處理不適當的督導：如果我沒有得到我認為想要及需要的督導，我傾向

a. 盡全力處理並且不製造問題。

b. 請我的督導提供適當的督導。

c. 學習自信的技巧並且持續地尋求我所需要的督導。

d. 提議跟同事們組成同儕督導團體來討論我們所面臨的狀況。

e. _____

____ ____ 13. 能力：如果我是一位實習生，且確信督導正鼓勵實習生接受那些超越自己教育與能力所及的案主，我會

a. 先與督導討論這個議題。

b. 請督導提供我額外的協助，或是直接與我一起工作。

c. 因害怕產生負面後果而忽略此情況。

d. 拒絕提供任何超越我能力所及的服務。

e. _____

____ ____ 14. 文化能力：實務工作者不具備多元文化的知識與技巧，但在與文化背景不同的族群工作時，

a. 將無法提供任何有效的服務。

b. 可能會對不符倫理的行為感到內疚。

c. 應該要透過課程、閱讀或繼續教育來獲得知識與技巧。

d. 容易使自己落入誤診訴訟的境地。

e. _____

____ ____ 15. 處理困難度高的案主：如果我與困難度高且抗拒的案主工作，我的策略可能是

a. 與案主討論我對他／她行為的反應。

b. 將我的反應隱藏在心中並且找出能使我占上風的方法。

c. 與督導或同事討論接觸到困難度高之案主的策略。

d. 盡力尊崇與尊重案主展現的抗拒，並且鼓勵案主探索他／她的態度與行為。

e. _____

____ ____ 16. 做好準備：我不覺得我已經準備好提供專業協助，除非

a. 我已經完成我正在修習的學程。

b. 我已經發展出一項專長，讓我在某個特定領域成為一位專

家。

c. 我非常有自信並知道我會是有效能的。

d. 我已經成為能自我覺察的人,並且發展出能不斷重新檢視自己人生與關係的能力。

e. _____

_____ _____ 17. **處理吸引力**:假如案主對我表現出明顯的好感或厭惡,我認為我會

a. 立即與督導討論這個議題。

b. 對如何回應毫無頭緒。

c. 立即將案主轉介給其他專業人員。

d. 進行自我揭露,讓案主知道他/她所說的話對我的影響程度。

e. _____

_____ _____ 18. **多元性**:當實務工作者面對性別、種族、年齡、社會階層或性向與自己不同的案主時,

a. 將不斷地被案主檢視,使得信任關係幾乎不存在。

b. 需要去了解案主與工作者之間差異所代表的意義。

c. 如果工作者願意去獲取能使他們成為具跨文化能力之助人者的知識與技巧,便可能會是有效能的。

d. 很可能會因他們的差異而無法對這類案主產生效能。

e. _____

_____ _____ 19. **首要價值**:當我考慮進入助人專業,我認為最重要的是

a. 我期望的待遇。

b. 這份工作能帶來的地位與聲望。

c. 我能立即使用在那些想使生命變得更好的案主身上之知識。

d. 回饋社會的機會。

e. _____

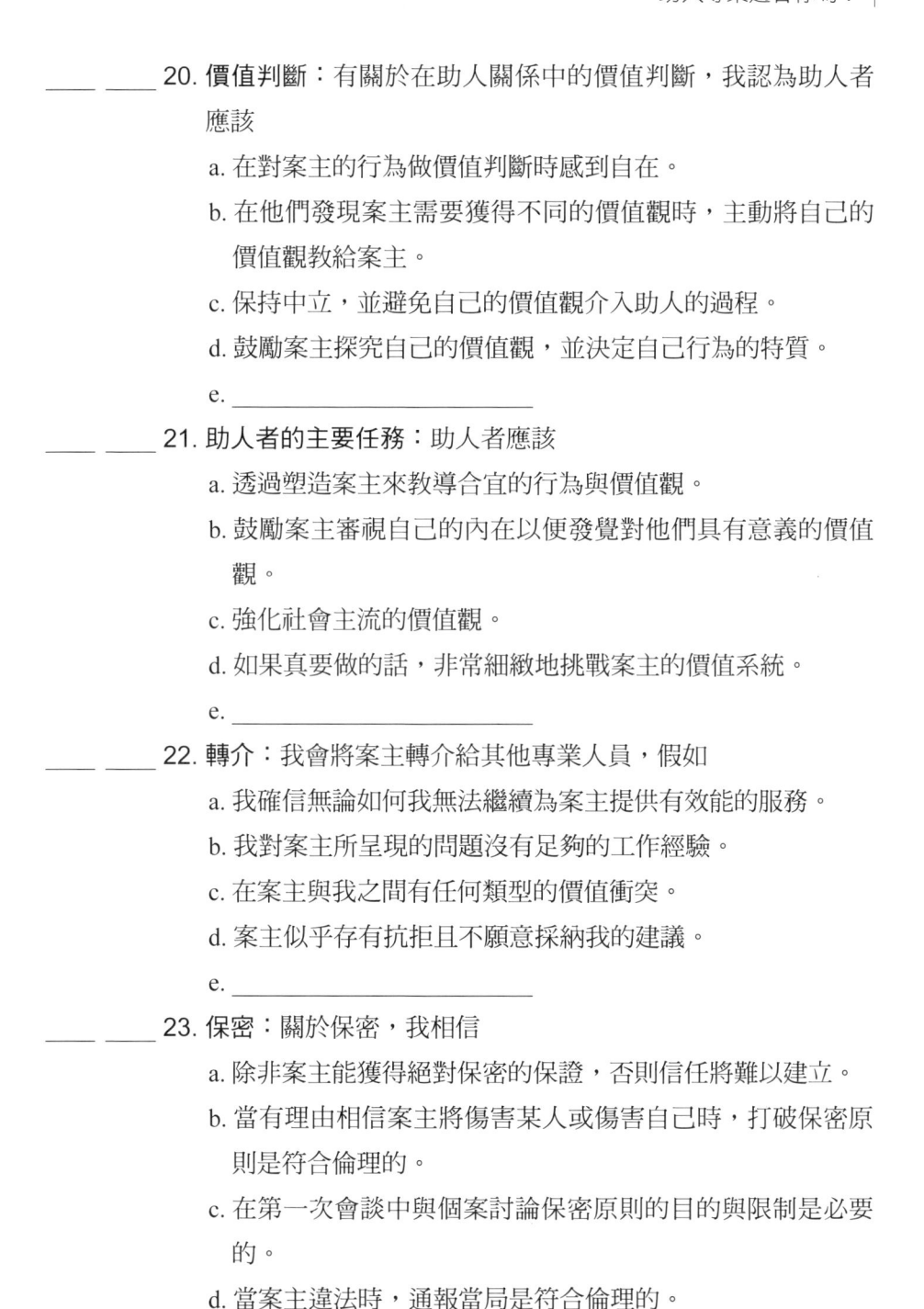

____ ____ 20. **價值判斷**：有關於在助人關係中的價值判斷，我認為助人者應該
   a. 在對案主的行為做價值判斷時感到自在。
   b. 在他們發現案主需要獲得不同的價值觀時，主動將自己的價值觀教給案主。
   c. 保持中立，並避免自己的價值觀介入助人的過程。
   d. 鼓勵案主探究自己的價值觀，並決定自己行為的特質。
   e. _____

____ ____ 21. **助人者的主要任務**：助人者應該
   a. 透過塑造案主來教導合宜的行為與價值觀。
   b. 鼓勵案主審視自己的內在以便發覺對他們具有意義的價值觀。
   c. 強化社會主流的價值觀。
   d. 如果真要做的話，非常細緻地挑戰案主的價值系統。
   e. _____

____ ____ 22. **轉介**：我會將案主轉介給其他專業人員，假如
   a. 我確信無論如何我無法繼續為案主提供有效能的服務。
   b. 我對案主所呈現的問題沒有足夠的工作經驗。
   c. 在案主與我之間有任何類型的價值衝突。
   d. 案主似乎存有抗拒且不願意採納我的建議。
   e. _____

____ ____ 23. **保密**：關於保密，我相信
   a. 除非案主能獲得絕對保密的保證，否則信任將難以建立。
   b. 當有理由相信案主將傷害某人或傷害自己時，打破保密原則是符合倫理的。
   c. 在第一次會談中與個案討論保密原則的目的與限制是必要的。
   d. 當案主違法時，通報當局是符合倫理的。

　　　　e. _____

____ ____ 24. 與結案案主發生性關係：治療師與已結案的案主發生性關係是

　　　　a. 符合倫理的，如果治療師能證明這份關係不會傷害以前的案主。

　　　　b. 可被視為符合倫理的，如果專業關係已經結束五年以上。

　　　　c. 只有在案主與治療師討論過這個議題且同意這份關係時才符合倫理。

　　　　d. 不管時間已過去多久都不符合倫理。

　　　　e. _____

____ ____ 25. 接受餽贈：假如果案主送我禮物，我將

　　　　a. 可能會接受，但只在我與案主充分討論過此議題之後。

　　　　b. 會在任何情況下都不接受。

　　　　c. 只有在我們結束專業關係時才會接受。

　　　　d. 只有在送禮是屬於案主文化的一部分，且拒收會有辱我的案主時才會接受。

　　　　e. _____

____ ____ 26. 靈性與宗教價值觀：關於靈性與宗教價值觀在助人過程中的角色，我傾向

　　　　a. 因害怕會不適當地影響案主而盡力在專業關係中摒除個人價值觀。

　　　　b. 建議案主思考信仰與宗教如何能為他/她生命帶來新的意義。

　　　　c. 避免在會談中談及這類的主題，除非案主先開啟這類討論。

　　　　d. 慣常地在接案會談中評估案主的信仰與宗教信念。

　　　　e. _____

____ ____ 27. 助人的目標：有關誰應決定助人過程的目標之議題，我相信

　　　　a. 選擇目標是助人者的責任。

　　　　b. 選擇目標是案主的責任。

　　　　c. 選擇目標的責任應該是案主與助人者協同的探險。

　　　　d. 誰來決定目標應視案主的類型而定。

　　　　e. _____

____ ____ 28. **社會正義諮商**：從社會正義的角度提供諮商涉及解決壓迫、特權和社會不平等的現實。這意味著

　　　　a. 能意識到影響我個案的社會政治性因素。

　　　　b. 教導我的個案如何為自己倡議。

　　　　c. 幫助人們能充分參與社會。

　　　　d. 如果我想有所作為，就扮演倡議者的角色。

　　　　e. _____

____ ____ 29. **倡議能力**：要成為一名稱職的個案倡導者，助人者必須

　　　　a. 了解自己的信念、態度和偏見，因為它們與影響被邊緣化和缺乏服務之族群的社會和政治因素有關。

　　　　b. 勇於發聲反對不公現象。

　　　　c. 在採取行動之前進行充分的反思。

　　　　d. 評估是否參與社會倡議行動。

　　　　e. _____

____ ____ 30. **線上諮商**：關於線上諮商的實務面，我認為

　　　　a. 這種做法充滿了道德和法律問題。

　　　　b. 對於許多不想或無法尋求面對面諮商的個案來說，這是一種具有潛力的科技形式。

　　　　c. 由於無法做出充分的評估，它僅限於處理簡單的問題。

　　　　d. 這最終將取代傳統的面對面諮商。

　　　　e. _____

____ ____ 31. **不道德的行為**：我認為治療師中最不道德的行為是

　　　　a. 放棄個案。

b. 與個案發生性關係。

c. 將自己的價值觀強加在客戶身上。

d. 接受一個超出自己能力範圍問題的個案。

e. ＿＿＿＿＿＿＿＿＿＿＿＿＿＿

____ ____ 32. 實物交易：我相信與客戶以物易物換取治療服務

a. 可視個別個案的情況而定。

b. 如果個案無法支付服務費用時，則應考慮。

c. 可說是一個糟糕的想法。

d. 未經事先討論以探討對個案可能造成的傷害，就不應這樣做。

e. ＿＿＿＿＿＿＿＿＿＿＿＿＿＿

____ ____ 33. 對社區的責任：關於助人者對社區的責任，我認為

a. 助人者應教導社區有關心理服務的本質。

b. 助人者的核心角色是推動改變的人。

c. 為社區中代表性不足的群體擔任倡導者是適當的。

d. 助人者應該參與協助個案使用社區中可用資源。

e. ＿＿＿＿＿＿＿＿＿＿＿＿＿＿

____ ____ 34. 與系統工作：當在機構或系統裡工作時，我相信

a. 我必須學習如何在系統裡有尊嚴地活著。

b. 我必須學習如何推翻體制，以便可以做我深切相信的事。

c. 機構將會扼殺我的熱情並且阻礙任何真實的改變。

d. 如果我不能成功完成我的方案，我不能責怪機構。

e. ＿＿＿＿＿＿＿＿＿＿＿＿＿＿

____ ____ 35. 理念的衝突：如果我的理念與我工作所在的機構相衝突，我將

a. 認真地考慮是否能符合倫理地繼續留此崗位上。

b. 用任何方法來試圖改變機構的政策。

c. 不管此系統對我有何期待我都同意，以便我不會失去工作。

d. 靜靜地做我想做的事，即便我必須靠不正當的方法來做。
e. _____

重點回顧

　　在每一章的尾聲，我們列出一些本章的重點。這些主要論點是我們試圖傳達之訊息的摘要。在你讀完每一章之後，我們鼓勵你花幾分鐘寫下對你最有意義的主要議題及論點。

- 在教育中積極學習。沒有完美的課程，但你可以做很多讓你的學習更有意義的事。
- 一如你在教育課程中被評估或評分，在專業世界裡你也將被評估。評估會製造壓力，但它是你教育課程及未來生涯的一部分。
- 持續探究助人專業中的某一領域是否適合你，在決定是否從事某項專業時，不要太快放棄。要準備好面對質疑與挫折。
- 儘管現實中並不存在「理想的助人者」，仍有許多行為與態度形塑了有效能的助人者。即便你沒有達到完美，你仍可以盡力達成自己的目標。
- 助人者檢視自己進入此領域的動機是必要的。助人者透過工作來滿足自己的需求，他們也必須意識到自己的需求。案主與助人者同時從助人關係中獲益是可能的事。
- 進入助人專業的部分需求包括被需要的需求、名聲及地位的需求、造成改變的需求。這些需求在成為有效能的助人者方面，可以是助力也可以是阻力。
- 選擇教育課程時，要跟隨你的興趣。要樂意從上課以及擔任志工的經驗中去體驗。
- 在選擇特定的路徑之前，先調查助人專業的各個專業領域。瀏覽每個專業的專門組織或協會的網站，以澄清你對生涯方向的想法。
- 要樂意從其他人如專業人士、大學教職員身上去尋找心理健康領域裡各個專業的資訊，但也要體認到最後你必須選擇一個最適合你的專業。
- 不要認為職業選擇是一次性的事，相反的，在整個生命過程中要讓自己對

各種工作懷抱可能性。
- 要了解到你必須在工作生涯上跨出第一步。要有耐心並且給自己一些時間以便在助人者的角色上感到舒服。你不需要是一個完美的人或完美的助人者。請記住，助人者能力的發展是一個持續的過程，需要多年的受督實務和反省。
- 專業助人者的職業生涯能對你個人帶來很大的幫助，很少有其他工作可以讓你有許多機會去反思出自己生命的品質，並且讓你有機會去影響別人的生命。

你可以做什麼？

在每一章的重點回顧之後，我們提供你執行的具體建議，這些被建議的行動是從本章的主要觀點所產出。我們希望讀過本章節之後，你能找出方法來發展出行動計畫。假如你承諾在每一章都要採取至少一個行動，你就會更主動專注在你自己的學習當中。

1. 假如你是一位大學生而且認為自己會想進修碩士課程，至少選擇一個研究所去拜訪，並與教職員和學生談話。假如你正在研究所課程中，與數個社區機構聯繫或參加專業研討會，以便決定哪些專業對你而言是可行的。假如你對取得專業證照有興趣，儘早在修習課程中與適當的委員會聯繫，以便取得資格限制的資訊。
2. 向你認識的助人者請教他/她成為助人者並仍留在專業裡的動機，這個人從幫助案主的過程中得到了什麼？
3. 與在心理健康領域裡和你屬意之工作相近的專業人士進行會談。在會談之前，擬出你有興趣探索的問題清單，寫下會談中你特別有興趣的論點，並在班上與你的同學分享。
4. 學院或大學裡的職業輔導中心可能有提供許多電腦上的課程來幫助你決定你的生涯。如果你對更全面性的自我評量有興趣，亦即會敘述你的個人特質與可能的職業或研究領域之間的關係，我們強烈建議你接受 Self-Directed Search（SDS）測驗，你可以連線到心理評估資源

（Psychological Assessment Resources, www.self-directed-search.com）取得這個測驗，這個測驗需花 20～30 分鐘來完成。你的個人報告將會呈現在你的螢幕上。

5. 思考如何應用你所閱讀的內容。選定有助於你更積極主動參與的行動。例如，讀完本章節後，你可以決定去反思自己考慮進入助人專業的需求與動機。回顧你生命中一些重大且可能會增加你成為助人者之渴望的轉折點。

6. 假如你正參與一個訓練課程，這正是參與專業機構的理想時機。至少成為本章提及之任一機構的學生會員，參與這個組織可以讓你以較低的價格參加其工作坊及研討會，會員資格也可以讓你和有相似興趣的其他專業人士有所接觸，以提供你一些提升技巧的概念並幫助你有很好的互動。查看本章所述的專業組織網站，認識他們所提供的服務，了解他們的使命，並下載他們的倫理守則。

7. 獲得諮商、諮商師教育、社會工作、心理學或伴侶和家庭諮商方面的碩士學位或博士學位，可能是你作為心理健康專業人士教育旅程的開始，而不是終點站。如果你希望在私人診所兼職，或在精神衛生機構中擔任某些職位，你需要獲得執業執照。執照和證書通常不會指定從業人員有能力處理的個案或問題類型，也不會指定諮商師有能力使用的技術。大多數執照法規確實規定執照持有人只能從事其具有專業能力的治療任務，但是否將這項規則付諸實踐取決於執照持有人。除了該州要求的核心課程之外，每個州都有不同的繼續教育要求，這使得各州之間的互相承認更加複雜。如果你有興趣獲得有關執照流程的更多資訊，請研究你所在州可用的特定執照以及申請這些執照的要求。獲得社會工作者、婚姻和家庭治療師、執業專業臨床諮商師和其他專業執照的要求是什麼？請比較獲得各種專業執照的基本要求。

8. 我們強調在閱讀本書和進行此課程時記下日誌是相當具有價值的。要用自由自在且未編修的方式來書寫日誌。要誠實，並且把寫日誌視為是更認識自己、澄清自己對各章節議題的想法，並且去探索自己在助人專業

中工作之想法與感受的機會。在每一章節的結尾，我們會建議一些議題讓你去反思並含括你的日誌書寫當中。針對本章，可以思考下列領域：

- 寫下你想成為助人者的主要動機。你期望如何透過工作來滿足你的需求？
- 寫下有哪些因素會影響你對成為助人者之意義為何的概念形成。誰是你的角色典範？你曾得到何種幫助？
- 花些時間思考理想助人者的特質。能使你成為更有效助人者的個人優勢為何？你如何決定你對於有興趣之專業的期待有多實際？
- 你對於選擇一個你有興趣追求的教育或專業途徑有何想法？寫下你在選擇職業生涯時會列入考慮的工作價值。

9. 參加由州、地區或全國性的專業團體所提供的研討會，學生會員身分可以擁有許多福利，例如發展工作網絡、實習，以及與有相似興趣的同事接觸。

10. 帶著你所完成的自我量表到課堂上和同學比較彼此的觀點，這樣的比較可能會引發一些辯論，並有助於使班級專注於正在討論的主題上。在課堂上選擇你想討論的題目時，把那些當你回應時有強烈感覺的項目數字圈選起來。你將會發現去詢問其他人對這些項目的回應特別有助益。

11. 在每一章的結尾，我們提供了對延伸閱讀的建議。以下所列出的參考資料，其完整的書目資訊，請參考本書的參考文獻。有關助人專業中所面臨的一系列廣泛議題，請見 Kottler（2017）。有關於全面性含括的議題，例如專業身分發展、倫理標準、基本過程技巧、諮商取向、專業諮商師的養成等，請見 Kottler 與 Shepard（2015）及 Neukrug（2016a, 2016b）。有關於針對新進諮商師各種議題的智慧，請見 Yalom（2003）。有關各類諮商教師及實務工作者之專業期刊的描述，請見 Bemak 與 Conyne（2018）及 Corey（2010）。

Chapter 2

認識你自己
Helper, Know Thyself

|謝艾美 譯|

學習目標

1. 闡釋探索自我經驗對助人者的價值。
2. 論述個人治療對助人工作者的重要性。
3. 說明為什麼了解原生家庭會是成為專業助人者的關鍵。
4. 解釋人生發展過程中的生命週期。
5. 描述自嬰兒到成年各時期的關鍵發展任務。

焦點問題

1. 你堅信人有可能改變長久以來建立的行為模式嗎？你認為改變的歷程對你而言會是什麼樣子？
2. 你如何看待自我探索在成為一位助人者歷程中的重要性？以及，批判性思維在你成長發展歷程中的重要性？
3. 你對原生家庭如何影響你的發展有多少了解？而你對你父母、祖父母及其他親人的生命經驗有所知悉嗎？
4. 原生家庭中的經驗如何影響你目前的關係？而這些經驗如何影響你扮演專業助人者的角色？你是否能辨識出那些存在於你與家人之間，有可能影響你專業工作的未解決的議題（unresolved issues）？
5. 哪些你私人生活中的未竟事宜（unfinished business）可能在你處理案主的諸多問題時帶來困擾？你能採取哪些步驟來應付這些課題？
6. 你能描繪出哪些生命經驗，足以幫助你了解那些你將會遇到的各式各樣的案主問題？
7. 當你回顧你的生命發展模式時，你對生命中關鍵的過渡階段之影響處理得如何？哪些事件對你目前的態度與行為影響甚鉅？
8. 你目前的生活可說是你許多早年決策的成果。有哪一個早期決策特別影響了今日的你？
9. 除了學術訓練以外，還有什麼是你認為可以幫助你有效地與家庭工作？
10. 你感到最具挑戰性的諮商對象是哪個年齡層？有哪些困難點呢？

第一節　本章目標

　　我們多數人成長的家庭中，包括至少一位父母親或親職角色人物、具一定規模的家庭結構，及一連串的角色以使我們適應生活並且面對挑戰。案主帶來的許多問題即是根源於孩童期家庭成長的經驗。作為一位有效能的助人者，你必須認清原生家庭是如何影響了你，以及你的早年背景將如何影響你的專業工作。不論你準備和個人、團體、夫妻或家庭工作，重要的是你得熟悉你自己原生家庭的課題。你對這些受助者的知覺與反應，常常受到你自己的家庭經驗所影響。倘若你未覺察這些敏感的領域，將可能會誤解案主，或引導他們朝向一個不會引發你自身焦慮的方向。反之，若你覺察到這些情緒課題可能會啟動你的防衛機制，你就可以避免捲入案主的問題裡。

　　本章中我們所呈現的素材是很個人化的，能夠幫助你檢視家庭經驗的許多面向。請你解開你與原生家庭那份神秘的連結，讓你可以發展出一種欣賞的態度，去看待你受童年時期建立的模式所影響到的各個層面。這種知識能在你執業時預防反移情的發生。我們不得不強調這個議題──「認識你自己」。如果你想成為他人生命中一個治療性的媒介，你必須了解自己，而且在必要時能夠療癒你自己。

　　我們訓練新手助人者的方式之一，是協助他們專注於自己成為一個人的發展過程。受訓者被要求閱讀某些生命議題、思考他們自己的發展與轉捩點，並且回憶他們做出的關鍵選擇。這些主題包括了處理每個發展過渡階段，從童年期、青少年期到成年的生活；在友誼間掙扎；愛與親密關係；寂寞與孤獨；死亡與失落；性、工作與娛樂；以及生活的意義。這其中有一些將會是案主帶進諮商階段裡的議題，如果你對自己的掙扎所知有限，可能難以有效地幫助案主。在訓練工作坊中，受訓者發現他們自己的生命經驗對案主產生的影響，相對地，也發現案主的生命經驗同樣會影響助人者自身。

第二節　專業實務對助人者生命的影響

　　不論新手或有經驗的實務工作者都會發現，他們很難將私人生活與專業生活清楚劃分。助人者日復一日傾聽心痛的故事，他們得要有自覺、並學著以建設性的態度處理自身的痛，才得以維持專業工作的效能。自我了解（self-knowledge）是個很好的起點，像是規律的自我照顧以及讓私人生活與專業生活間維持健康的界限，都是很好的策略，得以預防耗竭或感知的疲乏。

　　除非你已經確認導致你脆弱的根源，且某種程度地處理了讓你心理受傷的經驗，否則你可能會持續地被案主的故事所觸發。舊傷口會被開啟並影響你的私人及專業生活。治療性的實務工作會重啟你的早年經驗，並且喚醒未解決的需求與問題。一旦這些私人課題在工作中被觸發，重要的是你必須願意去處理它們。

案例　觸發個人傷痛的治療

　　Nancy 是機構內的新手諮商師，她被要求擔任一個成人悲傷團體的協同領導者。Nancy 相信這份工作確實有必要，熱忱地接受了協同領導者的角色。她失去先生的悲傷歷程走得很坎坷，不過她覺得自己已經充分經驗了喪夫之痛，也接納了這份失落。在團體初期，她跟成員工作得非常好，她表現出同情、支持與同理，也能幫助他們處理一些痛苦。然而幾週之後，Nancy 注意到她不再期待去這個團體，她覺得有點沮喪，也發現自己對成員變得無動於衷。

　　你的態度：如果你發現自己害怕去接觸一個不久前你才很熱切想帶領的團體，你會怎麼辦？你要如何探索這些感覺？你會尋求同事或個人治療的建議嗎？你會繼續帶領這個團體嗎？

　　討論：雖然 Nancy 的某些舊傷已被治療，但接觸這麼多人強烈的痛

苦已經重新開啟她的傷痛。如果她一再地擱置個人的情感，不論是否在團體中，她勢必會變成一個無效的助人者。她忽視自己在失落的痛苦中仍然很脆弱，也忽視自己在重新經驗到這個傷痛時需要去表達與處理。麻木導致 Nancy 的沮喪，也使她無法有效地與案主工作。此外，她的案主們可能將她的退縮視為她不再對他們有興趣了，也許是因為他們做錯了什麼，這樣的發展對治療十分不利。

單就 Nancy 重新經驗到舊傷痛一事，並不足以表示她就不適合跟這種團體工作。相反地，如果她接受了她仍然受傷並探索這些感覺，就可以治療自己的傷痛，同時也促進了其他人的治療過程。她示範了悲傷歷程那種持續進行的本質，並且教導成員們雖然痛苦不可能完全消除，但可以鬆綁一點。如果恰當，Nancy 可以分享她目前的反應與感覺。即使她選擇不對團體揭露她的經驗，她仍可以以她的經驗為橋梁，理解到他人的掙扎。

Nancy 最好是能去尋求個人治療，幫她指出這些沮喪和麻木、冷漠的感覺。倘若持續這種態勢長期下去，她極有可能經驗到耗竭。

案例　舊傷重現

Maria 自幼由一位施虐的父親扶養長大，在她成年時決定尋求治療來處理未解的個人傷痛。她持續治療了一年，在她覺得自己已充分洞悉孩童時期的創傷後終止了治療。幾年後 Maria 成為一位社工，服務於兒童與家庭服務部門。在一次機會中，Maria 的督導指出她似乎很快地將孩子移出家庭，相較於其他同事，她較不傾向建議家庭維繫方案。

一開始 Maria 對這個回饋很抗拒，不過她也很快地理解到自己正經歷著來自她所服務的幾個家庭的反移情。這個理解觸動了一種特別痛苦的回憶，是與她父親有關的，並且導致她之後接觸某些案主時恐慌發作。這促使 Maria 預約了治療師。她很清楚有些未盡事宜正在干擾她發揮社工的效能，她必須重返治療。

你的態度：如果站在 Maria 的立場，你可能會如何理解督導給你的這

份回饋？假使你發現自己對一些案主有相似的反移情反應，你傾向怎麼辦？如果 Maria 未能指出那些浮現出來的心理傷痛，你認為可能產生什麼後果？

討論：如同 Nancy 的案例，Maria 自覺情感上已準備好了，足以勝任助人工作。她並沒有認知到她正在經歷反移情，自己也還有未盡事宜。值得肯定的是，Maria 能放下防衛並重視督導給她的重要回饋。雖然她重返治療的決定主要來自於她渴望成為一個更好的社工，但是她投入於重新檢視這些傷痛，終將促使她成長，也一併提昇她的生活品質與人際關係。

第三節　自我探索的價值

你將會發現，與個人或家庭工作會重啟你生命中的主題，其中某些主題可能你以前並沒有覺察到。如果你未覺察的議題是源自你的家庭經驗，你可能會想辦法去避免承認和處理案主這些潛在的痛苦區域。當你的案主面臨到引發他們痛苦的事件，你自己的痛苦回憶也會被刺激到。比方說，你可能對父母離異一事仍感到非常痛苦，也許在某種層面上你相信他們會離婚是你的錯，或是你應該做些什麼好讓父母仍在一起。假如你正在做的夫妻諮商考慮到要離婚，也許你會想引導他們朝向為了孩子而維繫婚姻的方向思考。你給他們的解決之道其實源自於你蓄積的痛苦。在某種層面上，你可以保護孩子免於你曾面臨的痛苦處境，那是你尚未充分理解或體會的處境。重要的是要認清：你之所以能療癒他人，是基於你願意經驗自己的痛苦並且治療你自己。

辨認並解決與原生家庭有關的未竟事宜將有助於你建立關係，而非重蹈負面的互動模式。當你在本章中回顧自己的家族歷史時，你必定會對你「習以為常」的原生家庭模式獲得一些啟發。你的自我治療經驗將幫助你理解這些過往的衝突何以持續影響著你。

當你開始執業諮商，你會發覺你正選擇了一個和你在家中所扮演的角色相似的專業角色。比如說，你認清你得透過擔任其他人的照顧者才能滿足一

種維持和平的需求。在童年期，你扮演著「保母」般的成人角色。現在，當你在專業工作中，你很可能會持續這個模式，而比你的案主承擔更多改變的責任。

移情與反移情在治療過程中是很常見的。移情（transference）通常源自於案主與重要他人間未解決的個人衝突。由於這些未解決的事件，案主可能曲解助人專業，而將過去的關係帶進目前的諮商關係中。移情能引領案主深入了解他／她如何在各種關係中運作。相對於案主這方，對案主的移情感受即是助人者的反移情（countertransference）；意即，對案主的情緒—行為反應源自於助人者生命中某些部分。想想你自己可能有的反移情來源，比方說，如果你害怕你將要死亡或父母的年老與死亡，很有可能你和老年人工作時會遇到困難。這類案主的掙扎可能會啟動你的潛意識歷程，如果你喪失你的覺察，這些掙扎可能會干擾你精確助人的能力。你處理案主移情的方式至關重要。

假使你對自己的內在動力毫無所悉，將可能使你錯失重要的治療性議題，無法解決案主帶進治療關係裡的各種感受。有一個線索顯示你可能會有未解決的課題：你發現自己變得情緒性反應過激（emotionally reactive, Kerr & Bowen, 1988）；意即，幾乎是自動地、反射性地情緒誘發出來，這完全不像你。情緒性反應（emotional reactivity）不見得會以一種攻擊性或負面的感覺出現，像是生氣、挫折或激怒。如果你對案主有著熱切的或性方面的感覺，像是必須在配偶之間或家人當中保護某些人、或是你會想為某人挺身對抗他人，這類反移情感受也都屬於情緒性反應。

大多數的情況下，家庭會種下潛在反移情的種子：成長的家庭中有著難以預期的暴力、從未挑明的衝突、不惜任何代價被保護著的秘密、害怕身邊的亂倫、沒有界限，和心理上刻意忽視的一些特殊事件（諸如家庭成員重病或死亡）。舉例來說，如果你認為不論你做了多少，永遠都不足以贏得你母親的認同，你會對那些讓你想起你母親的女性的意見十分敏感。如果你允許你父親全然肯定或否定你身為人的價值，你會很敏感於男性權威形象怎麼看你。你賦予他們權力來讓你自覺有能力或無能。童年的你若是常感到被拒

絕，你現在便會創造一種讓自己覺得被撇下的情境，或是讓你自己顯得格格不入。反之，若你總是被讚美，到現在你還會認為不論何時何地都應該這樣持續下去。你可以在諮商情境中辨認出這些狀況，並且尋求協助，以處理這些心理上被困住的部分（移情與反移情在第 5 章中有進一步的討論）。

案例　脫序的反移情的代價

Mirek 幾年前經歷了因海洛因過量而失去弟弟的傷痛。那時，他立誓要成為一位物質濫用治療師，發誓要做得比那些「做得不夠」的治療師還要好，因為他們沒能預防他弟弟藥癮復發和過量。Mirek 從不認為自己是家中「有問題」的人，所以他不曾參與個人治療。

Mirek 覺得他會是一位有效能的治療師，能百分之百拯救案主免於步上他弟弟的後塵。他到一所物質濫用治療機構任職，而且很快地發現自己工作時間漸增，案主隨時都能找到他。所以，當督導告訴他需要跟案主設下較好的界限、保有自己的私人時間時，他被激怒了，反嗆她這是否定案主隨時有需要即應該得到協助，這是一個很糟糕的政策。他一邊衝出督導辦公室，一邊說著：「如果我的案主因為他需要我時而我不在身邊，以致用藥過量，你就是那個罪魁禍首！」結果，他被記點了，理由是不服從長官指示，並且明確的指出他必須接受治療以處理個人議題，只要他還想繼續留在這裡工作的話。

你的態度： 你認為 Mirek 的反移情何以阻礙他步上助人者一途？他的回應，是否顯示出他對親弟弟藥物過量之死尚有未盡事宜？抑或是去質疑督導的指示影響了助人者發展更為穩固的界限，這確實是個有效的論點？到底要怎樣才是對案主適切的界限？身為助人者，你認為案主應該整天 24 小時、每週 7 天都找得到你嗎？

討論： 案主用藥過量或自傷的事件令人感到憂心忡忡，很自然地會想用盡全力去預防這種情形發生。讓案主可以尋求我們協助當然重要，但我們也必須設下適當的界限，方得以維持專業角色的效能。Mirek 本於一個

錯誤的信念——只要他「做得夠多」，就能預防案主用藥過量。其實，即便是最成功的成癮問題專家也無法拯救他所有的案主免於自我毀滅。

　　Mirek 投射到機構的某些指責及忿怒，很有可能反應他內在壓抑的罪疚感——即是對於幫助弟弟脫離問題，他「做得不夠」。Mirek 失序的反移情危害到他在機構裡的執業行為，而他對督導不當的回應可能打擊到他個人層面、損及他的工作機會。但如果 Mirek 決定求助於治療，他就有機會去處理那些顯然與弟弟之死有關的悲傷。經由治療，Mirek 會有機會了解自己不該為弟弟的行為與選擇負責，他的罪疚感得以舒緩，同時也幫助他理解案主們同樣也在為他們自己做決定。Mirek 原本所抱持的助人角色觀念，其背後的潛意識歷程經過治療耙梳之後，將使他未來更有能力協助案主走上自己的復原之路。

第四節　在個別及團體諮商中認識自我

　　當你開始覺察到自己帶著原生家庭經驗中的模式進入你的專業生活，個別和團體諮商可以提供一個安全地帶，供你探索和談論跟這些個人經驗有關的回憶。理想上，你可以考慮參加個別與團體協同的治療方式，因為這兩種治療取向能相輔相成。

　　個別治療是助人專業學習者養成過程中重要的一環。它能提昇心理衛生專業人員的情緒與心智功能，Norcross 與 VandenBos（2018）證明這是支持個人通往自我發展的路徑。個別治療提供你深度了解自己的機會，它作為你實習（internship）經驗的一部分，當你與案主進入深度工作時，你會經驗到舊的情緒傷口被重啟，像是未表達及未解決的失去重要他人的悲傷感受，或是被激起對性別觀點和文化刻板印象的挑戰，你的治療性工作會將之帶到檯面上來。個人諮商能支持健康的成長與發展，並在需要時提供矯正之道。如果你在實習期間進行個人的諮商，你就可以把這些問題帶進治療階段中，你可以在治療中探索想成為助人者的動機。你所展現自我探索的勇氣，在案主們進入治療過程時也同樣需要，而透過你身為案主的經驗，將能提昇他們自

我探索的勇氣。此外，我們相信個別治療是一種持續的自我照顧（ongoing self-care）。專業助人者經常擔任付出者的角色，為了保有活力，則必須創造一個讓「付出者」被支持的空間，遵行專業倫理的助人者有責任要去維護自身的健康。

有許多論點指出個別治療對人群服務專業的重要性，諮商有助於限制反移情、確保你的個人議題不會阻礙對案主工作的成效。諮商中探索個人議題將會增進自我覺察、提昇你有效處理自己情緒反應的能力、強化你的諮商技巧、減少不符專業倫理的作為、增強同理心以及提昇你在建立治療關係方面的技能（Kalkbrenner, Neukrug, & Griffith, 2019; Neukrug, Kalkbrenner, & Griffith, 2017）。

幾個大規模的研究指出，大多數的心理衛生專業人員都有自己的個人治療，而且他們之中大部分人對個人治療的結果評價十分正向（Orlinksy & Ronnestad, 2005; Orlinsky, Schofield, Schroder, & Kazantzis, 2011）。Ronnestad、Orlinsky 與 Wiseman（2016）列出了對身而為人的治療師（therapists as people）的心理治療有許多好處，包括了「增加自我覺察、自我認識、自我理解、自我照顧、自我接納以及減緩病症，大致上改善了關係及個人成長」（p. 230）。個別治療在增進同理心、加強溫暖和關係的技能、拓展我們對移情/反移情過程的覺察力、和減少耗竭或不符倫理行為的可能性，均能發揮功效（Orlinsky et al., 2011）。

Norcross（2005）所蒐集到個人治療的自陳報告，顯示了在許多層面的收穫，包括了自尊、工作職能、社交生活、情緒表達、個人內在衝突以及病症的嚴重程度。個別治療的影響力通常是形成性，相對於傳統的過程性，目前已經有大量的實證研究證實這個說法（Norcross & VandenBos, 2018）。當實務工作者在個人治療經驗中覺察到它們變成特殊的持續性課題時，最常出現的反應是呈現在人際關係及心理治療的動力中，核心要務即在於意識到學習如何處理移情與反移情的重要性。

經驗過個人治療後，為我們理解和憐憫案主建立一個良好的基礎。我們更容易理解來尋求協助對案主而言是多大的挑戰，以及揭露他們人生中私密

的一面需要多少勇氣。參與過個人治療後，我們學會如何建立與維繫工作關係、如何面對治療過程中的挑戰與不確定性（Ronnestad et al., 2016）。Wise 與 Barnett（2016）指出定期的參與個人心理治療可視為一種自我照顧的策略，亦為一種正向的自我發展方式。個別治療是在你執業生涯中，維持自我照顧和能力的一種方式。

團體諮商是另一種自我覺醒的方法，團體治療可提供一個機會讓你去聽、去想別人給你的回饋。團體經驗幫助你對自己的人際型態變得警覺，也是讓你在團體中實驗新行為的機會。你從他人得到的回應可以幫助你了解自己擁有的特質，這些特質可能在你的助人工作中是助力、也可能是限制。你在孩提時獲得的許多模式在今天對你來說可能仍然是有問題的。你可以在團體治療裡有效地處理任何與父母有關、與向來接受的家庭規則有關，或是你覺得被困住的情境等等未解決的議題。Victoria 是一位碩士生，正在接受婚姻與家庭治療師的訓練，她解釋了參與個別與團體治療何以增進她的自我認識：

> 我無法想像沒有參與治療的情形。我從還沒參與計畫前就開啟我的治療，至今已持續了許多年。在今年，我也參與了團體治療，它有效的補強了我的個別治療。很感謝治療對我自身成長及對案主福祉兩方面的幫助，它讓我自身及直覺成為有力的治療工具，運用他們來了解案主的經驗，也讓我和案主的連結更為深入，案主的經驗素材常點醒（點亮）我。由於我每週固定接受治療，因此我能夠在議題發生時立即處理它們。透過治療中的覺察，我能暫時放下自己情感的脆弱面，並且更為真誠地向案主展現自己。其實，我經常經驗到一種平行的過程，循著與案主的工作，我自己同時也受到啟發、進而增進我的效能。

誠如 Victoria 的自白，治療——以個別、團體或家庭來進行——不單是為了治療性的目的或只想治癒根深蒂固的人格困擾。我們視治療為一種手段，以持續深化你的自我認識，並觀照你的需求及你的工作相關狀態。進入

某種形式的深度自我探索治療，將誘發你去評估你的需求和成為助人者的動機，這部分在第一章中已有列出。在需求出現時，有專業承諾的助人者對終生持續自我探索應抱持開放的態度。實務工作者必須在個人問題浮現時承認、並處理它們以保護他們的案主。重點在於，治療師必須早於這些痛苦的生命情境造成傷害前，就先尋求個人治療。

我們建議你親身參與治療經驗，讓你變得更可為案主所用。有很多方法可以達這個目標：個別治療、團體諮商、向你信賴的同仁諮詢、再教育（尤其是那種經驗性的學習）、持續寫日記和閱讀。

雖然個別與團體治療都是很值得探索的方式，以獲得自身深度的認識，然而其他較不正式的個人或專業發展途徑也都應該去探索。身為一位受訓諮商師，或許基於實務和財務理由，你尚無法參與個別治療，但還有其他的方法得到成長，包括反思你生活及工作的意義；閱讀和寫日記；參與同儕團體；對生活中重要他人給你的回應保持開放；旅行並沉浸在異文化裡；參與靈性活動例如靜坐；參加體能挑戰活動；以及花時間與家人朋友相處。透過參與各種形式的自我探索，你可以得到第一手的知識以理解你的案主可能經驗到了什麼。這個過程能增進你尊重案主及他們的掙扎，如果你不曾在治療關係中親身體驗有關成長的喜悅與傷痛，你又如何能引導別人、支持別人走過他們的自我探索旅程呢？

第五節　探索你的原生家庭

有一些婚姻和家族治療的計畫要求學生修習關於原生家庭的課程，他們假設這些未來的實務工作者在投入個人、伴侶和家庭等專業工作前，有需要了解原生家庭（family of origin）如何影響他們的現在。（在美國）某些州法定這類課程是取得伴侶和家族治療師執照的條件。有一些訓練計畫將對原生家庭的探索（family-of-origin work）放到成長團體的經驗中（Bitter, 2014）。也有研究顯示研究生們對諮商師訓練中的家系圖給予高度肯定（Lim, 2008）。家系圖將原生家庭心理社會關係予以圖象化，在諮商師訓

練中是相當有效的工具。「它讓受訓者有機會檢視他們對自身及世界有何先入為主的想法，嚴謹地評價那些形塑他們的故事，進而決定採取新的方式來生存與建立關係」（p. 42）。透過探索自身的原生家庭動力，助人者才有辦法更有效地連結到臨床工作中那些家庭所呈現的課題。

家系圖作業是一種正規的程序，帶來指引（詳 McGoldrick, 2011a, 2016; McGoldrick, Gerson, & Petry, 2008）。它提供一個結構或架構來反映家庭故事中的情緒意涵。一開始是一個簡圖，方形（代表男性）和圓形（代表女性）之間以線連結，再逐步加入出複雜的圖像，像是事件、情感反應以及代間相傳的因應策略。有不少人進一步用家人照片、美術甚或是影片來進化他們的家系圖。

下面是 Jim 的家系圖：

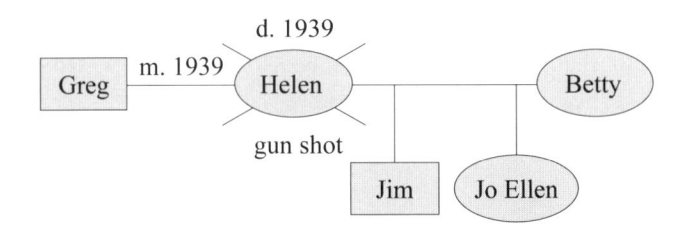

```
                 d. 1939
         m. 1939  ╱╲
  ┌──────┐      ╱──╲       ╭──────╮
  │ Greg │─────│Helen│─────│ Betty │
  └──────┘      ╲──╱       ╰──────╯
              gun shot  │
                  ┌─────┴─────┐
               ┌──────┐   ╭──────╮
               │ Jim  │   │JoEllen│
               └──────┘   ╰──────╯
```

從最初這幾塊 Jim 的家系圖片斷，你看出什麼了嗎？有沒有想到什麼問題可能影響 Jim 看待他自己、他的生活以及家中男女性的關係？你有興趣了解 Greg 的第一任妻子 Helen 怎麼死的嗎？你想這個事件是否渲染 Greg 對自我或婚姻的（心理）圖像？你認為 Betty 對 Helen 之死所知或感受為何？它是否也被帶入 Jim 的生活裡？若是，會是怎麼樣的情形？

Lawson 與 Gaushell（1991）建議，訓練計畫要在接受報名者進入訓練之前，先行處理他們的家庭議題，他們建議申請資料中就要包括家族自傳。從中可以獲得家族代間特質（intergenerational family characteristics）相關的有用資訊，它們跟助人者與家庭工作的能力息息相關。Lawson 與 Gaushell 強調下列受訓諮商師的家族代間特質：

• 已解決負面家庭經驗的臨床工作者比較能夠幫助案主，尤其是那些有

相同課題的案主。
- 協助受訓者辨認並處理他們自身有問題的家庭課題是很基本的，以促進他們的心理功能及身為助人者的效能。
- 早年家庭經驗中未被滿足的需求持續操弄他們與家族成員間緊張而衝突的心結。
- 助人者早年扮演和事佬的角色，導致後續與重要他人的親密關係中產生矛盾。
- 受訓諮商師的原生家庭經驗可能導致他們目前關係中的困境。

一、辨別你的原生家庭議題

以下多數有關原生家庭的討論，是基於 Virginia Satir 的貢獻，她是家族治療界的先鋒。在她 5 歲的時候，她記得聽到父母的交談，想知道他們打算要做什麼。Satir 在工作坊裡經常提到那時她決心成為「父母的偵探」。後來她視自己為案主的偵探，去探索並傾聽案主反映出來的自尊狀態。她的治療性工作使她堅信：一個強壯且滋養的關係是非常有價值的，這樣的關係奠基於對她所關心的人們保有興趣和吸引力。

家族治療師通常會假設他們進行家庭處遇時，難免會遇到他們自己原生家庭的動力現象。Satir 常說，當她走進有著 12 個人的房間裡頭，她會發現每個人都似曾相識。在你諮商一對夫妻或一個家庭時，其實許多人都參與在這個互動中。換句話說，你不會總是全新且毫無偏見地去覺知每個個體。當你越能覺察這些模式，對你的案主就越有利。這點非常關鍵，你要清楚知道自己正在回應誰：是你面前的這個人？還是來自你過往的某個人？

你可以嘗試以下這個活動，Satir 曾用它來示範人們在生活中持續地再訪朋友及所愛的人。請站在某個人（人物 A）前面，他是你目前生活中讓你感興趣或是相處上有些困難的人。這個人可能是案主、同事、家族成員或是朋友，如果這個人不在身邊，你可以用想像的。然後好好看著這個人，並在你腦海中形成一個圖像。現在，讓你過往生活中某個人的圖像浮現（人物 B）。你想到了誰？當時你幾歲？而人物 B 幾歲？你跟這個人現在或以

前的關係怎麼樣？對這樣的關係，你有什麼感覺？你認為人物 B 怎麼樣？好，現在再一次檢視你對人物 A 的反應。你是否發現人物 A 所激起你的，與人物 B 喚起你的過往感受有任何關聯性？你可以自己應用這個活動，透過想像，用在你對他人有強烈情緒反應的時候，尤其當你還不清楚這些情緒時。這個活動可以幫助你開始承認，過往關係的效應可能會影響你此時此刻（here-and-now）的反應（Satir, Banmen, Gerber, & Gomori, 1991）。也許最重要的就只是要你覺察將過往經驗帶入當下互動的情形。

在這一節中，我們邀請你辨識原生家庭的經驗，越多越好，並且反思這些生活經驗對此時的你和你的角色（who and what you are）產生的影響力。你未必會被早年經驗所命定，你目前的重要關係也不必非要置入早年經驗的模板裡。你可以轉換你的觀點，不過這是要在你承認並且處理好你的經驗以後。此外，當你跟一個家庭工作的時候，你會以經驗性的起點，邀請他們檢視自己在家中身為一個系統以及身為個人所發揮的功能。

本節其他部分多半是基於我們對家族歷史的觀點，並採取以下幾項素材修正並整合：(1) Adler 取向生活型態評估法（Corey, 2013a; Mosak & Shulman, 1988; Powers & Griffith, 2012）；(2) Satir 家族工作的溝通取向（Satir, 1983, 1989; Satir & Baldwin, 1983; Satir, Bitter, & Krestensen, 1988; 亦見 Bitter, 2014）；(3) 家庭系統的概念（Bitter, 2014; Goldenberg, Stanton, & Goldenberg, 2017; Nichols & Davis, 2017）；(4) 家系圖的方法（McGoldrick, 2011a, 2016; McGoldrick et al., 2008）；(5) 家族自傳的方法（Lawson & Gaushell, 1988）。當你讀到下列的素材，請試著將這些資訊予以個人化。首先，我們將提供一些方法讓你理解自己的家庭素材並進行探索。接下來會提供你一個基礎，用以理解你專業工作中的個人與家庭。

你的家庭結構。家庭生活的模式有很多種，包括核心、延伸、單親、隔代教養、離婚、收養、同性父母、機構式照顧（children raised outside the family）及混合家庭。家庭結構（family structure）一詞也意指家庭系統的社會心理組織，包括出生序以及家庭脈絡中個人的自我知覺等因素。透過仔細

地回答下列的問題，可以拓展你對原生家庭的覺察：

- 你在哪一種家庭結構中成長？你的家庭結構曾隨著時間改變嗎？如果是，有什麼改變？有一些重要的家庭價值嗎？哪些是在你家庭生活中較突出的？這些經驗對今天的你有何影響？
- 你現在處於哪種家庭結構？你是否仍投入於你的原生家庭中，或是你現有的家庭結構不一樣了？如果是，有什麼角色是你在目前家庭中扮演、同樣也在原生家庭中扮演的？你是否帶著某些原生家庭的模式進入現在的家庭？你如何看待你自己在這兩個家庭中的差異？
- 畫出你的原生家庭圖，要包括所有成員並辨別他們重要的結盟關係。指認出你在小時候與每個人的關係，以及現在與他們的關係。
- 列出手足清單，從最大到最小的。寫下每個人的簡短描述（包括你自己的）。手足中最突出的是誰？哪一位手足與你最不同？你們是如何不同呢？哪一位手足和你最相像？如何相像呢？
- 你描述自己在原生家庭中是什麼樣的孩子？你從前最怕些什麼？有些什麼希望？有什麼抱負？學校對你而言像是什麼？你在同儕團體中扮演什麼角色？指認出童年期任何關於生理、性心理及社會發展階段的重要事件。
- 指出你個人成長歷程中的掙扎。你跟家人的關係對這奮鬥的發展與存續有何貢獻？你還有哪些選擇足以創造實質的改變？還有什麼方法能讓你在家中有所不同？
- 列出你的優勢能力清單。你的家庭對這些優勢能力的發展有何貢獻？

父母形象及與父母的關係。父母是你發展當中很重要的人物，不論你享有與他們親密的連結或被剝奪走與父母的連結。在你人格形塑的時期，他們的存在或缺席都將對你的發展產生莫大的影響。假設你的父親或母親從你早期家庭生活中缺席，有沒有任何替代人物出現？如果你生長於單親家庭，單親家長是否同時扮演父親與母親的角色？你可能成長於同性別的雙親家庭，那麼關於你自己及這世界，你學到了什麼？別人對你擁有同性雙親是如何反

應呢？社會成規對你同性雙親的看法如何影響到你的過去和現今？

如果你成長於異性雙親家庭中，透過雙親的行為示範，他們所教你的家庭生活是什麼？花點時間想想你的父母形象（parental figures）以及你與他們的關係。專注於你透過觀察及與你父母互動中所學到的，以及你從他們彼此互動中所觀察到的。他們怎麼吵架或解決問題？他們如何向對方表露情感？由誰做決策以及怎麼做？誰管理金錢與家中的財務？雙親各自如何與每個孩子互動？而你的手足又是怎麼看待及回應你的雙親呢？

描述一下你的父親（或替代他的那個人）。他是什麼樣的人？他對每個孩子有何抱負？小時候你是怎麼看他的？你現在又怎麼看他？你像他嗎？你哪裡不像他？當父親讚美或批評你時是怎麼說的？小時候他對你的建議是什麼？他現在又會給你什麼建議？你現在做了什麼會讓他失望？你可以做些什麼去取悅他？他以前跟孩子們的關係怎麼樣？他現在跟你們手足的關係如何？哪一位手足跟他最像，又是怎麼個像法？你的父親跟你談過哪些跟你有關的事（不論直接或間接的）？生？死？愛？性？婚姻？男人？女人？你的出生？有什麼關於你或你所做的，你並不想讓父親知道？如果你正處於一份互許承諾的關係中，你是否看到你的伴侶與你父親之間有著相似之處？

現在描述一下你的母親。用同樣的問題清單，改成關於你的母親（或替代她的那個人），勾勒出你眼中母親的圖像。

你的雙親或扶養你長大的人曾是你生命中的「航管人員」，他們生下你、教導你並幫助你生存下來。他們是你賴以生存的人，你可能覺得在與他們的關係中，自己沒什麼長大。你會發現當你跟他們在一起的時候，你會用小時候的方式反應，而不像心理上的成人那樣運作。重要的是你要記得，對許多人來說，最終要處理的正是他們自己與雙親的關係。

成為你自己。 對於在重視自主與個體化（individuation）的文化中成長的人來說，所謂健康是指這個人與他的家庭在心理上是分離的、但同時仍能保有親密感。心理上的成熟並不是一蹴可及的單一目標；反之，它是終其一生的發展過程，透過一再地檢視和解決你與所愛之人間的內在衝突和親密課題

來達成。你不會在孤立中發現自我；反之，自我探索的過程跟你和他人的關係品質密不可分。做你自己並不意味著「做你自己的事」而不管你對所接觸的他人產生什麼影響。

你可以藉由自己去做那些小時候你期望別人為你做的事情，以承擔起責任。如果你變成一個分離的個體，你仍然與家人維持聯繫、向外界拓展、與家人分享、並在關係中貢獻自己。成為一個整合的人意味著你承認自己多樣與多變的面貌，表示你對自己的正面與負面都能接受，同時，你也不會去否認自己的任何一部分。

關於個體化、獨立、自主與自決的觀點都是西方的價值，有種傾向於減少原生家庭重要性的意味。在比較集體主義的社會中，家人間的羈絆與團結比自決、獨立更加被強調。在許多華裔美國人的家庭中，孝道或順從父母並尊重與榮耀他們，就會受到高度的肯定。男性被期待從小就對父母忠誠，即使在他結婚有自己的家庭後。一個兒子很難突破他的家庭角色的限制而去做他自己，因為他可能總是先想到他是個兒子。對這樣的人而言，個體化既不理想也沒什麼用。個體化和離家的觀念容易導致家庭關係衝突。他比較容易在家庭脈絡中發現自我，而不是在家庭脈絡之外。這相當清楚地顯示，在採取各種行為時文化價值扮演了關鍵角色，反映出個人主義或集體主義的精神。在這點上，請你反思下列問題：

- 在你的教養文化中，是什麼影響你權衡在家中尋求「自主與獨立」或尋求「互依與和諧」，兩者間的重要性？你想保有哪些源自你文化的價值？是否有任何價值會讓你想去挑戰或修正它？
- 你認為自己擁有清楚的認同，並且在心理上與原生家庭分離的程度如何？你在心理上與原生家庭融合的程度？這份關係中是否有任何方面是你想要改變的？或是，有哪些方面的改變讓你很不舒服或是你希望不要改變？說說你的想法。

因應家庭衝突。如果你很難處理你目前關係中的衝突，其中一個原因可能是衝突並未在你的原生家庭中被直接地處理，你可能被教導應該要不計一切

地去避免衝突。當你看到家中的衝突沒有解決，或是大家在衝突後幾個星期都不跟對方交談，你可能會很害怕衝突再度發生。衝突是屬於全家的，雖然父母常把孩子描述為問題根源。成功關係的關鍵不在於沒有衝突，而是承認衝突的根源並且有能力去直接處理導致衝突的情境。否認衝突容易讓關係惡化與緊張。事實上，家庭衝突的模式若懸而未決，很可能在接下來幾代裡重複發生。例如，如果你的父母傾向與反對他們的切斷情緒上的連結，你有可能在成年關係中順著這個模式。或者，你已內化這個訊息：如果你不認同某人，他們就會將你與他們的生活斷離開來。這可能導致你讓自己的意見、信念妥協，以求一份平和的關係。不論形成哪種模式，覺察你原生家庭中溝通與處理衝突的方式，將有助於你了解這對你現今處理衝突的方式有何影響。在你的家庭中，衝突如何被表達跟處理呢？它的根源為何？你在當中是什麼角色？你是否被鼓勵直接跟對方解決衝突？你會安心地說出你對家人間爭議的意見嗎？你的家庭從這類衝突與解決之道的文化中學到了什麼訊息？而這些訊息又是如何傳遞給你的？

二、家庭是個系統

家庭裡有某些規則掌管著人際互動。這些家庭規則（family rules）不僅僅是規定而已，像是小孩出去約會幾點前一定要回家。它們還包括潛規則（unspoken rules）、父母傳達給孩子的訊息、禁令、迷思與秘密。這些規則的措辭常是「應該」或「不應該」：「永遠都不可以這樣」、「要做到完美」、「不要丟家裡的臉」、「不准背叛家人」、「不可以質疑大人」、「不可以對父母頂嘴，他們怎麼高興你就怎麼做」、「家醜不可外揚」。孩子的成長過程中不可能沒有規則或禁令，而孩子也是基於家庭規則做出早期的一些決定，他們決定要接受或是反抗家庭規則，「囝仔人有耳無嘴」、「功課全部做完了才可以玩」。當父母擔心或無助時，他們容易去訂下一些規則好讓情境受控制。這些家庭規則一開始幫助孩子管理情緒、無助感和恐懼。它們企圖要提供孩子一個安全網，迎接他們來到這個世界（Satir et al., 1988）。

請想一想成長過程中你在家裡聽過的應該和不應該，以及你如何回應。

- 你接受了哪些訊息或規則？
- 你曾反抗過哪些規則？
- 你認為哪些早年決定對目前生活的意義最為重大？你在什麼樣的家庭脈絡下做了那些決定？
- 你是否聽過你自己對別人講的話，是跟你早年從父母那裡聽來的一模一樣？

Virginia Satir（1983）認為，我們學到的家庭規則常常是沒得選擇且難以實行的。「我必須從不生氣」就是一個這種家庭規則的例子；還有「我必須永遠當最好的」或是「我必須一直很和善」。認知治療會要求案主挑戰這類字眼「必須」、「一直」和「從來不」的非理性面，Satir 反而傾向讓案主進到一個規則轉化的過程。這個轉化過程是這樣的：

1. 從學到的那個規則開始：「我必須從不生氣」。
2. 把「必須」改成「可以」：「我可以從不生氣」。這仍然是有問題的句子，但至少這裡頭有了選擇。
3. 把「從不」或「永遠」改為「有時候」：「我可以有時候生氣」。現在，這樣聽來更真實。下一步就是要把它個人化。
4. 想出至少三個你可以生氣的情境。例如，當我看到並經驗到別人的不公平對待時，或是別人自以為知道我的想法或感受而要幫我說話時，或是我看到有人虐待動物時，我可以生氣。記下來，在這些時候生氣並不需要你情緒化的反應或暴怒。有許多方法可以表達生氣，不必用暴怒來傷害你的心。

你從家中學到什麼規則？你可能不曾聽到它們被公開地談論；規則通常會透過家中對行為的反應來制定並控制。看看你能否從你的教養經驗中辨認出三個你學到的家庭規則，然後每個規則都跟著 Satir 的規則轉化過程走一

遍。

　　健康的家庭中規則不多,並且會一致地運用規則。規則會盡可能人性化、貼切且有彈性(Bitter, 1987)。根據 Satir 與 Baldwin(1983)的說法,最重要的家庭規則是掌管個體化(獨特性)和分享資訊(溝通)。這些規則讓家庭有能力以開放的方式運作,並允許所有成員有改變的可能性。Satir 提到許多人發展出一系列的方式用來因應家庭規則束縛帶來的壓力。

　　Bitter(2014)拿功能良好與失功能的兩種家庭結構來做比較。在功能良好的家庭(functional families)裡,每位成員被允許擁有各自生活的同時,也能與他們的家庭團體分享生活,如此就有空間來發展不同的關係。改變是預期中、受歡迎的,而非視為威脅。當差異導致意見不合時,只會被視為成長的機會而不是家庭系統的打擊。功能良好的家庭系統結構有著自由、彈性及開放溝通等特色。家庭裡每位成員有自己的意見且能為自己發言,在這種氣氛下,個人去冒險與探索世界時能感受到支持。

　　相對地,失功能的家庭(dysfunctional families)其特色是封閉式溝通、父母一方或雙方均是低自尊,並且有嚴格的互動模式。規則是用來掩飾對差異的害怕,不僅很嚴格且常常不適當地回應情境。在不健康的家庭中,成員被期待以同樣的方式去思考、去感覺、去行動。父母試圖用害怕、生氣、處罰、罪惡感或支配來控制家人。最終這個系統會故障,因為規則不再能讓這個家庭結構保持原樣,而將導致強烈的壓力。

　　當壓力因為家庭系統故障而加深的同時,成員會傾向採取防衛的姿態。Bitter(1987, 2014)描述一致性的人如何因應壓力,他們不會千篇一律只採用防衛來處理壓力;相反地,他們會將壓力轉化為挑戰,想出方法來滿足挑戰。這種人不偏頗,避免讓自己像變色龍一樣隨外界改變顏色。他們的用詞符合自己的內在經驗,也能做出直接清楚的描述。他們以信心和勇氣面對壓力,因為知道他們擁有的內在資源足以有效地因應並做出正確決定。他們感受到歸屬感和與他人的關聯性。他們受社會利益的原則所激勵,這代表著他們不只對自我提升有興趣,同時也覺察到要對公眾利益有所貢獻。

　　思考一下上述家庭規則如何在功能良好與失功能的家庭結構中呈現。與

其把你的家庭貼上「功能良好」或「失功能」的標籤，不如先思考在家庭系統中有哪些特殊面向不如你所預期的健康。此外，也思考你的家庭生活中有幫助的、有功能的而且健康的其他面向。把前面有關家庭結構與家庭規則的討論應用到你自己的經驗裡。以下所建議的幾本書可以提供你更多關於這個主題的細節資訊：*Conjoint Family Therapy*〔中譯本《聯合家族治療》（Satir, 1983）〕、*The New Peoplemaking*〔中譯本《新家庭如何塑造人》（Satir, 1989）〕，以及 *Satir: Step by Step*（Satir & Baldwin, 1983）。

家庭秘密（family secrets）也可以影響家庭的結構與功能。秘密格外具有毀滅性，因為隱藏的通常會比公開的更具有威力。一般而言，造成家中困境的並非公開談論的事，而是那些被隱藏的事。如果家中有秘密，這會讓孩子們想找出家裡到底發生什麼事。你曾懷疑過在你家裡藏著秘密嗎？如果是，你對永久保密有什麼感受？對洩露秘密呢？你認為秘密對家庭氣氛會產生什麼影響？

家庭的重大發展。你會發現描述家庭生命週期是很有用的。你可以用圖表畫出足以凸顯你家庭發展特色的重大轉捩點。其中一種方法是看家庭相簿，看看照片透露出什麼訊息，讓它們刺激記憶與反思。當你看你父母的、祖父母的、手足的和其他親戚的照片時，找找看有什麼模式能提供你線索來了解家庭動力。在繪製家庭發展的變遷圖時，請你反思以下的問題：

- 你的家庭曾面對的危機為何？
- 你能回想起任何非預期的事件嗎？
- 是否曾有因工作、服兵役或坐牢而使得家人分離的時期？
- 在家中誰比較會有問題？這些問題是怎麼出現的？家裡其他人如何回應這位問題人物？
- 出生序怎麼影響到家庭？
- 你的家人中有沒有任何嚴重的疾病、意外、離異或死亡？如果有，那它們對家中個別成員以至於整個家庭有什麼影響？
- 是否有身體、性或情緒虐待的家庭史？如果有，那它們對家中個別成

員以至於整個家庭有什麼影響？

深究上述範疇將使你有能力去斷定那些已改變你的力量，並且將轉為你與案主工作的助力。

三、謹慎行事

如果你的家庭不曾經歷過嚴重的創傷，你只要單純地反思我們所提出處理家庭歷史的問題，這麼做本身就具有治療性了，即使這可能伴隨一些騷動。如果你決定進一步深入這個探索過程並且訪問家庭成員，請你要敏感於他們的感覺和反應。這得走上很長一段路，以減少你使家人失和的可能性。

在第四章裡你將會學習到，基本上你要對案主及其家庭生活裡的文化主題保有敏感度，不然你可能會流失掉某些案主，因為你不清楚案主的選擇與行動如何受到文化的影響，當你接近你家人時也適用這個原則。對你家庭結構裡的文化規則保持敏感度，並且考慮角色、規則、迷思、儀式等概念是如何在家中運作的。如果你生長於一個宗教家庭，許多文化性的影響可能都反映出這個宗教的特質。

在有些家庭裡，當孩子問起某些家庭成員的事情，會冒犯到母親或父親。一位日本研究生做家族自傳作業時去訪問了他的父親，但這位父親卻不願參與分享重要的家族素材，不管這位學生如何堅持得到這些知識對他是多麼的重要。所以，請向你的家庭成員解釋你問這些問題的理由。

檢視家庭史時，你要有心理準備，在你身上或在你的家庭裡將有可能產生危機。深入到這種程度時，可能引出一些你尚未準備好去面對的意外和發現。有一個學生發現她是被收養的，她面臨到處理對於未被告知的憤怒與失望情緒。你可能得知家庭秘密，或是了解到你的「理想家庭」其實並沒有你想像中那麼完美。你可能發現到你的家庭有好的、也有不好的一面。許多學生之所以進入到我們的個人成長團體，是因為他們在別的課堂中得知有關他們自己或家庭系統的事而變得焦慮或沮喪，覺得有需要去談談自己受到的影響。

你可能會發現消息的來源很稀少,即使是關於祖父母。例如,我(Jerry)對父親在和母親結婚前的生活所知有限。從父親這裡,我略知他初到這個國家的辛苦。在 7 歲時,他跟兄弟從義大利來到紐約。我的祖父(我所知甚少)在妻子去世後帶著兩個孩子來到這個國家,而關於我祖母的資訊幾乎是沒有,我甚至不知道她是怎麼去世的。我祖父似乎打算請一位在這裡的親戚幫他照顧孩子,不過這位親戚也無能為力,因為他也有自己的家庭責任,結果我父親進了孤兒院。我回想起他告訴我的一些故事,是關於他小時候在機構裡的寂寞,以及到這個國家連一句英文都不會講是多麼辛苦。真正觸動我的是,我怎麼對父親那方的家庭所知這麼少,這也顯示著還有多少事情是被否認與秘而不宣。由於我父親去世 40 多年了,我必須從母親那裡、還有一些知道他從前生活的親戚那裡,尋求我父親成長史的些許訊息。

相較之下,Marianne 的家庭史就很容易追溯到 1600 年代早期。多年來,我(Marianne)就聽過很多故事,足以編織出一面我的家族史掛毯。我成長於德國鄉村一個大家庭裡,許多親戚與鎮上的人談著幾代以來的事情。我注意到我父親家族的一個模式,在那個家族中的人特別容易生氣,而且用情緒上的斷絕讓彼此之間再也不講話了。這個經驗教導我,家庭模式會一直被複製,雖然我們無法改變他人,但我們確實有能力掌控自己要被別人的行動與決定影響到什麼程度。

如果你要做家族的助人工作,這個程度的自我探索是非做不可的事。承諾去做將使你更有能力欣賞治療過程中案主家人所走過的歷程。我們鼓勵你堅持探索的過程,當然最好是在有督導的情況下進行,這將幫助你能夠跟他人談談你所學到的事。

改變不會在無痛無感中發生。你對自我探索和改變的承諾可能會讓你生活中的重要他人不舒服。進到一個助人者的訓練計畫會對你目前的關係帶來一些危機,你的父母、手足、夫妻、孩子或其他親戚可能會因你的某些改變而倍感威脅。你得相信並承認處理傷痛的價值,且因你的觀點改變,你會想要你的父母或手足也採用新的意見甚至改變他們的方式。也許他們會避開傷痛,也沒有興趣擾亂現有的模式。即使這樣面對他們的處境,能夠導致本質

上的改變和讓生活更豐盛，但他們到底該不該有所改變，這並不是你可以決定的。

當你從訓練計畫中學習人際關係，也在生活中做出正向的改變後，你會很難了解為什麼家人能安於這個也許無害、但很侷限的生活。你可能會問：「如果我連自己的家庭都幫不了，我怎麼去幫助別人的家庭呢？」如果你把改變你的家人視為你的責任，你將會以挫折感收場。

一個研究生在諮商計畫中接觸到我們的一位成員，他說到將課堂中所學用到自己家裡讓他覺得很有負擔。我們問他，在結束一週的治療團體後希望能達到什麼自我探索目標時，他說：「我感到急需要在一週的工作坊結束時解決我所有的家庭問題。畢竟，如果我自己跟家人有問題的話，我要如何幫助我未來的案主解決他們的問題？」雖然這位同學被鼓勵去處理他的問題，但他卻試圖去滿足一個不切實際的期待，反而讓自己陷入失敗中。更重的負擔來自於他的信念──他相信他的責任就是要去改變他生命中的重要他人。如果家人沒有動機去做出某些改變，他就必須明白：不管他有多聰明，他絕不可能幫他們做這件事。他所能做的是專注在自己身上並對自己真誠，才有可能以身作則邀請他們改變。他可談談自己做出的改變，也可以讓其他人知道他如何被他們的行為所影響，及他希望跟他們維持什麼樣的關係。

重點是要避免一種心態，就是別人都應該改變。耐心與尊重是關鍵，為你的生命做出改變時，你可能得通過自己好幾層的防衛。這需要時間與耐心，允許你自己變得脆弱，進而開啟新的可能性。當你生命中的其他人在思索他們的改變時，也請你給他們一點空間。

第六節　認識生命週期

在這一節中，我們討論的是從嬰兒期到老年期諸多發展階段裡的重要生命議題。個人轉化（personal transformation）需要你覺知到過去你是如何處理發展任務，以及現在你會如何應付這些課題。透過描繪你過去和目前的生命經驗，你就能處在一個較佳的位置欣賞案主的掙扎，讓你能對他們做出更

有效能的處遇。

我們的目標是讓你反思你的生命週期，以及你在那些關鍵時機做出的重大決策。這是一個重大的挑戰，你得處理像是結婚或離婚、家人的出生或死亡、失業或退休等劇變。這些轉捩點全都考驗著你是否有能力處理不確定性，離開已知的與安全的環境，並選擇一個新的人生方向。

美國心理學會在 2017 年有一份報告「多元文化導引：脈絡、認同與多元交織性的生態取向」（Multicultural Guidelines: An Ecological Approach to Context, Identity, and Intersectionality），其中導引第 8 點論及發展階段與生命週期：

> 心理學家試圖去覺察和理解：發展階段與生命週期何以能交織出更大的生理—社會—文化脈絡；認同如何能在這樣的交互脈絡中發揮功能；以及，這些不同的社會化和成熟經驗將如何影響人的世界觀與認同。

透過認識每個生命週期的挑戰，你將能理解人格發展的初期階段如何影響你後續生活中的各項抉擇。每個發展階段在不同人身上有相當大的差異存在。你的原生家庭、文化、種族、性別、性取向以及社經地位，都會影響你怎麼通過各個發展階段。以下編列的年齡層只是個參考，供做對照情緒、生理與社會性年齡之用。

一、人生階段的理論基礎

有許多理論取向可用來理解人類的發展，它們對於從嬰兒期到老年期各階段的概念略有不同。人是如何發展出各方面的功能，這些理論提供了理解的路徑圖。在這一節裡，我們提出三種可供選擇的觀點來闡述終生人格發展：我們會描述 Erik Erikson（1963, 1982）人類發展的心理社會理論模式；加入 Thomas Armstrong（2007）在每個生命階段的「天賦」說；再強調「脈絡中的自我取向」（self-in-context approach）裡的一些重要觀念，此取向重視用系統的觀點看待個體的生命週期（McGoldrick, Carter, & Garcia-Preto,

2011b）。

系統觀（systemic perspective）根植於一個假設，就是經由我們在原生家庭中的角色與位置來學習，最能幫助我們理解自己是如何成長的。系統的觀點是指個體若是離開他們身為其中一份子的家庭系統，將無法獲致真正的理解。

我們將描述從嬰兒期到老年期的九個發展階段，並指出每階段的心理社會任務，也會簡單描述一下當任務未能掌握時可能發生的人格發展潛在問題。在任一個生命時期發生急性與慢性疾病，將會打斷往下一個生命階段轉化的過程。舉例來說，青少年期糖尿病可能干擾正常的孩童期經驗；脊髓損傷、癌症與HIV/AIDS會破壞中年生涯與社會性發展，你必須知道你個人的發展將如何成為你助人時的資產或是負債。當你閱讀並反思這些發展階段時，請問問你自己，你對於每個發展時期中重要的心理社會任務（psychosocial tasks）掌握得如何？

Erikson（1963, 1982）的模式是全人的，視人類為涵括生理、社會及心理的個體。心理社會理論（psychosocial theory）提出一個概念架構以理解發展趨勢；每個生命階段的主要發展任務、重要的需求以及需求被滿足或挫折；各生命階段可能的選擇；重要的轉捩點或發展危機；以及可能導致後來人格衝突的問題人格發展根源。Erikson的理論主張，在每個生命階段我們都會面臨到在我們自己與社會環境之間建立平衡的任務。

Erikson依照不同的發展階段來描述人類一生的發展，每一個階段會指出一個有待解決的特殊危機。對Erikson而言，危機意味著生命的轉捩點，是轉化的時機，其特徵在於此時有往前或倒退發展的潛在可能性。我們生命中的重要轉捩點受到多種因素影響，諸如生理的、心理的及社會性的因素。雖然我們並不能直接控制發展中某些關鍵要素，例如早年經驗和基因，不過我們仍能選擇如何詮釋這些經驗，並運用它們進一步自我成長。在生命的關鍵轉捩點中，我們可能成功地解決基本衝突或是卡在發展的路程中。這些轉捩點同時代表著危險與機會：危機可視為是需要被滿足的挑戰或是剛好發生在你身上的大災難。每個發展階段建立在前一階段的心理成果上，有時候個

人沒有辦法解決衝突，以至於就退化了。生命是有連續性的；個人目前的生活相當程度地反映了早期選擇的結果。

在 The Human Odyssey: Navigating the Twelve Stages of Life 一書中，作者 Thomas Armstrong（2007）主張，每個生命階段對人類福祉而言都同樣地重要且必需。每個生命階段有其獨特的天賦以貢獻於世。Armstrong 相信我們應該滋養人類的生命週期，正如同我們為了保護環境免於全球暖化與其他威脅所做的努力一般。他主張透過支持每個發展階段，將有助於確保人們被照顧到並發展他們的潛能於極致。

McGoldrick、Carterd 與 Garcia-Preto（2011b）評論 Erikson 的個體發展理論，對人際領域以及與他人連結的重要性部分闡述得不夠充分。脈絡性因素對我們形成個人清楚的認同，還有能和他人連結，扮演十分關鍵的功能。由 McGoldrick 與 Carter 提出的脈絡中的自我觀點（self-in-context perspective），考慮到種族、社經地位、性別、族群與文化在影響個人生命週期中的發展過程是相當核心的因素，這些因素影響了孩童對自我的信念以及與他人情緒上連結的方式。為了有健康的發展，我們有必要在每個生命階段與他人連結的脈絡下，清楚地覺知到我們的獨特自我。

二、階段一：嬰兒期

從出生到 1 歲的嬰兒期，基本的任務即是發展出對自己、他人與環境的信任感。嬰兒充滿活力，看起來有無限的能量（Armstrong, 2007）。這個時期核心的掙扎在於信任與不信任（trust versus mistrust）（Erikson, 1982）。如果嬰兒生命裡的重要他人提供所需的溫暖與關注，孩子就會發展出信任感。這種被愛的感覺是最佳的防護，免於害怕、不安全及匱乏感。為了闡明不信任感對我們生命初始的負面影響，試想 Lionel 的案例，他生命最初幾個月是由一對疏忽的父母扶養，後來進到了寄養體系。到了成年，Lionel 在人群中是極端小心翼翼的，因為他深信自己很快會讓這些人失望。一旦有人靠近，他總是孤立自己、推開別人，尤其是親密伴侶。

Daniel Goleman（1995）相信嬰兒期是建立情緒智能的起點，他對情緒

智能（emotional intelligence）的定義是指控制衝動、同理他人、形成負責的人際關係以及發展親密關係的能力。他指出教導情緒能力最重要的因素就是時機，尤其是在原生家庭及原生文化中的嬰兒期。他特別提到，兒童期與青少年期擴展了人類能力的學習基礎。後期的發展提供了重要的機會以養成基本的情緒模式，足以掌控我們的餘生。

反思與應用。當你反思本階段的發展任務時，請想想最初那幾年你所有的基礎為何，以及這些經驗如何裝備或是妨礙你目前生活中所要面對的任務。考慮以下的問題：你從原生家庭中學習到如何在世界上生存嗎？你難以信任他人嗎？你能信任自己，並且相信自己有能力成功嗎？你害怕別人會讓你失望、而你也得小心翼翼地表現嗎？

三、階段二：兒童前期

1～3歲的兒童前期（early childhood）最關鍵的任務是展開自主的旅程。這個時期的核心掙扎即是自主與羞愧、懷疑（autonomy versus shame and doubt）（Erikson, 1982）。從被別人照顧進展到能照顧自己的需求，孩童對相互依賴的認識增加了，也發展出一種包括能延宕滿足的情緒能力。

孩童如果未能掌握好自我控制的任務並適應他們周遭的環境，將會發展出一種羞愧感，並產生對自己能力懷疑的感覺。父母幫孩子做得太多，會妨礙他們的發展。如果父母堅持讓孩子依賴，這些孩子將會懷疑自己的能力有什麼價值。這段時期重要的是讓諸如生氣等感覺被接納，而非被評價。如果這些感覺不被接納，孩子後續可能沒能力處理人際關係中的怒氣。他們將變成那種必須否認所有「不被接受」的感覺的大人。

反思與應用。有些助人者很難承認或表達生氣的感受。於是，他們也很難允許他們案主擁有這些「不被接受」的感覺，也操縱案主遠離這些感受。如果這個描述符合你的情況，你是否能找到從憤怒中退縮以外的方法？有一個做法能讓你有不同的表現：當案主直接對你生氣時，請讓你的身體與心理都留在諮商室裡。在之後的督導中，你就能處理心中被激起的害怕。假如這些

感受與態度妨礙你對案主的處遇，你就需要在個人治療中處理它。

四、階段三：學齡前期

　　3～6歲的學齡前期（preschool），孩童會去尋找他們能做什麼。這個時期的核心掙扎即是主動與罪疚（initiative versus guilt）（Erikson, 1982）。根據 Erikson 的理論，學齡前期的基本任務即是建立勝任感與主動感。學齡前期開始學著給予及接受愛和情感、學習基本的兩性態度、學習更多複雜的社交技巧。根據 Armstrong（2007）的研究，這個生命階段的天賦是嬉戲。當小小孩玩耍時，他們重新創造了世界，他們把現實與可能性結合在一起做成新的事物。如果允許孩子有合理的自由去選擇他們自己的活動，並且自己做出一些決定，他們往往就能發展出一種正向的特質，有信心自己能夠主動並且貫徹下去。根據脈絡中的自我觀點，這個階段開始對「差異性」有所覺察，也就是從性別、種族和有沒有能力這些角度去區辨差異。此時的關鍵任務便是增加對他人的信任感（McGoldrick et al., 2011b）。

　　如果孩子被過度限制或不被允許替自己做決定，將會發展出罪疚感，對生活的主動姿態最終會退縮回去。父母對孩子的態度會從語言與非語言兩個層面透露出來，孩子們常會因為父母的負面訊息而發展出罪疚感。以 Debo 為例，假設她在學齡前期學到了一件事，是她無權置喙她應該穿什麼衣服或可以玩什麼遊戲。長大後，Debo 養成了一種被動且逃避的行事風格。當 Debo 被迫要做出決定時，她會感到罪疚因為她很害怕做出錯誤的選擇。

　　這個時期奠定了性別角色認同的基礎，孩子們開始形塑出適切的男性與女性行為取向。在某些時候，不論女性或男性都會想擴展他們的自我概念，也就是自己到底想成為怎麼樣的人。然而，早期的制約常導致自我概念的擴展變得有點困難。所以許多人會去尋求諮商協助，因為他們經驗到的問題與性別角色認同有關。

　　反思與應用。在你準備將本階段的發展任務應用於生活中時，請先探索你目前的態度與行為模式中，有哪些可能源自於學齡前期。想一想下面的問

題：你是不是已經成為你期待中的女人或男人？你所謂適當的性別角色行為標準是從哪裡學來的呢？童年期有哪些衝突至今都還影響著你？你目前的行為與衝突是否顯示出一些未竟事宜呢？

五、階段四：兒童中期

Erikson（1982）提到 6～12 歲的兒童中期（middle childhood），其主要掙扎在於勤奮與自卑（industry versus inferiority）。這個階段的核心任務是要達成一種勤奮感；倘若失敗了，會導致一種匱乏感。孩童需要擴展他們對世界的認識，並繼續發展適當的性別角色認同。勤奮感的發展包括了專注於開創目標，例如在學校裡接受挑戰並獲致成功。根據 Armstrong（2007）的看法，想像力是本階段前半期的關鍵天賦。孩子會發展一種內在的主觀自我意識，而且這種自我意識會隨著外在環境對他的印象而鮮活起來。本階段下一個關鍵特質則是機智，大一點的孩子們需要一定的社交技巧與技術，才足以面對與日俱增的壓力。

從脈絡中的自我觀點來看，這正是孩子們增加自我認識──包括性別、種族、文化與能力──的時機。在此同時，他們對自我與家庭、同儕及社區之間關聯性的了解也大為提昇。這時的關鍵任務在於發展出同理心，或是能夠採取他人的觀點（McGoldrick et al., 2011b）。

孩童若是在學齡早期遭遇到失敗，常會在往後的生活中經驗到重大障礙。這些早期有學習問題的孩子可能開始覺得自己很沒用，這種感覺常顯著地影響他們與同儕之間的關係，然而同儕關係在此時極為重要。源於兒童中期的問題包括了負向的自我概念、對於建立與維持社交關係感到自卑、價值觀衝突以及缺乏主動性。舉例來說，Bronwyn 在學齡前期有一個長期以來影響她在校成績低落的心理因素，即是她內心深植的一個信念：她是個乏善可陳的人，而且一點也不重要。她會避開所有會要她冒險的情境，不論是個人或專業上，因為她沒有辦法相信自己能達成任何有意義的目標。

反思與應用。你在學校最初的幾年中有什麼特殊表現嗎？你覺得自己有沒

有能力去當一個學生呢？學校在你眼中是個令人興奮或是令人想逃避的地方？有哪些具體的例子讓你覺得自己很成功，或感到自己是個失敗者？在學校的頭幾年，你怎麼看待自己的能力表現？回想這個時期生活裡的重要他人，有誰帶給你正面或負面影響。試著去回想他們對你的期待，並回想他們對於你的價值與潛能是怎麼說的，這些訊息如何影響現在的你？

六、階段五：青少年期

12～20 歲的青少年期（adolescence），是一個尋求認同、持續發掘自己的聲音，以及在照顧自己與照顧他人間取得平衡的時期。此時的核心掙扎在於自我認同與認同混淆（identity versus confusion）（Erikson, 1982）。Armstrong（2007）描述本階段獨特的天賦正是熱情。青少年身體上一連串強而有力的改變，表現在性的、情緒的、文化上與精神層面的熱情，以及一股內心深處對生命的熱忱。從脈絡中的自我觀點來看，關鍵的發展任務包括了處理身體的突然變化以及身體形象的議題、學習自我管理、發展個人的性別認同（sexual identity）、發展生命哲學及精神層面的認同、學習處理親密關係，以及拓展人際關係中的自我認識（McGoldrick et al., 2011b）。

對 Erikson（1963, 1982）而言，青少年期的主要發展衝突在於想弄清楚你是誰、你要去哪裡，以及你要怎麼到達那裡。這種掙扎集合生理面與社會面的改變於一身，青少年會覺得很有壓力，他們要早點做出生涯決策、要去就業市場競爭或是上大學、要經濟獨立，還有要對生理與情緒上的親密關係許下承諾。同儕團體壓力是很重要的力量，而人們也很容易在順從朋友的期待中失去自我。許多青少年經驗到持續增加的壓力，自殺的念頭並不少見。

在青少年時期形成認同的過程中，一個重要的部分是從家庭系統中分離出來，並且從自己的經驗中建立新的認同。與父母分離的過程會是個體化的掙扎中很令人苦惱的一部分。雖然青少年採用父母的許多價值觀，不過為了個體化，他們必須自由地選擇這些價值觀，而不是不經思索地全盤接受。

反思與應用。花一點時間回顧你的青少年期經驗。那時候你對自己有什麼

感覺？回想這些年，你的經驗如何幫助或阻礙你跟案主的工作？思考一下你在青少年期獨立的程度與相互依賴的程度。請關注於是什麼為你的生命帶來意義，並且問問自己下列問題：在生命中這段時期，我是否清楚知道自己是誰以及要往哪裡去？我在青少年的那些年曾為哪些重大抉擇掙扎過？當你回顧這段時期，請把焦點放在你的青少年經驗如何影響你成為今天的你。

七、階段六：成年前期

根據 Erikson（1982）的看法，我們掌握住青少年期認同的衝突後，便會進入約 20 ～ 35 歲的成年前期（early adulthood）。然而，我們的認同感到了成年期會再次受到考驗，此時的核心掙扎變成了親密與孤立（intimacy versus isolation）。形成親密關係的能力大多仰賴有清楚的自我概念。親密關係涉及到分享、付出自我、靠自己的力量與別人建立關係，以及想跟某人一同成長的渴望。假如我們很少想到自己，我們能帶給別人意義的機會就少之又少。無法達成親密關係常導致一種與人隔離的感覺和疏離感。Judith 是個很好的例子，這位年輕女性未能發展出堅強的自我感受，原因跟她的早年掙扎有關。她會致力表現出她認為可滿足別人對她的要求的種種行為，因為她迫切地想得到關愛、讚許和接納，但總是以落空和孤獨收場。她有過不少親密伴侶，但他們似乎沒多久就開始疏遠她。

Armstrong（2007）指出，事業心的原則是此生命階段的關鍵特質。年輕人要想完成他們所面對的任務（例如找到一個家、一個伴侶或建立事業）時，事業心是必要的。一旦我們進入社會打算開創自己的一片天，這個特質在任一個生命階段都用得上。

成年早期的主要目標是能夠進入到親密關係以及找到滿意的工作。此時的發展議題包括了照顧自己和別人、關注於長程目標、養育他人並兼顧身體與情緒層面、發現生命的意義，以及為了達成長程目標而發展出延宕滿足的容忍力（McGoldrick et al., 2011b）。

打從結束青少年期進入成年前期，我們的核心任務就變為接受更多的責任與獨立。雖然我們大多搬離父母親，但在心理上我們並非全然離開他們，

我們的父母或多或少仍持續影響著我們的生活。文化因素在決定父母影響我們生活的程度時，扮演了重要的角色。例如，某些文化並不鼓勵發展獨立的精神。反之，這些文化首重與人合作的價值以及相互依存的精神。在某些文化中，甚至在子女進入成年期後，父母仍持續對他們產生重大的衝擊與影響力，尊重並榮耀父母會比成年子女的個人自由更為人所讚揚。在這些文化下，自主的掙扎就會定義在個人在家庭中的位置，而不是個人是否從家庭中分離出來。

自主（autonomy）是成年早期的關鍵發展任務，意指成熟的自我管理。如果你是個自主的人，你能運作良好，便不需要一再的認可與保證，你能敏感於他人的需要、能有效地回應日常生活的要求、必要時願意尋求協助，也能夠提供他人支持。身在家中，你同時兼顧著內在世界與外在世界兩個部分。雖然你想著要滿足自己的需求，不過你不會犧牲周遭他人來滿足需求。你會覺察到你的行為可能會影響別人，考慮到你的自我發展時，你也會顧及別人的福祉。其實，決定自己過什麼樣的生活品質也屬於自主的一環。自主表示你願意承擔你的決定所帶來的後果，而不是當你對生活不滿意時要別人負起責任。更進一步地，在獨立與相互依存之間達到一個健康的平衡點，這不是一蹴可幾的事。自主與相互依存間的掙扎從兒童早期就展開了，並且會終其一生地持續下去。

脈絡中的自我觀點寫到真正的成熟時，McGoldrick 與 Carter（2011b）提醒我們，西方社會的終極目標是要發展出一個成熟且相互依存的自我。而要在與他人連結的脈絡下建立一個堅定的獨特自我感是一大挑戰。這種系統觀基於一個假設，所謂的成熟應該具備同理、溝通、合作、連結、信任與尊重他人的能力。

反思與應用。假如你是中年或年紀更大的人，你曾在成年前期做過什麼決策？你認為這些決策會如何影響你跟案主工作的方式？你曾對你所做的選擇有任何後悔嗎？你有沒有想過，你個人的掙扎或沒有掙扎可能會影響你跟那些很難為自己的生活或職涯下決定的案主進行工作？

八、階段七：成年中期

　　介於 35～55 歲之間的成年中期（middle adulthood），其特徵在於「從現況出走」（going outside of ourselves）。此時的核心掙扎是生產與停滯（generativity versus stagnation）（Erikson, 1982）。這是學習如何創造性地與自己和他人生活的時機，而且它可以是我們生命中最有生產力的時期。這段期間，人們可能會理性地重新檢視他們的生活，進而重新改變他們的工作與他們的社區參與（McGoldrick et al., 2011b）。Armstrong（2007）指出，靜思（contemplation）是成年中期的天賦。中年人會反思他們的生命意義，這種反思不論在任何年齡都會是豐富生命的重要資源。還有其他任務，諸如養育與支持他的孩子、伴侶和年長的家庭成員。他們面臨到一個挑戰，即是承認目前的成就表現並且接受現實的限制。生產包括在職涯中的創造力、發掘有意義的休閒活動，以及建立施與受兼備的重要人際關係。

　　跟每個階段一樣，這個時期有危險也有機會。危險包括了落入安全卻陳舊的生存方式，以致無法利用機會讓生活更加豐富，許多人經歷到中年危機，整個世界顯得很不穩定。中年期有時會出現一段憂鬱期，當人們開始認為某些願景永難實現，他們對未來生活就不再抱持任何期望。此時的問題就在於無法達到一種有生產力的感受，這會讓人覺得停滯。此時的重點是要這個人明白他們生命中有什麼選擇、預期自己能做出什麼改變，而不是就此放棄了，把自己定位成週遭生活中的受害者。在 48 歲那年，Steve 體認到昇遷無望了。他在中階主管職已經很多年了，一再地與升等機會錯過，他很氣那些年輕同事的成就，卻不思轉職，他確信留在目前的職位是他唯一選擇。

反思與應用。如果你已經到了成年中期，你會運用哪些掙扎與決策成為你的資源？如果你還不到中年，你現在最想達成的生活目標是什麼？你對人際關係的期待為何？你想從工作中得到什麼？你可以做些什麼以保持活力、避免因循守舊？

九、階段八：中年晚期

　　Erikson 並沒有區分中年期跟中年晚期，不過倒是有一個概括的階段橫跨 30 幾歲中期到 60 幾歲中期這段期間。對 Armstrong（2007）而言，這段時期的天賦即是慈悲。其他人能從他們的例子裡學習到一些方法，致力於讓世界變得更好。McGoldrick 與其研究伙伴（2011b）則區分了中年期裡的這兩個階段。對他們而言，中年晚期（late middle age）從 55～70 歲，是許多成年人開始考慮退休、尋找新的興趣，並多加思索能在餘生做些什麼的時候。這個時期可以發展一些新的興趣，隨著淡出養育子女或負擔家計的責任，這種可能性大增。這時，人們會變得較常關心死亡這件事，也較常反思自己過得好不好。此時，人們正站在生命的十字路口，是個重新評估的時機。他們可能會開始質疑到底此生還剩下些什麼，他們也許會重組生活裡的優先順序，或是改變他們過往的承諾。人們在中年晚期到達了人生的頂峰，開始覺察到自己必須踏上往下坡的旅程。這可能會使他們痛苦地經驗到，他們年輕時的夢想，與嚴苛現實中所達成的生活是有落差的，此時的挑戰在於面對這個真相：並非每件事都能盡如人意。人們必須要放掉某些夢想，接受自己的有限，不要再留戀於那些辦不到的事，而是去關心那些可以做到的事（McGoldrick et al., 2011b）。

　　邁入 50 幾歲中期，許多人正處在社會地位與個人權力的巔峰，正是人生得意的時期。成人在此時常會有許多反省、靜思、重新定位與自我評估，讓他們得以繼續發現新的人生方向。

反思與應用。用一點時間想想，當你到了中年晚期，最希望實現哪些個人方面與專業方面的成就。如果你可以在此時創造一個新的人生方向，那會是什麼呢？

十、階段九：成年晚期

　　成年晚期（late adulthood）是指 70 歲以上，此時期的特色在於其核心

掙扎：統整與絕望（integrity versus despair）（Erikson, 1982）。遭遇父母的死亡以及失去朋友和親人，促使我們面對一個現實：我們得為自己的死亡做好準備。成年晚期的基本任務是從客觀的角度來回顧整個生命，並且接納我們是誰以及我們的所作所為。從 Armstrong（2007）的觀點來看，成年晚期的天賦即是智慧。老年人代表著人們的智慧泉源，幫助我們避免犯下以往的錯誤，並從生命教訓中獲得好處。在此同時，靈性擔負起新的意義，提供我們一種有目標的感覺，即使這時我們越來越需要依賴他人（McGoldrick et al., 2011b）。成年晚期常見的主題包括失落、寂寞與社交孤立、被拒絕感、尋找生命意義的掙扎、依賴、無能感、失去希望與絕望、害怕死亡與臨終、哀傷他人的死亡、對身體與心理的退化感到難過，以及對過去感到後悔。現今，這許許多多的主題呈現在 80 幾歲中期的身上，比 60 幾歲和 70 多歲的人更為明顯。

　　自我統整成功的人能夠接納他們曾有過的生產力，以及他們曾遭遇過的失敗。這樣的人可以接受他們的生命過程，不會永無止境地去想所有他們做過的、可能做過和應該要做的事。相對地，有些老年人未能達到自我統整。他們會檢視所有他們未曾做到的事，他們常渴望有別的機會去過不同的生活。72 歲的 Florence 多年來為了全心照顧她的先生 James，而失去與其他朋友的關係，兩年前他去世了，她一直深感遺憾。她也很後悔錯失了培養嗜好或在職場發展的機會。如果有機會重來，她會更果斷地跟他先生 James 說，她需要向外發展，去交朋友、做自己有興趣的事。

　　成年晚期變化之大，正如中年早期一般。其實每個發展階段皆有很大的個別差異存在，許多 70 幾歲的老年人跟很多中年人一樣充滿能量。在成年晚期，人的看法與感受不僅僅是生理年齡的問題，更重要的是態度的問題。生命力受到心理狀態的影響，遠遠超過生理年齡的影響。

反思與應用。如果你還不到老年期，想像一下你在那個階段。你希望可以怎麼描述你的人生？屆時你最希望能建立怎樣的人際關係？請特別注意你對老化的害怕以及你希望到時候成就了些什麼。你對後面這幾年有什麼期待？

你正在做哪些事情可能會影響到你老年成為一個怎麼樣的人？你能否想出有什麼後悔的事想要講出來？當你如預期地變老，請想想你現在能做些什麼，讓你得以老年時有更多的機會達到統整感。你是否正在發展興趣與人際關係，作為往後幾年滿足感的來源呢？

假如你發現自己擱置許多現在想做的事，問問你自己為什麼這麼做。評估你對目前自己的滿意程度。最後，評估現階段你對老年案主工作的能力。如果你自己還不到這個年紀，有哪些經驗是你可以用來了解老年案主的世界？即使你不曾有過相同的經驗，你是否了解你可以怎麼連結到他們某些與你非常相似的感覺呢？

我們多數人可以回顧我們的生活並且記得許多事，足以有效地反省過去的轉換階段與經驗，但我們只能預期大約 10 年後的生活。如果你正在青少年晚期或是成年前期，可以去訪問在不同發展階段的長者，以便對未來有更多的認識。用心去聽，這些人可以教你關於人生以及關於尚未發生的哪些事？

重要的是，要了解並反思你生命中的轉捩點，你才會有一個參考架構去跟案主工作，自我探索與自我認識是持續不斷的過程。假如你希望成為別人生命中療癒的媒介，你就需要認識你自己。正如我們告訴我們的學生，「你不可能帶案主深入到超越你自己願意探索生命的深度。」

重點回顧

- 有些訓練計畫為學生提供了原生家庭的作業，使他們更加懂得他們的家庭經驗如何影響自己成為什麼樣的人。這類的訓練使助人者能更有效地連結上他們在臨床實務中接觸的家庭。
- 為了增加你與家庭工作的效能，重要的是你得解開你自己跟原生家庭連結的謎團，同時你得覺察到你不斷地重演那些童年建立的模式。
- 當你開始詮釋你在家庭中成長經驗的意義時，去想想家庭的結構、你跟父母手足的關係、家裡的關鍵轉捩點以及你父母傳承下來的訊息，會很有幫助。

- 擔任專業助人者時常會重啟你自己的心理傷痛。如果你不願意處理你的未竟事宜，你恐怕要重新考慮一下你是否願意陪伴案主走上他們處理舊傷的旅程。
- 個人諮商，包括個別與團體工作，對於增加你的自我覺察與提供機會讓你探索未解決的衝突都很有價值。透過開始參與諮商，你越能夠去領悟到那些影響你助人工作的個人議題。
- 家族治療與個人治療能點出你自己移情與反移情的部分，並開拓你的視野，看到原生家庭經驗像個模板一樣框定你往後的人際關係。你在治療過程中的經驗能增進你覺察某些思考、感覺與行為的模式。
- 九個生命階段各代表著一個轉捩點，是個人在實現命運時面臨的挑戰。不論助人者或案主均需要了解到，個人的轉化得要有意願忍受痛苦與不確定性。成長不會總是平順的，多少會有些騷動。
- 每個生命階段都得做出一些決定。你早年的決定會影響你現在的樣貌。
- 特殊任務及特殊危機從嬰兒期到老年期都會發生。請回顧你的成長史，這將使你更能看穿案主通過發展的掙扎。如果你能理解自己的生命經驗與脆弱，你將站在一個很好的位置來理解案主的問題並與之工作。
- 你因應自己生活危機的情形將會是個很好的能力指標，顯示你幫助案主通過他的生活危機的能力。如果你面對並運用所有可用資源來處理你的問題，你可以將之呈現給身處危機的案主。你對選取內在資源的知識，可幫助你引導案主發現他們自己引發改變的內在資源。

你可以做什麼？

1. 深入探索你的原生家庭是基本功，即是訪問你的父母與任何從小就認識你的人，你可以訪問他們關於你的一系列具體問題，這個活動的重點在於你能蒐集到讓童年圖像更加完整的事件或情境。每個人記得最多關於你的是什麼？你能否覺察受訪者描述中關於你的任何主題？
2. 設計一個問題清單，幫助你了解你的父母在成長過程中是什麼樣貌。比方說，你可以問父母在他們 6 歲、14 歲或 21 歲時，跟他們父母的關係

是怎麼樣。這個活動的目標不是要為難他們或要他們揭露秘密，而是想更了解他們在童年期、青少年及年輕時的希望、目標、關心、害怕和夢想。你可以跟你父母談談他們的早年經驗如何影響他們扮演父母親的角色，跟他們討論你觀察到他們與你之間的任何模式。

3. 如果可行，可考慮跟你的祖父母訪談。同樣地，想想你希望他們回答的問題，敏銳地察知他們對於分享私人生活會有什麼反應。你可能僅要求他們分享一些比較能自在談出的事件或回憶，與其只問他們問題，你也可以考慮分享一些你成長過程中與他們有關的重要回憶。他們教會了你什麼？如果有的話，你看到哪些相似的模式是傳承自你的祖父母、到你的父母、到你，甚至傳給你的孩子？

4. 你可以考慮開始寫日記或剪貼簿，蒐集你原生家庭裡的重要資訊。在做這件事的時候，你要注意本章所提出的自我探索問題，你甚至可以找到素材來描述生命中各個轉捩點。例如你寫過的詩、收到的賀卡──任何對你來說有意義的東西。放上你跟父母、手足、祖父母或其他親戚朋友的照片會很有用。還有，從你父母、祖父母及其他親戚提供的任何素材，將補足你原生家庭經驗中的許多細節。請你找出一些主題與模式，這將使你對至今仍影響你的力量有較清楚的理解。

5. 本章有很多部分提供你反思的素材，是有關你的原生家庭經驗如何影響現今的你。花點時間想想你個人從閱讀本章中學到哪些關於你自己的事？是否有任何私人議題是你認為尚未解決而你也承諾加以探索的？如果有，把這個未竟事宜寫在你的日誌裡。你在家庭議題中掙扎且未解決的私人議題又是如何影響你的個人工作能力呢？

6. 寫下個人成長的資源清單，以及增進你自我覺察的方法。想想你可以提升自我探索的途徑。你是否願意去追尋這些資源，並且承諾進入到更深層的自我成長？

7. 回想你生命中最困難（痛苦）或是最興奮（喜悅）的時刻。你從這些經驗中學到了什麼？如果這個時刻發生在兒童期，找一個從小就認識你的人，跟他談談他/她記得你的什麼事？這些生命經驗對你作為一個助人

者有什麼含義？你的某些生命經驗如何影響你去跟與你相似的人工作？或與你不同的人工作？

8. 反思你的生命經驗，你認為哪些有助於你對案主的工作。運用你的日誌記錄下你的生命轉捩點。你能不能想起一、兩次你面臨做出重大決定的情形？如果有，這個轉捩點如何能至今仍影響你的生活？你從那次決定中學到什麼教訓？而這個經驗如何使你更能指出案主的掙扎？

9. 在小團體中，花點時間探索你的家庭經驗如何影響你對家庭以及對個人的工作，哪些與家庭生活有關的態度會出現在你的專業工作中？

10. 以下所列出的參考資料，其完整的書目資訊，請參考本書的參考文獻。關於脈絡中的自我發展取向，強調個體生命週期的系統觀，可詳閱 McGoldrick、Carter 與 Garcia-Preto（2011b）。參考 Armstrong（2007）討論生命週期的各個發展階段。Newman 與 Newman（2015）是從心理社會的觀點概述一生的發展。至於詳盡而精心編著之關於家族治療的書籍，可參考 Bitter（2014）。有關兒童期、青少年到成人期所處理的主題與選擇，可參考 G. Corey、Corey 與 Muratori（2018）。

Chapter 3

了解你的價值觀
Knowing Your Values

黃慈音 譯

學習目標

1. 描述助人者之價值觀如何在諮商過程中運作。
2. 討論強行輸入助人者價值觀所涉及的倫理議題。
3. 解釋轉介不能解決價值衝突的原因。
4. 解釋重要訴訟案件對價值衝突的影響。
5. 確認壓迫和歧視與性傾向有所關聯的方式。
6. 解釋價值觀有時會如何與性別角色認同有關。
7. 討論靈性/宗教價值在助人過程中的角色。
8. 列出處理臨終抉擇議題的一些準則。

焦點問題

1. 你對自己核心價值觀的覺察程度有多少,以及它們如何影響你對案主的工作?
2. 是否有可能在與案主互動時不做任何價值判斷?你認為進行價值判斷是否恰當?如果是,是在何種狀況下進行?
3. 你是否能忠於自己的價值觀且同時尊重案主的選擇,即便他們的選擇與你的不同?
4. 你是否傾向影響你的朋友與家人做「對」的選擇?如果是的,那你身為助人者可能發揮出的意義為何?
5. 即便你相信案主若是選一條不同的路,他們將會變得更好,你能支持案主的自我決定到何種程度?
6. 你相信哪些價值觀是助人過程中不可或缺的一部分?你將如何與案主溝通這些價值觀?
7. 為什麼你認為強行輸入諮商師的價值觀是一個倫理議題?
8. 你覺得哪一個價值觀可能在你與案主的工作中帶來挑戰?
9. 你認為諮商師在與不同類型的案主工作時如何處理自己的價值觀?
10. 你認為轉介是解決與案主價值衝突的倫理性解方嗎?

第一節　本章目標

　　助人專業涉及充斥價值觀的過程。我們必須尊重案主的世界觀，並了解他們的價值觀體系，才能為他們提供幫助，並成為改變和賦權的推動者。即使我們抱持截然不同的價值觀，我們的倫理責任是協助案主實現符合他們世界觀和價值觀的治療目標，而不是符合我們自己的。並不是我們，而是我們的案主必須要承受他們在諮商中之改變所帶來的後果。

　　為了幫助你澄清自己的價值觀以及辨識它們妨礙有效助人的方式，我們描述了一些你可能會遇到的實際情形。與多元文化族群有關之價值觀議題特別地重要，第 4 章專門討論這個主題。在本章中，我們鼓勵你批判性地評估你個人價值觀對案主可能產生的影響、案主的價值觀可能對你產生的影響、如果你和案主有不同的價值觀時可能產生的衝突、以及學習有效地處理這些衝突的重要性。

第二節　價值觀在助人過程中的角色

　　價值觀深植在治療理論與實務中。Levitt 與 Moorhead（2013）認為，價值觀不僅進入諮商關係，還可以明顯地影響一段關係的許多面向。在與各種不同的案主工作時，諮商師應該能夠拋開個人信念和價值觀，儘管助人者可能不同意某些案主的價值觀，但諮商師應該尊重案主抱持自己觀點的權利有效能的助人者必須學會與各種不同世界觀和價值觀的案主合作。

　　完成下列自我評估，以使你聚焦於思考個人的價值觀在工作上所扮演的角色。當你閱讀完每一句陳述時，請決定**當你身為助人者時**，它能代表你態度與信念的程度。使用下列代號：

　　3＝此句陳述能代表我

　　2＝此句陳述不能代表我

1＝我尚未決定

_____ 1. 我相信挑戰案主的人生哲學是我的任務。

_____ 2. 我可以對價值觀與我強烈不同的案主保持客觀與有效能。

_____ 3. 我相信在我與案主工作時，保持價值中立是可能且值得的。

_____ 4. 雖然我對自己有清楚的一套價值觀，我確信我可以避免不適當地影響我的案主去接受我的價值觀。

_____ 5. 只要我不強行灌輸在案主身上，表達我的觀點以及分享我的價值觀是恰當的。

_____ 6. 我可能會傾向巧妙地影響案主去接受我的部分價值觀。

_____ 7. 如果我發現案主與我之間有明顯的價值衝突，我會考慮轉介個案。

_____ 8. 我有明確的靈性與宗教價值觀，且會影響我的工作方式。

_____ 9. 我對於與考慮墮胎的懷孕青少女進行諮商沒有困難。

_____ 10. 我對於性別角色有明確的想法，可能會影響我進行諮商。

_____ 11. 我對於與同志伴侶進行關係方面的諮商不會感到困擾。

_____ 12. 我認為澄清案主的價值是助人過程中的關鍵任務。

_____ 13. 我對家庭生活的看法會影響我對於正考慮離婚夫婦的諮商方式。

_____ 14. 我對於想離開子女獨立生活的女人/男人進行諮商不會感到困擾，如果這是我案主的選擇。

_____ 15. 我通常願意批判性地評估我的價值觀。

_____ 16. 我可能會願意對已有穩定關係但有外遇的人進行個別諮商，即便案主無意向他/她的伴侶揭露此段關係。

_____ 17. 我十分確信在與案主工作時，我可以客觀地區分個人價值觀與專業價值觀。

_____ 18. 我認為我和價值觀與我相近的案主工作時表現最好。

_____ 19. 我認為如果案主向我請求，在會談中與案主一起禱告是合宜的。

_____ 20. 如果我與案主有價值衝突，我會與他討論這個問題。

這些陳述沒有「對」或「錯」的答案,這個量表是為了刺激你思考自己的價值觀可能會如何影響你執行助人者功能的方式,選擇一些項目並與你的同學討論你的觀點。當你閱讀本章時,採取積極的態度並思考你在我們所提及之議題上的立場。

第三節　避免強行輸入價值觀

我們所工作的案主擁有最終的責任去決定要接受哪些價值觀、要修正或丟棄哪些價值觀,以及人生要往何處走。透過助人的過程,案主能學到在做決定之前先檢視價值觀。你可能認為在與案主工作時透露一些你的價值觀是一個很好的做法。假如你正考慮透露你的價值觀,評估此舉對案主的可能影響是非常重要的。問問自己以下這些問題:「我為什麼向我的案主分享並討論我的價值觀?揭露我的價值觀會為我的案主帶來哪些治療益處?我的案主容易被我過度影響的程度有多少?是否我的案主過度渴望信奉我的價值體系?」避免以揭露特定價值觀引導案主來接受與你一致的價值立場是重要的。你在本章中會一再地發現,諮商過程是關於案主的價值觀,而不是助人者的價值觀。

即使你認為把自己的價值觀強加在案主身上是不恰當的,你仍可能會無意識地以巧妙的方式去影響他們來贊同你的價值觀。舉例來說,假如你強烈地反對墮胎,你可能不會尊重你的案主有權利考慮墮胎。在你的信念基礎上,你可能巧妙地(或不巧妙地)指示你的案主朝向墮胎以外的選擇。從業人員不可能完全客觀和價值觀中立(Shiles, 2009),但助人者必須學習將個人價值觀與諮商過程分開。Kocet 與 Herlihy(2014)將這個過程描述為倫理畫界:「有意識地擱置諮商師的個人價值觀,以便為所有客戶提供符合倫理且適當的諮商,特別是那些世界觀、價值觀、信仰體系和抉擇與其他諮商師明顯不同的案主」(p. 182)。有必要考量你可能影響案主的方式,不論是有意或無意地。Francis 與 Dugger(2014)強調,諮商師在倫理上有責任監控他們向案主傳達價值觀的各種方式,「並了解每段諮商關係中存在的權力

差異是如何導致他們的價值觀被強加過去」（p. 132）。

　　有些出於好意的實務工作者認為，他們的任務是幫助人們遵循可被接受且絕對的價值標準。避免傳遞價值觀給案主並非易事，即使你沒有明確地表達它們。你在會談中著重的部分將會引導案主選擇探討的主題，你使用的方法將會提供他們線索去發現你所重視的想法，你非口語的訊息暗示了你喜歡或不喜歡他們的行為。由於你的案主可能感受到需要得到你的認同，所以他們也許會藉由表現出迎合你的期待來回應這些線索，而非發展自己內在的指引。

　　僅僅因為你不認同案主的價值觀就拒絕與之合作是不符倫理的，我們鼓勵你從案主的角度來考慮這一點。想像一下，你有勇氣為個人的掙扎尋求幫助，卻被告知治療師不會收你為個案只因為你抱持的特定價值觀，而這些價值觀可能與你提出的問題相關或不相關。這時感到被冒犯、憤怒和拒絕是很自然的，如果你自尊心低，並感到被治療師拒絕，你對自己感覺可能會更糟，並放棄向其他助人者尋求治療的想法。正如你所見，基於價值觀差異而轉介案主可能會傷害案主。

一、我們對助人關係中價值觀的看法

　　從倫理的角度來說，助人者認清價值觀對他們與案主工作的影響是極為必要的。如果你關心你的案主以及他來看你的原因，你便有開啟「討論價值觀如何影響案主行為」對話之基礎。

　　我們的立場是：助人者的主要任務是為那些尋求幫助的人提供必要的動機，讓他們回顧自己做了些什麼、決定自己的行為與自己的價值觀一致的程度，以及思考他們現在的行為是否符合他們的需求。如果案主的結論是他們的人生沒有被滿足，他們可以利用助人關係去重新檢視及修正他們的價值觀或行動，他們可以探索一些可能的選擇。諮商是在案主的價值體系框架內與他們工作。尋求幫助的人必須確定他們願意改變什麼以及他們可能想要調整自己行為的方式。

第四節　處理價值衝突

你的任務是幫助案主探索和澄清他們的信念，並應用他們的價值觀來解決他們的問題。美國諮商學會（ACA, 2014）明確指出：

> 諮商師了解──並避免強加──自己的價值觀、態度、信念和行為。諮商師尊重案主、受訓者和研究參與者的多元性，並在他們有可能將自己的價值觀強加給客戶的領域尋求培訓，特別是當諮商師的價值觀與案主的目標不一致或本質上具有歧視性時。（守則A.4.b.）

當你發現自己因價值觀差異而陷入倫理兩難時，最好的做法可能是尋求諮商來解決這種情況，以便提供適當的照護標準（Kocet & Herlihy, 2014），督導是探索與案主價值衝突的有效方法。如果你在某些價值觀會難以保持客觀性，請將此視為你的問題，而不是案主的問題，也許個別諮商會幫助你理解為什麼你的個人價值觀會介入你的專業工作。

一、轉介並不是解決價值衝突的解方

你怎麼知道何時要轉介及該如何轉介？轉介將如何影響案主？你為什麼想轉介呢？什麼樣的轉介可能最適合？如果可用的轉介資源很少怎麼辦？Herlihy 與 Corey（2015d）指出「由於價值衝突而轉介案主會構成歧視性轉介，這是不符倫理的」（p. 194）。當你面臨價值衝突時，轉介案主不應被當成圖方便的解決方案。

透過自我反思的過程是有機會成功地解決衝突事件。是哪些方面或何種特定的價值差異導致你難以與案主合作？你內心的哪些障礙使你難以將個人價值與專業責任分開？你和你的案主是否有必要在特定領域擁有一套共同的價值觀？心理健康從業人員有時會過於急於建議轉介，而不是去探索如何解決案主的問題。Shiles（2009）指出，關於轉介案主是不恰當、不道德且可

能構成歧視行為情況的文章太少了。例如，對具有不同宗教信仰、性取向或文化背景的案主進行不適當的轉介。轉介應僅限於你沒有能力或尚未發展出特定技能來幫助此人解決其議題的情況，心理健康從業人員過度使用轉介案主往往涉及歧視性做法，而這些做法被合理化為避免超出個人能力水平。

二、關於價值衝突的重要訴訟案件

在兩起訴訟案件中，身為保守派基督徒之實習諮商師對公立大學要求學生避免將個人和道德價值強加給案主一事提起訴訟。

沃德訴威爾班克斯案（Ward v. Wilbanks）。在沃德訴威爾班克斯案（Ward v. Wilbanks, 2010）中，諮商碩士生 Julea Ward 對她所在的大學（東密西根大學）提起訴訟，因為該大學要求她即使在重大價值衝突的情況下也應該為案主提供諮商。Ward 經常陳述她的信念，即她的基督教信仰使她無法肯定案主的同性關係或異性婚外關係。2009 年，在方案的最後階段，Ward 參加了一項涉及到諮商個案的實習，並被隨機分配為一名同性戀案主提供諮商。她要求她的實習督導將案主轉介給另一名學生，或允許她開始諮商，並在諮商涉及到討論他的關係議題時進行轉介。Ward 被告知，以性取向為由拒絕與案主會面違反了諮商專業的倫理守則，因此在倫理上是不被接受的。諮商方案啟動了一個非正式的審查程序，然後啟動了一個正式的審查程序，審查 Ward 要求轉介的原因。該方案為她提供了一個補救計畫，以便她能夠將自己的價值觀與諮商關係分開，但她拒絕了任何補救計畫，理由是這侵犯了她的基本權利。

Ward 被該方案解僱，後來在美國地方法院向該大學提出告訴，主張此項解僱侵犯了她的宗教自由和公民權利。地方法院判決該大學解僱 Ward 的理由是合理的，因為她違反了禁止基於種族、宗教、國籍、年齡、性取向、性別、性別認同、身心障礙、婚姻狀況/伴侶關係、語言偏好或社會經濟地位之歧視的倫理守則條款。法院也判決該大學執行合法的課程要求是合理的，特別是諮商專業的學生必須學會以非歧視的方式與不同的案主工作。

保護自由聯盟（Alliance Defending Freedom, ADF）是一個法律組織，旨在保護其保守宗教觀點或行為在公共生活各個領域受到挑戰的個人和組織。在 ADF 的幫助下，Ward 向美國第六巡迴上訴法院提出上訴，該法院將案件發回地方法院進行陪審團審理。為了避免昂貴的訴訟，該案進行了庭外和解。作為和解協議的一部分，ADF 放棄了改變大學課程、政策和做法的要求〔有關此案例的更多資訊，請參閱 Dugger 與 Francis（2014）、Herlihy、Hermann 與 Greden（2014），以及 Kaplan（2014）〕。

基頓訴安德森威利案（Keeton v. Anderson-Wiley）。Jennifer Keeton 是奧古斯塔州立大學（ASU）的諮商系學生。在基頓訴安德森威利案（Keeton v. Anderson-Wiley, 2010）中，Keeton 積極尋求將她的宗教和道德價值觀強加給她認為行為不符道德的案主。基於她對聖經教義的解讀，其堅持「譴責同性戀」。她表示打算向同性戀案主推薦「性傾向扭轉治療」，並告訴他們，他們可以選擇成為異性戀。指導老師擔心 Keeton 無法將她個人對性道德的宗教觀點與她的諮商實務分開，她收到了一份補救計畫，但她沒有執行，並被從培訓方案中除名。聯邦上訴法院維持大學在諮商方案中有權利要求學生達到預期水準，即使學生基於宗教原因反對〔有關使用宗教信仰為由的基礎來拒絕為某些案主提供諮商的道德面和法律面影響的批判性檢視，請參閱 Herlihy 等人（2014）〕。

經驗傳承。Kaplan（2014）堅稱沃德訴威爾班克斯案（Ward v. Wilbanks）是過去 25 年來諮商界最重要的訴訟案件，在討論沃德訴威爾班克斯案的倫理影響時，Kaplan 提出了幾個要點：

- 從業人員不得基於諮商師的價值觀而拒絕向屬於受法律保護階層的個人提供專業服務。
- 缺乏相關技巧與能力時，轉介是適當的。符合倫理之轉介的重點是案主的需求，而不是諮商師的價值觀。
- 為避免拋棄案主，轉介應視為最後的選擇。

- 諮商師對個人的義務始於第一次接觸,而不是第一次諮商。

沃德訴威爾班克斯案發生時,Dugger 與 Francis(2014)正在東密西根大學任教,他們總結了從此案中學到的教訓,並提出以下建議:

- 在發生訴訟之前就制定好適當的政策和程序至關重要。
- 培訓方案應根據倫理實務清楚地闡明對學生行為和表現的期待、無法達成期待時的後果,並載明學生可採用的正當程序。
- 培訓方案應嚴格遵守現有的政策和程序。

法院案件和法律的影響。一些政治團體和立法者藉由通過「信仰自由」條款,來反擊禁止基於宗教和性取向之歧視的政策和倫理守則。例如,亞利桑那州參議院第 1365 號法案確保心理健康專業人員不會因為基於真誠的宗教信仰而拒絕向案主提供服務,導致他們的執照受到威脅。該法案於 2012 年 5 月由亞利桑那州州長簽署成為法律,其他州也提出並通過了類似的法案,但諮商師仍必須遵守其專業倫理守則,以符合最佳實務工作標準。

田納西州於 2016 年通過了一項頗具爭議的立法,允許該州的心理健康從業人員以「真誠的原則」拒絕為女同性戀、男同性戀、雙性戀或變性者的潛在案主提供服務,而不會面臨法律後果的風險。這項打著「宗教自由」幌子的歧視性法案旨在保護保守派治療師免受 2014 年美國諮商協會倫理守則部分修正的影響。該法案規定,只要無意願的從業人員將案主轉介給另一位合格的專業人員,他們將受到保護,免受吊銷執照和任何法律處罰。支持者聲稱該法案透過允許諮商師將個案轉介給更合適的專業人士來維護諮商師的權利。反對者聲稱,這項立法是全國一系列法案的一部分,這些法案使得針對女同性戀、男同性戀、雙性戀和跨性別者的歧視變成合法。

Wise 和她的同事(2015)認為,這些立法措施(例如亞利桑那州和田納西州頒布的法案)限制了教育工作者培訓學生為不同案主族群提供合格照護的能力。此類立法行為可能與 APA、ACA、AAMFT 和 NASW 倫理標準中概述的無歧視倫理承諾相衝突。鑑於有爭議的法庭案件和立法行動,Wise

和她的同事（2015）呼籲培訓方案對良心條款採取積極主動的態度，而不是採取被動的立場，他們建議參加方案的學生明確同意無歧視政策。

我們完全同意，諮商師培訓方案有責任讓未來的學生明確了解他們身為符合倫理之實務工作者所受的期望，應該從一開始就告訴參加方案的學生，受訓者不能因為價值觀差異而在倫理上歧視案主，也不能拒絕與一般類別的案主合作。學生需要了解倫理守則中的這些基本面向，因為這些要求將影響他們身為諮商師的發展並影響他們在方案中的參與。

心理健康專業人員對於他們將面臨的世界觀、信念和文化認同的多元性應該要能有效能地應對；出於良心而拒絕的行為明顯違反了助人專業倫理守則的文字和精神。如果諮商專業的學生不願意學習與他們將遇到的各類案主合作，我們建議他們重新考慮諮商是否是適合他們的專業。

在本章的其餘部分中，我們將思考你在與一系列案主群合作時可能遇到的一些充滿價值觀的議題。這些領域包括對女同性戀、男同性戀、雙性戀、跨性別和性別不明者的關切；家庭價值觀議題；性別角色認同議題；宗教和靈性價值觀；人工流產；性慾；和臨終決定。

第五節　LGBTQI 族群的議題

人類多元性概念不只包含種族的因素，它包含了基於人們年紀、性別、社經地位、宗教傾向、身心障礙及性傾向等各種形式壓迫、歧視及偏見。抱持保守宗教價值觀的諮商師在與女同性戀、男同性戀、雙性戀、跨性別、酷兒或對其性別認同感到疑惑者以及雙性人（LGBTQI）人士工作時，經常出現挑戰。在為 LGBTQI 人士提供服務時，諮商師必須了解他們所持有的態度和信念，這些態度和信念可能會增強或抑制他們對這些族群的諮商效果。與 LGBTQI 族群合作的諮商師有責任了解這些人特定的關注，並且在倫理上有義務發展知識和技能，以便能勝任地為他們提供服務（Corey, 2019）。

超過一個世紀以來，同性戀與雙性戀被認為是一種心理上的疾病，在 1973 年，美國精神醫學會（American Psychiatric Association, APA）停止對

同性戀（homosexuality）——人們尋求與同性別者建立情感及性關係的一種性傾向——貼上為一種精神疾病的標籤。在臨床實務中使用同性戀一詞通常被認為是不可接受的，因為它可能與病理性汙名有關（Kocet, 2019）。心理健康體系終於開始治療男同性戀、女同性戀、雙性戀和跨性別者的問題，而不是把他們當作問題。Kocet（2019）指出，心理健康領域的文獻是明確且一致的：LGBTQI 人士並沒有精神障礙。儘管 LGBTQI 族群可能患有焦慮、憂鬱或創傷後壓力症候群，但他們的性取向或性別認同並不是他們得到心理健康診斷的原因；反而是社會和文化偏見、汙名和來自不接受性別認同光譜之社會騷擾的結果。

異性戀至上主義是一種世界觀和價值體系，可能會破壞 LGBTQI 人士的性取向、性別認同和行為的健全功能運作。助人者需要明白，異性戀主義滲透到許多機構的社會和文化基礎中，並且常常導致對非異性戀者或不符合社會公認的刻板性別角色和行為標準者的消極態度和歧視。如果治療師希望了解社會上對 LGBTQI 族群的偏見、歧視和多種形式壓迫的表現方式，他們必須先挑戰自己對性取向的個人偏見、成見、恐懼、態度、假設和刻板印象。在與 LGBTQI 案主工作時，諮商師必須意識到自己的優勢、排斥和潛在偏見，這可能會對諮商關係產生負面影響（Ginicola, Filmore, & Smith, 2017）。

儘管對性取向的理解已取得了進展，但偏見和錯誤訊息在社會中仍然普遍存在，許多 LGBTQI 族群面臨社會汙名、歧視、微歧視和暴力。除非助人者意識到自己的假設和可能的反移情，否則他們可能會將自己的誤解和恐懼投射到案主身上。有些諮商師和實習諮商師認為同性關係是不道德的，諮商師的這種態度有可能為 LGBTQI 案主帶來傷害，他們有權利預期自己可以在治療中談論他們的親密關係議題，而不必擔心諮商師會做出批判（Herlihy et al., 2014）。

想像你正與一位男同性戀進行諮商，他想要討論他與其伴侶的關係，以及他們之間溝通上的困難。當你與他工作時，你開始覺察到對你而言很難接受他的性傾向，你發現你正挑戰他的性傾向，而非專注於他提出的議題。你

如此專注於他的性傾向，正與你認為道德上正確之性傾向相反，而你與案主都發現你並沒有在幫忙他。當面對這樣的價值衝突時，你可以採取什麼步驟？你是否願意在你受督時探索你的價值觀在你與這位男士會談中的影響？

對 LGBTQI 族群擁有負面反應的助人者，很可能會強行灌輸他們的價值觀與態度，或至少強烈表達不贊成。指認出並檢視你可能抱持的任何迷思和錯誤認識，並在思考以下案例時，了解你對性取向的價值觀和可能的偏見會如何影響你的工作。

案例　　面臨寂寞與孤立

思考你的價值觀可能會如何影響你與 Eric——一位 33 歲的男同性戀者——工作。你正與 Eric 進行開案會談，他告訴你前來諮商是因為他常常覺得寂寞與孤獨，他不論在與男性或女性的親密關係上都有困難。Eric 認為人們一旦認識他就一定不會接受他，而且出於某種未知的原因不會喜歡他。在這個會談當中，你發現 Eric 對很少有接觸的父親有著許多痛楚，他想和父親有較親近的關係，但身為同性戀之事橫亙在當中。他的父親告知對於他「變成那樣」感到內疚，他不能理解為何 Eric 不是「正常」的，以及為何他不能像他的兄弟一樣找個女人結婚。Eric 主要想解決他與父親的關係，同時他也想要克服被想有進一步關係之人拒絕的恐懼。他告訴你他希望那些他所在乎的人可以接受他的本質。

你的態度：你對 Eric 之處境的第一個反應為何？想想你的價值觀，你是否預期與他建立治療關係上會有任何困難？他向你表達他並不想討論他的性傾向，你是否能尊重他的決定？當你思考如何與 Eric 進行下去時，請反思你對男同性戀的態度，如果這位案主不是男同性戀而是女同性戀，你的態度會有所不同嗎？思考你在與 Eric 會談中可能會著重的一些議題：他對拒絕的恐懼、與其父子關係有關的痛、希望父親有所不同的渴望、親近男性與女性的困難、性傾向與價值觀。以你所擁有的資訊，你會著重在哪個領域？

案例　陷入矛盾的情況

　　Margie 在開始諮商幾個月後才告訴你，她是女同性戀。儘管她在每次治療中都談到了自己焦慮和憂鬱的感受，但她一直沒有透露使她衰弱之症狀的根本原因——如果她告訴家人，她的室友 Sheila 實際上是她的伴侶，她擔心自己會被疏遠。Margie 的父母抱持保守的價值觀，並曾當著她的面公開譴責其他自認是同性戀的人。她確信向他們出櫃將會擊垮他們，並導致他們與她斷絕關係。與此同時，Margie 面臨著來自 Sheila 越來越大的壓力，要求她將自己以伴侶的身分介紹給家人。Margie 在想要取悅伴侶和想要被家人接受之間，感到非常矛盾，這加劇了她的焦慮和憂鬱。她告訴你，先前她不敢向你透露自己的性取向，是因為她擔心你對她這消息的反應可能會跟她認為她家人會有的反應相類似。她最後決定告訴你，因為她無法再忍了，她需要說出來。

　　你的態度： 你從 Margie 那裡聽到這個消息時，你會有何感想？你可能想對她說些什麼？你自己的價值觀將如何影響你對 Margie 處境的看法以及你處遇她案件的方式？思考一下你內在對 Margie 正在經歷的矛盾情況的反應為何，以及你將如何支持她處理這個狀況。這將是進行自我反思，確保無論你持有何種特定信念或價值觀，你都不會試圖將自己的價值觀強加給 Margie 的關鍵時刻。如果你的價值觀與 Margie 家人的價值觀相似，你可以採取哪些措施來確保你和她能有效能地工作，而且你的偏見不會影響治療過程？你能否專注於 Margie 提出的議題，而不是你與她之間的價值衝突？

　　討論： 諮商師也不能免於受到對 LGBTQI 族群的負面社會刻板印象和偏見的影響。許多 LGBTQI 人士內化了他們接收到的負面社會訊息，這導致他們經歷心理上的痛苦和衝突。

　　你可能會告訴自己和旁人，你接受別人有權利過他們認為適宜的生活，然而當你真實與案主會談時可能會遇到問題。你情感上所能接受的與你理智上所能接受的是有差距的，這是你在督導會談以及或許在你的個人

諮商中需要去檢視的部分。

一、了解 LGBTQI 案主的需求

與 LGBTQI 工作的助人者，在倫理上被要求不讓個人價值觀強加在專業工作中。美國諮商學會（ACA, 2014）、美國心理學會（APA, 2017a）、美國婚姻與家族治療協會（AAMFT, 2015）及全國社會工作者協會（NASW, 2017）的倫理守則都清楚提及，歧視（discrimination）或以不同的行為對待以及不公平對待特定族群人士，是不道德且不被允許的。從倫理的觀點來說，實務工作者必須覺察自己對性傾向的偏見及成見。當案主在治療關係穩固建立後揭露他／她的性傾向時尤其重要。在這種情況下，助人者批判的態度會嚴重地傷害案主。當然，在諮商過程中的任何時間點，不論他們是直接或間接地與案主溝通，這些成見和偏見都可能是有傷害性的。

女同性戀、男同性戀、雙性戀及變性議題諮商協會（Association for Lesbian, Gay, Bisexual and Transgender Issues in Counseling[ALGBTIC], 2008）確認專業助人者必須對此多元族群特殊的需求有深入的了解。ALGBTIC 為實習生建立一系列特定的能力（可上網站查詢），以幫助他們檢視自己個人有關 LGBTQI 人士的成見與價值觀。擁有這些能力的助人者在會談中便立於能夠採取適當處遇，以確保服務有效輸送給案主族群的位置上。

ALGBTIC（2009）也針對與跨性別個體、家庭、團體或社區合作的諮商師，發展出 *Competencies for Counceling with Transgender Clients*。這些能力是以健康、復原力和優勢的取向為基礎，且認為諮商師處於獨特的地位，可以帶來制度性的改變，為跨性別者創造一個更安全的環境。首先，諮商師為跨性別者及其所愛的人創造一個歡迎和肯定的環境。諮商師必須尊重和照顧整個個體，不應只關注性別認同問題。

在治療關係建立前你可能無法覺察到案主的性傾向，或者只曾經歷過異性戀關係的案主可能會在治療過程中開始質疑自己的情感取向。這個案主可能需要花時間透過諮商探索他或她的情感取向，以找到內在的平靜，而你必

須能夠有效地促進這一過程。假如你期待在社區型機構或其他多元族群單位提供服務，你需要對自己性傾向議題的價值觀有清楚的概念。完成下列量表以便澄清你對性傾向的價值觀為何，使用下列代碼：

3＝在多數情況下我同意此陳述。

2＝我對此陳述尚未有定見。

1＝在多數情況下我不同意此陳述。

_____ 1. 最好由 LGB 助人者對 LGB 人士提供服務。

_____ 2. 身為男同志或女同志的助人者可能會強加他/她的價值觀在異性戀案主身上。

_____ 3. 我無法和想收養的男同志伴侶或女同志伴侶工作。

_____ 4. 性別認同是一種選擇。

_____ 5. LGB 或變性者能和異性戀者一樣適應良好（或適應不良）。

_____ 6. 我對於與 LGB 及變性的案主進行諮商時保持客觀不會感到困難。

_____ 7. 我對本地男同性戀社群的轉介資源擁有適足的資訊。

_____ 8. 在我能與 LGB 及變性的案主有效諮商之前，我感覺到有特別訓練及相關知識的需要。

_____ 9. 當尋親諮商的家庭中父親是男同性戀時，我預期我能無困難地進行家族治療。

_____ 10. 我認為有色人種的 LGB 及變性者常遭受多種形式的壓迫。

當你完成這份量表之後，仔細檢視你的反應以便找出任何模式。有任何態度是你想改變的嗎？這次討論後，你的態度有任何改變嗎？有任何領域的資訊或技巧是你想獲得的嗎？

針對此主題進行更全面討論的推薦資源是 *Affirmative Counceling with LGBTQI ＋ People*（Ginicola, Smith, & Filmore, 2017）。

第六節　家庭價值觀

　　助人者的價值體系對他們在家庭中見到之問題的闡述與定義、治療的目標與計畫、治療的方向都重大的影響。助人者在婚姻、家庭維繫、離婚、同性婚姻、家庭中的性別角色和責任分工、同性夫婦收養孩子、撫養孩子和婚外情等方面有自己的價值觀。助人者可能會在家庭成員中選邊站，可能會將他們的價值觀灌輸在家庭成員身上，或是他們可能會比家庭成員更盡力使家庭保持聯結。不論是有意或無意，助人者灌輸價值觀給夫妻或家庭，都可能會造成相當大的傷害。Wilcoxon、Remley 與 Gladding（2013）認為，與家庭一起工作的治療師需要意識到他們的個人價值觀是其專業工作的重要面向，他們警告治療師應避免將自己的價值觀強加給案主，助人者的角色並不是決定家庭成員應該如何改變。治療師的角色是幫助家庭成員更清楚地看到他們正在做什麼，幫助他們誠實地評估他們目前的模式為何，並鼓勵他們做出他們認為必要的改變。思考下列的案例。

案例　與得不到滿足的母親工作

　　Veronika 過著受保護的生活。她於 17 歲結婚，22 歲時已是四個孩子的母親，現在以 32 歲之齡回大學上課。她是一個好學生——活躍、渴望學習並且察覺到她所錯過的一切。她發現她受年輕的同儕團體及教授所吸引，她正經歷「第二次青春期」，並獲得許多以前從未擁有的肯定。她覺得在家裡不被珍視，家人最感興趣的是她能為大家做些什麼，在學校她是特別的而且因其才智而受到尊重。

　　Veronika 即將要決定離開丈夫及年齡 10～15 歲的四名子女。Veronika 到大學的諮商中心來見你，並對於該怎麼辦感到一片混亂，她想找出一些解決罪惡感及猶豫不決的方法。

　　你的態度：你對 Veronika 正在考慮離開丈夫和四個孩子的說法有何

反應？你是否會鼓勵她要跟隨她內在的渴望？假如 Veronika 對此經過慎重的考慮，並告訴你雖然這對她來說很痛苦，但她必須離開這個家，你是否會傾向鼓勵她帶全家人來參加其中幾次會談？好好思考你的價值體系，如果有的話，你會想灌輸何種價值觀？假如 Veronika 說即使她如此憤恨不平，她正學習留在婚姻及家庭中，你會做何種處遇？假如你的父母或配偶已在某個時間點離開你，這個經驗可能會如何影響你對 Veronika 的工作？

討論：作為助人者，你的價值觀有可能影響治療的結果，在這種情況下可能很難不做出任何判斷。如果你認為 Veronika 應該忠於自己，不惜一切代價追隨自己的內心，你可能會鼓勵她在完全檢視過自己的選擇並考慮潛在後果之前，按照離開家人的衝動採取行動。當 Veronika 檢視自己的價值觀時，她可能會發現，她可以透過與丈夫和孩子建立界限來改善家庭狀況，從而使她的需求不再被忽視。

案例　危機中的家庭

一對夫妻帶著三個青春期孩子來到你的辦公室，這個家庭因為最年幼的男孩有偷竊的行為，並且被視為是家庭的問題人物而被轉介。

丈夫不情願地來到你的辦公室，他顯得生氣且冷漠，並讓你知道他並不相信「治療這種東西」。他為男孩找藉口，並表示不論是婚姻或家庭，他都不認為有很多問題。

妻子告訴妳她與丈夫有許多爭吵，家中充滿緊張氣氛，孩子們都受了許多苦，她對家人可能會出事感到恐懼。如果她與丈夫分居或離婚，她擔心如何養活自己和三個孩子。

你的態度：你會受到這家庭怎樣的影響？你會採取何種行動？你對家庭的價值觀會如何影響你對這個家庭的處遇？即使家庭成員沒有詢問你，你也會向這個家庭顯露你的價值觀嗎？如果他們詢問你對這個情況的看法以及你認為他們該怎麼做，你會怎麼回答？

討論： 必須始終牢記你專業角色上與生俱來的權力。即使你在與這個處於危機中的家庭一起工作時小心翼翼地不強加自己的價值觀，你對每個成員所說的話很可能都受你自己核心價值的影響。如果你認為妻子在這種情況下應該對丈夫更果斷、有自信，你可能會鼓勵她挑戰他。這樣的策略可能會危及這段關係，你必須注意父母之間的憤怒議題以及這種情況是如何逐步擴大。諮商師的關鍵任務是找到鼓勵父親參與，並讓整個家庭都投入治療當中。

案例　面對不忠

一對夫妻前來尋求你的婚姻諮商服務。丈夫向妻子坦承他有外遇，且這個意外加速了他們最近的婚姻危機。雖然妻子幾乎抓狂，但她想維持婚姻，她理解到她們的婚姻需要經營；他們之間雖缺乏情感連結，但她認為值得挽救。他們育有子女，且受到鄰里的尊敬與喜愛。

丈夫想離開但仍在矛盾的情感中掙扎，且不確定該怎麼做，他非常的困惑並表示他仍然愛著妻子與孩子們。他覺察到自己正經歷某種中年危機，且每天都做出不同的決定。他的妻子處於痛苦中，且不確定要採取什麼行動。

你的態度： 對於婚姻關係中的外遇，你的價值觀為何？你想對這兩位伴侶說什麼？助人者應該建議夫妻繼續維繫或離婚嗎？當思考你可能會與這個家庭進行的方向時，想想在你的家庭中，你是否曾處於這個情況。假如有，你認為這個經驗會如何影響你與這對夫妻的工作？如果其中一位表達出困惑，極度想要一個答案，並希望你指引他或她一個方向，你是否會傾向這麼做或是告訴任一方該怎麼做呢？

討論： 提醒自己，是案主而不是你將承擔他們決定的後果，這是很有幫助的。儘管他們可能希望你告訴他們應往什麼方向，但你的任務是讓你的案主在準備好做出決定時，做出自己的決定。親密關係的破裂對於那些相關的人來說是非常痛苦的，你可能傾向於透過引導他們朝著特定的方向

來減輕他們的痛苦，尤其是當他們似乎陷入困境，並在做出決定時尋求你的指導時。透過在過程中保持耐心並為案主建立耐心，你將幫助他們在採取行動之前充分探索自己的選擇。在他們中的任何一個人有明確的方向之前，還需要完成更多的治療工作。對於這對夫婦來說，決定他們未來最能接受的選擇是很重要的。

第七節　性別角色認同議題

所有的助人者都需要覺察自己對性別的價值觀與態度。與伴侶及家庭工作的助人者，如果能覺察性別刻板印象反映在包括他們自己在內的眾多家庭社會化過程的歷史與影響，便可以更符合倫理地行事。人們對性別的理解與其文化背景有很大的關係。如果你願意評量自己對適當的家庭角色與責任、養育子女、多重角色及男女性非傳統職業生涯的信念，你便可以成為更有效能的實務工作者。透過自我反思，你可以變得更具有文化敏感度、性別敏感度，並避免將你的個人價值觀強加於個人、夫妻和家庭。

案例　挑戰母親的傳統角色

John 及 Emma 最近為了想解決 Emma 在成為全職媽媽及家庭主婦多年後重返職場的衝突，而開始進行伴侶諮商。兩人都表示「對此爭吵不休」，John 表明他期望 Emma 全天待在家裡，負責照顧兩個年幼的孩子及家務，Emma 則表示當她兼職工作且對家裡有經濟貢獻時會感到比較開心，這讓他們可以雇用更多家務及照顧孩子的服務。她熱愛她的工作及與同事有社交互動，並且不想放棄。John 相信對孩子來說，母親優於保母，而且因為他的賺錢能力較優，所以 Emma 是應該留在家裡的那個人。Emma 聲明她的看法是：對孩子來說，一個快樂的母親勝過全職的母親，而且她想有個在家庭之外的工作興趣，這不應與收入綁在一起。John 與 Emma 都願意投資他們的關係，但無法突破這個阻礙。

你的態度： 你個人對養育子女及性別角色的價值觀，如何影響你對 John 與 Emma 的評估與工作取向？在這個案例中，治療師價值觀的倫理界限為何？你要如何避免灌輸自己的信念以及說服或指導這對夫婦？

討論： 假如你對婚姻與家庭的性別角色有強烈的個人價值觀，你可能很容易把你的價值觀加入這個案子。當諮商師在討論中強加他們自己的價值觀時，結盟、共謀及分立三角都是不健康的可能結果。認為女人應該有選擇且不被傳統家庭角色所限制的信念，可能會引導你與 Emma 結盟，並試圖勸說或說服 John 接受。相反地，認為孩子應有母親在家照顧而非委託其他保母的觀點，可能使你試圖說服 Emma 應該待在家裡且放棄她的個人目標，變成與 John 結盟。除了虐待與危險之外，治療師決定個體的目標是不符倫理的。

案例　在傳統的家庭中養育子女

Fernando 與 Elizabeth 描述自己是「傳統的夫婦」，他們來接受你的婚姻諮商，是為了解決因養育兩個青春期兒子而導致兩人的關係緊張。夫婦談了許多有關兒子的事，Elizabeth 與 Fernando 都是全職外出工作者，Elizabeth 除了擔任校長之外，同時也是全職的母親與家務管理者。Fernando 說他在家裡完全不做「女人的事」，Elizabeth 從沒想過她有兩份工作，Elizabeth 和 Fernando 對於檢視他們內在的文化價值觀或刻板印象都不感興趣，他們各自都對男女性「應該做什麼」有特定的想法。他們將注意力放在兒子們的問題上，而不是討論他們的關係或家務的分配。Elizabeth 想尋求如何處理問題的建議。

你的態度： 如果你覺察到這對夫婦在傳統性別角色上的緊張關係，你在諮商中會提出來讓他們注意到嗎？你是否認為挑戰 Fernando 的傳統觀念是你的工作？你是否認為鼓勵 Elizabeth 期待夫妻關係中之責任更平衡是你的工作？如果 Fernando 有拉丁裔背景，他對「女性工作」的看法是否反映出他原生家庭的價值觀？你想了解 Elizabeth 父母的角色關係嗎？

你想探索每個人在成長過程中學到的文化價值觀嗎？假如你與這對夫婦進行諮商，你認為你會分別對他們說什麼？你的價值觀會如何影響你的工作方向？你自己的性別角色以及你的觀點對諮商過程的開展會有何影響？

討論： 假如你會與伴侶及家庭工作，那麼體認到性別角色刻板印象有其特定目的且難以被修正是必要的。身為一位助人者，你的角色是在檢視性別角色態度及行為的過程中引導案主——假如這麼做是與他們前來尋求建議的問題有關。你與案主之間有效的溝通，會受到男女性該怎麼想、怎麼感覺及表現的刻板印象觀點所破壞。你必須警覺到困住男女性的特定議題以及他們本身的性別觀把他們限制在傳統角色中，你可以協助男性與女性案主去探索與評估他們所接收到有關性別角色期待的文化訊息，你可以促進案主的覺察，並且開拓做自我選擇時的新可能性，但不決定他們應該做什麼改變。

在一篇經典的期刊文章中，Margolin（1982）對如何做一位無性別歧視的家族治療師，以及如何面對家庭中負向的期待與刻板印象角色提供一些建議，其中一個建議是：助人者應檢視自己會暗示出性別差異角色與身分的行為與態度。舉例來說，助人者能藉由在討論做決定時看著丈夫，討論家務與照顧子女時看著妻子，來巧妙地顯露出他的偏見。Margolin 也強調實務工作者容易有下列偏見：(1) 認定維持婚姻對女性是最好的選擇；(2) 顯示出對女性職業生涯的興趣不及對男性職業生涯的興趣；(3) 鼓勵夫婦接受養育子女完全是母親之責任的觀念；(4) 對妻子與丈夫的外遇顯示出不一樣的反應；(5) 較重視滿足丈夫的需求，較不重視妻子的需求。Margolin 對那些與伴侶及家庭工作的人提出兩個關鍵問題：

- 當家庭成員似乎同意他們想打算處理的目標（從諮商者的角度）本質上是性別歧視時，諮商者如何回應？
- 助人者能接受這個家庭的性別角色認同定義到何種程度？

第八節　宗教與靈性價值觀

　　如今，人們越來越意識到並願意在諮商和助人者培訓方案中探索靈性和宗教的信仰和價值觀（Dobmeier & Reiner, 2012; Hgedorn & Moorhead, 2011; Johnson, 2013）。宗教和靈性通常是案主問題的一部分，也可以是案主解決問題之方法的一部分。靈性價值觀幫助許多人理解宇宙和生命的目的。由於靈性和宗教價值觀在人類生活中發揮著重要作用，因此這些價值觀應被視為助人關係中有潛力的資源，而不該被忽視（Johnson, 2013）。如果案主願意的話，與他們一起探索靈性或宗教價值觀可以和其他治療工具整合來促進助人的過程。

　　如果諮商師想要以具備文化面能力且符合倫理的方式進行諮詢，就不能忽視客戶的靈性和宗教觀點（Johnson, 2013; Robertson & Young, 2011; Young & Cashwell, 2011a, 2011b）。Johnson（2013）認為靈性治療是多元文化主義的一種形式。Johnson 認為，案主定義的靈性觀可以成為與案主連結的重要途徑，並且可以成為治療改變過程中的助力。然而，他承認並非所有案主都有興趣討論靈性或宗教議題。對於這樣的案主，重要的是要避免將靈性觀點強加給他們。助人者需要掌握傾聽案主如何談論意義、價值觀、死亡和存在於世等存在問題的技能。有些案主不會明確談論靈性，但存在主義主題往往會在治療中出現。透過傾聽案主如何理解自己生活並從中獲取意義的獨特方式，助人者可以對案主如何定義、體驗和獲取任何有助於他們保持核心價值和內在智慧的東西，保持開放的態度。在專業關係開始時詢問案主的宗教或靈性背景可以傳達他們與助人過程的潛在相關性（Birnett & Johnson, 2011）。如果諮商師在評估過程中沒有提出有關案主靈性或宗教價值觀和關注的問題，案主可能會猶豫是否在治療中提出這些擔憂。

　　為了澄清你自己有關宗教信仰與諮商的價值觀，想想以下這些問題：宗教信仰或靈性的探索適合放在正式的助人關係中嗎？缺少靈性面向的助人過程是否完整？假如在治療關係中產生了案主在信仰方面的需求，在世俗機構

的諮商師處理它們是否恰當？你是否必須有某些宗教信仰或其他任何信念，以便有效幫助有宗教信仰上有困難的案主？

即使靈性和宗教議題不是案主關心的焦點，當案主探索道德衝突或努力解決生命意義問題時，這些價值觀也可能間接進入會談。你能把你的靈性和宗教價值觀排除在這些會談之外嗎？你認為它們會如何影響你的諮商方式？如果你對靈性缺乏信仰或對組織化的宗教懷有敵意，你能不帶偏見嗎？你能否理解那些認為自己具有深厚的靈性或對某一特定宗教機構之教義深信不疑的案主？

Johnson（2013）認為，治療師最好花時間反思自己的靈性認同和旅程，尤其是那些侵擾情緒和促進反應的經驗。如果治療師理解並解決了他們的靈性情緒包袱，他們就可以傾聽案主，而不會變得情緒化或試圖將他們的個人議題強加給案主。助人者是站在幫助案主探索靈性或宗教議題的位置上。

重要的是，我們不要忽視那些自認無宗教人士的信仰和擔憂（Sahker, 2016）。經歷靈性或宗教掙扎的人在決定離開原生家庭的宗教時可能會尋求治療。這些案主可能想要一個安全的地方來討論有關他們失去信仰的內在衝突的疑慮和痛苦。有些離開原生家庭宗教的人會遭到家庭成員的拒絕，而案主往往想要表達和探索他們因自己的選擇而經歷的痛苦。評估過程對於識別個人可能存在的任何宗教或靈性議題（無論是積極的還是消極的）至關重要。如果案主說他們想談論這些議題，助人者應該要能夠滿足他們的需求（Corey, Corey, & Corey, 2019）。

案例　在靈性中尋找安慰

Peter 接受其基本教義信仰的教導，對於是非、罪惡、犯罪、詛咒有明確的信念。過去當他遭遇困難與問題時，他可以禱告並在他與神的關係中獲得安慰，然而最近他為慢性憂鬱、失眠、極度的罪惡感、以及認為上帝將會因他的罪而懲罰他的一種壓倒性之世界末日感所苦。他諮詢他的醫

生並尋求讓他睡得好一些的處方，而這位醫生及他的牧師都建議他尋求諮商。起初 Peter 因為強烈地認為自己應該在宗教裡找到安慰而拒絕這個建議，隨著他的憂鬱與失眠持續發作，他躊躇地來尋求你的諮商。

他要求你以禱告來開始這次會談，以便他可以進入適當的靈性精神狀態，他也引述聖經中對他有特殊意義的一節話語。他告訴你有關他對於來見你尋求諮商的疑慮，以及他相信你將不會接受他的宗教信念，然而他將之視為其生命之核心，他探詢你的宗教信念。

你的態度：你對 Peter 進行諮商是否會有困難？他正為著信任你及理解諮商的價值而掙扎。你對於他一些特別之觀點——特別是有關於他對懲罰的恐懼——的反應為何？你對他強烈的基本信念是否有所反應？你能客觀地與他工作，還是會想辦法說服他放棄他的世界觀？如果你明確地不同意他的信念，這是否會成為與他工作的阻礙？你能如何挑戰自己，不讓自己的觀點影響他？

討論：倫理實務上要求你避免灌輸特定的靈性或宗教價值觀給案主，你有倫理上的責任去覺察你的信念如何影響你的工作，並確保你不會不適當地影響你的案主。假定你有宗教傾向，你相信神愛世人，而 Peter 相信這個他所害怕的神。你討論你們對宗教理解的差異，然而你也說希望與他探索宗教信仰對他生活的影響程度，並檢視他的一些信念以及這些信念對他的症狀有何貢獻之間可能的連結。

當你仔細考慮自己在助人關係裡靈性與宗教價值觀層面的位置時，仔細思慮下面的問題：

- 當案主在助人關係中顯露需求時，以開放且直率的態度處理宗教議題是否恰當？
- 在助人歷程的脈絡中，案主是否有權探究他們的宗教議題？
- 如果你沒有任何宗教或靈性信仰，這會如何阻礙或有助於你與多元的案主工作？
- 如果案主有一些問題而你無法適切回答時，你是否願意轉介案主給拉比（猶太教祭司）、神職人員、伊瑪目（伊斯蘭教領袖）、牧師

或其他宗教領導者？

對靈性的關注可以成為幫助案主解決衝突、改善健康以及尋找生活意義的整合性和整體性努力的一部分（Shafranske & Sperry, 2005）。案主的信念、價值觀和信念體系往往是困難時刻的力量來源，諮商師可以利用它們來幫助案主復原（Francis, 2016）。

案例　諮商與靈性

Guiza 是一位熱中於靈性並且聲稱她的宗教信念正指引她尋找生命意義的實習醫生。她不想將自己的價值觀強行灌輸給案主，但她認為開案會談裡至少對案主的靈性/宗教信念與經驗做出一般的評估是必要的。Guiza 的案主 Alejandro 告訴她，自己大多數時間都感到憂鬱，且覺得空虛，他想知道自己生命的意義。在 Guiza 與 Alejandro 的會談中，她發現他的成長過程裡，家中沒有任何靈性或宗教引導，且他表示自己是不可知論者，他不曾探索宗教或靈性，這些想法似乎太過抽象深奧，無助於日常生活中的實際問題。Guiza 覺察到她有很強烈地傾向想建議 Alejandro 對靈性思考模式放開心胸，尤其是因為他提到找尋生命意義的問題。Guiza 很想要建議 Alejandro 至少參加一些教會禮拜，看看是否可以從中找到一些意義。她帶著她的掙扎來見她的督導。

你的態度：想想 Guiza 的處境，就如同你反思你的價值觀如何影響你對案主的態度。如果有這種情形，何時你會建議案主去找神職人員、牧師、拉比、或其他信仰領導者？如果你向督導尋求諮詢，你最想要探討或澄清哪些關鍵議題？你可否保持客觀？你是否會因為有關尊重案主的靈性/宗教信念與價值觀的問題而考慮建議轉介？

討論：你可能經歷與案主在靈性範疇上的價值觀衝突。擁有明確的宗教價值觀並不是問題，但希望你的案主接受這些價值觀就是有問題的。你可能沒有公然地推銷你的價值觀，但巧妙地說服你的案主接受你的宗教價值觀，或是引導他們走向你希望他們接受的方向。相反地，假如你沒有將

靈性放在很高的優先順序，也沒有視宗教是你生命中的無聲力量，你可能不會對評估案主的宗教與靈性信念抱持開放的態度。

案例　解決價值衝突

Yolanda 是一位虔誠的天主教徒，在 25 年的婚姻之後，她的丈夫離開了她。她現在愛上另一個男人並希望有穩定的伴侶關係，但由於她的宗教信仰不允許離婚，Yolanda 對於她與另一個男人交往感到罪惡感。她認為自己身在毫無希望的處境，而且她找不到一個令人滿意的解決方式。孤獨過完餘生的處境嚇壞了她，但如果她與此人結婚，她害怕她的罪惡感最後將毀了這段感情，因為她的教會可能不承認這段婚姻是合法的。

你的態度：思考以下的問題來澄清你的價值觀會如何影響你對 Yolanda 的工作。有關在天主教教會裡再婚之層面，你是否有足夠的知識來提供 Yolanda 可行的選擇？你是否會建議 Yolanda 與神父談一談？為何或為何不？假如 Yolanda 問你，她該怎麼做或你如何看待她的兩難，你將如何回應？

討論：滿足靈性或宗教需求有許多的途徑，且指定任何特定的途徑並不是助人者的任務。然而，我們認為助人者有責任覺察靈性或宗教是許多案主重要力量的來源。如果案主開始了靈性的話題，助人者繼續跟隨靈性或宗教的話題就特別重要。助人者需要細緻地調整自己以便能與案主的故事及他／她尋求專業協助的意圖同調，對案主的特殊需求有可得的轉介資源也是相當重要的。

案例　因果報應的案例？

印度教女性 Pratiksha 前來接受治療，以解決她的憂鬱和焦慮問題。她有一個身體殘疾的女兒，當她的兄弟姐妹分享自己孩子的成就和成功的好消息時，她感到沮喪。她愛她的外甥女和外甥，並為他們的成功感到高興，但他們的成功讓她想起了女兒的侷限性。在與兄弟姊妹的談話中，她

很少談論自己的女兒。她對女兒的侷限性感到羞愧，這加劇了她的內疚感。Pratiksha 相信她和她的孩子今生所經歷的痛苦都是因業力造成的，她堅信，她和她的女兒一定是前世行為惡劣，才會受到這樣的懲罰。

你的態度：身為 Pratiksha 的治療師，你會如何回應她的信念：她和她的女兒因前世的罪行而在今生受到懲罰？你會表達對她的信仰體系的理解和接受，還是傾向於挑戰這個信念？如果你挑戰她的信仰，你是否會冒著將自己的價值觀強加給她的風險並傳達這樣的訊息：她的印度教價值觀毫無意義？就個人而言，你對此案例會如何反應？

討論：尊重案主的宗教觀點，並傾聽 Pratiksha 對因果報應如何在她的生活中發揮作用的解釋非常重要。作為她的治療師，你可能會要求 Pratiksha 考慮以其他方式思考她女兒的殘疾，這將幫助她感到更加樂觀和充滿希望。例如，Pratiksha 可能覺得女兒的殘疾是她在精神層面上學習重要人生課程的機會，而不是視為一種懲罰。

理解 Pratiksha 的內在經驗很重要。如果你選擇透過讓 Pratiksha 在宗教和文化價值觀框架內重新架構她女兒狀況的意義來進行處遇，你需要考慮這種處遇的時機。如果過早引入這種處遇，可能會讓 Pratiksha 感到自己無能。至關重要的是，讓案主有機會充分表達她的擔憂，而不會感到受到評判，這樣才能建立一個溫暖和信任的治療環境。有時間和空間與一位有同理心的傾聽者一起處理她對女兒的感受可能會大大幫助她消除羞恥和內疚感。

第九節　墮胎

助人者可能會在墮胎議題上經歷與案主的價值衝突，正在探究墮胎是否為一種選擇的案主，為助人者在法律及倫理道德兩方面帶來挑戰。從法律的角度來看，心理衛生專業人員期待行使「合理的照顧」，假如他們沒有做到，案主可以控告他們疏忽。

我們建議你熟悉該州的法律要求，這些要求會影響到你工作，特別是假

如你的職位是與正考慮墮胎的未成年案主工作。與未成年者工作時，各州之家長知情同意規定各有不同。了解並實行你所工作之機構或學校的政策也是重要的。

在與面臨意外懷孕問題的案主工作時，邀請他們談論自己所抱持的價值體系，以及這些價值觀以何種方式支持他們正在考慮的選擇或是與之相衝突，可能會很有幫助。當案主似乎難以做出艱難的決定時，諮商師有時會嘗試為案主做出決定或向他們提供建議。對於諮商師來說，幫助案主探索她的選擇，同時確保是使用客戶的參考框架進行討論至關重要。你能否提供一個偏頗的氛圍，讓案主可以考慮各種選擇，而不會受到你的信念和價值觀的影響？

案例　平衡矛盾的建議

一位 19 歲的大學生 Connie 因為正考慮進行墮胎而尋求你的協助。有些時候她感到墮胎是唯一的解決辦法，有些時候她感到她想要這個孩子，她也在考慮生下孩子然後送人收養的選項。Connie 想要告訴她的父母，但害怕他們對她該怎麼做會有明確的想法，她無法入睡，且因為害自己陷入這個處境而感到內疚。她跟朋友談過並尋求建議，他們提出許多互相矛盾的建議。Connie 讓你知道她並不完全確定自己該怎麼做並請你協助她。

你的態度：就你所擁有的資訊，你會對 Connie 說些什麼？想想你與墮胎相關的價值觀，你是否會勸她不要墮胎並建議其他選項？你認為你可以避免自己的價值觀介入這個會談到何種程度？有時我們聽到學生說他們會因為自己的價值觀而轉介考慮墮胎的懷孕案主給其他專業人員，他們不想要影響這位女性，且他們害怕無法保持客觀，這適用在你身上嗎？假如你治療一段時間的案主懷孕了並暗示她考慮墮胎，你會怎麼做？

討論：決定要終止懷孕或生下孩子，以及是否留下孩子還是將其出養，是人生的重大決定。Connie 的案例說明了處於類似困境的女性所普

遍面臨的困惑和壓力，她做出可能對她一生產生重大影響決定的時間相對較短，由於做出決定的迫切性，Connie 可能需要進行涉及心理教育成分的聚焦探索。透過檢視所有潛在選擇的影響，同時將她的價值觀（而不是治療師的價值觀）放在討論的最前面，Connie 將能夠更妥當地做出明智的決定。

如果助人者難以尊重案主關於保留孩子或墮胎的決定，則應考慮在督導或諮商中提出這個議題，而不是增加案主的負擔。因為你與該案主存在基於價值觀的衝突而進行轉介將被視為不符倫理。

第十節　性議題

不僅要去思考你的兩性價值觀，同時也要思考它們從何而來。你與案主討論性議題時的自在程度如何？你是否覺察到任何會妨礙你與案主在性議題上工作的障礙？你的性經驗（或缺乏性經驗）將如何影響你與案主在這方面的工作？你會推銷你的兩性價值觀嗎？舉例來說，假如一位青少女案主四處與人發生性關係，且這個行為主要是出於對她父母的反抗，你是否會面質她的行為？假如一位青少年案主沒有進行任何避孕措施，但經常地與許多伴侶發生性行為，你是否會力勸他/她進行避孕，或者你是否會鼓勵禁慾？你是否會建議他/她在決定性伴侶時更加妥善選擇？是否會鼓勵案主考慮其行為的後果，還是採取不同的做法？

儘管你可能嘴上會說你很能接受新觀念，而且能接受與你不同的性態度與價值觀，這其實可能你是傾向於嘗試改變那些你相信正在自我毀滅道路上的人。評估你對一夜情、婚前性行為、青少年性行為、婚外性行為的態度，你對一夫一妻制的態度為何？你對擁有多重性伴侶在身心方面風險的看法如何？你在這些議題上的看法，將會如何影響你與透露出性議題之案主工作的方向？

當你進行這個評估時，問問你自己是否可以客觀地與那些兩性價值觀與你截然不同的案主工作。舉例來說，如果你對性行為的觀念是非常保守的，

你是否能接受一些自由派案主的看法？假如你認為這些道德價值觀是造成他們在目前生活中經歷困難的原因之一，你是否會傾向於說服他們接受你的保守價值觀？

從另一個角度來看，假如你認為自己擁有自由派之兩性態度，你認為你將如何回應有著保守價值觀的案主？假設你未婚的案主說他想要有更多的性經驗，但在他的宗教信仰上，婚前性行為是有罪的教導深植於心，每當他快要有性經驗時，他的罪惡感便打消一切，他想要在不違背他的價值觀的情況下，學著不帶罪惡感地享受性愛，你會對他說什麼？你可否在不強加你自己價值觀及增加他困境的狀況下，幫助他探索自己的價值衝突？

你可能會與兩性價值觀及行為和你明顯不同的案主工作，並且在與這些案主一起工作時，你可能會遇到處理自己的價值觀的困難。因為價值觀不同而轉介案主是不符倫理的，同樣地，將你的價值觀強加給案主也是不符倫理的。思考以下的案例並反思你的兩性價值觀可能如何影響你在這種情況下的工作。

案例　身心障礙者安養之家中的性行為

你是成年身心障礙者安養之家的社工，發現有些住民彼此發生了性行為。儘管這些案主都是成年人，但你想知道是否需要聯繫他們的父母或保護人。

你的態度： 如果你發現案主在安養之家中發生性關係，你的第一個反應是什麼？如果家長表示強烈反對並要求安養之家工作人員採取行動阻止性行為，你會如何回應？如果某些案主表達了對彼此的愛，並明確表示他們將繼續追求性關係，無論父母是否同意，你會怎麼做？鑑於這些成年人的身心障礙狀況，本案的法律意涵是什麼？

討論： 在這種情況下，有幾個因素需要考慮。如果你是這種情況下的助人者，你最好提出以下問題：為什麼我的價值觀會陷入這種情況？我能否排除我的價值觀，以免它們干擾案主的決策和行為？機構對此事的政策

為何？我可能想與機構的主管討論哪些法律考量？反思安養之家中人們的脆弱性，尤其是是否發生虐待或脅迫的情況，在這種情況下，與同事和主管討論這些問題將是重要的一步。

第十一節　臨終抉擇

　　心理服務對想要規劃未來照顧的健康個體是有用的，這樣的服務對於患有末期疾病的人、需要提供臨終照顧的家庭、遺族也是有益的。隨著公眾支持的不斷增加以及各州不斷努力將醫生協助自殺合法化，越來越多的案主可能會在臨終決定時尋求專業幫助。了解你所在司法管轄區和州的法律，並熟悉你的專業組織關於個人有自由做出臨終抉擇的倫理守則至關重要，對於涉及案主要求提供更明確的加速死亡援助的案件，請尋求法律諮詢。

　　你們中的一些人將面臨協助案主做出臨終抉擇，包括決定是否採取積極措施加速死亡。身為助人者，當案主帶著這樣的考量來找你時，你必須願意討論臨終抉擇。假如你拒絕在此議題上的任何個人檢視，你會中斷這些對話、中斷案主探索他們的感覺，或試圖將基植於你自己價值觀與信念之解決方法提供給案主。

　　有些臨終抉擇的範圍比醫師協助自殺的範圍更廣。有些人會拒絕所有治療作為結束生命的選擇，此選項不應被視為消極的方法，因為必須執行或不執行某些行為才能導致死亡發生。在這種情況下，助人者是否有倫理責任去探索服務對象拒絕治療的決定？儘管拒絕治療並不違法，但案主可能是根據錯誤訊息做出了這一決定。諮商師可以幫助案主評估其決定所依據的資訊的性質。

　　Gamino 與 Bevins（2013）指出了諮商師在安寧療護方面可能需要考慮的一系列倫理挑戰和困境：尊重案主的自主權；評估個人的決策能力；遵守預立指示；尊重個人的文化價值觀；保密；處理醫療無效議題；建立並維持適當的界線；並將家庭納入照護範圍。在解決這些倫理議題時，從業人員應該協助案主在自己的文化信念和價值體系的框架內做出決策。諮商師必須努

力應對倫理困境，既要保護當事人的自主權和自決權，又要履行臨終關懷的倫理和法律責任，他們必須準備好與垂死之人及其家人一起工作。

文化因素也會影響助人者與臨終者的關係（Kwak & Collet, 2013）。文化信仰影響許多與臨終相關議題的決定。儘管不可能完全了解每個文化群體，但諮商師應該在討論過程的初期就納入有關臨終者和家庭成員的信仰，以便在文化與諮商過程交會時做好準備（Werth & Whiting, 2015）。

一、處理臨終生死抉擇議題的原則

對於在澄清和探索臨終抉擇上尋求幫助的助人者，Werth 與 Holdwick（2000）提供了以下原則：

- 評估你的個人價值觀以及專業信念對基於理性之自殺的接受度。
- 如果可行的話，對未來的案主提供有關協助自殺之保密原則的限制資訊，以作為知情同意的過程之一。
- 在整個過程中善用會診。
- 記下所有風險管理取向的紀錄。
- 查閱適用的倫理守則和州法律。
- 評估案主做出有關醫療照護之理性決定的能力。
- 回顧案主對他們狀況、預後及治療選擇的了解。
- 讓醫師參與此過程，因為諮商師可能不完全理解這些醫療問題。
- 致力於使案主的重要他人加入諮商過程。
- 評估外界強制力對案主做決定的影響。
- 確定案主的決定與其文化以及靈性價值觀的一致程度。

當你思量你自己在面臨有關臨終抉擇之關鍵問題的立場時，想想這些原則：個體是否有權利決定生或死？是否有些處於痛苦之中的人很難區分結束生命和結束痛苦？如果是這樣，你是否覺得在倫理上有責任幫助案主釐清他們只是想結束自己的痛苦，還是他們真的渴望結束自己的生命？有關個人做臨終抉擇的自由，你是否清楚你所在州郡的法令與你所隸屬之專業機構的倫

理守則？如果你的個人或職業價值體系不接受一個人結束自己的生命，那麼你的信念會如何妨礙你幫助正為這個決定而苦苦掙扎的案主呢？你可以做些什麼來處理你與案主之間的價值觀衝突？

案例　選擇死亡的權利

一位 30 多歲的男士 Andrew 發現他的 HIV 檢查結果為陽性，他許多朋友都死於愛滋病，他看不到未來，只覺得前途渺茫。他成為你的個案已有數個月，並且成功地探索他生命中其他議題。Andrew 顯然傾向於在病重之前結束自己的生命，Andrew 是理性的，他認為採取這項行動是合理的，符合他的基本人權。你將如何開始與 Andrew 討論他的未來？

你的態度：愛滋病曾經是一種致命的疾病，也是使人們遭受社會汙名和身體衰弱的疾病。有了當今可用的藥物，愛滋病毒已成為一種慢性且可控制的疾病，Andrew 可以過著長壽而充實的生活。作為一名心理健康工作者，你會嘗試幫助 Andrew 了解他可以活下去嗎？你會和 Andrew 一起探討導致他考慮結束生命的恐懼嗎？心理健康專業人員在與考慮某種形式的加速死亡的人一起工作時扮演什麼角色？引導案主朝特定方向發展是助人者的適當角色嗎？你的職責是阻止 Andrew 採取加速他死亡的行動嗎？

討論：你對個人決定生死事宜的權利持什麼立場？由於這狀況可以成功控制，這個議題現在是否變得更加複雜？是否應該阻止他結束自己的生命，即使這意味著剝奪他選擇的自由？你有責任釐清你自己與臨終抉擇有關的信念和價值觀，以便你可以協助案主在他們自己的信念和價值體系的框架內做出決策。一旦你了解自己對臨終抉擇的看法，你就可以專注於案主的需求和個人價值觀。

案例　正視死亡的權力

40 歲出頭的 Esmeralda 正為惡化中的類風濕性關節炎所苦，她有持續性的疼痛，許多止痛藥都有嚴重的副作用，這是一個使人日漸衰弱的疾

病，且她看不到改善的希望，她失去活下去的意志而來看你——她多年的治療師。她說：「我太痛苦了，我不想再忍受下去了，我不想讓你牽涉其中，但身為我的治療師，我想讓你知道我最後的願望。」她告訴你她服用過量藥物的計畫，一個她認為比繼續忍受痛苦來得較為人道的行動。

你的態度：想想你的價值觀將如何影響你在這案子上的處遇。你對於 Esmeralda 想結束自己生命的渴望有多少同理？你的信念在你的諮商中扮演何種角色？你想不惜一切代價活下去，還是想結束自己的生命？你覺得這樣做合理嗎？有什麼會阻止你？

討論：心理健康諮商師必須了解自己對臨終抉擇的價值觀和態度（例如案主的自主權和參與加速自己死亡的權利）。此外，諮商師需要了解他們在可能選擇加速死亡過程的案主決策過程中的角色（Bevacqua & Kurpius, 2013）。你是否有倫理和法律責任來阻止 Esmeralda 執行她意圖的行動計畫？你認為在極端的情況下你能從苦難中找到意義嗎？如果你完全同意她的意願，這會對你的處遇產生什麼影響？

案例　助人者的通報法律責任

William Park 醫生過去一位案主——65 歲的 Josh 回來看他。他現在是鰥夫，唯一的孩子過世了，而且他沒有其他仍在世的親屬，他已經被診斷有慢性、痛苦的末期癌症。Josh 告訴 William 他正仔細考慮結束自己的生命，但希望探索這個決定。假如他決定結束生命，William 擔心法律可能會要求他通報，將使自己陷入兩難。Josh 每週都來與治療師討論許多事情，談論他死去的美麗妻子與女兒。他謝謝 William 的仁慈以及他這些年來的幫助，他已經決定在近日結束他的生命，在道別後他便回家了。

你的態度：你是否認為 William 應該通報此事以作為保護 Josh 的方法？在這案子中你會怎麼做？說明你的價值觀脈絡在決定結束生命上的立場。你認為本案中倫理與法律之間有衝突嗎？

討論：假設你在嘗試了各種讓生活變得有意義的方法之後，仍想結束

自己的生命。想像一下，你感覺好像什麼都起不了作用，什麼都不會改變，你會怎麼做？你會繼續活下去，直到自然原因結束你的生命嗎？你相信有任何理由可以使你的自殺具有正當性嗎？你的個人決策過程會如何影響你協助案主決策的方式？

重點回顧

- 你的價值觀與案主的價值觀可能在許多層面發生衝突，符合倫理的實務工作要求你認真考慮你的價值觀對案主的影響，並學習如何處理與案主可能發生的任何價值觀衝突。
- 終究來說，選擇未來的方向、吸收何種價值觀以及修改或丟棄何種價值觀是案主的責任。
- 助人者的角色不是逼迫案主接受助人者的個人價值觀。
- 學生和執業諮商師有權信奉自己的個人和道德價值觀，但至關重要的是，他們不要使用自己的個人價值觀作為案主價值觀有效性的衡量標準。
- 你不認同案主的價值觀並不代表你不能有效地與他工作，透過將個人價值觀排除於專業職責之外，你就能做到客觀、不依個人道德觀做論斷，並尊重客戶的自主權。
- 轉介案主可能是不恰當的、不符倫理的，並且可能構成歧視行為。持有特定、嚴格價值觀的心理健康從業人員轉介案主，往往涉及歧視性做法，這些做法被合理化為避免傷害案主或超出個人能力水平。
- 與 LGBTQI 案主合作的諮商師有責任了解這些人特殊的議題，並且在倫理上有義務獲取知識和技能，以便勝任地向他們提供服務。
- 透過自我反思，助人者可以變得更加具文化敏感和性別敏感，並避免將個人價值觀強加於個人、夫妻和家庭。
- 在最高法院的兩起案件中，大學有權力要求學生在為案主提供諮商時遵守非歧視準則，被認為並不侵犯學生的宗教自由權。這兩種情況下的學生都獲得了補救措施，但都拒絕了為具有不同價值觀的案主諮商時澄清個人價值觀界線的教育性協助。

- 部分州在立法中增加了信仰自由條款，以確保如果心理衛生專業人員基於真誠的宗教或個人價值觀拒絕向案主提供服務，他們的執照狀態不會受到威脅。
- 可以邀請因意外懷孕而面臨抉擇的案主談論他們所持有的價值觀體系，以及他們的價值觀如何支持或與他們正在考慮的選擇發生衝突。
- 評估你自己的性態度和價值觀，並問問自己是否能夠客觀地和性價值觀與你截然不同的人一起工作。
- 隨著各州不斷努力使醫生協助自殺合法化，越來越多的案主可能會尋求專業協助來做出臨終抉擇。了解你所在司法管轄區和州的法律，並諮詢你的專業組織有關臨終抉擇的倫理守則。

你可以做什麼？

1. 花一些時間仔細思考，你期待自己的價值觀在你與不同案主工作時，扮演何種角色。你的價值觀將如何為你工作？或是不利於你？仔細想想你的價值觀從何而來，你是否清楚在本章中所提到的價值觀議題上你採取何種立場？在你的探索旅程中，寫下你對這些問題的一些想法。在哪些情況下你會傾向與案主分享以及可能會探究你的價值觀與信念？你可否想出一些你這麼做會有不良後果的情況？

2. 細想當你在與案主工作時，會阻礙你保持客觀的一種個人價值觀。選擇一種你非常相信的價值觀且挑戰它，並到一個與你有相反價值觀的地方來進行。舉例來說，假如你強烈地相信墮胎是不道德的，考慮去一個墮胎診所並與那裡的人聊一聊。假如你因你的價值觀而對同性戀者感到不舒服，去校園或社區裡的一個 LGBTQI 組織，並與那裡的人聊聊。假如你認為你與有宗教信仰的案主工作有困難，進一步去了解一個宗教觀點不同於你的團體。

3. 心理健康從業人員有時會過於急著建議轉介，而不是探索如何解決案主的問題。在小組中，討論你將如何處理遇到價值觀衝突但無法轉介案主的情況。你將採取哪些步驟來確保為案主提供優質服務，並且不會將你

的價值觀強加給他或她？
4. 以下所列出的參考資料，其完整的書目資訊，請參考本書的參考文獻。有關討論靈性價值觀在助人過程中作用的書籍，請參閱 Cashwell 與 Young（2011）、Frame（2003）、Johnson（2013）。有關臨終議題的出色治療方法，請參閱 Werth（2013a）。

Chapter 4

了解多元化差異
Understanding Diversity

|林淑娥　譯|

學習目標

1. 描述多元文化觀點下助人關係的要素有哪些？
2. 解釋狹窄文化視野的概念。
3. 討論助人關係中一系列的文化價值與預設。
4. 描述與身障人士一起工作的倫理議題。
5. 討論獲得多元文化諮商能力的步驟。
6. 列出幾種社會正義能力。
7. 描述幾個多元文化訓練的元素。

焦點問題

1. 你的文化背景帶給你哪些想法，以及它如何影響你？
2. 你是否準備好和許多方面（如年齡、性別、文化、種族、性取向、社經地位以及教育背景）都與你有顯著差異的案主群工作？
3. 你可能有著什麼樣的價值觀阻礙著你和擁有不同世界觀的案主工作？對於那些與你外表、思考、感受和行為方式不同的人，你持有哪些偏見和假設？
4. 如果案主因為你和他的世界觀或文化不同而大聲質疑你無法幫他，你會怎麼回應？
5. 你與身心障礙者的接觸有多少？對於他們的存在你通常感覺如何？你有沒有什麼個人特質或是經驗有利於你和這群特殊人口群工作？
6. 社會對這群身心障礙者的刻板印象是什麼？你要如何改變社區內這樣的想法？
7. 你可以做些什麼來增加你對不同文化群體的了解和認識？當你了解不同的文化群體時，如何避免對這些群體中的個別成員產生刻板印象？
8. 你如何看待文化能力是貫穿整個專業生涯的過程，而不是一個可以在短時間內實現的目標想法？
9. 你是否準備好為那些在社會上受壓迫和被邊緣化的案主倡導？對你來說承擔社會倡導角色最具挑戰性的面向是什麼？
10. 為了擴展你現在的態度和世界觀，你可以採取哪些首要步驟？

第一節　本章目標

　　大部分的助人者會在工作中碰到各式各樣的個案。在你作為一個助人者的發展過程中，當務之急是你必須敞開心扉，學習如何與不同的人進行穩定的接觸，你未必需要和你的案主有相同的觀點或背景，也未必需要經驗相同的生活環境才能形成一個有效的治療關係，然而對於你而言，有必要擁有廣泛的經驗來理解人類的處境。普遍性的人類話題將人們聯繫在一起，但承認我們的差異也至關重要。

　　你能夠敞開心胸學習展現在你眼前的生活教訓、你能尊重相對的觀點、你樂於了解與你有著不同世界觀的案主，以及你願意為那些被壓迫的人倡導等，這些都是重要的態度和技巧。即使你生長於單一文化的世界，你可以從與你不同世界觀的人們身上學習，透過你自己的努力，也可能擴展你現在的態度和觀點。

　　為了有效地發揮身為一個助人者的功能，你必須讓自己熟悉案主的文化態度，並意識到這些文化價值如何在助人過程中運作（見第 3 章），藉由了解你自己的文化背景如何造就你這個人，你就有基礎了解其他人的觀點。所有的助人者都要嚴肅地看待這些議題，不管其民族性、種族和文化背景為何。

　　你可能會上一門文化差異的課程，這課程可能會強調社會中不斷變化的人口結構以及迫切需要助人者發展文化能力。在這門課中，肯定會期待你檢視許多社會成員被邊緣化和被歧視的方式。你還可能親自探索權力和特權的關鍵概念，並學習如何在與個案的對話中提出差異，雖然探索這些主題和話題有時會帶你走出舒適區，但它可以啟發你，有助於拓寬你對世界的視野。藉由尊重文化差異，你能明白其他人的觀點，並發展出與不同案主群工作的適當工具。

第二節　多元文化的助人觀點

我們從一個寬廣的觀點來檢視**多元文化的助人關係**（multicultural helping），且不受限在只考量種族和民族的主題。Pedersen（2000）用**民族學變項**（國籍、種族、語言和宗教）、**人口統計學變項**（年齡、性別和居住地）、**地位變項**（教育和社經背景）及**正式和非正式關係**來定義文化團體。依據 Pedersen 的研究，不管人們的差異為何，多元文化觀點提供了一個概念架構，既承認多元化社會的複雜多樣性，又提出了將所有人（無論其差異如何）聯繫在一起的共同關注議題而搭起的橋梁。這種觀點既著眼於一個人的獨特維度，也著眼於我們與不同的人分享的共同主題。

多元文化諮商（Multicultural counseling）「可以操作化定義為諮商師和個案之間的工作聯盟關係，將諮商師和個案的個人動力以及這兩人間個別文化中發現的動力考慮在內」（Lee, 2019b, p. 5）。有效的多元文化諮商定義了與個案的生活經驗和文化價值觀一致的背景目標，並平衡了評估、診斷和治療中個人主義與集體主義的重要性（Sue & Sue, 2016）。

在本章中，我們將討論多元文化主義（Multiculturalism）和多元化差異（diversity）觀點。**多元文化主義**關注民族、種族和文化。我們對文化這個詞的解釋很廣泛，包括性別、年齡、宗教、經濟狀況、國籍、身體能力或殘疾、以及情感或性取向的差異。**多元化差異**是指許多變數上的個別差異，這些差異使個案面臨被差別對待的風險。多元文化主義和多元化差異在美國都被政治化，常常引起分歧，但這些名詞同樣可以代表多元化社會的正向資產。**文化多元主義**（Cultural pluralism）承認文化的複雜性，並重視其差異的多種形式。

當你成為一個助人工作者時，會遇到許多來自與你不同文化的人。你可以查閱教科書、網站和其他有關個案文化的來源，以便做好與他們有效工作的準備。可能你會驚訝地發現，成為具有文化理解能力的助人工作者的道路始於探索自己的文化遺產和價值觀，而這將影響你的諮商過程。Lee

（2019b, p. 10）透過說明三個關鍵問題來描述多元文化諮商能力的概念架構：

1. 作為一個文化的存在，我是誰？
2. 我對文化動力了解多少？它們如何影響我的個案的世界觀？
3. 我如何以文化上適當能力的行為舉止來促進個案的心理健康和福祉？

成為並維持多元文化能力需要大量的工作、學習與臨床經驗。Lee（2019a, pp. 18-19）提出了一些在助人過程中促進諮商師和個案之間工作關係的準則：

- 在任何諮商互動中都要考慮文化因素。
- 檢視和評估你的文化包袱、文化特權、偏見以及你與不同個案工作的理論取向的相關性。
- 避免用刻板印象或採取單一的觀點。
- 樂於學習其他文化；願意向不同文化背景的個案學習。
- 願意致力於倡導和社會正義。

一、強調多元文化的必要

在過去的幾十年裡，我們看到在助人專業領域逐漸意識到解決與不同文化背景的人工作時涉及的特殊議題。由於美國人口結構的變化，需要一個新概念架構來幫助助人專業人員為來自不同文化背景的個案提供優質的服務（Lee, 2019b）。文化因素是助人工作過程中不可或缺的一部分，而文化也影響了我們對案主所做的處遇。無論我們是否意識到，Pedersen（2008）認為文化控制著我們的生活，並定義了我們每個人的現實狀態。採用多元文化視角使我們能夠思考多樣性，而不會將問題兩極化為「對」或「錯」。從問題面向來考慮文化視角時，可以有多種適當的解決方案。在某些情況下，根據個案的文化，類似的問題可能有非常不同的解決方案。例如，助人工作者可能會鼓勵一些案主向父母表達受傷的感覺，但也尊重其他案主在練習自我

表達上為了不冒犯長輩而有所保留。

　　一位有效能的多元文化諮商師會尊重不同案主群的需求和優勢，同時也了解這些案主的經驗。然而，這樣也很可能會誤以為個體只是屬於某一個團體。同一群體內個體之間的差異往往大於群體之間的差異，Pedersen（2000）指出，具有相同種族和文化背景的個體可能有顯著差異。並非所有美洲原住民都有相同的經歷、所有非裔美國人、所有亞裔美國人、所有歐洲裔美國人、所有婦女、所有老年人或所有身體或智力有障礙的人也沒有相同的經歷。助人工作者無論其文化背景如何，都必須準備好應對來自不同群體的個人之間的複雜差異。

　　Pedersen（2000）相信多元文化意識可以提升你的生活品質，也可以讓你的工作變得更輕鬆。如果你對採用文化差異觀點是增強關係的正向誘因，將有助於擴展你與不同案主群工作的能力。我們希望你能將織入所有助人關係構造裡的的文化大衣不再視為是有待突破的障礙，相反的，這件文化大衣應該成為替你的個案提供舒適與尋找意義的一件服裝。

第三節　多元文化實踐中倫理兩難的議題

　　認識到社會中的多元性與差異，並在助人關係中採用多元文化方法已成為專業倫理守則的基本規範，倫理守則明確指出，助人專業工作者的歧視是不合倫理的。大多數倫理守則都提到從業人員有責任認同不同案主群的特殊需求。Lee（2015）指出諮商輔導人員必須以一種既具有文化回應性又具有倫理責任感的方式來處理多元差異的問題。那些不了解文化動力及其對案主行為產生影響的諮商人員，其實務工作將處於不合乎倫理的風險中。

　　在多元文化社會裡，要成為一個有倫理、有效能的助人者是一個持續的過程。有效能的多元文化諮商從三個主要的實務方面來推展，首先，助人者必須覺察到自己對人類行為及其自身世界觀的預設、偏見和價值；其次，助人者必須要能越來越覺察到社會中不同團體的文化價值、偏見和預設，並能夠在非批判方式下，對這群不同文化案主的世界觀有所理解。最後，有了這

些知識，助人者將開始發展適當、合宜、有敏感度的策略來處遇個人和介入系統（Lee, 2019b; Sue & Sue, 2016）。

服務提供上的差別待遇通常和種族或文化因素、社經階級以及性別相關連。他們認為差別待遇和錯誤診斷來自實務人員的偏見態度（Dolgoff, Loewenberg, & Harrington, 2009），例如，低社經階級的人比高社經者常接受到較嚴重的診斷。Diller（2007）表示，差別待遇涉及的不只是拒絕提供服務給特定案主群，助人工作者的差別待遇還可能以下面這些形式呈現：

- 沒有意識到自己的偏見以及他們如何在溝通時無意中傳達給個案。
- 沒有意識到在訓練方案中已經學過的一些理論可能受到文化限制。
- 沒有意識到有關健康與疾病在文化定義上的差異。

缺乏意識會導致助人工作者涉入無意間進行的種族主義而對個案造成極大的傷害。

不幸的是，許多有色人種遭受**種族微侵犯**（racial microaggressions）：「短暫而常見的日常言語、行為或環境侮辱，無論是有意還是無意，傳達了敵意、貶損或負面的種族輕視和侮辱」（Sue et al., 2007, p. 271）。這些「種族微侵犯不僅限於白人與黑人、白人與拉丁裔或白人與有色人種之間的互動。種族間的種族微侵犯也發生在有色人種之間」（p. 284）。與一個人的性別、性取向或身障相關的微侵犯可能具有同樣強大和潛在的破壞性影響。例如，當案主前來尋求幫助以解決與其人際關係相關的焦慮、與兄弟姐妹或父母的衝突，或因失去親人而悲傷時，諮商師卻將談話繼續引向這個腦性麻痺案主所面臨的社會挑戰。

文化差異是真實存在的，它們影響著所有的人類互動。諮商本質上是多元文化的，因為個案和諮商師都會把他們的獨特歷史和文化融入諮商過程（Lee, 2019b），臨床醫師可能誤解不同性別、種族、民族、年齡、社會階層或性取向的個案。如果從業人員未能將這些多樣性因素融入他們的實務工作中，他們就侵犯了個案的文化自主性和基本人權，這將降低建立有效助人關係的機會。助人者能夠處理多元差異的各個方面非常重要，對於某些個案

來說，宗教價值觀是很重要的；其他客戶可能會關注性別或年齡歧視。助人者透過專注於個案所說的話，可以發現當下時刻個案認同的哪些方面對這個人來說最為重要。

Cardemil 與 Battle（2003）認為，公開討論種族和民族性是在諮商中積極納入多元文化元素的一種方式，也是加強治療關係和促進更好治療結果的一種方式。例如，諮商師可能會說：「今天我們一直在談論你的感覺，也就是您的許多同事都存在偏見。與我的這次談話，對你來說感覺如何？與沒有過這種經歷的白人治療師分享差別待遇經歷，對你來說有何感覺？」（p. 282）。Day-Vines 及其同事（2007）將此稱為**拋拉行為**（broaching behavior），並強調「一致、持續的開放態度以及諮商師真誠地不斷邀請案主探索多元差異問題」的重要性（p. 402）。種族議題可能會導致個案出現問題，承認這一點有助於建立有效的治療關係。

第四節　克服狹窄的文化視野

我們和學生在人群服務訓練方案的工作過程中，發現許多人都犯了文化視野狹窄（cultural tunnel vision）的問題。許多學生沒意識到處理和他們有文化差異的案主有何困難。他們的文化經驗有限，在某些有文化差異的案例中，他們會以為自己的角色就是要把自身的價值觀傳達給案主！有些學生對某類團體的案主做了不適當的歸因，比如說，一些受訓中的學生可能會認為某些群體不願意回應精神處遇措施，是因為他們缺乏改變的動機。個案對於改變有矛盾心理，或是猶豫不決是否尋求家庭系統外的支持，歸因缺乏動機可能就反映了文化差異，實際上案主可能是由於過去遭受歧視和壓迫的經驗，也可能因為不信任專業助人過程。

因此，值得重申的是所有的助人關係都是具多元文化的，那些提供協助與接受協助的雙方都把自己多樣的態度、價值、行為帶進他們的關係中。一個我們會犯的錯誤是不承認這些文化差異的重要性；另一個錯誤是過度強調此文化差異會讓助人者失去其自發性，而無法為其案主服務。我們需要理解

並接受案主對其生活有一組不同的假設，你要留意強加自己的世界觀在他人身上的可能性。最重要的是，和這些有不同文化經驗的案主工作時，你不要對他們有價值判斷。

Wrenn（1962, 1985）介紹了一個概念——文化簡約諮商師（culturally encapsulated counselor），展現了共同的文化視野狹窄特徵。當你在揣想文化簡約諮商師的特點時，思考一下你自己的視野有多廣：

- 依照一組文化預設來定義真實。
- 對每個人的文化差異沒有敏感度。
- 接受未經證實或忽略證據的不合理預設，只因為無法確認別人的預設。
- 無法評價別人的觀點和不願意包容別人的行為。
- 陷在單一思考方式，抗拒調整或是拒絕接受其他方法。

簡約封裝化（encapsulation）是一個潛在陷阱，所有的助人者都要小心翼翼避免陷入。如果你接受了這個概念——「某種特定的文化是至高無上的，我們拒絕考慮替代方案」就會限制我們。如果你有文化視野狹窄症，你可能就會誤解文化上與你不同的案主所表現出來的行為模式；除非你了解其他文化的價值，否則你會誤會這些案主。因為缺乏理解，你可能會標籤某類案主的行為是抗拒，你可能會對某個特定行為做出不準確的判斷，或是可能強加我們的價值體系在這個案主身上。舉例來說，一些拉丁裔婦女可能會抗拒改變，因為她的行為在你看來是對丈夫依賴的行為，如果你和這婦女工作，你就要欣賞她們似乎還是生活在以夫為重的價值觀之下——即使丈夫是不忠的。西班牙的傳統告訴這群婦女，不管如何，離開自己的丈夫都是不恰當的。如果你沒有意識到這種傳統的價值，你可能就犯了一個錯誤：強逼這群婦女採取行動損害其信仰系統。

案例　透過狹隘視野看案主

一位學校輔導員（Marcia）個人認為，學生在從事體育運動時可培養自尊心，並且有助於平衡課業負擔，也不會在課堂外消耗太多時間。Min-jun 和他的家人最近從南韓搬到了美國，認為這樣孩子們就可以準備進入美國頂尖大學。在他們的第一次會議中，Min-jun 告訴 Marcia，他想參加大量的高級（Advanced Placement, AP）課程，並加入一些學術俱樂部。他對體育運動的課外活動不感興趣。Marcia 強烈建議 Min-jun 不要參加這麼多 AP 課程，並建議他加入棒球隊或足球隊，而不是專注於學術俱樂部。Min-jun 聽從了 Marcia 的權威，禮貌地同意了她的建議，但他離開她的辦公室時，開始擔心他將如何做好進入一流大學的準備。

你的立場：如果你是 Min-jun 的情況，學校輔導員如果不考慮你的文化價值，強行提出建議，會有什麼感想呢？如果她是你的同事，你注意到她的建議主要基於她自己的假設和生活經歷，你可能會對 Marcia 說什麼？

討論：雖然 Marcia 的意圖是好的，她的建議是想幫助加強 Min-jun 的自尊心，促進他有一個全方位的發展，但她並沒有把這個學生的文化背景納入考慮。值得注意的是，Min-jun 的家庭搬遷到美國，是為了讓他和他的妹妹可以利用學術機會精進，這反映了家庭教育價值。Marcia 也沒有考慮到 Min-jun 計畫申請頂級大學的競爭力。基於 Min-jun 對權威的尊重，他不太可能挑戰 Marcia 的建議。

一、尊重個案的文化價值觀

文化是我們作為人類的一個重要組成部分。對個案傳達（明示或暗示）他們要放棄這種重要的自我並接受主流文化，與身為助人工作者的目的其實背道而馳。如果你為案主制定一個符合文化標準的治療計畫，但卻和案主自身價值觀有衝突，你沒有敏感到（雖未必不合倫理），卻可能導致案主過早和你終止諮商關係。在一種文化中，特定行為可能是可以接受的，但在案主

的文化中是不可接受的，甚至可能是非法的（例如，特定的育兒方式）；當助人工作者協助個案解決這些問題時，需要保持非批判性態度。

Chung 與 Bemak（2012）創造了「政治反轉移」（political countertransference）一詞，以描述助人者對他或她與個案工作的政治背景的個人反應。例如，助人工作者可能會對高度緊張政治議題有強烈的個人反應，如恐怖主義、墮胎、移民改革、政府關閉或同性戀婚姻等。助人工作者必須監測他們自己的反應，並意識到他們的政治反轉移對其個案的潛在影響，這在我們社會中圍繞著多個政治議題出現兩極化的時期，這種認識尤其重要。

我們要意識到文化偏見是無可避免的。我們傾向於帶著自己的偏見，但卻往往不承認這一事實。我們需要一起努力和警惕來監督我們的偏見和價值體系，以免它們干擾建立和維持成功的助人關係。

第五節　文化價值觀與助人過程

在第六章和第七章中討論的助人過程中，許多理論和實務都根植於美國主流文化的核心價值取向。Hogan（2013）指出，美國的主流文化價值取向的特徵是強調父權的核心家庭、保持忙碌、強調量化和可見的成果、個人選擇、負責任與成就、自信與自我激勵、變革與新穎的想法、競爭、直接溝通、物質主義，以及平等、不拘禮節，和公平競爭。人群服務的實務工作者要小心看待這些價值是否和文化上有所差異的案主群相符。

多元文化領域的一些作家批判當代理論中的強烈個人主義偏見，以及不重視更廣大的社會脈絡，如家庭，團體和社區等（Chung & Bemak, 2012; Zalaquet, Ivey, & Ivey, 2019）。以西方假設為基礎的處遇策略可能不符合某些個案的價值觀，並可能長期存在各種形式的不公正和制度性的種族主義。有受壓迫背景的個案在與諮商師形成信任關係方面可能會很慢，如果忽視案主過去這種不被信任的歷史或背景，心理健康專業人員可能會難以認同這類個案。對某些文化背景的人來說，尋求專業協助不是典型行為，要幫助擴大他們對心理健康實務的看法，包括其支持系統，如家人、朋友、社區、自

助團體、宗教信仰和職業網絡。心理健康人員必須願意重新定義其專業角色，並調整他們的做法，以便更能適應案主的世界觀、生活經歷和文化認同（Chung & Bemak, 2012）。

前一陣子，我們在香港為人群服務專業人員開設了一系列的工作坊，這讓我們有機會重新思考應用西方取向與中國案主工作的適當性。幾乎在這些工作坊的所有實務工作人員都是中國人，但是其中某些人的社工或諮商碩士訓練是在美國完成，這些專業人員在整合美國學習到的諮商取向時，經歷了保留中國文化傳統價值的掙扎。

在和這些實務人員談話時，我們學到他們的重心是放在個人所在的社會系統脈絡中，在他們的處遇中，他們對家庭利益的關心大於對個人利益。他們正學習如何在個人發展，與什麼是家庭和社會的最佳利益中平衡壓力，他們能夠尊重案主的價值觀，這些案主大都是中國人，但同時也挑戰他們要思考某些他們想要改變的方式。許多香港的專業助人者告訴我們，他們必須要展現耐心和同理他們的案主，在進入面質案主階段前，最重要的是要先形成信任的助人關係。雖然一般來說諮商時這本來就很必要，但對於不同案主群來說似乎特別重要。

案例　考量文化差異 [1]

諮商師 Doug 接到一通來自傳統大家庭中最年長的男性來電求助，他們家最近剛從印度北方省份搬來。Kishore 因關心他妹妹而來電諮商，她移居新地方後有適應困難，而且最近還試著要逃家。他說妹妹 Savita 和家裡其他人對於她要嫁的對象意見不一致。Doug 通常的實務回應可能會正面地詢問，並堅持要潛在案主（妹妹）前來約談。

Doug 揣想著在這種環境條件下他應該做什麼，特別是在文化差異的觀點下。很明顯地，哥哥想和妹妹一起來諮商，而這和 Doug 平常單獨約

---

1 感謝 Tim Bond, University of Bristol, UK，以及 Lina Kashyap, Tata institute of Social Sciences, Mumbai, India 貢獻這個個案研究。

談案主的實務做法不同，在決定是否約談前他有點遲疑。

你的立場：如果你是這個情境下的諮商師，你會如何回應這通電話？形成你的意見時請考慮以下議題：

- 在諮商師與預期的案主間文化差異的指標是什麼？
- 誰是案主？
- 這個諮商師應該調適他平常的實務到什麼程度才能回應這些文化差異？
- 你的專業諮商組織提供的倫理守則如何幫助你，或阻礙你應對這些狀況？

討論：這個個案研究引導我們注意到文化能力與滿足其他倫理要求條件的潛在張力。大部分專業協會的倫理守則會要求要有文化敏感度和能力，並且警告不能有偏見。然而倫理守則很少提供更多精確的指示說明如何完成這些要求，它也沒有提供建議，告訴你如何解決在任何回應文化差異的調適以及倫理要求間的衝突。

這個案例在文化上最顯著的特徵是：Kishore 已經從家裡伸出手向外求助，很典型地在他的文化裡，問題應該要在家庭內解決或保留，他們很不願意跟外人溝通家庭的私事。如果這個問題明顯到有充分理由要打破家庭隱私的話，諮商師就要了解到這個請求的嚴重性，以及用這種方式求助時，這個家庭的擔心與脆弱；他們對其文化規範踏出了一大步。對這個諮商師的首要挑戰之一，就是認知到這個家庭所冒的風險規模，以及用一個適當的文化方式回應，以便提供安全感與確定感。

第二個文化上顯著的特點是，請求諮商是由家庭中最年長的男性所提出，他有責任要為所有家庭成員謀求福祉。對這個諮商師來說，這創造了新的挑戰，他和其他被期待順從男性長者的家庭成員工作時，他要平衡對最年長男性責任的尊重。Kishore 想出現在諮商會談中，或許可以解釋為這是他表達對妹妹照顧與關心的方式，或是一種執行控制的方式。在平衡照顧與控制以及兄妹間關係本質前，光靠一開始的一通電話是不太可能澄清的，可能要花上幾次諮商會談才能搞清楚。

身為諮商師，Doug 要面對一個關鍵的決定：是否要在哥哥建議的基礎下開始他的工作，還是要再確定 Savita 也想諮商，並且讓她弄清楚自己的需要。前者可能在文化上對他的案主比較適當，而後者則比較以西方尊重個人自主和女性權利為主。當 Doug 對其妹妹處境的看法缺乏資訊時，他可能會決定提供給他們兩個人一次初始的會談，來討論他們的處境並且協議如何與他們工作。一次單獨的會談可能不足以讓 Savita 自在會談；她的文化背景甚至可能會鼓勵她在男性面前要保持沉默，對女性要求端莊的傳統可能也會讓她不敢和陌生男性有眼神接觸。Doug 必須要有敏感度和耐心，才能贏得她充分的信任而願意溝通她的看法。當 Savita 變成主要案主後，他可能要保持開放的心態考慮女性諮商師是否比較適合她。

　　Doug 的多元文化能力可能會以其他方式被檢驗。在跨越文化差異提供安全感時，行動和話語一樣重要。他讓案主開放的方式之一可能是會談時提供一杯水或茶，這是一種文化上展現尊重歡迎的適當方式，即使提供提神的飲料不是他平常對待案主的方式。

　　某些時候，Doug 需要決定誰組成了「案主」，這是在倫理上與專業上同時要把文化價值考慮在內的一個有意義決定。諮商師的專業倫理守則容易建立在核心家庭和所有家庭成員都有自主權的假設，這個倫理考量的基本單位是個體，這裡有北美和歐洲某些區域（包含英國）特定的文化預設特徵。但在大家庭系統下，倫理考量的基本單位是家庭整體而不是其中的個體。從這個觀點來理解以個人的名義請求協助卻涉及兩個個體，可能是個錯誤。的確，比較好的理解方式可能是把它當作整個家庭的求助，包括其他未被指名的有意義他人，如母親或是姐姐。

　　決定如何解釋這個求助之舉及其如何建立諮商輸送的方式，似乎是初期評估的主要任務之一，這也是在倫理上有意義的事。諮商師應該和整個家庭的主體性工作嗎？即便這是以犧牲個人自主性為代價？還是應該以個人的自主性為優先，犧牲家庭整體的認同呢？諮商師該如何在現存的家庭結構與性別關係下定位自己，又是另一個挑戰的議題，這可能要在諮商關係中小心斟酌。當諮商師和一個不熟悉的文化背景的人工作時，除了任何

治療性的支持或督導，這可能也是個可以獲得良好文化導師的個案，某些專業體系強烈地需要這類額外的文化導師。

有關於誰是案主的這個決定，會決定諮商師如何採取**知情同意**（informed consent）的議題、該尋求誰的同意，以及管理家庭成員間的保密。同意是專業倫理守則最重要的特徵，強調同意可能無法傳達尊重的層次，而尊重是我們對這個實務預設的倫理目的。許多諮商師可能認為，和預期中的案主討論這些議題是很好的實務做法，因為在最後決定要如何進展前，這可以決定他們想要怎麼做。某種程度來說，這樣的討論是否可行與令人滿意，取決於需求迫切的程度和尋求諮商的目的。

許多專業助人者對於立基於尊重個人自主性的倫理守則表達懷疑，懷疑這些守則是否能適當傳達來自集體文化的人們需求。一個強調尊重個人自主性原則的專業倫理，本身可能對擁有其他文化價值的人來說，是不具文化敏感度的與具有排他性的？

第六節　檢視你的文化預設

我們在文化上學到的基本預設不管是否意識到它們，它都顯著地影響著我們感知和思考現實的方式以及如何行動。當我們願意檢視這些預設，就會打開大門，從他們有利位置而不是以先入為主的角度來看待他人。助人工作者經常在不知不覺中從各種主題做出文化預設。瀏覽一下那些影響你和強加在你觀點上的基本文化預設，是什麼力量塑造了你的基本預設？你是否敞開心胸思考一下當你和不同背景的個案工作時這些預設會有什麼關聯性？思考一下對這些議題的理解可能會如何影響你對個案的工作。

對自我揭露的預設。自我揭露在諮商中被高度重視，大部分的助人者會假設除非案主願意在助人關係中揭露自己，否則不會發生有效能的協助。一種催化案主有意義揭露的方式，是助人者示範適當的自我揭露。Ivey、Ivey與Zalaquett（2018）提到，助人者的自我揭露可以增進案主的自我揭露、創

造諮商師與案主間的信任,以及建立一種面談時比較對等的關係。

除非案主努力突破障礙做某種程度的揭露,否則他們幾乎無法參與助人關係。不過,你可以認可與欣賞某些案主努力於要讓你知道其問題的本質,這份努力本身是一個值得探索的焦點。相較於期待這樣的案主要自由地揭露,你可以對他們的價值展現尊重,同時也問問他們想從你身上獲得什麼,以及他們為什麼想要來諮商。帶著你的支持與鼓勵,案主可以整理他們與自我揭露相關的價值觀和社會化內涵,並決定他們想改變的程度。

有些助人形式不會太強調口語的揭露,比如音樂治療、職能與休閒治療和其他活動形式的治療。助人者也可以為系統中的案主扮演一個倡導的角色,幫助案主建立一個自然的支持來源,或是教導案主使用社區內的資源。你將在第 12 章中看到許多以社區為基礎的處遇措施,對某些案主來說,這可能比傳統的助人工作取向更適合他們。

對非言語行為的預設。案主可以用許多非言語的方式揭露自己,但是文化表達方式容易造成誤解。個人空間需求、眼神接觸、握手、衣著、問候的禮節、對準時的看法等等,都隨著不同文化團體而異。主流美國人對於沉默常常覺得不舒服,而常用許多話來填補安靜時刻,相反地,在某些文化中,安靜象徵尊敬與有禮。如果你不了解案主可能在等你問他問題,你可能會誤解案主安靜的行為。所以請牢記非言語的行為有許多不同的意義。

你可能已經被系統化地訓練了許多小技巧:關注、開放性溝通、觀察、正確傾聽案主、點頭和回應感受,以及選擇和結構化等等(Ivey et al., 2018)。雖然這些行為都是在建立一個正向的治療關係,但是來自不同民族的個體可能對正向回應,或是了解諮商師態度和行為的意圖有所困難。助人者的面質風格(包括直接眼神接觸、身體姿態、試探個人問題),可能會被來自不同文化的案主視為是令人討厭的侵犯行為。

在美國的中產階級文化,直接的眼神接觸通常被視為是有興趣和存在感或在場(presence)的象徵,而缺乏眼神接觸則被解釋為逃避。人們在傾聽而較少說話時,普遍都會有較多的眼神接觸。有些研究指出非裔美國人的模

式可能相反，也就是說得多聽得少時，眼神才看得多。在某些美國原住民和拉丁民族裡，年輕人的眼神接觸象徵不莊重。有些文化團體在討論嚴肅話題時，通常會避免眼神接觸（Ivey et al., 2018）。很清楚地，助人者如果病理化案主缺乏眼神接觸的行為，可能就無法了解或是尊重此重要的文化差異，助人者必須要對廣泛的文化差異有敏感度，才能降低錯誤溝通、錯誤診斷和誤解非言語行為的可能性。

對信任關係的預設。許多主流的美國人（不是全部），都想要形成快速的關係，並自在地談論個人生活，這個特徵常反映在他們的助人風格上，於是助人者就常常期待案主能用一個開放而信任的行為來進展其關係。然而，對有些案主來說要這麼做很困難，特別是他們被期待要用個人的方式對陌生人談論自己。你可能需要花很長的時間，才能和一個文化上不同於你的案主發展有意義的工作關係。

對自我實現的預設。助人專業共同的假設是個體能夠自我實現是很重要的，但某些案主更關心他們的問題或改變如何影響其他人的生活。在集體主義文化下，個人與他人之間存在著關係，其成就的指導原則之一是達成集體的目標。同樣地，美國原住民判斷自己的主要價值根據的是他們的行為如何促進部落的和諧運作與強調社會連結與萬物間的相互聯繫，重點是社會關聯性和所有事物的相互關聯性。共享經驗被用來作為治癒個人的一種手段，而這只發生在與他人的關係中（McWhirter & Robbins, 2014）。

對直接坦率和自信果斷的預設。雖然有些文化取向推崇直接（directness），但是某些文化卻把它看成是魯莽的象徵或是應該要避免的事。如果你沒有意識到這種文化差異，你可能就會把缺乏直率誤解成不夠果斷自信（nonassertive）的象徵，而不是尊敬的表現。

在某些文化中，人們重視立即切入主題，但在其他文化中，則不太重視直接的溝通方式。當治療處遇沒有發生作用時，我們很容易把責任歸咎於案主，但是如果治療師無法把他們受訓過的技術連結到案主身上來使用的話，

他們就有責任要去找到其他方式來和案主工作。

如果你以個人主義為導向，你可能會認為如果你的個案能夠以自信的方式行事，例如告訴人們他們的想法、感受和想要的東西，他們會過得更好。重要的是，你要認知到直接坦率和果斷自信只是一種存在的方式，諮商師應該避免認定自信果斷的行為就是常態，並以為每個人都會喜歡。如果人們認為個案更有自信，他們的處境就會更好，那麼某些個案可能會感到被冒犯。舉例來說，假設你和一個婦女工作，她很少要求什麼，也允許別人決定她的優先順序，且從不拒絕家庭中任何一個人對她的要求或是請託；如果你努力要幫助她變成一個有自信的女人，那可能會對她的家庭系統造成很大的衝突。如果她改變了自己的角色，她可能就不再適合她的家庭或她的文化，因此，這一點至關重要，你和你的案主都要考慮到檢視和修正其文化價值可能帶來的後果。

尊重個案的方法之一是傾聽他們所說的與他們看重的東西。詢問你的個案哪些行為在他們的生活中可行和哪些行為行不通。如果個案告訴你，間接和不夠果斷自信對他們來說可能是有問題的，這就需要探索一下。然而，如果這種行為對他們來說沒什麼困難，當你想要案主朝他沒有興趣的方向改變時，你就需要監測一下你的偏見是如何運作的。問問你的案主他們想從你身上得到什麼，是降低你強加自己的價值觀在他們身上的一種方式。關於這一點，你可以思考以下案例。

案例　傾聽你的案主就夠了嗎？

Mac 是一個成功的心理學家，他很關心許多多元文化的運動。他比較是把多元文化當成一種潮流而不是因為覺得有用。「我不會強加我的價值觀在案主身上，我不會告訴案主要做什麼，我就是傾聽，如果我需要知道什麼我會詢問。我如何知道一個日裔美籍案主是比較像美國人還是日本人？除非我問他。我的信念就是：案主會告訴你所有你需要知道的。」

你的立場：你對 Mac 的態度會回應什麼？你會如何決定案主的文化

適應程度？對於 Mac 期待案主教他文化議題，你有什麼回應？

討論：我們對 Mac 所說「談話中就暗示了什麼」的回應不多。的確，案主能夠告訴諮商師有關諮商師想知道的事，然而，Mac 似乎低估了對文化議題進行繼續教育和保持敏感度的必要性，而這可讓他能夠問一些更有效能的問題。教育 Mac 不是其案主的責任，只傾聽我們的案主是不夠的；我們還需要正式與非正式地被教育。

一、挑戰你的刻板印象信念

雖然你可能會認定自己沒有這些偏見，但是刻板印象的信念多多少少會影響你的實務。刻板印象（stereotyping）假設一個個體的行為會反映其文化團體內大多數成員的典型行為。這個假設所指述的是：「亞裔美籍案主在情緒上都是壓抑的」、「非裔美籍案主都是多疑的，而且不信任專業助人者」、「白人都是傲慢自大的」、「美國原住民都是非常低動機的」。Lee（2019b）強調挑戰刻板印象信念的重要性，「任何跨文化交流的一個重要組成部分是超越刻板印象的能力，並確保人們將人視為文化脈絡下的個體」（p. 9）。

Sue（2005）主張現代的種族歧視（modern racism）常常是隱微的、間接的和無心的，這會讓人們幾乎忘了它的存在。依據 Sue 的看法，種族歧視常在意識覺知層次以外運作，認為自己沒有這種刻板印象、偏見和歧視的助人者，最常低估其社會化的衝擊。這樣的助人者比起公開其偏見和歧視的助人者來說，甚至可能更危險。

根據 Pedersen（2000）的看法，這類種族歧視會無意識地從善意有愛心的助人專業中浮現，而這些專業助人者比起部分的一般大眾也都或多或少有著文化偏見。他認為無意識的種族歧視者必須要被挑戰成有意識的種族歧視者，不然就是要修正他們的態度和行為。而改變無意識種族歧視者的關鍵在於檢驗其基本預設，比如稍早我們所討論到的。

除了文化刻板印象，某些刻板印象也和特殊人口群有關，例如身心障礙者、老人和無家可歸者。把這些個體混為一談的表達方式反映了一種一致性

的迷思，在你的專業工作中，你要體認到每一文化團體內也各有不同，而且這種差異可能和不同團體間的差異一樣重要。在你企圖要小心翼翼提高敏感度時，也要小心避免對某些團體形成進一步的刻板印象。

雖然文化差異在團體間和團體內一樣明顯，但是重要的是，不要過度排他性地集中在會分化我們的差異點上。在國外與心理健康專業者工作的經驗，讓我們越來越相信這個世界的人們都有著基本的相似性，共同的經驗會連結人們，雖然每個人環境不同，但大部分的人都經驗到做決定的痛苦，以及試圖要融入社會生活。基本上，我們要尊重現存的實際文化差異，同時也不要忘記所有人類共同點。

二、擴展你對文化預設與價值的覺察

當你思考以下這些問題時，試著找出一些你的文化假設和價值觀：

- 作為一個助人工作者，你是否需要分享個案的文化背景才能發揮作用？
- 你自己的歧視經驗如何幫助或阻礙你與受歧視的個案工作？
- 你意識到自己有哪些刻板印象嗎？
- 你的價值觀會幫助或阻礙你與那些與你價值觀不同的人建立助人關係嗎？

第七節　了解身心障礙者[2]

了解多元化差異的其中一部分涉及了要理解能力（ability）和失去能力（disability）如何成為提供人群服務過程的相關因素。這和了解有色人種的方式相似，有身心障礙（disabilities）的人必須面對歧視、敵意、缺乏同理，以及因其身體、情緒或心理能力而來的差別待遇。DePoy 與 Gilson

---

[2] 感謝東卡羅來納大學 Mark Stebnicki 教授與我們進行的諮詢，以及提供本章節有益的資訊幫助理解身障人士。

（2004）指出，差異的類別像是種族、民族和性別，都落在同一片分析的鏡片下，沒有身心障礙的個體通常會用看待與其不同的人相同扭曲的視角來看待身心障礙者，對身心障礙者的迷思、誤解、歧視、刻板印象等會削弱助人工作者視野的清澈度。

重要的是，我們要認識這些身心障礙者的潛能。助人者的態度是能否成功處遇身心障礙者生活的關鍵因素，當我們在幫助身心障礙者達成其目標時，就如同和那些有成癮議題、激烈婚姻衝突的人，或是異常壓力和創傷事件的倖存者工作一樣，也要先消除迷思和誤解。

一、檢視關於身體殘障的刻板印象

身體殘障者（people with physical disabilities）不喜歡被標籤為像是這樣的語言——「跛腳」、「受折磨的」、「特別的」、「有生理缺陷的」。許多倡導者相信環境本身和他人對身心障礙者的負面態度，才是真正的障礙條件（handicapping conditions）（Smart, 2019）。歷史上有許多語言都提到「失能的經歷」（disability of experience），如平面和電子媒體中描寫的，這都對身心障礙者傳達了一種貶低的態度。舉例來說，**精神發展遲緩**（mental retardation）一詞開始作為一個醫學術語，並出現在《精神疾病診斷準則手冊》（*Diagnostic and Statistical Mental Disorders*）中（American Psychiatric Association, 2000），但隨著時間的推移，它在我們的社會中一再以傷人和貶抑方式被濫用。為此，後來才通過羅莎法案（Rosa's law）用**智力障礙**（intellectual disability）來取代。修訂後的 DSM-5（American Psychiatric Association, 2013a）現在將「智力障礙」置於神經發育障礙（Neurodevelopmental disorders）分類之下。此外，有些脊髓損傷患者可能被其他人刻板印象為有「身體和精神心理上的缺陷」，暗示其在社會化、就業前景、自尊和基本獨立功能上有深遠影響（Marini, 2007）。整體來說，身心障礙者幾乎在所有社會中都是最被剝奪權利的一群人，不管他們是哪個民族。這些身心障礙者通常都是未就業和低度就業的，而且許多人生活在貧窮線以下（Olkin, 2016）。Olkin 指出，身心障礙者其心理社會議題比身體

阻礙更常被報導為殘疾者生活的主要障礙。身心障礙者在諮商領域中常被服務不足，不過已經開始隨著人們意識和倡導工作的改善而有所改變了。目前在一些州已逐漸發展出提供社區諮商服務給嚴重身障者，把服務提供給那些過去無法在傳統辦公環境下治療的人。

沒有失能障礙的人常常用一種過度誇張的關心與好意，試著隱藏他們畏懼或尷尬身心障礙者在場的感覺。助人者可能已經吸收了許多對身心障礙者的負面訊息，他們可能會經歷到某些初始不舒服的感覺。重要的是，對助人工作者來說，當他們和任何類型的身心障礙者工作時，要願意檢視他們自己的態度。自我覺察的一個重要面向是：和有身心障礙的案主工作時要能認知、了解與管理一個人的反移情（Olkin, 2016）。

雖然身心障礙者會分享相同的擔心，但是別認為他們都一樣。同一個族群內的人有相當多的差異性，同樣地，有身體障礙的人也是。重要的是，你和任何特殊團體工作時要辨認自己的預設。舉例來說，你也許假設某些特定職業可能不適合身心障礙案主，但是沒有和你的案主核對就做這樣的假設，等於限制了他或她的選擇。Smart（2019）提到，我們對身心障礙者的許多個人預設都是不正確的，而且可能會阻礙助人工作過程，並進一步讓案主失去能力。當你面對這群身心障礙者時，得仔細檢查一下自己對這群人為什麼尋求諮商的預設，對你來說，這可能是一個反省刻板印象的好機會。

實務工作者和身心障礙者工作時有個主要的角色，就是幫助這些個體了解圍繞在身障者周圍的歧視和差別待遇。依據 Palombi（Cornish, Gorgens, Monson, Olkin, Palombi, & Abels, 2008）的看法，身心障礙者常會經驗到許多和其他非主流團體相同的歧視和差別待遇。對實務工作者來說，要能有效地和身心障礙者工作，必不可缺的是助人者能認知到自己的偏見並且說出來。如果實務工作者無法做到這點，可能就會造成一種長久的**態度障礙**，如忽視、錯誤的信念和歧視。這種沒有身障狀況的人士的態度障礙遠遠大於就業障礙，甚至是大於身體和建築物的障礙。例如，患有慢性醫療或身體狀況（例如，腦癱，多發性硬化症）的人有發音、言語或溝通困難，通常被認為是智力殘疾。專業人員也可能將明顯的身體殘疾視為精神或身體喪失能力，

需要極度仰賴私人照顧者和全然的依賴他人，而不是他有獨立的需求。

專業助人者要了解對個人最終極的傷害，是因為許多身障者將消極的社會成見和態度變成他們的自尊和自我概念。所以重要的是助人工作者要認識到自己的偏見並解決這些問題；如果不這樣做，可能會導致基於無知，錯誤信仰和偏見的態度障礙永久存在（Cornish et al., 2008）。助人者必須能夠幫助身障個案理解社會刻板印象如何影響他們對自身的看法。

二、經由可見的限制推進

如果你和身心障礙者工作，你必須培養一些態度和技巧，使你的案主能認知到自己擁有的優勢與資源。協助身心障礙者滿足需求的種類可能包含範圍廣泛的服務，主要來說就是那些可以幫助個體增進他們獨立運作的功能、發展正向的因應技巧、培養其復原策略，和達成個人最佳福祉的心理社會調適性服務。有些案主可能需要尋找社區資源，使他們能夠全然參與勞動，有些則是需要諮商來協助他們克服在某些他們以為人生走到盡頭，時常出現的焦慮和沮喪。這些重建計畫應該要高度個人化，並且以讓每個人都能達到自己最佳的醫療、身體、心理、情緒、職業和社會功能的方式呈現。身心障礙者通常有著複雜的議題；你初次和他們會談時，最好不要先評斷他們或是他們的需求。雖然許多身障人士確實想要也需要諮商來解決障礙對他們的影響，但你不應該預設這些身心障礙者來找你諮商只是因為他們的失能狀態。例如，一個 27 歲的女人從出生起就失明，如果諮商師一直關注到她的失明；她就像小孩一直讓自己適應這個狀態。過度專注於殘疾的助人工作者可能會對案主整體複雜性視而不見。你要積極傾聽個案提出的關切，因為這可能與她的殘疾沒有什麼關係。她還有其他特性，比如是母親、是孩子或有兄弟姐妹、有工作或事業，以及正在成為伴侶。殘疾只是個人生活的一個方面，你和此個案諮商時，這可能不是一個大問題。

Smart（2019）提到身障人士正在成為自己的倡導者，並主張他們在所有專業領域和實務環境中都有取得諮商服務的權利。Smart 相信助人者最基本的還是要先獲取廣泛身心障礙經驗的知識，才能向身障人士提供合乎倫理

和有效能的服務。Cornish 和她的同事（2008）指出許多實務工作者都沒有意識到障礙者獨特的需求與掙扎，專業人員沒有被適當地訓練如何提供服務給身心障礙者，儘管他們將來很可能有機會和這群人工作，他們可能就無法提供合乎倫理和有效能的服務。實務工作者必須深切地反省，才能正確決定自己是否勝任服務身心障礙者的工作。

Mackelprang 與 Salsgiver（2009）提供以下和身心障礙案主工作的指南：

- 在每個人都是有能力或是潛在有能力的預設下進行工作。
- 對於身障問題是源自個人的假設——即身障人士必須先自我改變才能在社會運作良好，應予以批判性地評價。
- 要體認到身心障礙者和其他少數弱勢者一樣都常會面臨到差別待遇與壓迫。了解你的處遇方式可能要涉及政治倡導與行動，以便消除阻礙個體取得社會福祉的政治障礙。
- 在假設每個人都有權利控制自己生活的前提下，運用處遇措施來賦權身心障礙者。（pp. 436-438）

在與身障人士工作時，使用以人為本（people-first）的語言（例如，患有腦痙攣性四肢癱瘓的個案，而不是四肢癱瘓的個案）。了解目前用於身障人士的術語以表示尊重（例如，智力障礙而不是智力遲鈍），尋求有關身障禮儀的知識（例如，輪椅通常被認為是個人的延伸，而且未經許可而靠在輪椅上或從把手上掛東西是不禮貌的），並且要完全避免指涉身心障礙，除非它與當前的情境有關，因為沒有單一屬性可以定義一個人。最重要的是，在提到其身障狀態時，要直接詢問個案的經驗和偏好。

案例　挑戰我們的覺察

我（Marianne）在一家療養機構和身心障礙者會談。他們觸發的問題類型和我先前提過的其他團體沒有什麼差異，而且在裡面的許多住民都強

調他們和一般人沒什麼差別。後來，我要求這個機構內的一位工作同仁詢問一些住民這個問題：「你想要告訴這些受訓的助人者自己哪些訊息，以便有助於他們和這些特殊個案能工作的更順暢？」一些住民給了以下的回應：

- 「我想要讓他們知道我想被當成一般人來治療——即使我坐著輪椅。請看著我這個人，而不是我的輪椅，別害怕我們。」
- 「我是一個很好的人，我是一個非常聰明的人，我雖有身體障礙，但是我還有聰明才智。」
- 「我可以像一般人一樣的思考與感受。」

這位工作同仁在一封信裡用很少的話語，卻告訴了我很多關於她覺察到這群她幫忙的人的看法：

> 他們成年後的大部分時間都生活在機構裡，他們說自己和其他沒有身障的人毫無不同，但是我認為他們有寬大的胸懷。這些我認識的人沒有歧視，非常有愛心和慷慨。他們也對生活中非常簡單的事情帶著感恩與欣賞，而大部分的我們卻每天都把這些事情視為理所當然。他們都是獨一無二的個體，而我覺得很幸運能跟他們工作。

你的立場：思考一下你自己對這群身心障礙者的態度和預設，你有擺脫要「幫助」這些人的想法嗎？你是不是習慣性地「避免」和他們親近？你自己的回應如何影響你這個助人者和這個族群的工作？

討論：隨著一些知名人士的表現，社會態度正在慢慢地改變，許多人證明了一個基本的社會事實——有身心障礙的狀況，並不意味著這個人就沒有能力。我們大都熟悉特殊障礙奧運會，有很多身體障礙者參加這個最高水準的競賽。的確，有許多不是我們熟知的人都在挑戰自己來達成其日常生活中可見的目標，這些人不斷教導我們有關於自己與人類有能力克服任何障礙。對於那些有身障但是缺乏希望與想要放棄的人們該怎麼辦？如果助人者接受了他們的無助與沮喪，他們對案主來說就沒什麼治療價值。

所以人群服務專業工作者需要發現案主的優勢,並努力幫他們賦予能力。

第八節　多元文化諮商能力

　　助人專業持續強調單一取向的培訓和實務方法,以致於讓許多助人工作者沒有準備好有效地處理文化差異的問題(Sue & Sue, 2016)。雖然轉介有時是一個適當的行動措施,但是它不能成為沒有良好訓練的實務工作者唯一的解決方式。Lee(2015)認為,與有文化差異的案主工作而產生不合倫理的行為常是源自於諮商師能力的缺乏,他強調對文化的無知不該成為不當倫理諮商實務的藉口,我們要求心理健康專業的學生,不管他們的種族或文化背景為何,都應該接受多元文化的助人訓練。雖然期望你對所有文化背景有深入的了解是不切實際的,但全面掌握成功處理文化差異的一般原則是可行的。如果你對這些差異觀點中固著的價值觀夠開放,就能找出避免掉入狹隘陷阱的方法,並可以挑戰自己可能在文化上封裝簡化的程度(請見 Wrenn, 1985)。

　　Sue 與他的同事(1982; Sue, Arredondo, & McDavis, 1992)為多元文化諮商能力(multicultural counseling competencies)發展了一個概念性架構以及三面向的標準。第一個面向是處理助人者對種族、文化、性別和性取向的信念與態度,第二個面向是包括助人者及其所服務的案主群之世界觀的知識與理解,第三個面向則是服務不同案主群所需的技巧和處遇策略。Arredondo 與其同事(1996)將這些能力具體化,Sue 與他的同事(1998)再把多元諮商能力擴展到個人與組織的發展。Sue 與 Sue(2016)摘述了這些應用到實務工作的能力。這些多元文化能力已經被以下單位所背書採用:多元諮商發展協會(Association for Multicultural Counseling and Development, AMCD)、美國諮商學會(ACA)、諮商師教育督導協會(ACES),以及美國心理學會(APA)。若想對這些能力有更新視野,可參見由多元文化諮商能力修訂委員會所發展的「多元與社會正義諮商能力」(Multicultural and Social Justice Counseling Competencies)(Ratts, Singh, Nassar-McMillan, Butler,

& McCullough, 2016）。這份文件提供了一個給多樣化的案主群有效服務輸送的架構。美國心理學會（APA, 2017b）也發展了一套有關「差異」的文件——「多元文化指南：一個關於脈絡、認同與交叉性的生態取向方法」（Multicultural Guidelines: A Ecological Approach to Context, Identity, Intersectionality）。

從以上來源，我們彙編了具文化理解能力助人者（culturally skilled helpers）的基本態度，並呈現如下，你可以利用這個檢視清單指認一下你已經擁有的多元文化能力的面向，以及你還需要獲取的其他知識和技巧面向。

一、具文化理解能力助人者的信念與態度

這個部分的每一項信念與態度，如果你已經擁有或是覺察到自己已經具備了，就在方格內做記號。

有關於信念與態度，具文化理解能力助人者……

☐ 已能覺察個人的文化及其如何以許多方式出現在與他們不同的人身上。

☐ 能覺察到個人的文化習慣、性別、階級、民族認同、性取向、身障狀態和年齡如何形塑其價值、預設和對特定團體的偏見。

☐ 能覺察到與他們自己不同的個體或是團體在個人和文化上的偏見。

☐ 不允許他們個人的偏見、價值或是問題，干擾與不同案主工作的能力。

☐ 在任何助人關係上，相信對個人文化傳統保有文化覺察與文化敏感度是重要的。

☐ 能覺察自己對他人的正向與負向情緒反應，此反應可能不利於建立合作的助人關係。

☐ 已經從沒有文化覺察進展到了解他們的文化傳統。

☐ 能學習幫助與其相同和與其不同的人的工作方式。

☐ 能從案主的有利位置來檢視與了解世界。

☐ 能意識到任何差異面向（如年齡、身障、種族）如何變成負面行為的

標的。
□ 能認知到他們多元文化能力與專業的限制。
□ 會尊重案主的宗教與精神信仰和價值。
□ 能辨識其與他人間現存的差異所帶來的不舒服來源。
□ 欣然接受對人類行為有不同的價值取向與不同的預設，因此在相對於文化簡約下，能有一個分享案主世界觀的基準。
□ 能夠接受與重視差異的多種形式，而不是以自己的文化傳統為優先。
□ 能夠辨認與了解案主重要的文化概念，並避免將自己的文化概念不當使用在工作對象身上。
□ 會尊重當地助人實務的操作方式以及尊重社區內提供協助的網絡。
□ 透過諮詢、督導、進階訓練和教育來監督其運作。
□ 了解主流西方助人策略可能不適用於所有人或是所有問題，並明白他們該如何採取其處遇措施來達成案主的需求。

二、具文化理解能力助人者的知識

此部分的每個知識類型，如果你認為你已經具備，就在空格內做記號。
有關於知識面，具文化理解能力助人者……
□ 要具備對自己種族與文化傳統，以及這些傳統如何影響其個人與工作的知識。
□ 要具備對壓迫、種族主義、歧視、差別待遇和刻板印象如何影響其個人與專業的知識與理解。
□ 不能將自己的價值與期望強加在與自己文化背景不同的案主身上，並避免對案主有刻板印象。
□ 要努力了解工作對象的世界觀、價值、信念。
□ 要了解助人過程中的基本價值，並明白這些價值如何和不同團體的文化價值有所衝突。
□ 要意識到讓某些人無法使用社區內的心理健康服務的制度性障礙。
□ 要能熟知在評估工具和使用程序中可能造成的偏差，以及解釋結果時

要牢記案主的文化與語言特性。
☐ 要對其工作的特別個體具有特定的知識與資訊。
☐ 要熟知不同的溝通風格，以及這些風格如何在與不同文化團體的人工作時促進或阻礙助人過程。
☐ 要熟知社區特性與社區內及家庭內的資源。
☐ 要學習了解工作對象的基本家庭結構以及性別角色。
☐ 要了解不同文化中的人們對於尋求專業協助的感受。
☐ 要知道社會政治對少數民族或種族生活造成的影響，包括移民議題、貧窮、種族歧視、刻板印象、汙名化和無力感。
☐ 要用正向的方式看待差異，這樣才能使他們解決與面對和多數案主群工作而產生的挑戰。
☐ 知道如何幫助案主利用當地的支持系統；在其欠缺知識處能尋求資源來幫助案主。

三、具文化理解能力助人者的技巧和處遇策略

此部分的每個技巧面向，如果你認為你已經具備，就在空格內做記號。

有關於特殊技巧，具文化理解能力助人者……
☐ 要能使助人過程的工作方式，包括諸如目標、期待、合法權利，和助人者的工作取向，能做到教育案主的責任。
☐ 要使自己熟悉相關的研究與最近的發現，特別是有關於影響不同案主群的心理健康與心理失調。
☐ 樂於找出教育的、諮詢與訓練的經驗，來強化自己與不同文化案主群工作的能力。
☐ 要評估他們跨文化的程度及個人—文化能力的程度，並盡其所能成為一個具有文化意識能力的助人者。
☐ 要保持開放的態度向傳統療癒者或是宗教和精神領袖尋求諮詢，才能在適當時機提供有文化差異的案主更好的協助。
☐ 使用方法與策略，並定義與案主生活經驗和文化價值有關的目標，調

整並採用與其文化差異相容的處遇措施。
☐ 以具有文化敏感度的方式和案主建立密切關係，並傳達同理。
☐ 有能力為他們的目標案主設計與執行無偏見和有效的處遇措施。
☐ 在適當時機能夠啟動與探索存在於案主與他們之間有關差異的議題。
☐ 不會只限制在一種助人取向，而是要認知到助人策略可能要和文化相連結。
☐ 能夠適當及正確地傳達與接收語言和非語言的訊息。
☐ 能夠運用制度性的處遇技巧來代表案主發聲。
☐ 能夠盡可能地走出辦公室並主動參與人群中（社區事件、慶典和鄰里團體）。
☐ 願意了解自己的種族與文化本質，並主動尋求一種非種族歧視的認同。
☐ 主動追求並參與專業和個人成長的活動，來補足自己的不足。
☐ 定期諮詢其他專業關於決定是否要轉介或是轉介到哪裡的文化議題。

反思問題：現在你已經完成檢核表，摘述和思考一下你現在的覺察、知識和技巧等程度的意涵。為了評估一下你目前的多元文化能力的程度，反思以下問題：

- 你熟悉自己的文化如何影響你現在思考、感受和行動的方式嗎？你會採取什麼步驟來擴展自己理解的基礎，包括你自己的文化和其他人的文化？
- 你能夠指認自己的基本預設嗎？特別是當這些預設應用到不同的文化、民族、種族、性別、階級、宗教和性取向時。你清楚你的預設會影響你作為一個助人者的實務工作到什麼程度？
- 你和案主工作時在彈性應用這些技術上有多開放？
- 你該如何準備以了解不同文化背景的案主並和他們工作？
- 你現在能夠區辨自己的文化觀點和其他人不同的差異程度到哪裡嗎？
- 你在大學的學習方案能裝備你獲得和這些不同案主群工作所需的覺

察、知識和技巧嗎？
- 什麼樣的生活經驗可讓你更能了解與諮商這群擁有不同世界觀的案主？
- 你能夠指認任何自己個人和文化間的偏見，而這種偏見可能約束了你和這群與你不同的人有效工作的能力？如果是這樣，你可能會採取什麼方法來挑戰自己的偏見？

四、認識自己限制

　　作為一個具備文化理解能力的助人者，你可以認知到自己在多元文化能力和專業上的限制，必要時，你會轉介案主到其他更合適的個人或是資源。期望你知道工作對象的各種文化背景瑣事是不切實際的，還不如讓案主教會你有關他們的文化事務。與這些不同文化的案主工作時，請案主提供你能有效和他們工作所需的資訊，這樣有助於衡量其文化適應和認同發展的程度，這對於某些已經生活在另一種文化經驗的人而言特別真實。他們常常忠於自己的母文化，但又被新文化的某些特性所吸引，在整合這兩種生活中的不同文化價值時，他們可能會經驗到衝突，這些核心的掙扎可以在一個協同合作的助人關係脈絡中被豐富地探索。

　　我們鼓勵你接受自己的限制，並且要耐心擴展視野以了解自身的文化如何影響你現在的樣子。過於強求自己要一下子知道所有不知道的事，或是對你的限制或是狹隘的觀點有罪惡感，這些都沒有幫助。你不會因為只是期待要熟知你所有案主的文化背景，就以為應該要有十八般武藝，或只要求完美就能變成一個更有效能和文化理解能力的助人者；而是要能體認與欣賞自己努力要成為一個能更勝任且更了解差異的助人者。

五、文化能力是一個終生學習的過程

　　獲得文化能力是一個終身學習的過程，包括正式培訓、自我反思以及質疑跨文化治療夥伴關係中發生的事情。文化能力不僅涉及自我覺察和知識；它需要獲得有效的多元文化處遇技能。進入跨文化助人關係的諮商師需要發

展與其個案的生活經驗和文化價值觀一致的技術和技能（Lee, 2019b）。具有文化能力的助人工作者會不斷發展態度、信念、知識和技能，使他們能夠更有效地與不同個案工作。他們意識到，他們永遠不能說自己已經達到了終極能力水準（Corey, Corey, & Corey, 2019）。具有文化能力的從業人員更結合各種治療方法，來解決每個個案獨特需求和生活經驗的多個方面，他們適應促進治療關係的人際和個人內在因素（Chu, Leino, Pflum, & Sue, 2016）。有關成為具有文化能力的實務工作者的深入討論，請參閱 *Multicultural and Social Justice Counseling Competencies: A Blueprint for the Profession*（Lee, 2019c）。

第九節 社會正義能力

覺察到案主生活中運作的壓迫和差別待遇，是倫理實務中的基本工作，而且我們要能夠把這份覺察轉化成不同形式的社會行動。我們可以扮演一個重要的角色，藉由挑戰系統的不平等來使世界運作得更美好。社會正義觀點（social justice perspective）的前提是壓迫、歧視、特權和社會不平等確實存在，並對來自不同文化群體的許多人生活產生負面影響。從廣義上來講，社會正義涉及機會與公平，以確保充分參與社會生活，特別是那些因種族或族裔、性別、年齡、身體或精神疾病、教育、性取向、社會經濟地位，或背景或群體成員的特徵，而被系統地排除在外的人。為了使我們能夠有效地和這些不同背景的人工作，至關重要的是，我們要學習有關社會正義觀點的能力，並把這個能力整合到實務工作中。Lee（2018）將社會正義視為「一個共同的旅程，首先且最需要在內心發生，透過自我反省、自我覺醒和自我改變，以便創造肥沃的土壤，使社會變革能夠開花結果」（p. 249）。

社會正義的觀點反映出對被邊緣化和貶抑的個人和群體，在社會中的被公平對待與平等分享的重視。紮根於社會正義的諮商實務在挑戰社會制度中固有的不平等，社會正義不僅僅是提高覺察，而是關注壓迫、特權、權力關係和社會不平等等問題。諮商輔導員作為社會變革的推動者，不僅在

個人層面，而且在系統層面也具有干預的意識、知識和技能（Lee, Baldwin, Mamara, & Quesenberry, 2018）。

Chung 與 Bemak（2012）將社會正義工作稱為第五種力量，它需要一種超越個人層面的典範移轉，並代表了對倡導和社會變革的積極關注。例如，投注於社會正義的助人工作者可能會在選舉期間，積極參與解決選民壓迫問題的地方組織。「成為一名倡導者需要核心諮商技能和多元文化能力，以及能量、承諾、動機、激情、堅持、堅韌、靈活性、耐力、耐心、自信、組織、足智多謀、創造力、多系統和跨際學科的視角，以及處理衝突、談判和進入系統的能力」（p. 175）。

在為受壓迫的群體倡導方面，需要做出持續的大規模努力，但你也可以在日常生活中以微小的方式促進社會正義。雖然獲得多元文化和社會正義的能力並致力於社會變革似乎是一項雄心勃勃的事業，但我們每個人都可以採取小步驟來實現社會變革。例如，當休息室的同事或 Facebook 上的「朋友」對邊緣群體的某人做出麻木不仁的評論，你有機會透過評論這些親耳聽聞的偏見言論來成為社會正義的倡導者。**為社會正義提供諮商是多元文化諮商的下一個進化步驟**。社會正義從理解被壓迫群體的經驗轉向社會行動，以實現這群被邊緣化、被剝奪權利的個人的社會公平（Lee et al., 2018）。發展社會正義的能力就像多元文化能力一樣不是一蹴可幾的，我們最好是把這些能力的修練當作是生命旅程的一部分，過程中發展的態度和行為將裝備你提供給廣泛的案主群更好的服務。

第十節　多元文化訓練

諮商及相關教育計畫認證委員會（Council for Accreditation of Counseling and Related Education Programs）（CACREP, 2016）制定的標準要求培訓計畫要提供多元文化和多元化趨勢的課程和體驗學習，包括國內和國際的不同群體間及其內部的特性，社會正義原則、概念和實務應融入貫穿整個培訓課程。CACREP 標準要求有被督導的實習經驗，其中包括來自為受訓學

員準備工作環境的人員。預計學員將研究種族群體、次文化、女性角色的變化、性別歧視、城鄉社會、文化習俗、靈性議題和不同的生活型態。Lee（2018c）強調，必須提供學生獲得多元文化和社會正義能力的機會。此能力是基於(1)諮商師的自我意識；(2)對案主世界觀的理解；(3)理解特權如何影響諮商關係，以及(4)發展個人的、團體的、制度的和社會層面的倡議處遇技能。

為了讓助人者能在工作中使用多元文化的視角，我們支持透過正式課程和督導與不同案主群工作的實習經驗來提供專門培訓。我們認為為助人專業的學員開設一門自我探索課程是必要的，這樣他們才更能辨識自己在文化和種族上的盲點。除了讓學生能夠學習不同於自身的文化外，這樣的課程也提供實習生機會讓他們更了解自己的種族、民族性和文化。

一個好的訓練方案應該至少包括一門專門處理多元文化議題和不同背景者工作的課程。然而，只依靠單一課程來說明專業倫理、多元文化諮商能力和社會正義諮商議題的介面，並不足以幫助諮商師成功處理他們將面臨的要求（Bemak & Chung, 2007）。除了單獨的課程外，與多元文化諮商相關的廣泛倫理決策技能還應該整合到整個學程中，並融入到培訓計畫的各個方面，例如，實地考察或實習研討會，可以引介來做為助人策略幫助不同案主群，並展示某些技術可能非常不適合某些有文化差異的個案，多元文化主義和性別意識覺醒的整合確實可以為相關課程運作進行穿針引線。此外，至少要有一門實地考察或是實習課程讓學生可以體驗多元文化的經驗。理想上，這個機構內的督導者要能熟稔這個特定地點的文化變數，並對跨文化的理解也很熟練。再者，實習生應該在校園系所內有機會取得個人督導和團體督導。

受督導的經驗，以及受訓者有機會討論他們所學習的經驗，是一個好訓練方案的核心。我們鼓勵你選擇有督導環境的實地考察和實習場域，這將挑戰你在性別議題、文化議題、發展議題和生活型態差異上的工作方式，如果你只與那些感到舒適且熟悉其文化的個案工作，你將無法學會有效地應對差異多元的個案，你可以透過走出社區和面對各式各樣問題的不同案主群互動

而收穫良多。透過精選的實習經驗，你不只擴展自己的意識，也增進不同人群的知識，而這將成為獲得處遇技巧的基礎。

一個有效的多元文化訓練方案，包含覺察、知識、發展技巧和體驗式互動等元素，這些都要整合到真實的實務中。如你所見，個人態度的覺察以及對不同案主的覺察態度，是成為一個有效助人者所不可或缺的。從知識的觀點來看，助人者必須了解是什麼讓一個不同的人口群變得獨特，什麼行為在不同的團體中是可被接受的，以及這個行為如何隨團體不同而有差異。

在學習與不同群體工作時，發展技巧很必要但不是充要條件，這些技巧本身不是獨特的，但是應用到特定案主時應該是訓練的焦點，有效的訓練會關注到每個面向，如果忽略其中任何一個，助人者就會處於不利地位。

過去幾年，訓練方案已經走了一段很長的路，如果要達到具有能力的助人工作者滿足不同案主所需的知識與技巧的目標的話，還是有些路要繼續走。作為學生，你可以先採取微小但有意義的步伐，去體認與檢視自身文化背景的影響，並學習不同於你的差異文化。即便只是依這裡所列的幾項建議決定行動，就已經在朝著成為有文化理解能力助人者的方向前進了。

重點回顧

- 多元文化主義體認與重視助人關係中的差異性，以及要求助人者要發展具文化適切性的處遇策略。
- 一個在助人過程中的多元文化觀點會考慮特定的價值、信念和有關種族、民族性、性別、年齡、能力、宗教、語言、社會經濟地位、性取向、政治觀點和地理特性的行動。廣義來說，多元文化諮商要把助人者與案主兩者間的個人動力與文化背景都納入考量，並藉此建立一個人們能夠有意義互動的脈絡。
- 為了和不同文化的案主有效運作，助人者需要知道與尊重特定文化差異，並了解文化價值如何在助人過程中運作。
- 要能意識到任何文化視野狹窄的傾向。如果你的文化經驗有限，你可能在處理不同世界觀的案主時就有困難，你可能會誤解這類案主所表現的許多

行為模式。
- 提出種族和族裔主題是在諮商中積極納入多元文化元素的一種方法；它可以加強治療關係並促進更好的治療結果。
- 許多有歧異的個案變得不信任機構或社會服務機構有關的助人者，是源自於過去不平等待遇的歷史。
- 重要的是，要耐心處理你不經意中透過態度和行為表露的種族歧視，改變這種型態的種族歧視方法之一就是弄清楚你的預設。
- 與一個人的性別、性取向或身障相關的微侵犯，可能與種族微侵犯一樣，具有同樣強大且潛在的破壞性。
- 助人工作者必須致力於持續監控自己的政治反移情，這樣他們的偏見和假設就不會汙染治療過程。
- 和其他文化的人們工作，要避免刻板印象，並嚴格評價自己對於使用自我揭露、非口語行為、信任關係、自我實現，和直接坦率與自信果斷的預設。
- 作為一個助人者，當你和任何類型的身心障礙者工作時，你要展示一種樂於檢視自己的態度。
- 許多身心障礙者也能達成不凡的成就；把你的焦點放在他們的潛力而不是他們可見的限制。
- 有效能的多元文化助人者要有特定的知識、信念、態度與技巧。
- 社會正義說明了壓迫、特權和社會不平等的議題。專業助人者要採取積極的姿態，透過取得社會正義能力，來說明存在於社會中的社會正義議題。
- 取得與重新定義多元文化和社會正義能力，應該是終其一生發展的過程，這需要持續的反省、訓練與再教育。
- 視差異為正向因子的助人者，最能夠滿足與解決在多元文化助人情境中引發的挑戰。

你可以做什麼？

1. 如果你的訓練方案沒有一門文化差異的必修課，要考慮去選修一門課。

你也可以要求旁聽某些處理特定人口群的不同系列課程，比如說，學院裡都會提供一些課程，像是：黑人家庭、墨西哥裔（Chicano）家庭、美國印地安女性、非洲經驗、墨西哥裔及其當代議題、美國黑人音樂鑑賞、美國的白種人、女性與美國社會、墨西哥裔兒童，以及西班牙語系研究。

2. 在你的校園內，你可能會發現許多特定文化團體的學生組織，與其中一個組織的成員接觸以獲得有關這個團體的資訊，看看你是否能參與其中之一的運作，並從中獲得對其文化更好的看法。

3. 想方設法拓寬你的文化視野。和一個與你不同文化背景的人一起去餐廳、參與社會事件、宗教性質的服務、音樂會、演奏或看電影，這個人會為你展示你所不熟悉的文化，或是讓你從中有所學習。若有可能，去參加一個和你不同文化的人的活動，要求這個人教你有關他 / 她的文化中重要的面向。

4. 如果你的祖父母來自另一個文化，訪談他們有關其文化的成長經驗。如果他們來自兩個不同的文化，問問他們有沒有整合兩種文化的經驗，他們有什麼適應的經驗？他們是不是還保有對母文化的認同？在這兩種文化中他們最重視的是什麼？你能夠找到方法了解是什麼樣的文化根源影響著你今天的思考和行為方式嗎？第 2 章中我們已經引導你找出原生家庭如何持續影響你的重要性，這份作業可能幫助你更欣賞自己的文化遺產。

5. 助人者常會遇到各種身心障礙的案主，廣泛的身心障礙類型包括行動上的不便、視覺障礙、聾啞、發展障礙、精神障礙和認知障礙等。在三、四個團體中選擇一個大類別，並研究一下社區內可提供哪些服務給這些身心障礙者，還需要什麼其他的服務來協助這些特殊人口群，並在班上發表你的發現。

6. 以下所列出的參考資料，其完整的書目資訊，請參考本書的參考文獻。想對各種族裔和種族群體的諮商策略與議題有一個良好瀏覽，請查詢 Atkinson（2004）。Chung 與 Bemak（2012）在助人專業中對社會正

義視角有絕佳的處遇措施。Lee（2018a）有對社會正義諮商的各種觀點。Lee（2019c）寫了一篇有用的論述來說明諮商中多元文化的議題。Ratts 與 Butler（2019）寫了多元文化和社會正義能力的解方。Sue 與 Sue（2016）寫了一本關於如何幫助不同案主群的綜合性教科書，他們提供了一個發展文化能力的一個架構，從文化覺察、知識獲取方法和技巧發展等面向。

Chapter 5

新手助人者的共同議題
Common Concerns of Beginning Helpers

|楊雅嵐 譯|

學習目標

1. 覺察作為一個助人工作者對專業的自我懷疑。
2. 能解釋移情和反移情的差異。
3. 能描述所辨識出的反移情跡象。
4. 能說明治療性地處理抗拒的方法。
5. 能辨識出可能是棘手案主的類型。
6. 列出五項有效處理矛盾心理的準則。
7. 從倫理和法律的角度描述勝任能力。
8. 能說明適合轉介的時機點。

焦點問題

1. 你認為案主出現哪些行為對你而言最感到困難？為什麼？
2. 作為一個助人者，你對於棘手案主如何採取最佳處理（例如：那些表現出被動攻擊、缺乏動機或沉默寡言的案主）？
3. 你如何與案主的問題保持適當的距離，同時對他們的掙扎保持開放和敏感？
4. 你如何處理與各種類型案主工作時所引發的反應？
5. 當朋友或家人表現出令人感到棘手的行為，你通常怎麼做？若案主表現出這些行為，你的反應會有什麼不同嗎？
6. 你過去的一些經歷可能會如何影響你與某些類型的案主工作？
7. 案主出現哪些行為或態度會導致你想轉介給其他專業人士？
8. 如果你接的案件由像你這樣的案主組成，你認為你的工作會是什麼樣子？
9. 你有多大的意願將檢視自己的個人議題作為專業發展的一部分？

第一節　本章目標

　　第 2 章強調的是助人者自我了解的重要性，以及如何運用其個人生命經驗增進對案主的了解。在這一章中，我們將探討助人工作對你個人可能有哪些影響。當你遇到案主的防衛行為，你是否能夠並願意開放地面對自己的內心是本章的主題。

　　從事助人工作，在你的專業生涯中免不了遇到一些特殊的狀況，但某些問題會讓你特別感到困頓。重要的是，你能理解與學習如何有效處理這些案主對你的感受，以及你被他們所引發的相應感受。即使是有經驗的助人工作者，仍有志於學習創新的方法來處理棘手的案主，特別是防衛性很高的案主。在本章中我們將提及一些重要的議題，如：移情、反移情以及當你與棘手的案主工作時，你如何了解和管理自己的感受及行為。某些案例很複雜需要更進階的專業知識與技術。你可以開始思考，最終你將如何處理像這樣的案例。

　　有些助人者會過於投入在試圖改變善於防衛的案主，並且未能意識到與那些他們感到棘手的案主互動時內在出現的動力和反應。比較有成效的是把注意力等量地放在案主及自己身上，不要以為你應該確切地知道在每種複雜情境下該怎麼做。在你的專業訓練中，你將有很多機會學習和練習可應用在這些高難度情境下的技術。在你接受督導的實習活動或是督導會議討論本章中提到的問題是一個理想的場合，也是練習各種介入技巧的好機會。

　　本章所提出的「問題」很可能多於「答案」。對於你在助人關係中可能遇到的各種複雜情境，並無一套放諸四海皆準的解決方案。經驗豐富的諮商師和治療師也發現，幫助案主解決多層次問題的任務有時就算沒那麼難解，仍是具有挑戰性的，我們希望你能給自己一些空間，不要指望得到所有的答案。我們的目的主要是讓你了解新手助人者經常會面臨到的共同議題。

第二節　對專業能力的自我懷疑與擔憂

　　學生們在人類服務以及諮商訓練課程中有時會提到擔憂自己能力不夠、完美主義的追求，及其他個人關切的議題。這些學生經常表達他們面對案主時可能存在的焦慮。他們自問：「我的案主想要什麼？我有能力幫助他們嗎？如果我不知道該說什麼怎麼辦？他們會想要再來嗎？」我們必須了解，面對一個全新或有威脅性的情境免不了會感到焦慮，但過多的焦慮會使得實習新手無法關注於案主身上。因此對助人者而言，學習如何管理個人的焦慮至關重要。另一個讓許多學生與實務工作者擔憂的是，他們期許自己能夠幫助所有的案主。他們總是背負著這樣的信念：必須盡可能地做到完美無缺，以免犯錯而傷害了案主。

　　在專業實習課與實習期間，我們經常會聽到新手助人者表達自我懷疑。試著將以下這些句子應用在自己身上，並用量尺表達你對這些陳述感到擔憂的程度有多少。

　　　　5＝我非常同意
　　　　4＝我同意
　　　　3＝我既不同意也不反對
　　　　2＝我不同意
　　　　1＝我非常不同意

_____　1. 我害怕我的案主因為我的錯誤或我不確定如何做而受到傷害。

_____　2. 我經常覺得我應該知道的比我所知道的要更多。

_____　3. 在諮商過程中我對於沉默會感到不舒服。

_____　4. 對我來說，處理要求太過度的案主是有困難的。

_____　5. 我可能很難與那些缺乏改變動機或被要求來找我諮商的案主一起工作。

_____　6. 我自認難以決定改變的責任有多少是屬於我的，有多少是案主應

負起的。

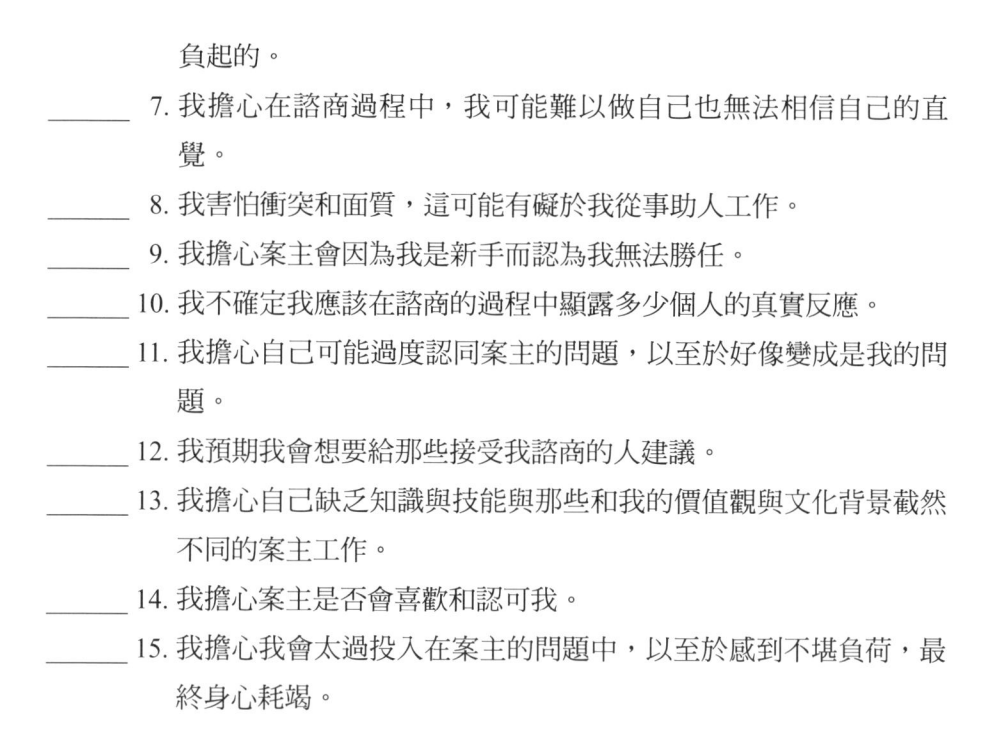

_____ 7. 我擔心在諮商過程中，我可能難以做自己也無法相信自己的直覺。

_____ 8. 我害怕衝突和面質，這可能有礙於我從事助人工作。

_____ 9. 我擔心案主會因為我是新手而認為我無法勝任。

_____ 10. 我不確定我應該在諮商的過程中顯露多少個人的真實反應。

_____ 11. 我擔心自己可能過度認同案主的問題，以至於好像變成是我的問題。

_____ 12. 我預期我會想要給那些接受我諮商的人建議。

_____ 13. 我擔心自己缺乏知識與技能與那些和我的價值觀與文化背景截然不同的案主工作。

_____ 14. 我擔心案主是否會喜歡和認可我。

_____ 15. 我擔心我會太過投入在案主的問題中，以至於感到不堪負荷，最終身心耗竭。

現在回頭選擇最讓你擔心的問題。你對自己說出哪些負面訊息？如果這些訊息對你沒有幫助，你如何開始批判性地評價它們？

第三節　移情與反移情

回應上述列出的陳述句後，你更能明確指認出那些可能影響你與案主工作效能中所擔憂與害怕的部分是什麼。可以肯定的是，無論基於個人還是專業，許多助人者主要關注的是能夠建設性地處理案主對他們的反應。一個核心任務在於了解何時你的反應是由你自己內在的衝突引發，而不是來自案主的內在動力。

一、移情的各種型態

前面的章節已經介紹移情與反移情的概念，本章將對此主題再進一步說

明。你可以回想自己原生家庭經驗是如何影響你處理案主投射到你身上的感受。**移情**通常在潛意識的層面運作，包括案主將過去生活中對重要他人的情感或態度投射在助人工作者身上。

移情通常源自於早期的童年經驗，被視為是過去的素材重現於與治療師互動的此刻。這種模式會導致案主對諮商師感知和反應的方式產生扭曲。案主可能會混雜正向和負向的感受來看待你。在不同的時間，同一個人可能會表達愛、好感、怨恨、憤怒、依賴和矛盾。即使在短期的諮商工作中也會發生移情的感受，重要的是理解移情的意義，並且富有技巧和治療性地處理它。

在我們為學生及心理衛生工作人員舉辦的訓練工作坊中，參與的成員提出棘手案主的行為案例和我們進行討論。我們強調的重點在於理解這些行為對案主個人有何功能，檢視其防衛行為所帶來的好處，並了解案主如何透過這些方式試圖因應焦慮。我們專注於協助助人者更能覺察、理解並探索他們面對這些情況時的反應，而非把焦點放在棘手案主的內在動力以及如何介入處遇。我們鼓勵我們教導的成員以好奇和尊重而非不耐煩和批評的態度來面對具有挑戰性或防衛的行為。

以下是一些你可能會遇到移情狀況的案例。試著自問，面對案主對你的感受時，可能會引發你哪些感覺與反應。

案主以扭曲的方式看待你。有些案主會將你視為理想的父母，可能期待你能做到他們父母從未對他們做到的照顧。在考量到那些把你當成父母的角色並希望你能收養他們的案主時，問問自己這些問題：當案主把這些不切實際的特質和屬性加在我身上時，我覺得是舒服的或不舒服的嗎？當人們對我有不切實際的期望時，我的感受如何？

另一些案主可能立即對你表現出不信任，因為你讓他們想起以前的配偶、吹毛求疵的父母或是一些他們生命中重要的人。例如，要考量到當一位女性案主被分配到一位男性治療師，並讓治療師知道她瞧不起男性。她生命中的男人都是不值得信賴的，因為她的治療師也是男性，他也很可能會背叛

她。若你遇到案主依據早期經驗而對你預先評斷，你會如何回應？你能否辨識出案主的行為是移情反應並且能不帶防衛的處理它呢？無論你和案主有多麼正向的互動，她仍告訴你，你最終還是會讓她失望時，你會如何回應？

有些案主因為在童年早期經歷被遺棄而不讓自己相信你，並且確信你也會拋棄他們，他們將過去的經驗疊加在你身上。假設你的案主來自一個父母離異的家庭，不知為什麼，她堅信是她造成父母分開。因為過去被遺棄的經驗，且難忘她生命中那段時間的痛苦，所以她很小心地不讓你感到沮喪，以免你也拋棄她。與這樣的案主工作時，請考量以下的問題：我該怎麼做才能讓她相信我無意拋棄她？當被告知我會像她的父母一樣時，我的反應是什麼？

案主受到政治移情經歷的影響。移情也可能根源於案主過去對其他人和機構的負面經驗和態度。你可能會遇到案主把你視為是壓迫他們系統的一部分，或是你可能會讓他們聯想到曾在團體中虐待他們的某個人。在政治移情中，案主會將其在特定政治脈絡背景中所塑造出的經驗投射在助人者身上（Chung & Bemak, 2012）。例如，假設你是一位主流美國學校的諮商人員，與一名成為網路霸凌目標的阿拉伯裔美國男學生工作。他的美國同儕們惡意指控他是恐怖分子，這讓他感到沮喪和焦慮。因為你也是主流群體的一部分，這個年輕人可能認為你對他也懷有種族歧視感覺，而對他有刻板印象。根據他過去與其他主流美國人互動的經歷，這些人攻擊了他的尊嚴並深深地冒犯了他，因此他可能不信任你。如果這個學生對你表現出敵意，顯示他的防衛性，你會如何回應？如果他似乎被你嚇到，或者害怕自我揭露可以怎麼做呢？上述這些會讓你有什麼感覺，而你會如何反應呢？

案主對你的景仰。有些案主會將你視為景仰的對象。他們相信，如果能找到一個像你這樣無條件接受他們的人，就不會遇到現在面臨的問題。你會如何回應這一類的奉承？案主的反應會扭曲或是增強你的自我覺知？

案主對你提出不切實際的要求。有些案主在沒有先徵詢你的想法下不會

做出決定。他們可能想知道是否可以在任何時間打電話給你；可能會要求你延長會談所預定的時間；他們會提到覺得與你有多麼親近，而且想要成為你的朋友；他們希望你肯定他們，告訴他們，他們是特別的。即使理智上你了解這些不切實際的要求背後的意涵，但你想像這些要求會如何影響你？你可以用什麼方式協助這些案主看見，他們對待你的方式以及與他們過去如何對待某個重要他人之間的關聯性？

案主對你有強烈憤怒的反應。有些案主會用遷怒的方式猛烈抨擊你。假若你面質他們，他們會對你感到惱怒。他們會讓你知道，當你對他們的行為提出你的觀察和回應時，他們會怨恨你。要認知到一件事，你所承受的這些案主的憤怒，可能並不完全是你所應得的，因此應避免與其產生爭論。如果你太個人化地看待案主對你的反應，你必然會做出防衛性的回應。身為助人工作者，面對有這種行為的案主，你如何處理自己的感受？對於這類型的案主，你可能需要向督導或值得信任的同事表達並處理你自己的感受。

二、從治療層面理解和處理移情

從這些移情行為的例子可得知，覺察自己的需求與動機對你來說有多麼重要。如果你對自己的內在動力缺乏覺察，你將迷失在案主對你的投射和動力中。你可能會避免聚焦於重要的議題，而是試圖為自己辯護。注意你自己面對強人所難並對你提出不合理要求的案主所帶給你的感受，這些感受將有助於你了解案主的行為如何影響其生活中的重要他人。

一個錯誤的觀念是，你認為案主對你所有的感受都是移情的反應。有時候案主可能會因為你所做的、所說的或沒有做到的部分對你生氣，他們的憤怒不一定是受到過去情境所引發的非理性反應。例如，如果你在與案主會談的過程中接電話，她可能會對於你的中斷和缺乏專注而對你生氣。她的憤怒可能是一種合理的反應，而不應該只是被「辯解」成案主移情的表現。

同樣地，案主對你的情感並非都是移情的反應，有可能是他們真誠地喜歡你的某些特質，並享受和你在一起的感覺。當然，有些助人者很快地將正

向的感受解釋為真實的，將負向的感受視為扭曲的。你可能都會犯下這樣的錯誤：一個是很願意無條件地接受案主所告訴你的任何事情，不然就是把他們告訴你的一切都解釋為移情的表現。

當案主似乎非常努力地想讓助人者放棄他們時，比較有用的做法是探索案主從這種自我打擊的行為或種種可以遂行其目的之行為中獲得了什麼。若處理得當，案主能在其中體驗並表達對你的感受，而這些感受更恰當來說是屬於生活中的重要他人。當這些感受能被治療性地探索，案主可以更加覺察他們如何在現有的許多關係中持續他們舊有模式的功能。透過關注案主對你的行為和反應，你可以從中開始了解他們如何與生活中的重要他人互動。

移情可以在治療關係中有效地處理。透過將早期記憶帶入與諮商員的關係中，案主能夠洞察到他們過去與重要他人的關係中未解決的衝突如何影響他們目前的人際關係。「因為移情涉及的是案主早期關係重現於現在的一種型態，治療師的觀察和回饋可以幫助他們看見、理解和欣賞他們自己對這種情況的貢獻」（Safran, Kriss, & Foley, 2019, p. 39）。個人中心取向治療師和完形治療師對治療關係有不同的看法，並認為移情的概念在他們與案主的工作中沒有發現有治療上的效用。

三、移情在團體諮商中的處理

在團體中，我們發現讓參與者逐漸意識到他們對其他成員及團體領導者的移情反應是有幫助的。在團體一開始進行時，我們請成員特別注意他們最常注意到的那些人。我們透過以下問題來促進成員增進對他人的覺察：

- 在團體中，你最注意誰？
- 你是否發現自己對某些人比對其他人更有吸引力？
- 有些人似乎特別威脅到你？
- 你是否發現自己對他人會很快地做出假設？例如，「他看起來很愛批評的樣子」、「她讓我感到威脅」、「我想我可以信任他」、「我確定我很想遠離她」、「這三個人看起來好像已經是一個小團體了」。

我們特別注意到，團體成員通常難以察覺自己對某人有特別強烈的反應。人們在別人身上「看到」他們自己不承認的一些特質是很常見的，這種投射過程形成了移情的基礎。雖然我們請成員覺察自己對他人的第一個反應是什麼，但我們並未要求他們透露這些想法或很快的回應他人，反倒是建議成員在與他人有機會互動後，再分享他們的反應。透過這些持續的正向或負向反應的自我揭露，成員就有機會對自身未覺察到的部分有更深一層的理解，以及他們是如何快速對他人做出假設。

一個有療效的團體能提供一個環境，以促進個人覺察在某些模式上的心理弱點。團體的成員因此能洞察到他們未解決的內在衝突如何創造出某些功能失調的行為模式。透過關注團體當下正在發生的事情，團體則能對於成員們在團體外的情況下如何運作提供一種動力性的了解。這種洞察可能包括了解他們在童年時期如何受到重要他人的影響，以及他們現在如何在與重要他人互動時表現出來。藉由這些新的洞察，成員更能覺察自己在日常人際互動中舊有模式的顯現。他們現在可以用不同的方式做出回應，而非自動化的反應。因此，當一位男性習慣用恭敬的態度對待大多數處於權威角色中的女性時，透過這樣的覺察，就可以阻斷他自己把她們視為母親的代表，並能以更加真實的態度回應不同的女性。

四、反移情的理解與處理

移情往往會引發助人者的反應，這些反應若是導致反移情，就可能會成為問題。所謂的**反移情**（countertransference）是指治療師對案主產生潛意識的情緒反應，而導致對案主的行為產生扭曲的知覺。這種現象發生在諸如：助人者出現不適當的情感；助人者以極度防衛的方式回應，或是當他們因自身內在的衝突被引發而在關係中失去客觀性。重要的是能警覺反移情出現的可能，並防止助人者對案主出現不合適的反應而妨礙了他們的客觀性。如果你希望助人工作是有效能的，你必須將反移情視為產生困難的潛在來源。你不需要毫無問題，但至關重要的是，你要了解你自己的問題和反移情如何影響你和案主之間的關係品質。

反移情並非都是有害的。你最終能意識到反移情的來源，你可以將自己所有的反應運用於治療中。請記住，我們是從更廣泛的角度來考量反移情。如果相較於精神分析取向認為反移情不過是個人未解決之內在衝突的反映，他們相信與案主有效工作的前提是這些衝突必須要解決。在目前的實務工作中，反移情指的是治療師對案主所有的想法和感受，無論是由案主自身或是助人者生命中的重要事件所引發。如前所述，政治反移情甚至可以透過助人者對高度敏感的政治議題的反應來引發（Chung & Bemak, 2012）。反移情涉及治療師對案主所有的情緒反應，包括感覺、反應、聯想、幻想和瞬間的影像（Safran et al., 2019）。與其認為反移情有問題，不如將其視為了解案主經驗的一種方式，從而可以為案主和實務工作者提供有價值的資訊。

　　助人者的任務在於關注他或她在與案主的關係中所經驗的感受，然後辨識這些情緒反應的來源為何。很重要的是，助人者在與案主的會談中監測他們自己的感受，並運用他們自身的反應作為了解案主，並協助案主了解自己的來源。當助人者覺察到個人的議題，他們的反移情得到適當管理的機會就會增加，這意味著他們的反應干擾助人關係的可能性降低。藉由專業督導的協助、個人反思以及尋求個人心理治療等方式，對於助人者自身內在的動力與反移情現象可以有更進一步的了解。反移情的覺察並非單次的事件處理，而是持續進行、不斷發展的過程。

　　並非只是對案主產生情緒感受，就自動意味著我們正在經歷反移情反應。我們可能會對某些案主的生活處境產生很深的同情和憐憫，反移情會發生在當我們覺得自己在這樣的助人關係中有不可或缺的位置，或是案主觸發我們舊有的創傷。正如案主對我們做出一些不切實際的反應，並將他們一些未解決的個人議題投射到我們身上一樣，我們也會對他們做出不切實際的反應。

　　可以從一位助人者 Trudy 身上看到反移情的例子，她在 15 年前因婚外情而離婚，Trudy 仍然對自己的行為感到有些懊悔，但她傾向於避免思考它，並且從未在這個部分整理個人內在工作。Trudy 現在遇到了一位捲入婚外情的案主，並發現自己對這位案主的行為表現批評和反對。Trudy 與案主

產生了距離，因為這些素材對她來說太有威脅性了，像這類反移情的反應會傷害到案主。

親密伴侶暴力（intimate partner violence, IPV）通常對於無論是否有 IPV 經驗的助人者都有可能會引發反移情的問題。有 IPV 經驗的助人者可能會感到羞恥和自責，而這些感覺可能藏在意識底層。在傾聽案主的過程中將自己的經歷浮上檯面，助人者可能會發現她根據自己的決定來評價案主的行為。沒有個人 IPV 經驗的助人者也可能難以理解案主，因為下意識地抗拒 IPV 可能發生在任何人身上的想法，如此脆弱和受害者的想法因為太具有威脅性而無法接受。有關 IPV 的更詳細討論，請參閱 *It Could Happen to Anyone: Why Battered Women Stay*（LaViolette & Barnett, 2014）。

請看一看自己對待案主的態度、行為與反應，實際上有時可能會助長了他們的防衛。在不過度自我批評或責備自己的情況下，檢視你對案主的反應，以確定你所做的事情如何減少或增強案主表現出的問題行為。作為一個助人者，很重要的是你願意省察自己在導致案主表現出的問題行為方面可能扮演的角色。客觀地審視你以何種方式影響案主及治療關係是一個有益的做法。有哪些是你自己不喜歡或難以承認的部分？而這些部分有可能在日後阻礙你與有相似內在動力的案主工作時建立關係。

如果你能把運用自身的真實感受作為理解自己、案主以及你和案主之間的關係作為一種方法，這些感受就成為一種積極且具治療性的力量。儘管你可能已具備洞察及自我覺察的能力，這樣的運用能力，在助人領域的專業要求是很重要的。當你和案主之間存在這樣情緒強烈的關係時，可能會使你個人內在未解決的衝突浮上檯面。因為反移情可能是對案主產生認同的一種形式，讓你很容易就迷失在案主的世界中。當這種情況發生時，你的助人效能就很受限。以下是一些關於反移情的例子：

- 「讓我幫助你。」你的案主過著非常艱困的生活。無論他多麼投入，即使用盡他最大的努力，事情總是無法如願。你發現自己不遺餘力地幫助案主，以至於他變得依賴你。你的介入，對你來說或許是安慰，

但對案主來說，可能並不一定是有益的。

- 「我希望他取消會談。」你被案主直接對你或其他人表現憤怒而感到驚嚇。當你在這個案主面前，你無法做自己，反而感到侷促不安與防備。當案主取消會談時，你發現自己鬆了一口氣。
- 「要是你以我的方式看待事情就好了！」你正在和一位與你熱衷的社會和政治議題持有全然相反觀點的案主工作。你相信如果她能透過你的視角看世界，她會更快樂、更健康。你發現自己一整週都在想這個案主，希望她能改變她的觀點。
- 「我自己的反應形成了阻礙。」有時你的案主表現出痛苦並流淚。他們極度痛苦的表現可能讓你感到焦慮，因為這會讓你想到生活中一些過去或目前你寧可選擇逃避的情況。你或許試圖以提問的方式介入以阻斷案主的感受。重要的是你必須了解，這樣介入的動機是為了讓助人者覺得好過一些，而不是以案主的最佳利益為考量。
- 「我在你身上看到自己。」有些案主必然會提醒你一些你不願承認的特質。即使你確實認可自己具有某些特質，與那些談論問題和情況與自己非常相似的案主工作，可能會讓你感到不安。例如，案主可能是一個強迫性工作狂，而你也看到自己太過投入工作。所以，你可能會發現自己花了很多力氣讓這個案主放慢腳步，放輕鬆一點。
- 「你讓我想起了我認識的人。」你的案主經常會讓你想起你自己生活中的重要人物。把自己放在以下這些情境中，當你回應案主時，想像一下你會如何回應以及你在回應誰：
  1. 你的伴侶有外遇，為了另一個人離開你。你面對的是一個有外遇的案主，正在認真考慮是否要離開他或她多年的伴侶。
  2. 你是一位性侵受害者，而你的案主透露她曾遭到性侵害。或是你的案主告知你他在多年前曾強暴一個女人。
  3. 你幼年時曾受到虐待，幾個月後你的案主告訴你，他被監禁是因為他虐待了自己的孩子。
  4. 你在家裡剛處理一個叛逆又難搞的青少年女兒，而你當天的第一個

案主是一個非常有敵意的青少年。
5. 你失去了祖父，但你從未真正走過哀悼歷程並接受他過世。你的一位年長的男性案主健康情況不佳，幾乎面臨死亡。當他談論他的感受時，你極度不適，發現自己無法回應他。你試圖一再地向他保證他會沒事的。
6. 你在一個單親家庭中長大，因為父親沉迷於海洛因，母親在財務上很拮据。你的新案主在他的手臂上有明顯的皮下注射針頭痕跡，這是由於多年的海洛因成癮。當你看著他的手臂並回憶起你自己與父親令人不安的互動時，你發現自己一再分心。
7. 你的母親很挑剔、苛求和完美主義。你有一位年長的女性案主，她表現出一些相同的特徵。你發現自己在與她約定的會談之前感到特別焦慮，比平常花更多時間打理外表。並開始注意到在治療上應該挑戰案主的時候卻退縮了。

　　沒有人能免於反移情的發生，重要的是你能留意其中細微的訊息。你可能發現某些案主會引發你表現出父母式的反應，引起你對他們行為的批評。透過了解你自己有這樣的情形時，將使你在面對自身所投射的議題，或是處於被強烈影響的狀況下，較能夠理解與面對。

　　最容易受到反移情影響的可能是那些與重病或垂死的人一起工作的照顧者。這些照顧者不斷面對死亡的現實，在他們的工作中，他們目睹周圍的人死去。除非這些照顧者能夠處理他們面對這些狀況的的反應，否則這樣的工作將對他們造成情感上的傷害。除非你已經探索了你對死亡、失落、分離和悲傷的感受，否則當你與案主工作時，這些感受將持續被引發。在我們培訓學生的經驗中，我們發現他們當中很多人難以和臨終病人或老人一起工作，因為被不斷提醒關於自己的死亡。

　　同理心疲勞（empathy fatigue）是一種反移情形式，源自於助人者暴露在案主所表達的痛苦中，特別是如果助人者並未覺察到自身未解決的個人議題時（Stebnicki, 2008）。根據 Stebnicki 的說法，助人者很容易因著傾聽許

多案主關於悲傷、壓力、失落和創傷的故事，而體驗到強烈的情緒壓垮。助人者可能迷失在案主創傷與痛苦的議題中，或者以解離的方式，將自己和這些被悲傷和無助感淹沒的案主保持距離，而產生自我防衛的機制。同理心疲勞可能是導致耗竭和損傷的途徑，這部分會在第 14 章詳細討論。

你或許無法完全消除反移情，但你可以學習識別反移情顯現的形式，並將反移情反應視為你的問題而非案主的問題來處理。當反移情沒有被認出、理解、監控和管理時，它就會成為問題。學習如何管理反移情最重要的第一步就是能辨識它。以下是一些在辨識自己是否出現反移情時需要注意的其他跡象：

- 你對某些案主感到非常惱火。
- 和某些案主工作時你一再地超時。
- 你發現自己想要借錢給一些遭遇不幸的案主。
- 你想要領養一個受虐的孩子。
- 你意圖讓悲傷的案主快速地離開痛苦。
- 你與狀況特殊的案主會談後通常會感到沮喪。
- 你對案主產生性方面的感覺。
- 你往往對某些案主感到厭煩。
- 你經常比你的案主更努力投入。
- 你對某個案主有過度的情緒反應。
- 你提供案主很多建議，並希望你的案主去做你認為他們應該做的事情。
- 你會很快地拒接某些類型的案主，或者即使你在對案主所知甚少的情況下仍建議轉介。
- 你發現自己對某些案主會表現出說教或與其爭論的行為。
- 你需要某些案主認可或讚美。
- 你發現自己在見到特定案主的日子特別注意自己的外表。
- 某些案主讓你難以專注或容易做白日夢。

請記住，感受的出現並不是問題，更確切的說，我們需要關注的是某些感覺所產生的行為。要管理反移情，你必須有一種接納的態度，並開放自我覺察，以接納而非自責或批判的方式面對你正在經驗到的任何感受。

當你開始意識到某些話題或議題會激發你增強某些感受或特定的反應時，努力去了解是什麼導致你的過度或不適當的反應。你的自我監督將是學習如何有效處理移情與反移情反應的重要因素。在接受督導的時候，專注在自己身上，更加覺察自己的反移情表現，花一些時間談談當你和觸發你反移情的某些特定案主會談時，你發生了什麼，而不是一味地討論案主的問題。與督導一起處理你的反移情反應可能是有益的，但要避免將你的反應歸咎於你的案主。

持續地督導將使你能夠為自己的反應負起責任，同時防止你對案主採取的方向承擔全部責任。除了督導之外，個人治療是通往自我認識的途徑，可以提供運用於處理移情和反移情現象的洞察。能夠自我了解以及和案主建立適當界限的能力是管理和有效使用你的反移情反應的基礎。請記住，幫助別人改變必然也會改變你自己。練習一個平行歷程（parallel process）的方式是有效用的，助人者暫時把他們自己的反應放在一邊，然後在他們自己的治療中處理它們，這可以使案主和助人者都受益。如果你不願意解決你個人的問題及內在衝突，當你在邀請案主探索更深層議題時，你將缺乏足夠的說服力。

第四節　與表現問題行為的案主工作

專業助人者與學生同樣都關切的是如何處理棘手的案主（difficult clients）。他們希望學習如何讓這些案主不那麼麻煩的技巧，因為這些案主讓他們無論在個人或專業上都感到很傷腦筋。事實上，並沒有所謂簡單的技術來面對這些案主。在我們的訓練工作坊，我們幫助參與者覺察並理解自己面對這些他們視為問題行為的反應，並教導他們以建設性的方式，將這些反應與案主分享。

在我們回應助人者與那些對他們構成挑戰的案主工作常見的困擾時，我們會特別注意使用的語言，並試圖避免給案主貼標籤。當助人者與案主形成工作聯盟時遇到障礙時，有時會稱他們為「抗拒」或「棘手」的案主。稱呼尋求幫助的人為「棘手的」可能有一種指責的意味，因此最好記住，助人者的目標是以同理、悲憫和合理的好奇態度來靠近案主，目的在揭示導致這些困難處理行為的複雜因素為何。

一、理解和處理案主表現問題行為的態度問卷

花幾分鐘完成這份自我評估，檢視你面對案主的抗拒及問題行為的態度。運用以下的等級量尺表達你對每個陳述的看法：

1＝非常同意
2＝有些同意
3＝有些不同意
4＝非常不同意

_____ 1. 具有挑戰性的案主迫使我反思並探索自己未解決的問題是如何阻礙了我成為一個有效的助人者。
_____ 2. 最好能以感興趣方式來接觸案主的問題行為。
_____ 3. 案主的消極態度通常會在助人歷程中導致無效的結果。
_____ 4. 當我遇到案主表現不情願時，我通常會質疑是自己造成此行為。
_____ 5. 非自願案主很少從專業的助人關係中受益。
_____ 6. 當案主保持沉默時，這表示他們對治療缺乏合作意願。
_____ 7. 案主出現防衛通常是移情處理不佳的指標。
_____ 8. 處理案主防衛最有效的方法就是高度面質案主。
_____ 9. 與具有挑戰性的案主工作的一種方式就是專注在我自己的感受。
_____ 10. 標籤化或評價案主的問題行為往往使其行為更牢固。

現在查看一下你的回答，並試著確認你對於抗拒及問題行為的既有看法

為何。在這一點上，案主的問題行為通常會如何影響你，而你如何有效地處理這個部分？

二、用理解與尊重處理案主的抗拒

多數的案主以某些方式測試你，以確定和你的關係是否安全。很重要的是你能鼓勵案主表達他們的猶豫與焦慮。從初次會面開始，助人者可以與案主一起探索他們每一次會談的經驗。除非助人者主動詢問案主在助人歷程中的任何潛在問題，否則他們的擔憂可能會沒有說出來。大部分的案主在求助過程的不同時間都會經驗到矛盾及防衛，對於要待在安全的區域還是試著承擔風險讓你了解他們，有著複雜的感受。這種矛盾心理可以在助人關係中探索，對案主是有益的。

從精神分析的觀點來看，**抗拒**（resistance）意指個人不願將曾經被壓抑或否認的具威脅性的素材帶入意識的層面去覺察，它也可以被視為是任何阻止個人處理潛意識素材的行為。從更廣泛的角度來看，抗拒可被視為是一種避免探索個人內在衝突或痛苦感受的行為。也就是說，抗拒可以想成是一種我們試圖保護自己免受焦慮與抵禦痛苦的方式，因此有它的功能與作用。

看待抗拒的方式有很多種，有些助人者以批判的方式解釋抗拒。通過重新框架（reframing）這個概念，我們可以用治療的方式來運用這些看似抗拒的行為。學習尊重抗拒和各種形式的逃避，並努力理解這些行為的意義為何。Teyber 與 Teyber（2017）建議助人者可以把案主的抗拒理解成一種早期的因應策略，這些策略曾經提供自我保護及適應功能，但現在已經不適用了。透過尊重的態度看待案主的抗拒，助人者能領會到一個事實，即特定的因應策略是面對困難情境時所能選擇的最佳回應，當這些抗拒行為放在特定情境中理解時，助人者和案主都能夠認可某些抗拒行為其實是合情合理的。

動機式晤談的觀點。尋求諮商的人往往對行為改變感到矛盾，他們的動機在治療過程中可能會起伏不定。動機式晤談為促進態度和行為改變提供了指引。動機式晤談（Motivational interviewing, MI）是一種人本的、以

案主為中心的、指導性的諮商取向，其中治療關係是理解改變歷程的核心（Miller & Rollnick, 2013）。當案主思量著改變他們的生活時，對改變的擔憂和恐懼是很常見的，不願意改變是治療過程中普遍且可預期的部分。看似低動機的表現實際上可能反映了案主對改變的矛盾心理。動機式晤談促進了對這種矛盾心理的接納和同理，是探索案主矛盾心理的有效方式（Naar & Safren, 2017）。動機式晤談的核心目標是依據案主個人目標和價值觀來提升其進行改變的內在動機。當個人準備好改變時，他們的內在動機可能會增加。你是否曾經想改變自己或生活的某些事情，卻退縮沒有做出改變？如果是這樣，是什麼阻礙你採取行動？

　　如果你以理解、同理、關懷和尊重的態度來對待案主的抗拒，他們會信任你，並放鬆警備。尊重抗拒的一部分意味著你欣賞這些防衛行為所帶來的功能。在治療關係中，案主可以學會自我接納，而非責備自己或採取批判態度。有時，人們需要仰賴他們的防衛機制才能在危機情況下生存。在這種時候，你需要給予支持，而不是迫使案主放棄他們的自我保護。

　　或許理解案主各式各樣防衛行為的關鍵是注意你的反移情，這是被案主行為所引發的。作為一個專業助人者，你不能表現脆弱的自我。給你的案主一些空間，並努力避免以防衛的方式去回應他們可能表現的任何問題行為。如果你能記住你的案主是來找你求助的，也許你會對他們更有耐心。

學習不把案主防衛的行為視為針對你。在面對表現出問題或防衛行為的案主時，請注意你自己對他們行為的反應，並盡最大努力避免採取防衛姿態。你認為困難的或具有挑戰性的案主可能會加劇你的自我懷疑和無能感，並帶來自己不夠好和挫敗的感受。如果你太快地對這些案主感到惱火，你可能會切斷與他們建立關係的途徑，且緊張的局面可能會惡化。如果案主一開始表現出不信任，不要把他們的行為當作是針對你，而是用優勢的觀點看待這部分，並在助人歷程中善用案主所表現的謹慎與小心的態度。案主不願合作並拒絕協助都有他們自己的理由，助人者和案主需要發現這些原因是什麼，並在助人關係中處理這些狀況。你的任務是以不同的方式接觸棘手的案

主，並與他們合作，這樣他們就可以學習新的、更具適應性的因應方式。

我們希望你避免將案主標籤為「抗拒的」或「棘手的」，而是描述你觀察到的行為。當你認為案主感到害怕、悲傷到難以承受、謹慎或受傷時，你可以重新框架他們可能表現出的任何問題行為模式。就僅僅將「抗拒」這個詞改為更具描述性且不帶批判的專業用語時，對於看起來「棘手」的案主，你的態度可能會改變。當你改變你看待案主行為的視框時，你將更容易採取理解的態度，並鼓勵案主去探索抗拒對他們的意義為何。

與其將困難具挑戰的行為視為阻礙你工作的絆腳石，不如試著以感興趣和好奇的真誠態度來對待這些行為。如果你的案主 Enrique 表現出敵意的行為，請考慮重新框架這個經驗：「有趣的是，Enrique 努力地試圖讓我不喜歡他，我想知道他的行為是如何達到目的，以及他是否能找到另一種方式更直接地獲得他想要的。」或是 Maribel，一位每次會談大多是沉默地坐著的案主：「Maribel 似乎很害怕。她在會談中的沉默可能是因為她不了解對於自己的問題要如何尋求協助。」描述你如何看待案主對待你的行為，並邀請他們探索這些行為的意義，一個可能蠻適合的方式是讓案主知道他們的某些行為如何影響你。在表達了你個人的反應後，案主就更有可能探索其他的方式從你和其他人身上得到他們想要的東西。

三、棘手案主的類型

若你想要有效地處理那些具挑戰性的案主，請培養耐心並給他們一些空間。確定案主是否有興趣改變他們認為有問題的行為模式，如果案主堅稱他們不想改變某種行為，或認為這種行為對他們的外部生活未造成問題，那麼你促進改變的努力可能是徒勞的。

在和你認為有問題的案主工作時，切勿把注意力完全放在他們身上。與其持續地關注案主表現的問題行為，不如反思你對案主的反應是什麼。看看這些反應在告訴你什麼，包括你自己的也包括案主的。無論案主表現出哪種特定的行為，重要的是你必須了解自己的反移情。某些案主對你而言更有困難度，因為他們會引發你的反移情反應。想想以下所描述的棘手案主，有哪

些特徵會對你造成最大的挑戰。

非自願案主。非自願案主有很多種。有些是法院安排的，有些是父母送來的，有的是迫於親密伴侶的壓力進來的，有些則是其他助人者轉介給你的。非自願案主可能沒有改變的動機，並且認為你提供的協助沒有什麼價值，一個不是出於自願來見你的案主可能會有參與的困難。有時案主不願求助，是因為他們對於助人歷程的內容有誤解，或是他們對於諮商曾有負面的經驗。你如何接近這樣的案主，將決定他們合作的程度有多少。

　　一個典型的非自願案主是 Yuri，他因為酒醉駕駛遭判刑而參加了你的治療團體。他來這門課的主要動機是達成法官的命令，他認為上課總比坐牢要好。雖然他願意來參加課程，但他告訴你他不認為自己有問題。相反的，他把酒醉全都歸因於一連串不幸的情況。透過認可他的感受並在你的協助中提供的資訊等，Yuri 可能會變得更加合作並感興趣。Yuri 確實選擇接受治療而不是入獄，協助 Yuri 認知到他做出了這個選擇，可能會讓他感到對自己的人生更有控制力和責任感，這種認知往往會產生更積極的參與。你們可以一起訂契約，讓你們雙方願意共同合作促進成效更加明確化。許多像 Yuri 這樣被要求接受治療的案主，確實因此有了顯著的改變。

沉默和退縮的案主。幾乎不說話的案主總是會引發焦慮。想像一下，這位案主坐在你的會談室：他大部分時間都看著地板，禮貌而簡短地回答你的問題，而且不會主動提供任何資訊。對你而言，這個會談似乎會這樣一直持續下去，你覺得你好像什麼事也做不了。你可能會問他：「你真的想來這裡嗎？」他會回答說：「當然，為什麼不呢？」如果你問他生活想要什麼樣的改變以及想談論什麼，他會說他不知道。

　　讓案主說話是你的責任嗎？你認為他的沉默是針對你嗎？你會想辦法引導他說話嗎？在你承擔過多的責任之前，或者在你對他的沉默做出不利的判斷之前，試著從某些脈絡來看待他的沉默。你可能會問自己，有時還會問你的案主，是什麼讓說話變得困難？他保持沉默的原因可能是以下任何一種情況：他很害怕。他把你視為專家並等著你提問，或告訴他要做些什麼。他感

到畏懼，他可能在腦海中排演著每一個想法，然後又苛刻地批判自己的每一個回應。他對於向人求助感到羞恥，他是對過去「被看見但未被聽見」的反射作用做回應。他的文化可能將沉默看做是一種價值，他可能被教導要恭敬的聆聽而且只要回答問題就好。此外，你的案主可能是安靜且不顯眼，因為這種模式對於小時候的他是有保護作用的。他可能會隱瞞資訊並限制話語，因為這些話過去曾被用來對付他。換言之，沉默不應該都被解釋為拒絕你的試圖協助。有些案主對非語言形式的治療反應更好，例如透過使用表達性藝術治療或沙盤療法。許多青少年案主在傳統的面對面治療中顯得較費力，若同時佐以遊戲的方式更能自在地交談。

在團體諮商情境中，沉默的案主可能以多種方式影響你和其他成員。你可能會評斷自己，認為如果你知道該說什麼或做些正確的事情，你的案主就會更開放並充分地表達。你可能會代替案主說話，或不斷地引導他發言。說一些像是這樣的話可能是有幫助的：「我注意到你在這個團體裡非常安靜。你似乎很專注地聽其他團體成員發言，但是我很少聽到你說話。對你來說，參與這個團體是什麼感覺？」如果這位案主不認為他的沉默是個問題，你嘗試想改變他的努力可能就白費了。團體成員可能會有很多理由保持安靜。如果他確實發現自己的沉默是個問題，你可以與他一起探索這樣的行為所造成的問題。如果你承擔起拯救他的所有責任，那麼他永遠不需要去面對自己沉默背後的原因。

話說太多的案主。相對於沉默寡言的案主是說話過多的人。有些案主容易迷失於說故事當中，他們提供你每一個細節，好讓他們不會被誤解。然而，你可能疑惑故事的重點到底是什麼，他們並不談論如何被特定的情況影響，而是用不相關的資訊淹沒他人。

看看 Jianni 的案例，她用詳細資訊淹沒了你。你試圖讓她慢下來的任何嘗試都會導致她告訴你，她想要確認你是否了解她在說什麼。Jianni 一直說個不停，因為她若慢下來去經歷她正在談論的一些事情，她可能會感到焦慮。

和 Jianni 工作，你可能覺得被一堆資訊淹沒且不知要如何介入。雖然提到的是痛苦的情境，但她用一種非常不帶感情且像是排練過的方式來表達。因為擔心會打斷她，你可能對於中斷她說話有所保留。你的職責之一就是協助 Jianni 能覺察她自己的行為可能是一種防衛機制。以下是一些你可能會提出的有幫助的回應：

- 我注意到當你提到你和母親的關係時，你會流淚。然後你會迅速轉移話題，談論另一件事。
- 你剛才說了很多。花點時間思考一下什麼部分對你來說最重要。
- 你願意在這裡先停一下，並告訴我你此刻的想法或感覺是什麼嗎？
- 你真的很努力提供我很多細節好讓我更了解你。我是很想了解你，但你提供這麼多細節讓我很難聽到你真正想告訴我的是什麼。
- 如果你必須用一句話表達所有你想要告訴我的內容，你會說什麼？

如果你在與像 Jianni 這種用許多話語把你淹沒的案主互動時發現自己很難跟她同步，那麼處理你自己的反應可能是有療效的。Jianni 很有可能以同樣的方法影響她生活中許多人，如同她也影響你一樣。這是一個讓她獲得回饋的機會，了解自己給別人的印象，並決定是否想做出任何改變。如果你持續壓抑自己的反應，假裝自己正在無條件地積極關注地傾聽，你其實在強化她多話的行為。

快要被自己的問題淹沒的案主。這樣的案主經常會遇到很多問題，並且想要同時處理這些問題而不勘重負。他們很快地描述一個又一個問題，在這樣做的過程中，他們可能會顯得驚慌失措，無法聚焦。身為助人者，你需要介入並試圖減緩他們的進程。如同其他無效的溝通方式，像是和已經不知所措的案主一起探究他們遇到的某些問題如何有更好的處理。說一些像這樣的話可能是比較有用的：「我知道你今天想談很多讓你感到很急迫的事情。我建議你先安靜坐一會兒，想想你最想從這次會談中得到什麼。選擇一個在此刻對你來說最緊迫的一個問題。」對於像這樣的案主，在會談的開始進行簡

短的放鬆或冥想練習是很有用的，有助他們在會談的過程中更平靜與專注。

經常說「是的，但是……」的案主。你會遇到一些案主，他們給你很多理由，說明你的介入沒有效用。作為一個助人者，你可能會懷疑自己是否能提供任何協助。無論你分享什麼深刻的洞察或直覺，又或是你提出的建議，案主都會迅速回應並持反對意見。以下的案例就是案主對於你試圖盡全力協助的反駁：

> 助人者：我建議你帶你的太太參加你的一次會談。
> 案　主：我同意這樣做可能有用，但是我太太會感到備受威脅。我太太是不可能會改變的。我願意和她談談，但我不認為這樣做有用。
> 助人者：當我提出一些可能對你有幫助的建議時，你是否意識到你會提出理由說明為何我的建議行不通？
> 案　主：你不了解我的處境。我有試著改變，但是就是有很多事情讓我沒辦法改變。

當你試圖幫助這些案主時，很容易會感到沮喪。很小的事就會讓你感到煩躁，即使你願意幫助這樣的案主，他仍確信沒有人幫得了他，最後你可能會覺得無助而且想放棄。當你意識到你比案主還要努力時，這可能是和他重新協商的時機，了解他究竟想要什麼，以及為什麼要來找你。

否認自己需要協助的案主。有些人看不見自己有問題。他們可能因為想幫助自己的配偶而尋求伴侶諮商，卻不願意在這段有狀況的關係中看見與自己有關的問題。試圖要說服這些堅持自己沒問題的案主承認自己有問題，是不太可能有成效的。

例如，如果你問 Roy 他想從你這裡獲得什麼，他可能會回應：「我太太希望我來諮商，我是為了她才來這裡。」如果你相信他的話，並接受他所謂自己並沒有問題的觀點，你也許可以跟 Roy 進一步交流。透過詢問他是如何被他太太的問題影響時，你或許最終可以觸及他想否認的問題。另一

種方式是詢問他來到你的辦公室時有什麼感受。若他的回答是：「喔！沒事。」你可以接著問：「當你快抵達辦公室時，你有想到什麼嗎？」或者你可以問：「你說你到這裡來是為了幫助你的太太，你認為她在哪些方面需要幫忙？」或是你可以這樣說：「你告訴我你沒有任何問題而且是你太太今天要你到這裡來。你如何回應她要求你今天加入會談呢？這對你來說可能是個問題嗎？」

表現被動攻擊行為的案主。某些案主已經學會用間接迂迴與人互動的方式來保護自己免於受傷害。他們運用敵意及諷刺作為他們迴避風格的一部分。遭受面質時表現出高度的迴避。如果你解釋你的反應，他們可能會說：「好吧，你真的不需要有這樣的感覺。當我做出那樣的評論時，我只是開玩笑的。是你把我說的話看得太認真了。」

表現**被動攻擊行為**（passive-aggressive behavior）的案主有一些常見的特徵：他們經常遲到；他們說得很少；你看到他們臉上不尋常的反應，但他們向你保證一切都很好。當你說話時他們咯咯地笑；他們揚起眉毛、皺眉、嘆氣、搖頭、看來很無聊、分心於手機，並表現出其他非語言反應，但否認他們發生了什麼事。他們習慣性地吸引注意力，但是當他們獲得了注意，卻做得很少。

表現被動攻擊行為的案主可能很難處理。把他們貼上「你是被動攻擊型」的標籤並試圖解釋其行為並沒有幫助。因為其難以捉摸的本質，很難直接處理這種行為。然而，對於這種帶有敵意言論或語帶諷刺的案主你必然會有反應。切入這種間接迂迴行為的一種方式，就是覺察這種情形帶給你什麼並描述你的反應。避免做出評斷，而是描述你所觀察到的行為，並告訴案主他們的行為是如何影響你。同樣有用的是，詢問他們是否意識到自己的行為而且能告訴你這些行為代表的意義為何。例如，你可以這麼說：「我有注意到當我說話時，你有時會微笑或翻白眼或是轉身。我發現自己對你做出了反應，同時好奇你是否有什麼想對我說的話。」這些評論讓案主有機會可以更直接地並解釋自己的行為。

為了監控你自己的移情反應，這裡有一些問題問問自己：某些表現出敵意的案主會讓我想起生活中任何人嗎？當人們不用直接的方式表達且讓我感覺到有些事他們沒有告訴我時，我的感覺是什麼？我是否應該適時且恰當地描述我從案主身上所感知到的敵意的反應？

太過理性的案主。有些人阻擋了感受，主要以理性的方式呈現自己。每當他們快接近自己的情緒時，就會想辦法迴避這些感受，並轉向較為安全的認知區域。他們不斷試圖弄清楚為什麼他們會有這樣的問題。他們善於自我診斷，並抽象地推測關於他們功能障礙的本質。只要他們在以理智為主層面上發揮功能，就知道自己是安全的。如果他們允許自己感受嫉妒、痛苦、憂鬱、生氣或任何其他情緒時，他們就會感到不安。為了避免焦慮，他們學會了隔離自己的感受。

不要強迫讓這些案主進入感受的層次。當他們表現出較少的情感時，你可以讓他們知道，你與他們在一起時的感受，但試圖剝除他們的防衛是沒有幫助的。當他們準備好放下防備時，他們就會這樣做。想想當你處理一個極為理性的女性時所受到的影響是什麼，如果你成功地讓她放棄了保護自己，你就能夠幫助她嗎？當她降低防備並接觸到自己多年壓抑的感受時，你能夠與此人當下同在嗎？你會被她的痛苦情緒給淹沒覆蓋嗎？如果當她表達恐懼時你無法接住她，這對她而言是否更證實了她的情緒是不能信任地交託給任何人呢？

使用情緒作為防衛的案主。相對於使用理智作為防衛的案主，就是常表達情緒。也就是這些案主運用情緒作為防衛表現，他們的行為可能讓你陷於困境，你對於是否要相信他們的情緒表現可能感到困擾。你可能感到惱怒，覺得被操弄或懷疑他們不是真誠的。

當你和這些案主在一起時，反思他們在你身上帶來了什麼。你的一些高度情緒化的案主可能會讓你想起你生活中那些用情緒操縱你的人。例如，一位姊妹可能曾經透過哭泣並衝出房間時成功地讓你感到內疚。而此刻，當你與出現其中一些行為的案主一起工作時，你可能會覺得對他們缺乏同情心，

進而懷疑自己是否有同理心的問題。

四、有效處理矛盾心理和抗拒的準則

學習當案主表達他們的害怕、有所保留、矛盾,以及不情願時能專注地傾聽並秉持尊重的態度。當案主表現出問題行為或出現抗拒的訊息時,想想你可以介入的方式是什麼。這裡提供你一些可以考慮的準則:

- 尊重地表達你對案主的反應。
- 避免用挖苦的方式回應案主諷刺性的言詞,或者懷有敵意地回應案主不友善的評論。
- 提供案主必要的資訊,好讓他們可以從助人歷程中獲得最大收益。
- 鼓勵案主去探索自己的擔憂和猶豫,而非期待立即的信任關係。
- 避免評斷案主,而是描述你觀察到的這些試圖自我挫敗的行為。
- 以試探性的方式陳述觀察和直覺,而不是武斷的認定。
- 對與你文化不同的案主保持敏感度,避免因為對他或她的文化而對案主產生刻板印象。
- 監控你自己反移情的反應。
- 避免運用你的知識、專業技術以及權力來威嚇那些前來尋求協助的人。
- 不要對案主的反應過度個人化。

當我們在工作坊中談論到處理棘手案主的行為時,參與者的興趣總是在於學習有哪些明確的策略處理他們最感到挫折的案主行為類型,有哪些明確的策略。我們在這裡的討論是,避免建議可以如何改變案主的技術,而是將焦點放在你身上,也就是作為一個人及一個助人者的角色。你無法直接改變表現防衛行為的案主,但是你可以從他們的行為動力學到重要意義,也對你自己的防衛機制有更佳的了解。

把焦點放在為什麼你的案主來找你,他們希望獲得什麼,而你如何教導他們用更好的方式滿足其需求。如果你用消極的方式回應表現負面行為的案

主，這將會阻礙你與他們工作的效能。若你抵抗意圖攻破他們防衛的誘惑，並避免對他們標籤化或評價，他們防衛心降低的機率就會增加。

第五節　追求專業能力

　　初任助人工作的新手經常懷疑自己是否有足夠的專業能力是很常見的。事實上，蠻常見到即使是經驗豐富的心理健康從業人員，有時也會認真地懷疑他們是否具備與某些案主工作所需的個人及專業能力、知識及技術，而比較令人擔憂的是那些很少質疑自己專業技術是否足夠的助人者。在思考這件事情上，你可能會在兩個極端之間擺盪，有時候受自我懷疑所困擾，有時則認為你可以處理案主提出的任何問題。

　　專業能力既是倫理也是法律概念。從倫理的角度來看，如果助人者要保護和服務他們的案主，從業人員須具備能夠勝任的能力。儘管心理健康專業人員可能無意傷害案主，但缺乏勝任能力通常是造成傷害的主要因素。從法律角度來看，不稱職的從業人員容易遭遇到醫療事故訴訟。

　　追求專業能力是終生的努力方向，最好將能力視為一個過程，而不是我們一勞永逸地取得的東西。你可能在特定領域取得能力，但你需要採取措施在整個職業生涯中維持專業的知識和技術水準。這其中最重要步驟之一是在你的整個職涯期間與其他的專業人員相互交流諮詢，尤其是當你進入新的實務工作領域時。

一、了解轉介的時機與方法

　　所有的專業倫理守則都詳細說明，你不得開業從事超出你能力範圍外的工作。專業能力的評估並不是一件容易的工作，許多完成博士課程的人仍缺乏執行某些治療任務所需的技術或知識。顯然，僅憑學位並不能保證具有任何及所有的助人工作能力。作為一個助人者，你將與來自各種背景和類型的案主在非常多樣化的環境中工作，需要不同的技術和能力來因應。你需要評估你自己能安全地與案主走多遠、何時要尋求諮詢，以及何時將案主轉介給

其他專業人員。仔細的自我監控是確保你提供優質服務的有效方法。如果你沒有處理特定問題的豐富經驗，學習何時諮詢其他專業人員是很重要的。

當你面對案主表現出本章所述的問題行為時，你可能很懷疑自己的能力並傾向於轉介。多數專業組織的倫理守則規定，在適當的時候（例如缺乏能力）進行轉介是專業助人者的責任。例如，以全國社會工作者協會（National Association of Social Workers, 2017）提供的準則為例：

> 當社工人員在考量案主需要其他專業人員的專業知識或專長的完整服務，或是當社工人員認為他們自己無法發揮效能或讓案主有合理性的工作進展以及其他所需要的服務時，應將案主轉介給其他專業人員。（1.16.a.）

當你的能力到達極限時，進行技巧性的轉介是非常重要的。你的案主有權了解轉介的原因，你需要學會如何以一種讓案主願意接受建議的方式進行轉介，而不是讓他們感到被拒絕或被遺棄。當案主與你工作一直未見進展則是考慮轉介的另一個原因。當轉介變得必要時，通常建議你提供三種轉介選項給案主。

當你太快進行轉介，案主可能會受到負面的影響。我們希望你與具有挑戰性的案主工作時不會是以轉介給另一位專業人員做為常規性的解決方法。如果你遇到困難的案主就依慣例進行轉介，你可能很快地就幾乎沒有個案了。一個比較好的方式是，思考一下促使你建議做轉介的理由是什麼，如果你發現自己經常進行轉介，那麼你可能需要檢視你這麼做的原因。

如果你的經驗有限，尤其重要的是保持開放態度，諮詢其他專業人士以此提升或增強你的技能。我們希望你可以這樣告訴案主：「我不知道該怎麼做，但我知道我們可以在哪裡得到一些協助。」新手助人者有時會認為他們總是必須知道該怎麼做，並猶豫著是否讓案主知道他們可能不確定要如何繼續前進是最好的。雖然我們並不期望你知道所有的事情，但我們確實期望你可以在接受督導的情況下學習更多。

二、保持專業的更新

　　雖然你的學術課程會提供一些基礎的訓練，但畢業後尋找持續學習的途徑是非常重要的。若你認為你的專業技能永遠不會退化，或者你知道畢業後所有你該知道的一切是不切實際的。如果你不採取措施跟上新的專業發展，你的知識與技術將很快就過時了。除非你致力於終身學習，否則，就算你處於專業生涯的早期階段，你的專業知識可能會急劇下降（Taylor & Neimeyer, 2016）。對抗知識過時和保持專業能力的一些有效方法是願意在整個職業生涯中請教其他專業人士、參加同儕諮詢小組、進行自主學習以及參與專業研討會議。學習永無止境，新案主會帶來新的挑戰。在與各類案主族群以及新興關注領域工作時，你可能還需要尋求督導和諮詢的協助。

　　目前在助人專業中受到越來越多的關注的一些議題像是：藥物濫用的處理以及飲食疾患；與受壓迫的族群工作，包括男同性戀、女同性戀、雙性戀和跨性別案主；還有身體、認知、智力和精神障礙者；創傷壓力；協助自然及人為災難的倖存者；家庭暴力；對兒童的生理、心理和性虐待；虐待老人及配偶；愛滋病毒/愛滋病；解決衝突的技巧；親職教育；青少年自殺；校園暴力和大規模槍擊事件；多元文化的個案族群服務；以及法律和倫理上的議題等等。許多專業性的職業對他們的會員更新執照或重新認證都有強制性的繼續教育要求。利用在職進修以及繼續教育課程，學習新興的趨勢潮流。你可以透過參加針對特定個案族群處遇以及目前介入策略的專業課程和工作坊跟上現今專業發展的腳步。當繼續教育根據你的個人和專業需求量身訂製時，它可以讓你保持在專業的最新狀態。

　　另一種了解自己專業領域發展的方式是透過閱讀，除了與你專業領域相關的專業期刊和書籍外，關於其他文化的小說和非小說類作品也有助於你的繼續教育。

　　也許讓自己保持與時俱進的最佳方式是與願意相互學習並擔任教學角色的同事一起參與專業網絡。同行們可以為實務工作者提供挑戰和支援，採取新的觀點看待他們在專業實務中遇到的問題。專業人員之間的網絡對於識別

與處理負面情緒以及失去客觀性的來源也提供了穩定的途徑。發展這個網絡的一個非常好的方法就是加入你最感興趣的專業組織，並參與這些組織所提供的屬於州、地區以及全國性的研討會議（參閱第 1 章）。

重點回顧

- 有效的助人者必須能意識到案主的移情及自己的反移情。並非要去除這些因素，而是從治療的層面理解與處理。
- 反移情是指治療師對案主不符現實的反應，這些反應可能干擾其客觀性。一種更能覺察你潛在的反移情的方法，就是主動尋求個人治療。另一種方式，則是在你的督導過程中，將焦點放在你自己以及你對案主的反應上。
- 防衛行為和抗拒有很多種形式，了解這些方式如何保護案主是有必要的。並非所有的謹慎或抗拒都源於案主的固執，有些可能是由助人者的態度和行為引起的，或者至少是促成的。
- 助人關係的目標並不是消除防衛行為，而是理解它所提供的功能，並運用它作為進一步探索的重點。
- 看待抗拒這個概念一個有效的方法是透過那些實際操作動機式晤談者的觀點來看，因為在動機式晤談中，它被視為治療過程很正常的一部分。
- 案主表現出許多困難處理的行為類型，其中一些會引發你自己的反移情反應，當這種情況發生時，你就成為問題的一部分。與其讓你的反移情干擾與案主治療工作的品質，不如藉此機會進行個人的工作，以有效地處理你自己的未竟事宜。
- 專業能力既是倫理也是法律概念，追求專業能力是終生的旅程。
- 倫理守則很明確地說明，執行超出你能勝任能力範圍以外的工作是不符倫理的。重要的是你能夠對你的專業知能與技術準確的評估，以確定你能有效地與特定案主工作。你需要了解你擅長與什麼樣的案主工作，並且知道何時轉介是最適當的。
- 無論是作為實習生還是正職工作，你可能被要求接手的案主或提供的治療策略都超出你的訓練和經驗範圍。學會堅定自信地保持在你的能力範圍

內。
- 從培訓課程中畢業並不表示學習的結束，而是專業成長和發展過程的開始。為了維持你的專業效能，繼續教育是必要的。
- 保持專業領先最好方法之一是參與同行諮詢團體，它提供專業人員有機會分享自己所關注的議題並且彼此相互學習。透過同行或同儕團體，助人者可以積極地為自己和同事的個人及專業發展做出貢獻。

你可以做什麼？

1. 設想一個極困難工作的案主，並仔細思考這個案主可能會用什麼方式向你呈現問題。對你來說，是什麼讓這個案主顯得很棘手？如果你真的有這樣的案主，你認為你會怎麼做？如果你覺得你無法和他或她一起工作，你可能會怎麼做？
2. 反思你看到自己內在的防衛行為類型。你有多少開放度接受自己的侷限性？如果你是一個接受諮商的案主，你可能會發展出什麼樣的防衛方式來面對「改變」？假如你的案主和你很相似，你認為會是什麼樣子？與朋友討論這個話題，以此來證實（或反駁）你的觀點。
3. 仔細檢視棘手案主行為的描述性清單，並確認在助人關係中你發現最難處理的幾種特定類型的案主行為。你可以在你的日記寫下，從你對案主表現出的某些行為的反應中了解你自己。
4. 如果你在機構、學校或其他環境中工作，你可能會遇到同事和督導而不是案主對改變表現抗拒和防衛。在小組中，討論你可能如何處理這種情況。試著輪流進行角色扮演你可能會如何接近防衛較高的同事。
5. 在小組中探討你認為決定治療師是否具備專業能力的標準應該是什麼。列出明確具體的標準，並與班上其他人分享內容。你們能否全班一起確認一些能夠決定是否具專業能力的共同標準呢？
6. 在小組中討論何時以及如何進行轉介的主題。嘗試以角色扮演的方式進行轉介，由一位學生扮演案主，另一位扮演諮商員。幾分鐘後，這位「案主」以及其他學生可以提供給這位「諮商員」關於他／她如何處理

這種情況時的回饋。

7. 再看看本章開頭的問題清單，它能協助你識別作為助人者的角色時所涉及的自我懷疑與擔憂。從這些關注的議題中選擇一至兩項並寫下你的想法，在處理你最關心的問題時，你可以採取哪些步驟？

8. 再次回顧與抗拒及棘手案主工作時的態度問卷。寫下你如何能更有治療性地處理抗拒和棘手案主的想法。

9. 以下所列出的參考資料，其完整的書目資訊，請參考本書的參考文獻。有關尊重案主的抗拒之深入性討論，請參閱 Teyber 與 Teyber（2017）。有關透過解決對改變的矛盾心理來重新框架抗拒的另一種觀點，請參閱 Miller 與 Rollnick（2013）。

Chapter 6

助人的歷程
The Helping Process

| 林佩瑾 譯 |

學習目標

1. 描述改變模式在各階段所關注的要素。
2. 解釋為何簡短介入在助人專業中受到歡迎。
3. 討論治療聯盟如何成為任何助人形式的基礎。
4. 描述評估過程對於界定案主問題的重要性。
5. 解釋案主和諮商師之間的合作關係對於訂定治療目標的價值。
6. 討論鼓勵案主採取行動以對生活產生基本改變的兩種方法。
7. 討論成功終止助人關係的要素。

焦點問題

1. 你對於人們改變的能力抱持著什麼信念？在助人關係中，究竟是誰要對改變負起責任？
2. 你對人性的哲學思維如何連結到你和求助者的工作取向？
3. 關於助人歷程，你持有哪些基本信念？你認為這些信念如何影響你的實務工作？
4. 在建立助人關係時，你有哪些獨特的才能和資源可以使用？
5. 假如一位案主在與你的助人關係中呈現退化的現象，你會問你自己和你的案主哪些問題？
6. 你對於助人階段的了解程度如何影響你對案主的工作？
7. 當你挑戰案主時，你有可以依循的準則嗎？挑戰和支持之間的適當平衡為何？
8. 助人者的自我揭露在助人關係中有何重要性？你會依據什麼準則來確定你的自我揭露是適當的？
9. 你會如何跟案主一起規劃出助人關係的目標？
10. 你會使用哪些準則來幫助你有效地結案？

第一節　本章目標

　　本章的目標在於幫助你更清楚自己在助人過程中各個階段的角色。我們會把重點關注在你所需要的技巧、知識，以及為了實踐這些技巧所需要的個人特質。我們會指出具體的技能，特別是助人關係中各個階段的相關技能，並且建議你對自己的技巧發展程度做出評估。我們有個基本的假設是：你是一個什麼樣的人，以及你在助人關係中所抱持的態度，是決定服務品質的最大因素。

　　在我們的觀念中，要成為一位有效能的助人者，你必須結合知識、技巧以及你自己這個人。光是具有知識本身是不夠的，可是缺乏知識也不行。假如你主要專注於技巧的養成而忽略理論及知識，這些技巧會變得沒有價值。有效的助人者必須對於助人過程之中的人際互動保持敏感，才能在每一種狀況中有效地應用他們的技巧和知識。若缺乏自我覺察，即使是技術熟練的助人者，他們在案主的生命中創造改變的能力也會非常有限。助人是超越技巧的，它同時也展現了助人者本身是一個什麼樣的人。專業助人者奠基於科學的知識，並且要能夠以富有創意和個人獨特性的方式將它運用出來。簡言之，助人是一門藝術也是科學。

　　在本章中，我們藉由提出一些有關你作為助人者的風格問題來幫助你釐清助人的觀念：對於要專注於感覺、想法和行為這三個面向，並且保持適當的平衡，你會如何做出最好的決定？在提供結構或非結構的選擇過程中，如何維持最佳的平衡？在挑戰與支持之間，如何找出最適當的平衡？你是否相信案主有能力為他們自己的問題尋找解答？你要如何創造並且維持好你和案主之間的合作關係？

第二節　檢視你對助人歷程的觀點

你如何看待助人歷程，很大程度上是來自於你如何看待人性，以及你對人們會如何改變的信念。在你接受任何機構的職位之前，了解這個機構的價值理念是非常重要的，因為這將影響這間機構的運作。你可能在強調行為修正策略的政府機構工作，或在僅提供簡短治療形式的諮商服務機構工作。你工作的機構可能要求你使用《精神疾病診斷準則手冊》（DSM-5; American Psychiatric Association, 2013a）為你的每位案主做出具體診斷，有時在第一次諮詢時就這樣。本章的目的之一是幫助你確定並釐清你對於如何提供最佳的協助所抱持的看法。

一、你的信念對工作的影響

我們對人性的觀點和信念，與我們未來和案主工作時使用什麼樣的助人策略有很大的關係。譬如，假設我們認為人們基本上是良善的，我們就會相信我們的案主可以為他們的人生方向負起責任。假如我們是透過比較負面的鏡頭看待人的天性，我們可能會認為糾正人的天性的缺陷是我們的責任。

有效的助人者對人抱持著正向的信念；擁有健康的自我概念；將處遇扎根於價值準則；尊重文化差異；能夠完全地傾聽和理解；具備同理心、一致性、溫暖、憐憫、真誠與正面的關懷。他們檢視自己的信念，並仔細檢查他們的處遇是否表達了他們的核心信念，而且設想人們可能如何經歷改變。有效的助人者重視他們的案主並採取合作的立場。相反地，無效的助人者傾向於表現出死板嚴苛又批判、習慣告訴案主要怎麼思考和怎麼解決他們的問題。無效的助人者不認為案主擁有掌握自己人生的方法。當你思考自己作為助人者的品質時，請回顧我們在第一章中所描述的「理想助人者」的特徵。

如果我們期望人們做到最好，他們很可能會給我們最好的行為表現。如果我們對待人們就好像他們有能力理解和解決他們的問題一樣，他們就更有可能在自己身上找到答案。透過與案主建立合作關係，我們告訴他們可以利

用助人關係作為重新創造生活的途徑。相反地，如果我們假設人們通常都抗拒改變，我們可能會越來越傾向看到證實我們所期望的行為。我們會在案主身上培養一種自我實現的預言（self-fulfilling prophecy），從而強化我們的假設。試試看對自己發問：我有多麼固執地抱持著某些特定假設？我以有限的經驗作為基礎，然後很快下結論嗎？我是否傾向於很快對人做出評斷而且以偏概全？我是否願意認真檢查我的假設，又是否願意做出部分改變呢？我的假設是否隨著時間的改變而調整？保持對於最初假設的質疑並在必要時修正它們，將會使身為助人者的你日漸成長茁壯。

二、學習批判性地評估你的假設

幾年前，我們曾經在政府機構提供一系列的在職訓練工作坊。雖然我們幸運地遇到一些既熱忱又有效能的助人者，但我們也遇過一些富批判性和無效率的助人者，他們似乎認為案主一無是處。機構中有少數的工作人員頗為坦率地說出他們所相信的，包括他們的病患抗拒治療、沒有改變動機、之所以騰出時間只是因為被法院要求。假如案主在會談過程中沒有開口，他們就被標籤為「抗拒」；如果案主講話了，他們往往被視為是「操控的」。

在我們的訓練工作坊中，我們強烈要求參加的工作者暫時放下他們的批判（至少在他們提供治療的這段時間內）。我們鼓勵他們給案主多一點機會去呈現自己，而非那些已經被認定的問題。假如工作者願意敞開心胸，去看看這些案主特質中的其他面向，也許會發現他們能夠找出案主生命中的努力奮鬥。我們要求這些助人者小心地檢視那些看來無益於治療效果的假設，並且保持開放，讓他們得以用不同觀點看待案主及助人的歷程。

如果你正在做出剛剛所提到的那些假設，請思考這些假設將如何影響你接觸案主的方式。你對於你自己、與你一起共事的人，以及助人歷程本質的信念，都會比我們已經強調過的假設產生更潛移默化的影響。然而，無論你的這些信念是隱微的或激烈的，你的行為都容易奠基在這些信念之上。如果你並不相信你的案主可以理解和處理他們的問題，你就會運用一些策略讓他們接受你的評估，並遵從你的指示。

當你對於你抱持的觀點和假設更加覺察之後，你就可以開始觀察你的觀點是如何展現在你的行為舉止上。接著你可以評估這些觀點和行為如何對你產生影響與如何幫助你的案主。建議你審慎檢查你的信念的來源，這些信念是關於一個個體創造具體改變的能力，以及助人者和案主之間的專業關係要如何帶來改變。請徹底地思考、澄清與質疑這些信念，並且將其變成一個持續的自我檢視過程。

如果你剛開始接受訓練，你可能對助人歷程沒有清楚的信念。你可能以一種不加批判和無意識的方式接受了你的信念，並且沒有測試它們來確定它們是否有效或有功能。你的信念有可能是狹隘的，且尚未被測試以確認是否有效果或者能否發揮功能。如果你生活在一個被保護的環境，又很少踏出你的社交文化群體，你甚至無法意識到你的信念系統有多窄化。生活在一個僅允許你看見符合自己所相信的價值體系的封閉環境中，是很有可能的事，這被稱為確認偏誤（confirmatory bias）。

一個可以讓你確認並澄清自己信念的好方法是，將你擺在一個能讓你質疑信念的環境中。例如，假如你和酒癮者的接觸很有限，可以從匿名戒酒互助協會中學習並參加他們的聚會。假如你很少有和某些文化及種族的群體交流的經驗，可以選擇一個多元文化的族群，去那裡當義工或實習；假如你意識到對於老年人有刻板印象，試著到服務老人的部門或療養院去當義工。想要更認識那些你可能存有刻板印象的族群，最好的方式就是直接去和這些你不熟悉的對象接觸。帶著開放的心去經驗，並避免只是想要找出那些鞏固你舊有評斷的證據，一個開放的立場將會使你發展出一種截然不同的助人方向。

第三節　我們對於助人歷程的信念

我們花了不少時間才學習到，關於接觸案主這件事並沒有一種所謂正確的方式，與其去找出該做或該說的正確的事，我們寧可努力去找出讓我們更有成效地接近案主的方法。在這個過程中，我們將會信任自己的直覺並且發

展出我們自己的工作方式。如果我們對某位案主的直覺不正確，只要我們留意與案主的關係，就會立即顯而易見。我們會一直學習到，和案主討論彼此對於「我們之間發生了什麼」的看法，是相當重要的事，這個技巧被稱為立即性（immediacy）。例如，如果我們有預感案主講故事是為了避免談論其他很痛苦的事情，我們可能會對這個案主說：「當你講述這個痛苦的故事時，我注意到你看起來是多麼冷靜，此刻你覺察到了什麼？」

有時，當我們難以和特定案主連結，此案主正反映出我們內在不願意接受的某些部分。這樣想會有幫助，就是將案主當作我們的一面鏡子，它反映出我們自己的一些面向，榮格稱這個概念為影子。我們不盡然非得要改變什麼，但它確實可以幫助我們辨識出與案主之間經常會出現的模式。例如，一名助人者（Claire）很難與展現出尋求關注行為的案主建立關係，例如因與姐妹過度競爭而破壞了關係（此案主貶低她的姐姐是為了讓自己感覺更好，經常在成就上超越她的姐姐，甚至開始和她姐姐的男朋友約會）。Claire 內心可能會感到某種程度的怨恨，這會導致與案主無法連結。如果 Claire 能夠以一種好奇和不帶偏見的方式進行自我探索，她可能會發現她的反應是基於不喜歡自己內心有著相同的重要動力。在大學期間，Claire 竭盡全力保持 4.0 的 GPA，任何認識她的人都會認為她是一個成績優異的人，具有強烈的完美主義傾向。從表面上看，這兩個人可能看起來不同，但最終兩者都有共同的重要動力，即都需要外部的驗證讓自我感覺良好和感到自己是有價值的。如果 Claire 能夠在這方面產生自我覺察，她將有機會藉由與案主工作的過程之外展開自己的治療工作，而從平行過程（parallel process）中受益。哪些你自己不喜歡或難以承認的部分可能會阻礙你與有類似動力的案主產生連結？

我們不將「決定助人關係的焦點」視為自己全部的責任，與其非常努力地去思考案主可能想要什麼，不如經常詢問他們真正要什麼。我們經常會問：「你目前正在做的對你有幫助嗎？如果沒有，你願意做什麼樣的改變？」如果他們目前的行為大致上可以讓他們過得不錯，他們也許就不覺得有需要去改變特定的習慣。我們可以提醒他們留意，他們可能需要為這些行

為付出哪些代價，接下來由他們決定是否要改變。我們不認為決定案主要過什麼樣的生活是我們的責任；反之，我們的角色是去鼓勵他們自我評估，接著由他們來決定在與我們建立的專業關係中，他們最想要探索什麼。

經過足夠的時間之後，假如案主在這段助人關係中獲益不大，我們仍然要透過詢問自己對此案主的投入和冒險的意願，來檢視此結果中屬於我們職責的部分。也許可以問案主：「我現在所做的事當中，有什麼妨礙了你的進展嗎？」我們也和案主一起探索，面對難以進展的狀況時，哪些部分屬於案主自己的責任。我們知道自己無法讓案主想要改變，但我們可以創造出一種氛圍，讓雙方一起找到做出改變之後的優點和缺點。我們視助人歷程為合作的努力，由雙方一起分擔創造改變的責任。

運用動機式晤談（MI）策略（請參閱第 5 章和第 7 章）可以是協助啟動案主做出他們想要的改變之有效方法。不要以病理化的方式看待不願意改變案主並為其貼上「難相處」的標籤，而是應將抗拒視為對改變的複雜感受所有的正常反應。

評估個人的改變階段或「準備改變」非常重要。在跨理論的模式中，行為改變被概念化為一個隨時間演變的過程，藉由探索案主的矛盾心理並提出引發改變的談話的問題，助人者也許會成功地幫助案主經歷 Krebs、Norcross、Nicholson 與 Prochaska（2019）所概述的五個改變階段：

1. 思考前期或無意圖階段（Precontemplation stage）：案主無意圖在可預見的將來改變行為的模式。
2. 沉思階段（Contemplation stage）：案主意識到問題並考慮要克服它，但尚未產生採取行動的承諾。
3. 準備階段（Preparation stage）：案主想要在不久的將來採取行動，並報告了一些小的行為變化。
4. 行動階段（Action stage）：案主採取措施來修正他或她的行為、經驗或環境，以解決問題。
5. 維持階段（Maintenance stage）：案主努力鞏固行動階段的成果並防

止故態復萌。

在治療上，無論案主處於改變過程的哪個階段，與他們會面並促進對話以幫助他們向前邁進都是有用的。幫助案主檢查他們矛盾心理的不同面向可能可以增加改變的動力。將矛盾心理視為改變過程中預期的一部分，並將其視為助人過程中的資源（Cormier, Nurius, & Osborn, 2017）。以下是對陷入矛盾心理的案主可能有幫助的問題：

- 你目前的行為或情況是否不適合你？你對此有何顧慮？
- 你希望一年後的情況有什麼不同？
- 如果你做出改變，你希望得到的最好結果是什麼？你是否擔心改變會帶來任何潛在的不良結果？
- 你認為做出我們討論的改變對你來說有多重要？以 1 到 10 分評分（1 = 不重要，10 = 非常重要），你認為自己處於什麼位置？

第四節　簡短的介入

如果你在機構工作，你可能需要熟練地進行簡短介入，簡短介入是指對時間敏感、目標明確、以效率為導向的方法，這些方法可以併入到任何理論取向（Hoyt, 2015）。你需要學習一些有時間限制的、以焦點解決導向、結構化的、有效的策略，這些策略可以幫助案主做出他們想要的特定行為改變。重點是對案主的問題進行相對快速的評估，並設計簡短的介入措施，而這些介入是為了減緩問題的症狀，而不是加強自我探索以達到長期行為的改變。在傳統上，簡短治療包含 12 至 25 次療程，這取決於案主的狀況（Miller & Marini, 2009），但也可以限定為較少次數的療程，甚至可能為 1 或 2 次療程。有時，即使只有一次會談也足以讓案主重回正軌，具有不同理論取向的實務工作者建議要在某些情況下使用單次性的治療。

對心理治療的未來進行調查的專家預計，短期治療（5 ~ 12 次療程）和極短期治療（1 ~ 3 次療程）將在未來 10 年內越來越受歡迎（Norcross &

Beutler, 2019; Norcross, Pfund, & Prochaska, 2013）。

Miller 與 Marini（2009）描述了短期諮商模式的主要特色：重點是在第一次會談時，從案主的敘述中發現最迫切的關注。治療師試圖回答這個問題：「為什麼這位案主決定在此時來尋求諮商？」執行短期治療模式的從業者，從一開始便積極參與、與案主建立合作關係、始終留意結案、摘要每次會談、和案主一起擬定回家作業，讓他們帶回去利用會談之間的時間完成。假如案主想在未來生活調適及可能面臨的挑戰方面獲得協助，則會邀請他們考慮在結案數個月甚至數年之後回來接受諮商。

簡短的方法取向與長期治療形成鮮明對比，長期治療旨在自我探索，深入覺察過去與當前問題的聯繫，並探索內心的衝突。以上提到關於服務背景的改變，將會影響到身為助人者的你，你將被要求發展出適合短期以及看得見具體行為改變的處遇。除了針對各種案主設計的短期處遇之外，你也許還會被期待要參加一些預防方案，例如社交技能訓練、壓力管理、親職教育、職業諮商、伴侶諮商和健康計畫。

短期策略的目標是教導案主問題解決技巧，使其能運用於現在及未來的問題上，思考一下，你可以如何將短期策略發揮到最大的效益。問問自己，在你工作的機構中，怎麼做才能使得服務品質和成本控制兩者達到最佳平衡。無論案主接受長期治療或短期治療，都要將每次治療視為唯一一次的治療。如果你只與這位案主進行一次會談，你最想完成什麼？轉變你的思考朝向將每次會談的療效最大化，則可以產生顯著的效果。當你繼續閱讀下一節助人歷程的階段時，仔細思考，如果你工作的機構要求你考慮短期處遇的方式，你要如何運用上述提及的技巧。

第五節 助人歷程的階段

本節的設計是為了幫助你確認當你預備成為一個助人者時，你該具備的條件和能力。我們呈現一個關於各種技巧發展取向的概念，而這些技巧的發展是源自一群已經以此主題出版書籍的作者們。這些作者包括 Cormier

（2016）、Cormier、Nurius 與 Osborn（2017）、DeJong 與 Berg（2013）、Egan 與 Reese（2019）、Ivey、Ivey 與 Zalaquett（2018）、James 與 Gilliland（2017），以及 Teyber 與 Teyber（2017）。我們的重點在於提出一個模式，這個模式描述了助人歷程的階段和助人者在每個階段將會面臨的主要任務。這個技巧發展模式提供了一個助人歷程階段的通用架構，而且沒有和任何特定的理論取向結合，你可以套用任何現今的諮商理論（見第 7 章）於這個助人模式中。

Egan 和 Reese（2019）利用以下基本的案主問題為背景，以架構助人模式的各個階段：

1. 發生了什麼事？我最想處理的是哪些問題、困擾或未使用的機會？
2. 更美好的未來是什麼樣的？我希望我的生活在哪些方面有所不同？我需要什麼或想要什麼？我最想做的改變是什麼？我願意為我想要的東西付出什麼？
3. 我如何獲得我需要或想要的東西？實現我的目標有哪些可能的途徑？什麼計畫可以幫助我將我喜歡的圖像變成現實？如何將計畫和目標設定轉化為導致成功的行動？現在我知道我想去哪裡了，我該如何到達那裡？

在每個階段，問題都提供了助人歷程中該階段的重點，這些主題幫助案主朝向應對個人問題和發展改變機會方面前進。

歷程當中的每個階段，都需要助人者以特定的技巧勝任不同的角色和任務，每個階段的不同功能彼此又有相當程度的重疊。與其將這個模式視為線性發展中分隔的步驟，還不如把它當作一個決策產生的循環過程。Ivey、Ivey 與 Zalaquett（2018）指出，一個圓圈沒有開始也沒有結束，可被當作一個平等關係的象徵，在這樣的關係中，案主和助人者形成一個夥伴關係，為他們共同決議的議題而努力。

助人者的理論導向，大大地影響了不同階段所發生的事。無論案主的文化背景為何，他們在歷經的不同階段當中不一定會覺得舒服，也並非所有案

主都會進展到每一個階段。建立關係、建構、定義問題、建立目標以及評估進展，這些議題在助人關係的歷程都十分重要。我們提供的架構會幫助你評估你在助人關係中與他人互動的能力。

當我們在詳述這些階段時，我們在意的是你是一位助人者。你必須評估你自己的資格，以確定你的興趣與能力是在幫助他人。了解助人關係不僅僅是一個技術過程，而是一個深刻的人性奮鬥歷程（personal human endeavor）。身為一位助人者，你將積極地涉入你的案主或那些被你所協助的人的生活當中，而他們是讓你利用所學、即時和適當地運用技巧和處遇，讓你用你自己和他們創造出重要關係的對象。無論你是在諮商或是助人專業的管理部門，都是如此。我們所描述的人際（助人）關係技巧對於所有機構的所有助人者都是重要的。假如你無法運用一些基本的人際關係技巧，那麼你要能夠和你的案主創造並維持適當的和諧關係，機會就非常渺茫了。雖然我們主要的討論重點是運用於助人關係的種種技巧，你也同樣可以將這些技巧應用到個人生活中的各種其他人際互動中。

一、階段一：建立工作關係

治療關係是有效諮商、療癒、成長和改變的基礎，這在此領域中已獲得越來越多的認可。許多研究表明，治療聯盟的品質是正向的治療成果和行為改變的主要預測因素（Meichenbaum, 2017; Naar & Safren, 2017）。助人歷程第一階段的主要任務是努力建立一個高品質的治療聯盟，治療師和案主合作以實現達成共識的目標，這個工作聯盟對於解決每個階段的任務至關重要，有效的治療關係可以培養創造性精神，專注於發展增進覺察技術，從而使案主能夠改變他們的想法、感覺和行為。有關治療關係的詳盡討論可以在 *Psychotherapy Relationships That Work: Volume 1.*（Norcross & Lambert, 2019）和 *Psychotherapy Relationships That Work: Volume 2.*（Norcross & Wampold, 2019）中找到。

當人們體認到他們無法以令人滿意的方式處理問題時，通常會尋求專業的協助。助人者被期待能創造一種關係，使案主說出他們的故事、了解他們

想要的改變，並獲得處理問題的新方法。有些人求助於心理諮商，是因為他們因自我懷疑而掙扎、覺得自己受困於恐懼以及因某些失落而受苦。有些人因為正在與憂鬱、焦慮、成癮或其他心理健康問題奮鬥而尋求專業支持。返鄉的退伍軍人及其家人經常尋求諮商以應對創傷後壓力症候群（PTSD）。有些問題可能根源於生物或心理原因，但有些問題則主要來自於環境或社會政治的根源。來自邊緣化和受壓迫族群的案主可能遭受各種形式的歧視，並可能成為仇恨犯罪的目標。這些人可能會尋求諮商來因應創傷、虐待、剝奪公民權和許多其他不正義現象的影響。

許多人接受諮商是為了改善人際關係，其他人求助則不是因為他們被什麼重大困擾所折磨，而是因為他們並沒有過著如自己所期待的那樣有效率的生活，或者因為他們生命中缺少了什麼。有些人尋求更深層的意義和目的，他們也許會覺得陷入一個毫無意義的工作中、由於尚未實踐他們自己的目標或理想而感到挫折，或者對於個人生活感到不滿。有兩個助人的普遍目標來自兩種假設：一個目標連結到案主更有效地管理自己的生活，另一個目標則連結到案主應付現實問題及發展機會的能力（Egan & Reese, 2019）。

與非自願案主工作。並非所有來找你的案主都是自願的，非自願的案主也許沒有接受幫助的意願，他們甚至不相信你可以幫助他們。和非自願案主工作是非常困難的，尤其是當他們表現出高度防衛時。與非自願或強制的案主一起工作的助人者經常將這樣的案主描述為否認並盡量減少導致他們陷入麻煩的行為和態度。這些諮商師的首要任務是幫助這些人減少防衛心理，以便他們能夠接受諮商過程並願意解決他們的問題。處理他們的猶豫和懷疑，而非忽視這些感受和態度，是和非自願案主開始進入工作的最好方法之一。

接受強制性治療的案主可能會感到憤怒、沮喪、憤慨、羞恥、焦慮和恐懼，無論如何促使其接受治療的行為，灌輸希望並展現對個人的尊重，都是這種諮商關係的良好開端。建立強大的治療聯盟和關係至關重要，強制性案主與自願性案主並沒有什麼不同：兩者都受益於穩固關係的信任、安全及和諧，並將其作為未來工作的跳板。有效的諮商師的特質（例如：不評判、真

誠、有同理心、接納並展現無條件的積極關注）在與強制性案主一起工作時特別重要；這對建立和維持治療關係相當有幫助。

　　與強制性案主建立信任可能比與自願性案主建立信任更具挑戰性，因為強制性案主可能需要克服遭受長時間虐待和其他違反信任的行為。非自願性案主常常說出正確的話，卻未努力做出改變。助人者需要學習如何區分空話和真正的改變。通常，強制性案主需要多次重複治療的努力才能達到長期的改變。即使在這些不是很成功的治療嘗試中，諮商師們仍播下種子，這些種子最終可能會以某種形式或方式結出果實。許多專門協助此人口群的助人者表示，額外的努力是值得的，並且最終會在這些案主的復原過程中發揮作用。

　　當要處理建立工作關係所遭遇的障礙時，我們必須能夠辨識出你自己及案主雙方的防衛和抗拒（見第 5 章），去了解案主抗拒所代表的各種意義，而不是將抗拒視為案主失敗或助人者失敗的象徵，此點非常重要。假如我們將大部分心力放在防衛自我，來對抗案主在我們面前的各種棘手的行為，我們就剝奪了案主探索自己行為真實意義的機會。將阻力視為諮商師和案主都參與的事情會有所幫助，這不是一個人的運作，更準確的是將雙向阻力視為一種人際結構，描述了案主和助人者之間的動力（Cormier et al., 2017）。

　　下面的例子將會說明，如何沒有防衛地回應案主的問題行為，以及探究其行為意義的一種方法。你和一位非自願案主初次見面，她對你有強烈的敵意，而且告訴你她既不想要也不需要你的協助，她攻擊了你作為心理諮商師的能力。身為一位有效的助人者，你不能讓自己沉溺在被拒絕的感受中。反而得用一種無防衛的方法，陪著這位案主探索關於她來見你的不情願和困難。如果你有耐心，你也許會發現這位案主有很好的理由不去相信像你這樣的專業人士。她也許感覺曾經被一個諮商師背叛，而且她害怕她提供給你的訊息會對將來不利，她可能會將你視為是不公平對待她的更大系統的一部分。有關以非防衛性方式應對案主的抗拒、不情願和矛盾心理的精彩討論，請參閱 Cormier、Nurius 與 Osborn（2017）、Egan 與 Reese（2019）、Miller 與 Rollnick（2013），以及 Teyber 與 Teyber（2017）。

創造改變的氣氛。我們所工作的族群中,無論是自願或非自願案主,他們對於投入自我探索的意願,與我們在初期的幾次會談中所營造出的氣氛有很大的關係。假如我們太過用力、問了太多問題並很快提供解決方法,案主參與的動機將會降低。我們的角色是與我們的案主創造出合作的夥伴關係,也就是說,案主承擔了一份公平的責任分攤,這個責任包括在會談之內和會談之外所發生的一切。在會談的初期,我們可以透過教導案主如何評估自身問題以及處理諸如「你最需要做什麼?」以及「哪些個人問題如果成功解決,會為你的生活帶來改變?」之類的問題,來積極協助案主。

建立關係。為了建立有效的助人關係,助人者的重點是去幫助案主更能察覺他們具備的資源和優勢,而不是為他們的問題、不足和不利的條件擔憂。為了讓案主能自在地述說他們自己,我們需要提供專注、積極地聆聽,還有同理心。案主必須要能感受到我們對他們的尊重,而我們可以透過態度與行為表露出來。當我們關心案主的福祉、視他們是有能力掌握自己命運的人,並且對待他們為獨特個體,而非將他們定型、刻板化,即是對案主展現出尊重的態度。透過行為展現出我們對案主的尊重,譬如積極地聆聽和理解他們、暫停批判性的評價、表達適當的溫暖和接納、向他們傳達出我們了解他們所經驗的世界、在支持與挑戰之間提供連結、協助他們培養改變的內在資源,以及幫助他們思考改變所需要的具體步驟。

　　真誠是與案主建立富有成效的工作聯盟的另一個關鍵因素,要做到真誠,並不代表要衝動行事或說出每個想法或感受。我們對案主展現真誠,是表現在避免讓自己躲藏在專業角色中;即使我們感覺被威脅了,依然敞開而不防衛;在「我們所想、所感受和所重視的」以及「我們的言語和行為」這兩者之間呈現一致性。以下是初期會談時會被提出的典型問題:

- 什麼使你來到這裡?
- 最近發生了什麼事促使你在這個時候尋求專業人士的協助?
- 在此之前,當你遭遇問題時你曾做過什麼?
- 你以前經歷過諮商嗎?如果有,感覺如何?

- 你對於求助的過程有什麼期待？
- 你有哪些希望、恐懼和不願被碰觸的部分？
- 在這幾次的會談當中，你最想要完成的是什麼？

在建立治療關係方面，能夠將你所有的注意力放在對方身上是很重要的。如果助人者忙於安排自己的工作步驟，就很難了解對方所經驗的世界。對案主而言，助人者的存在是一個真正的禮物。此時，當你需要揣摩案主內在的主觀世界時，先評估你自己所具備的特質是否有助或者有害於此。請思考這些問題：

- 你有能力注意到案主包括語言和非語言所傳達的訊息嗎？你主要會注意到人們告訴你什麼（內容），或是你也會留意他們如何傳遞訊息（過程）？
- 你有辦法暫時將你自己的偏見放在一旁，試圖進入案主的世界嗎？譬如，如果你基於自己的宗教信仰反對墮胎，那麼與正在考慮墮胎的案主工作時，你是否能夠將自己的價值觀放置在一旁並幫助她做出自己的決定？
- 你是否能夠持續專注於案主想要和需要探索的問題？
- 你能夠對案主傳遞你的了解和接納嗎？
- 你是否能夠以非防衛的態度與顯得戒備的案主工作？你是否能夠幫助這些人克服他們的不情願，並更深入地探討他們的問題？

儘管只是傾聽別人這件事可能看似簡單，然而了解其他人眼中的世界是很高難度的。尊重、真誠和同理被視為最佳的「存在方式」，而非使用在案主身上的技巧。假如我們投入太多的力氣試圖要使自己展現得很真實，我們可能會干擾案主想要表達自己的意願。舉個例子，我們也許想要向案主證明自己也是一個活生生的人，而且我們也為了自己的問題而辛苦奮鬥著，為了展現我們的「真實」，我們也許將焦點從案主身上轉移到自己身上，描述了很多自己故事的細節。一個好的做法是問問自己為何我們會做出這樣的自我

揭露，以及揭露的程度對案主是否有助益。

　　與案主建立工作關係意味著我們在行為上是真誠及尊重的、彼此關係是雙向的過程，且案主的利益至上。這意味著我們得避免為案主做他們有能力做的事。為了和案主建立親密和合作的關係，助人者需要掌握基本的助人技巧，例如專注、傾聽、反映、澄清、形成問題、獲取重要細節、詢問開放式問題、總結、簡述語意、注意非語言行為，以及留意逐步發展的過程。關於這些基本會談和諮商技巧的有用討論可以在以下書籍中找到：Cormier（2016）、Cormier、Nurius 與 Osborn（2017）、DeJong 與 Berg（2013）、Egan 與 Reese（2019）、Ivey、Ivey 與 Zalaquet（2018）、Miller 與 Rollnick（2013），以及 Young（2013）。

教育案主並獲得知情同意。教育案主關於如何在助人關係中得到最多收穫、如何因應他們的問題以及澄清他們期待的整個助人過程，是通往符合道德及有效工作的途徑。要在給予案主過多以及不足的訊息之間取得平衡，讓案主有機會談論他們希望在會談當中獲得什麼，要使案主感受到足夠的信任以促使他們有意義地表達自己，他們至少需要得知一些關於助人關係本質最低限度的訊息。在初期的幾次會談中，討論內容應該鎖定在案主的關切、利益和問題上，治療師可能要和案主一起探索這些問題：如何維持保密性，以及保密的限制是什麼？治療過程是怎麼運作的？助人者的主要角色是什麼？會談過程大概需要多長的時間？結案將如何處理？案主主要的權利和責任為何？諮商的主要好處和風險是什麼？當然，並非所有這些主題都能在一次的會談中被處理。教育案主並取得知情同意是從第一次會談就開始，並且在整個助人過程都要持續。我們將在第八章針對知情同意做更充分的討論。若想獲得更多關於知情同意完整的討論，請參考 Corey、Corey 與 Callanan（2019）。

二、階段二：確認案主的問題

　　在第二階段，中心任務是蒐集資訊、進行評估、確認案主的問題和資

源，並協助案主設定目標。一般而言，人們成為案主，若不是因為他們發現需要外界協助了解並處理他們所遭遇的問題，就是因為有人建議或在某些情況下由專業來介入。案主通常需要被協助的是澄清與分辨他們生活中不順暢的部分，助人者的角色則是去協助案主確認問題的現況，或為了達到全面發展而錯失的機會。

在助人歷程中，關鍵在於盡快教導案主如何辨別和澄清問題的範圍及如何掌握解決問題的技能，使他們能在日常生活的各種困境中運用這些技能。助人者的角色不是去辨別案主問題的本質，而是協助他們自己解決問題。從第一次的會談開始，我們提供案主最大的幫助，就是鼓勵他們去尋找那些能使他們將生活管理得更好的可用資源和優勢。有效的助人者也會促使案主去接觸社區中的外在資源，他們可以使用這些資源來滿足他們每天的生活需要。例如，如果低收入案主需要負擔得起的醫療保健和食物券，有效的助人者將協助該案主聯繫適當的服務並確保滿足她的基本需求。假如案主確知我們能欣賞他們內部和外部世界的兩種資源，對我們的信心會隨之增加。

透過了解案主的文化背景，我們正在積極地建立一個治療性的工作關係，此關係的建立是從最初期的會談就開始了。假如我們希望對此人有所助益，那麼我們必須對他的基本信念和價值有所了解。假如我們無法察覺到那些左右著案主的行為和決策的核心觀點及價值觀，我們的案主很快就會發現這個狀況，並且很可能再也不會來後續的會談了（有關了解案主文化價值觀重要性的更詳細討論，請參閱第 4 章）。

了解環境背景。案主來找你，也許不是為了解決內在的衝突，而是想了解和處理來自環境的外在壓力。有些人來找你服務，可能是需要你幫忙他們和社區中的資源做連結。他們可能需要法律協助或你的幫忙，來因應每日的生存議題，例如找到一份工作、安排照顧子女，或照顧依靠他們的父母。當危機情況中的案主面臨尋找外在資源以有效地應對這個危機時，會需要立即的方向指導。

當你在聆聽你的案主時，不要假設他們僅需要去適應問題情況。他們可

能會因為某些社會因素而感到沮喪和憤怒，譬如在工作職場上，因為他們的年齡、性別、種族、信仰或性取向而受到歧視。如果你鼓勵他們在被壓迫的環境下勉強接受不正義的對待，你將會幫倒忙，支持你的案主以他們的力量在社區中採取行動以帶來改變。當然，要做到這個，意味著你必須擔任各種助人的角色：教育者、倡導者、社會改變的媒介及決策影響者。關於你在社區中扮演影響改變的角色，在第12章中會呈現更多詳細的討論。

進行初步評估。評估（assessment）包括對案主生活的相關因素進行評估，以確認在諮商過程中更進一步探索的主題。這種評估並不一定要在接案晤談（intake interview）或助人的早期階段完成，也不是助人者對案主所下的論斷。為了獲得最準確的評估結果，首先必須建立密切和有結構的關係，而這是第一階段的任務。理想情況下，評估是案主和助人者之間互動的一部分，是兩者合作的成果，兩者都應該參與發掘案主呈現的問題之本質，這個過程開始於第一次會談，而持續到這個專業關係結束為止。這裡有一些提問，對於早期評估階段的考量有所助益：

- 什麼事情看起來好像持續在案主現在的生活中發生？
- 什麼是案主主要的資產和不利條件？
- 案主目前正在使用哪些因應策略，它們的效果如何，以及哪些補充因應策略最有利於案主？
- 誰是案主生活中的重要他人？他們能夠被信任並給予支持嗎？
- 這是一個危機狀況，或是一個長期的問題？
- 案主需要穩定還是探索？
- 案主在治療關係中主要想獲得什麼？如何能夠最佳地實現它？
- 造成案主目前問題主要的內部和外部因素是什麼，可以做些什麼減緩它們嗎？
- 如何從了解案主的文化背景來協助你發展或設計解決案主問題的計畫？
- 案主與助人者之間的文化差異會如何影響助人歷程？

- 過去有什麼重要的事件影響了案主現在發揮功能的程度？
- 什麼是被期待的重要改變，以及我們將如何確知這個改變已經發生了？

助人工作者將會發展出暫時性的假設，隨著進程的發展，他們可以和案主分享這些假設。更多的訊息勢必會及時浮現，而促使助人工作者修改原本的評估。這種評估的過程並不必然會導致將案主依臨床類別做分類，相反地，助人者可以描述他們觀察到的行為，鼓勵案主思考其含義。如此一來，評估便成為和案主一起思考議題的過程，而非由專業人員單獨完成的事。這種方式的評估是非常重要的處遇，它會幫助助人工作者將一個案例概念化。進行初步評估時要思考使用評估工具，評估工具的使用可以提供對人更廣泛的了解，並且在助人的早期階段適當地使用工具可以辨別一個人生活中的物質濫用和創傷（Ed Neukrug，個人通訊，2018 年 10 月 1 日）。

診斷（diagnosis）有時是評估過程的一部分，包括識別《精神疾病診斷準則手冊》（DSM-5; American Psychiatric Association, 2013a）中所描述的特定診斷的症狀模式，該手冊是心理疾病分類系統的官方指南，DSM-5 是辨別不同心理疾患的標準參考；它提供了對情緒和行為障礙進行分類的具體標準，並描述了各種障礙之間的差異。除了描述認知、情緒和人格障礙外，DSM-5 還涉及有關發展階段、學習、創傷、藥物濫用、情緒、性和性別認同、飲食、睡眠、衝動控制和調整的各種其他疾病。這個傳統的診斷方式之基本原理，是允許治療師為案主的特殊需求量身訂製處遇計畫，評估和診斷都是為了提供處遇過程的指導。

診斷是否應該成為心理治療實務的一部分，是一個具有爭議的議題。有些精神醫療專業人員認為，診斷在任何治療計畫中是不可或缺的步驟，但也有其他人反對依據 DSM 的假設，以標籤及刻板的診斷方式將人分類。即使你也許還不需要去面對診斷案主的實務問題，但將來在工作中的某個時刻，你可能需要和這個爭議達成協議。現在有越來越多機構，為了費用計算的目的而依賴初次評估和 DSM 診斷。由於大多數機構需要某種形式的官方評估

和診斷，能夠稱職地履行這些職能很可能是你的工作職責中不可或缺的部分。

在我們的觀念裡，診斷不一定是對案主進行分類；反之，助人者可以更寬廣地思考、描述行為並思量它的意義。如此一來，診斷成為與案主一起思考關於案主自身狀態的一個過程。診斷可被視為一般性的描述說明，它確認了案主的運作風格，然而就如同知情同意，診斷也被視為一個持續的過程。

心理困擾需要在生物和發育因素的框架內考慮，但也必須考慮環境因素。雖然壓力源可能存在於個人內在，但為了達成有意義的評估，更大的系統和文化內涵必須被考慮進去。舉例而言，憂鬱症的痛苦通常是一個人在其環境中交互影響的結果。憂鬱症發生在女性或某些文化族群時，可能來自於文化種族歧視或性別歧視。曾經被歧視過的個體可能會得到憂鬱症，而這是來自於環境因素的結果。對臨床工作者而言，了解到邊緣（少數）族群的憂鬱症經常與他們日常生活中所經驗的種族歧視或性別歧視有關，是非常重要的（Zalaquett, Fuerth, Stein, Ivey, & Ivey, 2008）。納入像是民族、種族、性別、性取向和靈性這些文化相關的議題，對於精準的評估和診斷至關重要。

即使你在實務工作中發現，診斷並非必要或無益處，但對你而言，為了轉介案主，可能還是需要對診斷有充足的認識。例如，當你診斷出某位案主有長期憂鬱症且可能有自殺傾向時，假使你沒有在這個問題範圍內工作的權限或職責，你就需要做出適當的轉介。同樣地，辨別精神分裂症等疾病的能力在倫理上也很重要，以便在需要時適當轉介給精神科醫生進行藥物治療。

幫助案主聚焦。有些案主前來求助時，感覺像是被很多問題淹沒覆蓋。他們試圖在一次會談中談論每一件困擾他們的事，這也許會使助人者感到難以負荷。這時候為助人過程提供一個方向便顯得很重要，這會讓案主和助人者雙方知道從何處開始。為了達成這個目的，重要的是針對案主最關切的事做出評估。你可以對一位帶著一長串問題的案主這麼說：「我們沒辦法在一次會談中處理你所有的問題，當你最後決定要來求助時，你的生活中發生了什麼事？」這裡還有一些其他的焦點問題：「目前你的生活中，什麼似乎是最

困擾你的？」「你說你常在半夜醒來，你發現自己當時在想什麼？」「當你早上不想起床時，你最想要逃避的是什麼？」「如果你今天只能處理一個問題，你會挑選哪一個？」

作為助人者，藉由鼓勵案主訴說他們的故事，並探索他們在經驗上、感受上以及行為上的核心議題，你可以發揮協助的作用。透過聚焦於目前最顯著的議題為何而避免停留在過去，你可以幫助案主釐清他們的問題和改變的契機。在我們舉辦的訓練工作坊中曾有一位參與者表示，她開始明白，帶有治療價值地訴說生命故事，和使人難以招架地在她的陳述中迷失，這兩者之間細微的差異。她也學習到，案主揭露私人訊息的目的，並非滿足助人者的好奇心。案主的揭露呈現出此人受苦掙扎的程度，這將幫忙助人者確認會談的方向。

有時，你需要反省自己是否讓案主更易於訴說某方面的生命故事。你讓案主說他們的故事，還是你不耐煩地想要打斷他們？你是否出於自己的好奇而鼓勵案主詳細地說出故事？你是否容易迷失在故事情節中，而錯過他們艱難受苦的主因？你是否能夠以開放式問句幫助案主，讓有意義的故事更完整充實？

確認案主問題的例外時刻。當助人關係更深厚，且案主告訴你關於他們生活的訊息時，需幫助他們辨別並且跨越他們自己扭曲的觀念，這是一個鼓勵案主去看見他們充滿問題之人生的例外時刻。問問他們，為了處理問題他們可以做些什麼，以及他們已經做過什麼，可以引導他們專注於可能的解決方案，而不是繼續根據他們所呈現的問題去定義他們自己。藉由重新定義一個特定的問題，我們能協助案主獲得新觀點，而這會導致實際的行動。有些案主需發想出各種替代方案以因應某個問題，但當案主只看到很少的選擇時，我們可以挑戰他們，我們可以協助他們辨別出哪些是他們可以做的，哪些可能是他們有困難做到的。然後我們可以邀請他們延伸他們的界限，我們也可以鼓勵案主為他們自己做出選擇，並且願意為他們的選擇承擔責任。藉由提供案主支持和挑戰，我們讓他們改變的過程更加容易了。欲了解以辨識

出個人問題的例外時刻為主題的處遇，可參考 DeJong 與 Berg（2013）。

三、階段三：共同創造目標

在第三階段，助人者和案主一起合作建立目標，目標來自於確定了某個被期待的具體改變，幫助案主規劃出有意義的目標是助人者的角色。如果案主希望做出實際的改變，他們必須願意去超越談論和計畫的階段，進而將計畫轉換為具體行動。

目標（goals）是關於助人歷程中助人者和案主都同意的、期待的結果。以優勢面為著眼點，助人者會更加注意哪些是案主擅長且想要提升的部分。在釐清目標時，助人者經常會問這些問題：你想要從我們的合作中達成什麼？在你的生命中，此時你想要往何處去？有哪些特定的感受、想法和行為是你最想要改變的？你想要從你的生命中減少或移除什麼？你想要獲得你現在所缺少的什麼特質？針對你現在面臨的問題，你想像中最理想的解決方式是什麼？假如你可以從生活中消除一個關鍵問題，事情會有哪些不同？你最期盼自己有什麼樣的未來？

Brian 是一位年輕的勞工，他前來找你的原因是他想要獲得幫助以便進入大學，思考一下你有可能如何幫助 Brian 設定他的目標。他已經將申請大學的事情延宕很多年了，然而一想到倘若真的被錄取的話，其實也令他很驚慌。但是，他對工作的不滿是如此大，以至於已經開始影響他的私人生活。測驗結果顯示，Brian 的表現遠遠低於他的智能。在他與你的工作中，Brian 說出他已經接受了一些來自他父母親的早期訊息，認為他是無知而且永遠不會有出息，且他們將他早期在學校的障礙歸咎於他的懶惰，他能察覺到自己下意識地接收了這些早期信念是很重要的。身為一位助人者，我們很可能錯將焦點放在他對父母的感受，且無止境地探索他感到自己不夠好的原因，我們可以藉由幫助這位案主找出朝向目標的步驟，而對他提供更好的服務。在這個狀況下，他已經覺察到至今是什麼阻礙了他達成目標，他知道在能夠成功進入大學之前，他需要學習更好的閱讀和寫作技巧。現在他已經很清楚一系列的新目標，而他的任務就是去確認達成目標的具體步驟。

案主需要陳述他們的目標：在目前的狀態下，一是案主和助人者雙方清楚被期待的改變為何；二是雙方將有一個架構，可用來評估目標達成的程度。目標的建立、精簡和修正是費時的，且需要持續的努力，然而這麼做將為助人的歷程提供方向。當目標被共同合作制定出來之後，下一個關鍵在於要想出幾種可以處理特定問題的選擇方案。在腦力激盪的過程中，助人者引導案主創造出各種和他們價值觀一致又可被執行的觀點，重要的是，這些目標要能夠被測量、以案主的資源而言是實際的，且可供案主做選擇。有時案主不可能做出想要的改變，但即使在這些情況下，案主也可以獲得充權，可以選擇如何看待、解釋和應對自己的情況，這能夠減輕他們的壓力。

問題解決的方法。助人者想要幫別人解決問題的需求，很容易會阻礙他們去聆聽案主想表達的。我們在受訓者身上觀察到的一種普遍錯誤，正是他們傾向於中斷案主對於感受的探索，而急於想要解決案主目前的問題。案主常常難以表達他們對問題的感受和想法，當專注於「解決問題」的助人者不承認這種掙扎時，他們可能會阻礙助人的過程。

假如我們太急切於為每個問題提供解答，可能是因為我們全神貫注於自己想成為一位稱職的助人者的需求，而只想看到結果。也許我們對於案主受苦感到不舒服，在缺乏適當探索的狀況下，想要趕快得到解決方式。如果我們是這樣的助人者，在 Brian 的案例中，我們不會花時間傾聽和探索他對於自己沒能力的深層感受；我們也將不會協助他檢視，是什麼讓他長時間一再地無法在學業上成功。帶著我們的問題解決取向，我們會催促他貿然地申請大學。假如 Brian 沒有機會表達和探索他的恐懼和自我懷疑，假如他沒有獲得任何關於他造成了自己的失敗的覺察，他不太可能在大學中成功。

發展一種將認知、情緒和行為目標結合起來的系統方法，以作為諮商的起點。請花時間思考以下問題，以釐清你對想要與案主建立的目標類型的想法：

- 你如何讓建立治療目標成為你和案主之間的協作過程？
- 你的理論取向如何影響你對治療目標的看法？

- 你在助人過程中的目標是什麼？
- 如果你的助人過程目標與案主的目標相衝突，你會怎麼做？
- 你如何能夠最好地管理你與案主之間的價值衝突？
- 在協助案主制定助人過程的具體目標時，你預期會面臨哪些挑戰？
- 你對期待案主制定短期和長期目標的重視程度如何？
- 你如何幫助目標不明確的案主為其處遇階段設定有意義且明確的目標？

四、階段四：鼓勵案主探索並採取行動

助人的第四階段要處理的是探索選擇、確認行動的策略、選擇哪些策略組合對案主的目標最有利，以及將這些計畫整合為實際的行動方案。這個階段的任務之一，是促使案主將會談中所學的普遍化，並轉移到每天的生活中。

一旦助人者—案主關係（helper-client relationship）之目標被確認之後，決定能夠達成這些目標的各種不同途徑，就成為必要之務。知道你想要改變什麼是第一步，而知道如何帶來這個改變是下一步。助人者首先幫助案主發想和評估可使願景成真的行動策略，為了達成改變案主的思維、感受和行為的任務，探索替代的選擇項目及面質案主的不一致通常是必要的。這個助人階段可能是最耗時的，而這也是涉及漫長的個人動力探索的時期。助人者的任務是去探索可能性，且協助案主找到新的方法，在世界上更有方向地行動（Ivey et al., 2018）。面質和自我揭露兩者都是推動案主自我探索非常重要的方式，可以帶來新的洞察，也可以鼓勵案主採取行動以達成他們個人的目標。透過在會談中的討論共同創造一個行動計畫，然後制定在日常生活中執行該計畫所需的步驟。最後，評估計畫的執行情況，並在必要時進行調整。

面質（或挑戰）案主。助人者需要學會關懷及溫和地面質案主行為的技巧，當作促使他們前進的方法。面質不應該被當作一種對支持性關係的侵略或破壞，這個過程邀請個人去審視阻止他們採取改變生活的行動之差異、不

一致、否認、扭曲、藉口、防衛行為和逃避。有些助人者認為面質產生了案主的防衛和退縮，或者視它為他們與案主之間的對抗態度，從而導致助人關係過早結束。有時候助人者視面質為有潛在破壞性的負面行為，即使它恰好是他們需要提供給案主作為改變的推動力的方式，也不惜一切代價避免它。關於面質的目的和價值存在許多誤解，我們同意 Egan 與 Reese（2019）的觀點，即挑戰案主更準確地描述了這個過程。缺乏挑戰往往會導致停滯。如果沒有一定程度的挑戰，案主可能會堅持弄巧成拙的行為，並且不會發展出新的觀點或技巧來讓改變發生。如果助人者提供的只是支持，那麼他們就不再是他人成長的有效催化劑。

　　問問自己，當此舉可能有幫助時，你是否願意挑戰別人。假如你發現自己難以面質別人，了解原因是很重要的，這可能是因為你想要被案主喜歡和認同，你也許會害怕他們對你生氣或再也不回來。即使挑戰案主對你而言並不容易，但假如你希望案主在他們的諮商中可以超越僅僅「說說而已」的階段，它還是一個你必須學會的技巧。去挑戰別人或者被別人面質時會感到焦慮並非是不尋常的，當你理解到這點時也許會有幫助。雖然會感到不舒服，但想要發展挑戰技巧的其中一種方式，就是處理自己的困難之處。

　　想要有效地挑戰案主，助人者需要專注於案主對自身的思考、感受和作為的覺察。換句話說，你描述你所觀察的，例如，你可以對案主說：「當你談論到你父親曾經以令你傷心的名字來稱呼你時，我注意到你在微笑，這似乎和我想像你可能感受到的悲傷和傷害是不一致的，你意識到這種傾向了嗎？你認為這對你來說意味著什麼？有時，助人者會觀察案主講故事的模式，分享你對此模式的觀察可能會很有用處，例如：「有兩次你提到你的母親如何在別人面前讓你難堪時，你立刻給予她正面的評價，說她真是一個好母親，你有意識到這個模式嗎？你認為這對你來說意味著什麼？這種陳述模式可能顯示了很多事情：對說出母親的負面言論而感到內疚，需要保護母親的形象，需要治療師不要認為他的母親不好，為他人找藉口的普遍模式或者自卑。儘管很想提供我們的見解給案主，但我們應該鼓勵他們發展自己的見解。案主是自己生活的專家，如果他們能夠看到自己在做什麼，就能對自己

的生活狀況產生新的觀點，也會受到這種自我理解的影響而做出改變。在理想情況下，挑戰不僅僅由助人者來完成；而是案主了解到自我挑戰的價值。助人者可以使案主發展出自我挑戰的能力，此能力是他們往後要解決問題時所必備的。

關於有效地對案主進行挑戰，這裡有一些建議。了解你挑戰案主的動機是因為你想要更深入地了解另一人，還是因為你想要掌控他人？你在意你和案主的關係嗎？你必須獲得發表面質陳述的權利，只有當你感覺這是對於案主的投資，以及當你有時間和力氣持續建立你和案主的關係時，你才可以挑戰他們。假如你和案主尚未建立工作關係，你的挑戰很可能會引起案主的防衛。你面質案主的程度，取決於他們有多信任你。

要願意挑戰你自己，假如你在諮商關係中示範了沒有防衛的立場，你的案主會更願意聽你的。在你挑戰別人之前，想像你是這些談話的接收者，你給出訊息的語調和慣常的態度將會大大影響別人怎麼聽你說。用一種試探性的方式提出你的挑戰也有幫助，這方式與發布一則武斷的宣言剛好相反。挑戰是你的一個機會，激發案主去檢視他們最想要改變自己的是什麼，並且了解是什麼妨礙了這個改變。

挑戰和面質的目的不是為了攻擊案主的防衛，而是邀請他們審視自身的問題，並持續走向更有效的行為。挑戰不應該是關於他人是如何的武斷陳述。這裡有一個絕對會提高案主防衛和引起抵抗的面質範例：「我已經厭煩了每個禮拜聽你抱怨生活有多麼糟糕，我不認為你真的想改變。」我們提供一個可能使案主更有效地探索自己困難的做法：「我注意到你經常在說事情對你來說有多麼困難，你認為是什麼讓你難以踏出第一步，來讓你的生活帶來一些改變？」

面對不斷為沒有參加預定的工作面試找藉口的案主，在有效的挑戰中，你可能會說：「你已經充分談論了被雇用是如何讓你感到自己是更好的，並賦予了生活的意義。我覺得有趣的是，在過去幾週，你並沒有參加過幾次工作面試，對於這個狀況，你能告訴我什麼嗎？我想知道你不參加的決定，是否是控制結果的一種方式。如果你參加面試，你擔心會發生什麼？」相較於

你這樣挑戰案主：「你在想什麼！取消面試肯定會讓你感到無助和不成功，我知道你可以做得更好，那你為什麼不去做呢？」這樣的言論很可能會加劇他的防衛態度，相反地，藉由探索案主不願意採取行動朝著目標方向前進的狀況，他可能更傾向於洞察自己的恐懼並擺脫困境。

同樣地，在伴侶諮商中，這樣對先生說是沒有益處的：「安靜，聽她要說什麼！」這樣的面質也許會讓他在剩下的會談中都保持沉默，但是，去描述你在他們之間看到了什麼會是更有幫助的：「你說你想讓你太太說出她對你的感覺，但你卻多次打斷她，並且告訴她為什麼她不應該有這樣的感覺。你有察覺到這一點嗎？敘述你太太的行為，但不要標籤它，你是否願意在接下來的幾分鐘內讓她說，並且不要去想你打算怎麼回應？當她講完之後，我會希望你告訴她，她所說的對你造成什麼樣的影響，到時候會多一點焦點在你身上，換你來告訴她你的事。」被面質的人如果被告知，他們對別人造成了什麼影響，而非僅僅被批評和標籤，他們就比較不會產生防衛。

你也可以邀請案主去思考他們擁有卻沒有在使用的優勢，強調優勢通常比總是停留在弱點來得更有成效，而且越具體越好，避免籠統的評斷，側重於具體的行為。記住，要對案主敘述你看到他們做了什麼，以及這個行為如何影響你，鼓勵案主與你對話也是有用的。你對於他們反應的敏感度，是決定他們是否將接受你對他們提出挑戰的關鍵因素。

有一個例子是關於助人者挑戰一位沒有善加利用自己優勢的案主：「過去幾個星期以來，你已經為了要聯繫一位朋友而做了詳盡的計畫。你說過，當你和人們接觸，他們通常是喜歡你的，而你沒有任何理由害怕朋友會拒絕你。然而你還是沒有聯絡她，而且你有許多沒這麼做的理由，讓我們探討一下是什麼阻礙了你聯繫她。」

為了使挑戰的議題更具體，我們提供其他形式的挑戰範例，前面的句子闡明了無效的挑戰，而後面的一句則是有效挑戰的一種選擇。

- 「你總是那麼冷淡和孤傲，你讓我覺得你好遙遠。」更有效的說法是：「我感覺到我們之間有距離，我有興趣探索這一點，我們之間的

關係對我來說很重要。有時在我們的會談中，我感覺你與外界脫節了，我想知道你是否也從外界得到了這樣的回饋？」
- 「你總是在笑，那顯得很不真實。」有效的面質是：「當你說你很生氣時，你常常在微笑，我有點難確定你到底是生氣還是開心，你有意識到這一點嗎？」
- 「如果我是你先生，我會離開你。你充滿敵意，而且你會毀掉任何關係。」更有效的說法是：「憤怒是一種完全正常的人類情緒，但它可能導致破壞性或有害的行為。我對你憤怒的強度感到震驚，有時甚至因為你的憤怒行為而感到恐懼。你所說的很多話都有傷害性，而且造成我們之間的距離，你是否有察覺到這一點，而這是你會想要改變的嗎？」

在無效的例句中，被面質的一方聽到別人說他們是怎樣的人，某種程度上是被貶損的。在有效的語句中，助人者藉由透露自己對案主的觀點及感受來面質，而這過程是描述案主的行為如何影響了助人者本身。

假如你想要學習更多關於挑戰案主的部分，我們推薦 *The Skilled Helper*（Egan & Reese, 2019）；*Intentional Interviewing and Counseling: Facilitating Client Development in a Multicultural Society*（Ivey et al., 2018）；以及 *Interviewing and Change Strategies for Helpers*（Cormier et al., 2017）。

適當地使用助人者的自我揭露。與案主工作時，適當且及時的自我揭露可以是一個強而有力的處遇，讓案主更容易進行他們的自我探索。以「全有」或「全無」的觀點來審視自我揭露是錯誤的，它可以被視為漸進的過程。在以下兩者之間是有差別的：助人者的自我揭露陳述（self-disclosing statements，透露關於自己的個人資訊），以及自我涉入陳述（self-involving statements，在助人關係中，以此時此刻為背景的脈絡之下，透露自己對於案主的想法、感受和反應）。治療師的自我揭露是指治療師的陳述揭露了治療師在治療以外的生活或人的一些個人資訊（Hill, Knox, & Pinto-Coelho, 2019）。自我涉入的陳述，被稱為即時性，會引發治療師和案主在此時此刻

討論治療的關係，以及處理案主與治療師之間的互動（Hill et al., 2019）。

讓你的案主知道你是如何被他們的話語和作為所影響，通常比你告訴他們關於你自己個人的生活有更多益處。舉例而言，假如你有困難好好聽一位案主說話，讓案主知道可能會有幫助，或許你可以這樣說：「我有時注意到，對我而言，要對你正在說的話保持連結是困難的。當你談論你自己或你的感受時，我可以專注地聽著，但是當你談論到你女兒做什麼或不做什麼的種種細節時，我發現我沒有興趣聽。」在這樣的陳述中，案主並沒有被標籤或被評斷，但是助人者正在針對他聽到案主談論其他人這件事給出回應。沒有幫助的回應的例句是：「你讓我厭煩！」這個回應是對案主的批評，而且助人者認為他不必為自己的缺乏興趣負責。

如果對於案主有益處，談論你自己也許是有治療效果的，但是不需要為了和別人建立信任關係，而透露你過往生命故事的細節。不適當地自我揭露你的個人問題，容易讓案主從自我探索中轉移開。檢視你的揭露對其他人的影響，並且誠實地面對你自我揭露的動機。如果你的自我揭露行為妨礙了案主探索他們的議題，那麼可能是時候要考慮你自己的治療或督導了。

有些助人者不適當地使用自我揭露，作為他們自己宣洩壓力的方法，他們將注意力從案主身上轉移到他們自己關切的事。如果我們的感覺和前面描述的很雷同，而這阻止了你將注意力完全放在案主身上，那麼不妨讓案主知道我們分心了，而且這是我們的問題，不是他的，這樣做可能會有所幫助。依據我們和案主的關係，我們也許可以分享自己某部分的狀況，或者僅僅透露案主目前的困擾碰觸到我們的個人議題，但不需要說太多細節。

確認和評估行動策略。 缺少行動的洞察力價值不大。自我認識及看見可能選擇的範圍，對於改變的過程可以是重要的，但案主也需要訂定出他們能做到並且願意在日常生活中採取的具體行動。案主之所以無法達成目標，通常是因為他們的策略不切實際。在助人的這個階段，其中一個功能是去協助案主想出達成目標的各種可能性。助人者和案主可以同心協力地想出處理問題的相關選擇、衡量這些策略的可行性，以及挑選出最佳行動計畫，助人者

的任務是引導案主去認識要將目標付諸行動所需的技能。

　　創造並且採取行動的過程，讓人們開始有效的掌控他們的生活，這個時期顯然是在助人歷程中的教學階段，最適合藉由提供新的訊息和協助案主發掘達成目標的有效方式來引導他們。在整個規劃階段，助人者不斷敦促案主為自己的選擇和行為負責。

　　Wubbolding（2000, 2011, 2017）寫道，在任何改變的歷程中，規劃與承諾的核心是強調：當案主在做規劃並且按照計畫執行時，他們就是在透過重新掌握他們的能量和選擇行動方案來為其生命負責。根據 Wubbolding（2017）提出，有效的計畫具有一些特徵，並可以用首字母縮寫 SAMIC^3 來概述。

　　以結果為中心的計畫很簡單，並不複雜。為了達到預期的結果，計畫必須是可實現的、現實上可執行的。它是可測量的，可以回答這樣的問題：「我到底什麼時候能完成我的計畫？」。「我」代表即時、盡快執行該計畫是很重要的。最有效的計畫是由計畫者所控制而不依賴其他人或外部環境，在理想的情況下，諮商師選擇自我照顧的行為，並對執行計畫做出堅定的承諾。為了實現預期的目標，需要定期重複執行持續性的計畫。以下列出了有效計畫的其他具體準則：

- 計畫應該設定在每位案主的動機和能力的限制範圍內，計畫應該是實際的且可以實現的。當計畫太過雄心勃勃或不切實際時，助人者要做好提醒案主的任務。第一週與廣場恐懼症案主工作的實際可行行動計畫，是案主選擇每天練習在會談中學到的漸進式肌肉放鬆，並同意每天寫 10 分鐘日記。在這週規劃案主離開家去銀行是不切實際的。

- 好的計畫是簡單且易於了解的，雖然計畫需要具體並可測量，當案主對於他們想要改變的特定行為有更深的認識時，計畫也需要是彈性且可以修正的。對於與甲基安非他命成癮奮鬥的案主的初步行動計畫可能包括戒除成癮物質；每週參加 3 次匿名戒毒協會會議（週一、週四和週六晚上 7 點）；每天打電話給保證人；避開與先前使用甲基安

非他命有關的所有人員、地點和事物；從第一個步驟開始積極執行 12 個步驟；每天練習深呼吸和冥想；並每週參加諮商會談。

- 計畫應該要包含積極的行動，並且確定是案主願意做的。一位努力提升自尊的案主同意以下內容：「這週的每一天，我都會大聲說出肯定的話『我是可愛的，值得擁有快樂』。每當我意識到自己有消極的自我對話時，比如『我不夠好』，我會使用想像停止符號的停止思考技巧，接著我將會以自我肯定來取代這種消極的自我挫敗想法。」

- 鼓勵案主擬定他們可以獨力完成的計畫，這一點會很有幫助。若他人的行為成為計畫中的條件之一，會使案主感覺他們並不是在駕駛自己的一艘船，而是獲得他人的憐憫。一位有憂鬱症狀的案主承諾每天下午 5 點步行 30 分鐘。案主沒有把她的丈夫納入計畫，因為這樣她就需要依賴她的丈夫，因而限制了她獨立執行計畫的能力。

- 好的計畫是明確而具體的，助人者可以提出以下這類問題，幫助案主發展出明確性，譬如：「什麼？」「哪裡？」「和誰一起？」「何時？」「頻率是？」一位以減肥為目標的案主提出了一個更頻繁運動的一般性計畫。透過詢問縮小範圍的問題，案主的計畫可以變得具體並且可衡量：每天上班前在當地健身房的跑步機上行走 45 分鐘，並在每週六上午 9 點與他的私人教練碰面。

- 有效的計畫是重複的，且理想的狀況是每天進行。要幫助人們克服憂鬱、焦慮、負面思考或身心失調的抱怨等症狀，很重要的是以新的思考和行為取代這些症狀。案主可能每天選擇一門課，這將讓他們意識到正在為自己的生命負責。

- 計畫應盡快完成。助人者可以問類似這樣的問題：「你今天願意做什麼來開始改變你的生活？」「你說你想要停止壓抑自己，你現在想要做什麼來達成這個目標？」

- 有效的計畫涉及以過程為中心的活動，譬如，案主可能說他們將要做以下任何一件事：申請一份工作、寫信給一個朋友、上瑜伽課、以營養的食物取代不營養的食物、每週花兩小時當義工，或者放自己一個

想了很久的休假。
- 在案主展開他們的計畫之前,先去評估這個計畫是否是實際的、可達到的、可以反映他們需要和想要的,將會是個好主意。當計畫已經在現實生活中實施之後,再去評估一次也有幫助。助人者可以向案主提出這樣的問題:「你的計畫有幫上忙嗎?」如果計畫沒有起作用,可以重新評估並考慮替代的選擇。
- 為了讓案主對他們的計畫許下承諾,寫下它會有幫助,以便讓承諾更堅定穩固。
- 發展行動計畫的一部分,涉及了每個策略的主要成本和效益的討論,以及可能觸及的危險和成功機率的討論。助人者的任務是和案主一起工作,以建設性的態度處理他們對於組織或執行計畫所可能產生的任何猶豫。

決議和計畫沒有任何意義,除非決定要貫徹落實它們,案主對自己承諾一個明確的、可實際達成的計畫是非常重要的,訂定計畫和貫徹完成計畫的最終責任取決於案主。如何於助人關係之外,在日常生活中實施這些計畫,也是由每位案主決定,有效的助人是促成自我引導、心滿意足和負責任的生活的催化劑。

實施行動方案。案主因為看見自己積極地嘗試新方法的價值而被激勵,而不是消極地聽任機緣。讓案主培養出積極態度的方法之一,是去制定一份明確的同意書。在這樣的方式下,案主不斷被面質,思考他們想要什麼以及他們願意做什麼。同意書也是評估助人成果的有用參考架構,討論可以集中在這個同意書的內容達成了多少,以及它可以怎麼被適當地修改。

如果特定的計畫效果不佳,它可以成為後續會談時一個探索的主題。例如,一位媽媽沒有按照她的計畫處理在學校惹麻煩的兒子,諮商師可以和她一起探討是什麼阻礙了她執行。應急計畫也需要被訂定,諮商師或許以各種方式角色扮演,讓這位母親去處理可能的挫折或缺乏配合度的兒子,用這樣的方式,案主將學習到如何應付失敗和如何預測未來可能出現的障礙。

防止復發是治療的最後階段不可或缺的一部分，有時候，案主不可避免地會回到舊有模式，並經驗到自我挫敗的想法和行為，探索可能的障礙以及因應的方法是一個很好的做法，重點不在於案主永遠不會經歷挫折，而是當他們陷入不再適合他們的舊有、熟悉模式時，他們會有所覺察。案主可以思考他們在堅持執行計畫時可能遇到的困難以及解決任何失誤的方法，防止復發的目標是協助案主在未來需要時，運用在諮商中所學到的知能來維持他們已經獲得的成果（Dobson & Dobson, 2017）。

五、階段五：結案

本階段要幫助案主將助人關係中的利益最大化，並且決定他們如何能夠持續改變的過程。在這個階段，案主鞏固他們的學習，並且做出長期計畫。助人者在此階段的角色則是幫案主為結案做準備，鼓勵他們表達出對於要結束關係所產生的任何感受或想法、回顧他們所取得的成就，並確定和討論未來的計畫。

正如同在初期會談時要為助人關係設定基調，結束的時期是讓案主以最大的限度從關係中獲益，並且決定他們可以怎麼持續改變的過程。身為助人者的目標是，以案主可以盡快結束專業關係且繼續自我改變的方式來與案主一起工作。如前所述，當以短期治療為標準時，特別重要的是結案和關於時間限定的議題，此議題是在初次會談時就要處理的。舉例而言，假如機構政策明確指明案主只能做六次會談，案主有權利在一開始就知道這個規定。

以短期處遇為工作取向時，助人歷程的最後階段應該始終列為考慮。在短期處遇中，目標是盡可能快速而有效地教導案主他們所需要的自我導向生存的因應技巧，並且提高案主不再持續需要你的機會。關鍵在於需要記住，如果我們是有效的助人者，最終要「讓你自己與此事無關」──至少在面對現在的案主時。我們需要牢記我們的角色是讓案主靠他們自己有效地發揮功能，而非讓他們依賴我們的協助。假如我們可以教導案主找出他們自己的問題解決方式，他們可以利用所學來處理不僅是現在的困擾，還有任何未來發生的問題。

幫助案主為結案做準備。在有結構及有時間限制的諮商中，你和案主雙方從初期就知道你們將進行大約幾次的會談。雖然案主在認知上也許明白他們的諮商有限定的次數，但在情感上，他們也許會否認諮商經驗有此約束。結案應該在第一次的會談中就被討論，且必要時，在助人關係的整個過程中都要被提出來探討。這樣的話，結案對案主而言就不會是一件驚訝的事。

時間的限制可以幫助案主為助人過程建立短期的、務實的目標，在每次會談接近尾聲時，我們可以詢問案主，他們看見自己達成目標的程度有多少。透過檢視治療的過程，案主站在一個位置，這個位置能夠讓案主辨別被協助的過程中，哪些對他們有效、哪些無效，每次會談都可以被評估，而評估方式是依據完成預設目標的特定會談次數。

理想上，結案是一個由案主和助人者依據助人過程中所設定的目標被完成而相互決定的結果，有效的結案可以讓案主結束他們的經驗，並清楚地意識到他們需要做什麼才能在日常生活中持續這種動力。

當案主沒有受益時的結案。依據倫理標準之陳述，如果很明顯地案主並沒有得到益處，那麼持續專業關係是不適當的，評估案主是否真正得到幫助可能很困難。看看這個例子：你已經持續見了一位案主一段時間，這位案主總是說她在會談中沒有什麼好說的。你在諮商中已談過關於她沒有意願多敞開自己的事，然而案主還是繼續她的行為。最後你建議結案，因為以你的角度，她並沒有從這個諮商關係中得到好處。儘管她在會談中無法投入，她還是不願意結案。假如你遇到這樣的情況你會怎麼做？

當一位不願意進步的案主不希望結案時，Younggren 與 Gottlieb（2008）建議諮商師採取一個開放、合作的立場。當案主似乎並未受益於諮商時，很重要的是諮商師與案主一起探索進展不足的原因，然而要確定進一步的進展是否可能發生以及結案是否適當，最終還是治療師的責任。助人者需要小心，不要太快做出案主沒有進步的結論，在訓練過程的早期階段，一些助人者通常會希望案主「立即成功」。處理自己的自我懷疑和不安全感的新手助人者可能會過早提出案主沒有進步，這可能會令人不安，甚至損害案主的自

尊。在確定案主沒有足夠的進展之前，新手助人者最好在督導中討論這個部分。

採取措施以避免促成依賴。助人者可以用很多微妙的方式養成案主的依賴態度和行為，有時助人者實際上是在阻止案主結束專業關係。助人者也許為案主做了太多，而非幫助案主找到他們自己的方向，結果導致案主為自己的行動和改變承擔極少的責任。雖然案主可能只是暫時變得過於依賴我們，如果我們促成他們的依賴而且實際上也阻礙了他們的進步，那麼在臨床上和道德上的爭議就出現了。問問自己這些問題，以確認我們是否在鼓勵案主依賴或獨立：

- 我很難結案嗎？我對於「失去」案主有困擾嗎？我擔心收入減少嗎？
- 我有鼓勵案主思考專業關係的結束，且我有協助他們為結案做準備嗎？
- 我可能需要一些案主勝於他們需要我？我有被需要的需求嗎？當案主表達他們依賴我時，我感到高興嗎？
- 我會挑戰案主去做他們可以為自己做的事嗎？當他們催促我直接給答案時，我如何回應？
- 在何種程度上我鼓勵案主往他們內在看到潛在的資源，找到自己的答案？

有些助人者可能藉由養成案主的依賴，讓自己感覺是重要的。當案主變得被動且要求得到答案時，這些助人者以問題解決為導向，太過迅速地全部回答。長期來看，這些行為也許不是有幫助的，因為案主被強化去依賴你。身為助人者，我們的主要任務是去鼓勵案主依靠自身的資源。透過加強案主對我們的依賴，我們等於是在告訴他們，我們不相信他們能夠自立自強，或他們無法不依靠我們而獨立運作。

結束助人關係的技巧。基本上，結案的處遇涉及到協助案主鞏固他們的學習，並確認他們在停止治療或處遇後如何持續前進。以下是為了有效完成

Chapter 6 助人的歷程

這些任務的注意事項：

- 我們提醒案主會談即將結束，而這應該在距離最後一次會談的前兩次提出。我們可以請案主想一想是否有任何未完成的議題，而他們最希望在最後兩次和我們討論什麼，我們甚至可以在倒數第二次時提問：「如果這是我們最後一次的會談，你想談些什麼？」
- 如果我們沒有受限於指定的會談次數，有一種選擇是將最後幾次的會談隔開，取代原本的每週見面，案主可以每隔三週會談一次，這樣的時間表允許更多練習的機會，並且為結案做準備。
- 我們與案主一起回顧治療過程，案主學會了什麼？他們如何學會的，以及他們打算怎麼運用所學？他們認為在會談中最大的幫助是什麼？在處遇過程中哪些方面的幫助較少？他們最大的困難是什麼？他們做了什麼來面對這些挑戰？他們怎麼看待自己在這個過程中的參與？
- 鼓勵案主談論他們對於分離的感受是一個很好的做法。如同他們可能對於尋求協助感到害怕，他們也可能對於要結束和我們一起工作感到恐懼。
- 檢視你自己對於結案的感受，助人者經常對於讓案主離開感到矛盾，無論出於何種原因，因為我們自己拒絕結束而將案主留住是有可能發生的。我們要經常反思，我們對案主的需求是否高於他對我們的需求，這點十分關鍵。
- 開門政策（open-door policy）是一個好方法，意思是往後案主在任何時候覺得有需要做更進一步的學習時，都鼓勵他可以回來。雖然專業協助最好被視為一個有終點的過程，但案主在發展的後期可能準備好要處理新的問題或議題，且採用他們在初期諮商時不願意嘗試的方法，案主也許只需要少數幾次的會談來重新聚焦。
- 那些參與諮商的人已經獲得了一些持續個人成長過程所需的技能和資源，在助人的行動和結案階段，協助案主將他們所學習的轉化為行動方案是最重要的任務之一。假如案主已經成功了，那麼結案階段是一

個新的開始，現在他們處理問題時有新的方向可依循了，基於這個原因，結案時期更需要及時地與案主討論可使用的服務方案並完成轉介。以這樣的方式運作，結束即帶來新的開始。

重點回顧

- 想要成為一位有效的專業助人者，技巧和知識很重要，但是你的個人特質也同等重要，它們決定了你是否是成功的助人者。我們個人的生命經驗扮演了至關重要的角色，影響我們與案主工作時保持在當下和發揮效率的能力。
- 你對於助人歷程的觀點，很大程度上是源自於你看待人性及人們如何改變的信念，釐清你對引起改變的因素的信念至關重要。
- 案主對改變感到一定程度的矛盾是很自然的，也是預期中的，動機式晤談是一種可以幫助案主在改變階段取得進展的方法。
- 簡短的介入如今已被廣泛使用，其強調有時間限制、焦點解決導向、結構的、有效的策略，使案主能夠達到他們想要的具體行為改變。
- 有效的助人者對於人抱持積極的信念；擁有健康的自我概念；將他們的介入立基於價值信念上；具備同理心、一致性、溫暖、慈悲、真誠和無條件的正向力量。
- 助人者對於案主所抱持的概念，容易使助人者培養出自我應驗預言的傾向。假如助人者認為案主高度依賴，且無法找到自己的道路（指問題的解答），案主很可能會照著這樣的期望行事。
- 強制性或非自願性案主可能會對進入諮商關係表現出抗拒，如果我們預期這些案主會很難相處且是抗拒的，我們可能會看到更多這樣的行為。如果我們對他們的改變和成長能力抱持正面的期待，我們就更有可能找到方法鼓勵案主從治療關係中受益。
- 助人歷程中有五個階段。第一個階段是建立和諧的關係和建立治療聯盟。第二階段包括了幫助案主辨識並且澄清他們的問題。在第三階段，案主與助人者共同合作以創造目標。第四階段包含鼓勵案主自我探索並且以改變

為目的發展行動計畫，這個時期是採取行動以及協助案主將他們在諮商中所學轉化為每天的生活情境。第五階段是處理結案以及鞏固學習。每個階段各自要求特定的助人策略，發展這些策略需要時間和被督導的練習。

你可以做什麼？

1. 在你閱讀本章之後，挑選出幾個你自己的重要信念和假設。為了檢視你是怎麼獲得這些信念和假設的，去找一位你認識並且和你有類似信念的人談談。接著去找另外一位擁有不同觀點的人，和這兩人討論你如何發展出你的這些信念。

2. 思考有效助人所需的技巧，並選出一個你認為自己具備的最主要優勢，和一個你主要的限制，然後把它們寫下來。你認為你的主要條件如何使你成為一位有效的助人者？你的主要限制有可能怎麼妨礙你成功地與其他人工作？你可以在你受限的部分做些什麼？或許你可以請你熟識的人來檢視你對自己的描述，他們所認為的你是否和你認為的自己一樣？

3. 作為課堂作業的一部分，用一頁的篇幅描寫你個人對於助人抱持什麼觀點。如果讀者是對助人過程了解甚少的外行人，你會如何寫這篇文章？如果讀者是潛在的雇主或臨床督導，你的文章將如何修改？

4. 在你反思了自己關於人以及關於助人歷程的信念之後，在日誌中寫下你的信念對於你介入案主生活所扮演的角色的一些關鍵想法。你的信念如何影響你給案主的建議？你的信念又如何成為你和案主群互動的策略基礎？

5. 當你回顧助人歷程的各個階段時，問問自己，你認為對你而言，每個不同的階段最重要的任務是什麼，在日誌上寫下你預期不同階段與案主工作時會面對的一些挑戰。舉例來說，結案對你而言可能是困難的階段嗎？你有困難適當地和案主分享你的生命經驗嗎？你有可能無法面質案主嗎？在每個助人階段中，為了發展有效處遇所需要的個人特質和技巧，你可以怎麼做？

6. 以下所列出的參考資料，其完整的書目資訊，請參考本書的參考文獻。

若欲了解助人歷程各個階段更廣泛的概要、系統性技巧的發展描述，以及處遇的策略，可參考 Cormier（2016）、Cormier、Nurius 與 Osborn（2017）、DeJong 與 Berg（2013）、Egan 與 Reese（2019）、Ivey、Ivey 與 Zalaquett（2018）、James 與 Gilliland（2017）、Teyber 與 Teyber（2017），以及 Young（2013）。

Chapter 7

理論在實務中的應用
Theory Applied to Practice

| 黃慈音 譯 |

學習目標

1. 提供理論應用在實務中的整體架構。
2. 解釋思考、感受和行為模式如何具諮商實務綜合取向的效果。
3. 描述精神分析取向的重要概念和技術。
4. 描述經驗和關係取向的重要概念和技術。
5. 描述認知行為取向的重要概念和技術。
6. 討論正念治療取向的主要類別。
7. 描述後現代取向的重要概念和技術。
8. 解釋家庭系統取向不同於個別諮商的獨特方式。
9. 解釋在諮商中發展整合取向的實務方式。
10. 描述證據導向實務工作如何進入整合性心理治療的未來。

焦點問題

1. 為何理論與實務有關？
2. 心理動力取向（psychodynamic approaches）強調了解童年經驗是如何影響你成為現在的自己。你認同了解過去就是了解現在的關鍵嗎？你如何從過去、現在和未來的角度來看待你的案主？
3. 經驗取向（experiential approaches）強調案主直接經驗的價值，勝過於被諮商師所教導的價值。你對於案主在助人關係中具備引導方向的能力有多少信心？
4. 在經驗取向中，案主與諮商師的關係是治療結果最重要的決定因素。助人者可以做哪些特定的事，以形成和案主之間的合作工作關係？
5. 認知行為取向（cognitive-behavioral approaches）主要著眼於思考是如何影響我們的感覺和行動。你有多重視聚焦於案主的思考過程？
6. 後現代取向（postmodern approaches）不再強調治療師是專家，反而認為案主是專家。你怎麼看待這樣的立場？
7. 家庭系統取向（family systems approaches）考量整個家族而非單一個體的功能性。當你以案主的原生家庭為基礎來處理案主的議題時，你看見了什麼獨特的價值？與案主會面時，你有多重視與原生家庭工作？
8. 短期治療模式的優勢和缺點是什麼？短期及焦點解決的處遇策略是如何符合美國照護體系（managed care programs）的要求？
9. 你如何確定你即將執行的處遇計畫是適合案主的？
10. 藉由在助人歷程中發展自己的整合性觀點，你了解到什麼？你對於從不同的理論取向中有效地整合一些基本的觀點和技巧有何看法？

第一節　本章目標

　　本章的目的是提供一些主流諮商理論的精簡概要介紹，這些理論在各種助人關係中都有其實用性，我們認為理論的角色就是引導有效的實踐。我們將介紹以下五種普遍的理論取向：心理動力模式、經驗與關係導向取向、認知行為療法、後現代取向和家庭系統觀。我們也會以本章大部分理論中精選的概念為基礎，提出我們自己的整合取向，強調人類行為中思考、感受和行動的角色。

　　你的理論取向將提供你規劃處遇的藍圖，而發展這樣的理論觀點需要相當長的時間和經驗。一個理論提供了組織案主資訊的架構、設計適當的處遇，以及評估成效的依據。我們認為重要的是發展出符合你個性而且有個人風格的諮商方式，同時具備足夠的彈性以滿足你所服務的案主群以及他們的獨特需求。本章的目的是去激發你思考如何設計一個你能運用自如的諮商架構。

第二節　以理論為藍圖

　　有許多不同的理論取向幫助我們理解是什麼讓助人過程發揮效果。不同的助人者在與同樣的案主工作時可能會有不同的做法，大部分是基於他們所選擇的理論。這些理論提供他們一個架構，以便理解治療關係中發生的諸多相互影響歷程。有些助人者聚焦於感受，他們相信案主最需要的是去辨識和表達出那些被壓抑的感受。有些助人者則強調獲得洞察和探索行動的原因，以及詮釋案主的行為。有些助人者並不關注於案主發展洞察或表達感受，他們的焦點是行為，並協助案主發展特定的行動計畫以改變他們的作為。有些助人者則鼓勵案主把重點放在檢視他們對自己及對世界的信念；這類助人者相信當案主可以消除錯誤的思想，並以建設性的想法和自我對話取代時，改變就會發生。

助人者可以聚焦於過去、現在或者未來。最關鍵的是去思考你是否認為聚焦於過去、現在或未來是具有建設性的探索之路？這不僅僅是一個理論概念。假如你相信案主的過去是一個需要被探索的關鍵部分，你大部分處遇就很可能是設計去協助他們了解過去。如果你認為案主的目標和努力是重要的，你的處遇很可能著重於未來。如果你以此時此刻為方向，你的處遇就會強調案主當下的所思所為。

每一個選擇代表了一個特定的理論取向。企圖在沒有理論原理情況下去實踐，就像在沒有任何飛行計畫之下駕駛一架飛機。假如你在理論真空的狀況下工作，就無法利用理論來支持你的處遇，你很可能在幫助別人改變的嘗試中驚惶失措。

理論不是一個去規定每個步驟，或規定你身為助人者應該要做什麼和怎麼做的死板結構。確切地說，我們視理論為一個概略的架構，可幫助你理解諮商過程的許多面向，如同提供一個藍圖指引你言行的方向。你運用的理論需要適合於你的案主群、機構和你提供諮商的類型。理論並非要你從本性中抽離出來，最好的情況是使理論成為你本人不可缺少的一部分並展現你的獨特性。

第三節 我們的理論取向

很少人會百分之百地接受任何單一理論。反之，我們在一個整合性的框架下運作，在實踐中繼續發展和修改。我們借鑑大多數當代諮商模式的概念和技術，並依據我們的特質選擇適合的理論。我們的理論取向和風格反映出我們自己是誰。我們的概念框架包含了人類整體經驗中思考、感受及行為的層面。

我們重視那些強調思考方面的取向。我們的典型做法是挑戰案主，要他們去想想關於他們為自己做的決定。他們的某些決定，有些或許是在兒童時期為了心理上的生存而必須有的，但是現在可能已喪失功能。我們希望案主可以做必要的調整，使他們能更充分地做自己。我們使用的其中一種方式是

請案主注意他們的「自我對話」（self-talk）。以下是一些我們鼓勵案主問自己的問題：「我對自己、對他人和對生命所做的假設，如何造成或擴大我的問題？我如何透過我所抱持的想法和信念創造或加劇了我的困境？我可以如何謹慎地評估我對自己重複說的話語，以開始釋放自己？」我們所使用的許多技巧是設計來發現案主的思考過程，幫助他們回顧生命中的事件以及他們如何詮釋這些事件，接著在認知層面下工夫，以便改變他們某些信念系統。

　　思考只是我們和案主一起工作時注意的一個面向，感受面向也極為重要。我們透過鼓勵案主去辨識和表達他們的感受，來強調人類經驗的這個面向。由於未表達和未解決的情感問題，案主常處於情緒麻木的狀態。如果他們允許自己去經驗他們的感受，並談論某些議題是如何影響他們，會幫助他們的療癒過程。如果他們覺得被傾聽和被了解，他們將更可能表達出原本藏在內心的感受。

　　思考和感受是助人歷程中很重要的部分，但最終案主必須在行為或行動方面展現自己。案主可以花很多時間獲得洞察和表達被壓抑的感受，但在某些時刻他們需要參與「以行動為目標的改變方案」，如此他們的感受和想法才能夠被應用在真實生活的情境中。檢視當前的行為是助人過程的核心，我們常會提出這類問題：「你正在做什麼？你怎麼看待自己的現在和未來？你現在的行為是否有合理的機會讓你得到你想要的？是否會帶你前往你想要前進的方向？」如果助人歷程的重點在於案主當下的行為，那麼他們將會有較大的機會改變他們的思考和感受。

　　除了強調思考、感受和行為面向，我們幫助案主鞏固他們所學習的，並且將這些新的行為應用於他們每天面臨的狀況。我們使用的策略有契約、指定家庭作業、行動計畫、自我監督技巧、支持系統、預防復發的工具和自我導向的改變方案。這些方法都在強調案主對於練習新行為所做的承諾，透過遵循實際可行的改變計畫，發展出可以運用到日常生活中的務實方法。

　　存在主義取向是我們綜合取向諮商的基礎，它支撐起我們對思考、感受和行為的整合性關注。我們都認為諮商是一個改變生活的過程，我們每個人

都可以成為自己生活的建築師。我們邀請案主仔細看見他們確實擁有的選擇——無論多麼受限，並且接受他們要為自己的選擇負起責任。我們幫助案主發現他們內在的資源，並學習如何使用這些資源來解決他們的困境。如果案主不喜歡現有的設計，他們可以採取行動去修改藍圖。我們不提供答案給案主，但藉由過程引導案主增加更多察覺的能力，去找出他們可以運用在解決現在和未來問題的知識和技巧。我們相信諮商是一段旅程而治療師是促進案主的嚮導。

我們意識到，人們的選擇往往是有限的，他們的自由可能會受到外在因素的限制。而令人遺憾的現實是，許多案主必須與種族主義、歧視、性別歧視和貧困等壓迫性條件中奮鬥；重要的是，助人者要做得比假設案主有能力改變自己的內在世界還要多。當社會或社區情況直接導致案主的問題時，助人者也要擔起對外部環境帶來改變的任務。

如果不認真去思考影響每個案主的各種系統——家庭、社會團體、社區、教會和其他文化力量，案主將無法被理解。為了讓助人歷程更有效，關鍵點是去了解案主如何影響他們的生活圈，以及被他們的生活圈所影響。因此，有效的助人者需要透過整體性的取向觀點以掌握案主所有經驗的各個層面。

當我們與案主工作時，並未有意識地思考我們正在使用什麼理論。我們要讓自己所使用的技巧滿足案主的需求，而非要案主配合我們的技巧。在決定要使用什麼技巧的過程中，我們考慮一系列有關案主群的因素。我們考量案主是否已經準備就緒要面對某個議題、案主的文化背景、案主的價值體系，以及案主是否信任身為助人者的我們。一個引導我們實踐的總體目標是幫助案主辨識和體驗任何他們正在感受的，找出影響他們自身感受和表現的假設，並嘗試其他的行為模式。我們對於使用的技巧是有根據的，而我們的處遇通常源自於本章後續內容將論及的理論觀點。

了解各種主要的理論取向如何應用於諮商過程的一種方式，是從當代治療理論體系中的五大類別來了解。它們分別是：(1) 心理動力取向，強調諮商中的洞察（精神分析和阿德勒治療學派）；(2) 經驗與關係導向取向，

強調感受和主觀經驗（存在主義、個人中心學派和完形治療學派）；(3) 認知行為取向，強調思考和行為的作用且傾向於行動導向（行為治療、理情行為治療法、認知治療和現實治療）；(4) 後現代取向，強調治療師採取合作和協商的立場（焦點解決短期治療、動機式晤談、敘事治療和女性主義治療）；以及 (5) 家庭系統取向，強調對個體的理解必須同時考量其整體的系統。

雖然我們已將各種理論分為五個群組，但這樣的分類其實是有些武斷的，重疊的概念和主題使我們難以整齊俐落地劃分這些理論取向。大多數研究生的培訓方案都要求學生參加為期一個學期的理論課程，以深入描述每個理論。此處我們的目的是透過概述每一個取向的基本假設、主要概念、治療目標、治療關係、技術、多元文化的應用以及對助人過程的主要貢獻，提供每一種取向的重點。

第四節　心理動力取向

心理動力取向（psychodynamic approaches）提供了一個讓往後許多不同理論得以發展的基礎。雖然大多數助人者沒有實際精神分析學派的訓練，然而此學派的觀點有助於了解案主內在動力及治療本身能如何幫助案主處理深層次的人格問題。精神分析治療已進展到超越 Freud 當年的觀點；很多與精神分析有關的現代形式能夠適用於短期治療取向。

如同 Freud，Alfred Adler 在心理動力取向的治療方面也有重大的貢獻。儘管受到 Freud 許多思想的影響，Adler 依然發展出一個非常不同的治療方法。Adler 學派將焦點放在個體再教育與社會重塑。Adler 是主觀心理學取向的先驅，關注個人行為的內在因素，如價值觀、信念、態度、目標、興趣和個人對現實的知覺。他是主張整體論、社會性、目標導向、系統論和人本取向的先行者。你將會看到 Adler 許多重要概念出現在較晚發展出來的其他理論中。

一、精神分析取向

概述和基本假設。精神分析取向（psychoanalytic approach）是依據以下假設：正常人格發展的基礎奠定於有效地處理性心理（psychosexual）和社會心理（psychosocial）的發展階段。有缺陷的人格發展是來自於發展過程中某些衝突事件被不當處理之結果，精神分析取向的助人者對於案主的早期歷史很有興趣，以此作為了解過去情況如何影響案主現在問題的方式。

主要概念。精神分析取向著重於對人格做深入且長期性的探索。形成此理論的一些重要概念包括意識和潛意識、焦慮的處理、自我防衛機制的運作，以及貫穿整個生命的各個發展階段。

治療目標。主要目標是將潛意識化為意識，亦即著重於人格重建而非解決眼前的問題。在治療中童年經驗被重建，且這些經驗被探索、詮釋以及分析。精神分析治療的成功意指對個人人格與性格結構做出重大的修正。

治療關係。精神分析取向的治療師會嘗試以溫暖的距離感做客觀的連結。移情和反移情是關係中的核心面向。治療的重點在於治療過程中的抗拒、對於這些抗拒的解釋以及修通（working through）移情的感覺。透過這個過程，案主探索過去和現在經驗之間的相似處，並獲得新的理解，成為人格改變的基礎。

技術。所有的技巧是被設計來幫助案主獲得洞察，並且將壓抑的部分帶到表層，使其可以在有意識的情境下關注它。這些主要的技巧包括維持分析的架構、自由聯想、解釋、分析夢、分析抗拒以及分析移情，這些技術都是為了增進覺知、獲得洞察，並展開達成人格重建的修通歷程。

多元文化的應用。心理社會取向強調人生各個階段的轉折點，有助於理解不同的案主群。治療師可以協助案主去辨識和處理環境對他們人格發展所造成的影響。短期心理動力治療的目標，是針對目前存在的問題提供新的理

解。利用此精神分析取向治療的短期形式，案主可以放棄舊有的模式，並在他們目前的行為上建立新的模式。

貢獻。此理論提供了一個全面且詳細的人格系統，它強調決定行為因素的潛意識之合理地位、凸顯出早期童年發展的顯著影響，並提供接觸潛意識的技巧。有幾個要素可以讓非精神分析取向的助人者應用，譬如了解抗拒如何表現且可被有療效地探討、早期創傷如何能被成功地處理，以及理解治療關係中移情和反移情的表現形式。許多其他的理論模式乃是因著對精神分析取向的反對而發展。

進階閱讀建議。關於這種取向的概述，*Brief Dynamic Therapy*（Levenson, 2017）這本書會蠻有幫助。

二、阿德勒取向

概述和基本假設。根據阿德勒取向（Adlerian approach），人類是社會的動物，會被社會的力量影響及刺激，Adler 療法基於一個核心信念，即我們的幸福感很大程度上與社會連結有關。因為我們根植於一個社會，所以不能脫離社會背景來理解我們。我們的主要動機是歸屬感，人性是有創造性的、積極的且有能力做決定。此取向側重於人的整體性以及了解個體的主觀看法，個人生活型態（或個人風格）的基礎是由其特定的生活方向與主觀決定所組成。生活型態（lifestyle）包含了我們對他人、對世界和對我們自己的信念及假設；這些觀點導致我們採取了獨特的行為來追求我們的人生目標。我們可以藉由冒險及在面對未知的狀況下做決定，來塑造我們自己的未來。尋求諮商的人們不被視為「生病」；反之，他們被看作是沮喪的，並在自我挫敗和自我限制的基本假設中運作。因此，案主需要得到鼓勵以修正對自己和他人的錯誤觀點，並且學習開始新的行為互動模式。

主要概念。意識——而非潛意識——是人格的中心。阿德勒取向以成長模式為基礎，強調個體完全生活在社會中的積極主動能力。Adler 認為人類是

富有創造力的生物,擁有有效解決生活問題的力量和能力。此治療特色在於人格的統合性、從主觀的有利位置出發理解個人的世界,以及強調生活目標引導行為的方向。社會興趣(social interest)是此理論的核心,涉及對人類的認同感、歸屬感和關心更美好的社會。自卑感(inferiority feelings)經常成為創意的泉源,激勵人們為了權力、優勢和完美而努力。人們試圖彌補劣勢,包括想像的和實際的,而這個企圖幫助他們克服障礙。

治療目標。諮商需要案主和治療師一起合作,為了雙方都能接受的目標而努力。改變是以認知和行為兩個層次為目標,Adler 學派主要關注於挑戰案主錯誤的想法及錯誤的假設。與案主合作時,治療師會試著鼓勵案主發展對社會有益的目標。一些具體目標包括:增長社會興趣、幫助案主克服沮喪的情緒、改正錯誤的動機、調整錯誤的假設,並協助案主去感受人與人之間的平等性。

治療關係。案主和治療師的關係是相互尊重,案主和諮商師都是平等關係中的積極參與者。透過這樣的合作夥伴關係,案主認知到他們需要為自己的行為負責。重點在於檢視案主的生活型態,這呈現於案主所做的每件事情中,治療師會經常藉由說明案主的過去、現在以及朝未來努力的目標之間的關聯性來解釋生活型態。

治療過程涉及到聚焦於個人的生活型態——亦即個人企圖要了解生活以及做出行為選擇的認知架構或基模。具體而言,治療師試圖看清楚,那些與案主自身、其他人和生活有關的錯誤及自我挫敗的觀點和假設,如何使案主帶入治療中的問題行為模式持續。

技術。阿德勒學派治療師已經發展出多種認知、行為和經驗上的技術,適用於各式各樣的環境與形式之下的案主。阿德勒學派學者不需要依循特定的步驟或流程;這使他們能夠以非常適合自己治療風格的方式與案主合作,從而享有很大的自由。他們經常利用的具體技巧是:傾聽、鼓勵、面質、摘要、家庭經驗的詮釋、早期回憶、彷彿法、把持自己、建議和指定回家作

業。

多元文化的應用。阿德勒取向的人際觀點最適合用來諮商不同背景的人。此取向提供了一個認知和行為導向技術的範疇，可以幫助人們在文化脈絡中探索他們的議題。阿德勒學派的實踐者是靈活有彈性的，他們的處遇可適用每位案主獨特的生活情境，並以案主的最大利益為指導。Adler 理論是一種以鼓勵為中心的諮商方法，以心理教育為重點，是現在和未來導向也是一種簡短、有時間限制的範疇。所有這些特色，使得阿德勒取向適合用在廣泛的案主問題上。

貢獻。Adler 最重要的貢獻之一是他對其他治療系統的影響。阿德勒理論和其他當代的治療理論之間有顯著的連結存在。事實上，Adler 的思想是許多其他心理學派的一部分，例如家庭系統取向、完形治療學派、現實治療、理情行為治療法、認知治療、個人中心學派、焦點解決短期治療和存在主義治療。這些方法都基於一個類似的概念，即人是有目的的、自我決定的，是為生命的成長和意義而奮鬥的。

進階閱讀建議。關於這種取向的一個絕佳資訊來源是 *Adlerian Therapy*（Carlson & Englararlson, 2017）。有關阿德勒治療法的進一步討論，請參閱 Corey（2021, Chap. 5）、Neukrug（2018, Chap. 4）、Prochaska 與 Norcross（2018, Chap. 3）、Watts（2019），以及 Wedding 與 Corsini（2019, Chap. 3）。

第五節 經驗與關係導向取向

治療經常被視為諮商師和案主一起經歷的旅程，在旅程中案主深刻地探究他所感知和經驗的世界。這個旅程被治療情境中人與人交會（person-to-person encounter）的品質所影響。治療關係的價值是所有治療取向的共同點，然而有些取向比其他取向更強調作為治療因素的「關係」角色，尤

其存在主義取向、個人中心學派和完形治療更是如此。這些關係導向取向（relationship-oriented approaches）（亦稱為經驗取向）皆立基於以案主—諮商師關係之品質為主，技巧則是其次。這些經驗取向（experiential approaches）的基本假設是，治療關係可培養出一種創新精神，創造出提升覺察力的技巧，以幫助案主改變他們思考、感受及行為的模式。

在所有的經驗取向中，一些共同被認為與有效治療相關的重要概念包括以下內容：

- 在治療情境中，人與人交會的品質是積極改變的催化劑。
- 諮商師的主要作用是在治療時與案主同在當下，這意味著諮商師與案主有良好的接觸，並且位於自己的中心（centered）。
- 諮商師示範真實可靠的行為，是邀請案主自我成長的最佳方式。
- 治療師的態度和價值觀，與其知識、理論或技術一樣重要。
- 無法敏銳地將自身反應與案主調和的諮商師，可能有成為技術匠而非藝術家的風險。
- 「我與你」（I-Thou）的關係使案主經驗到冒險時所需要的安全。
- 覺察會出現在諮商師與案主真實交會的情境，或是在「我與你」的相關脈絡中。
- 治療的基本工作是由案主所完成，諮商師的工作則是創造一種氛圍，使案主更願意去嘗試新的方法。

這些有所重疊的概念，給了治療關係極為重要的意義。諮商師在關係導向的架構下運作時，會在使用「正確的技巧」方面免除很多焦慮。他們的技巧最可能用來增強案主探索的一些面向，而非用來刺激案主以特定的方式思考、感受或行動。

一、存在主義取向

概述和基本假設。存在主義的觀點（existential perspective）認為我們透過自己的選擇來定義自己。雖然外界因素限制了選擇的範圍，但我們有一定的

自由，因為我們可以控制自己的態度和行為。由於我們有覺察的能力，所以我們有自由，但這種自由也伴隨著對我們所做選擇的責任。尋求治療的人經常導致存在受制（restricted existence）的狀況，在自我覺察受侷限的情況下運作。治療師的工作是讓案主了解他們的生活方式，以便他們可以考慮他們可能想要做出的改變。治療的結果是案主能夠認識到對他們不再有用的生活方式，而開始接受改變自己的未來並承擔責任。

主要概念。存在主義的治療有六項基本主張：(1) 我們有自我覺察的能力；(2) 因為本質上我們是自由的，我們必須接受伴隨自由而來的責任；(3) 我們在意維護自己的獨特性和認同；藉由了解他人及與其他人互動來認識我們自己；(4) 我們存在和生活的意義從未永久固定不變；相反地，我們透過自己的投射（projects）重新創造我們自己；(5) 焦慮是人類狀態的一部分；(6) 死亡也是一個基本的人類狀態，而對死亡的覺察則為生命帶來意義。

治療目標。主要目標是與案主合作，覺察他們在創造目前的生活中所扮演的角色。存在主義取向主要強調的是去了解案主的現有經驗，而非治療技巧。存在主義治療師認為，我們有自我覺察的能力，這是讓我們反思和做出決定的獨特能力。有了這種覺察，我們就成為自由的人，有選擇自己生活方式的責任，從而創造自己的命運。自由和責任的概念挑戰我們重新設計我們的生活，並承擔為自己選擇的責任。然而，做出選擇會引起存在焦慮，這是人類的另一個基本特徵，當我們反思死亡的現實時，這種焦慮就會加劇。面對不可避免的最終死亡前景，我們意識到我們沒有永遠的時間來實現我們的目標，因此當下的時刻就變得意義重大。死亡的事實是一種催化劑，可以邀請我們創造一個有意義和目的的生活。

治療關係。案主—治療師關係的重要性是至高無上的，因為「我與你」交會的品質，為改變提供了脈絡基礎。與其重視治療的客觀性和專業距離，存在主義的治療師更推崇全然地與案主同在當下，他們努力營造與案主之間充滿關懷的關係，治療是一個合作的關係，包括案主和治療師都投入了自我探

索的旅程。

存在主義療法和個人中心取向療法視人與人的關係至為重要，這兩種取向都強調努力維持平等權力關係和無條件積極尊重的態度。案主的成長是透過真誠的接觸來實現的。影響治療結果的關鍵因素是治療關係的品質。

技術。存在主義療法拒絕將治療視為一個定義明確的技術體系；它認可那些成就我們人性的特質，並且以這些特質作為基礎展開治療，著重於了解案主當下的經驗。存在主義的治療師可依據自己的個性和風格自由調整處遇方式，同時也關注每位案主需要什麼。治療師不受限於任何規定的程序，甚至可以使用其他治療模式的技術。處遇是用來服務案主，擴大他們所處世界中的生活方式。技術則是為了幫助案主更覺察於自己的選擇及採取可能行動的工具。

多元文化的應用。由於存在主義取向是基於人類共通的議題，也因為它沒有規定看待事實的特定方式，所以非常適用於多元文化的背景。與多元文化的案主工作時，重要的是認知到案主之間的共同點和相似之處。譬如關係、尋找意義、焦慮、痛苦和死亡都是超越文化隔閡的議題。接受存在主義治療的案主被鼓勵去檢視他們此刻的存在方式如何被社會和文化因素所影響，從社會正義的角度來看，選擇的自由需要在歧視和壓迫等環境現實的脈絡下檢視。

貢獻。人與人（person-to-person）的治療關係減少了非人性化（dehumanizing）治療的機會。無論諮商師的理論取向為何，此取向都能提供他們一些觀點；不管諮商師偏好哪種特定理論，此取向均可被併入實務工作中。它提供了一個觀點，去理解焦慮和罪惡感的價值、死亡的角色和意義，還有對於孤獨及為自己做選擇的創新想法。

進階閱讀建議。關於存在主義取向的絕佳資訊來源是 *Existential-Humanistic Therapy*（Schneider & Krug, 2017）。有關存在主義療法的進一步討論，請參閱 Corey（2021, Chap. 6）、Deurzen（2010, 2012）、Elkins（2009,

2016）、Neukrug（2018, Chap. 5）、Prochaska 與 Norcross（2018, Chap. 4），以及 Wedding 與 Corsini（2019, Chap. 8）。

二、個人中心取向

概述和基本假設。個人中心治療最初是由 Carl Rogers 在 1940 年代時，為了反對精神分析治療學派而發展的。基於對人類經驗的主觀看法，個人中心取向（person-centered approach）強調案主的資源，以提高自我覺察和解決個人成長所遭遇的阻礙。它將案主，而非治療師，置於治療過程的中心。主要帶來改變的是案主。Rogers 並沒有提出此取向的最終模式，反而期待這個理論和實務能夠與時推移。藉由在治療關係中的參與，案主實現他們在成長、完整性、自發性以及內在引導（inner-directedness）的潛力。

主要概念。關鍵概念是案主有能力有效地解決生活中的問題，無須專業治療師的介入和引導。案主不需要有很良好的結構和治療師的帶領，就有能力改變。此取向強調當下此刻的全然經驗、學習自我接納，並決定如何改變。

治療目標。主要目標是在治療場域中提供一個安全與信任的氛圍，讓案主透過治療關係達成自我探索，能夠對於成長的障礙有更多覺察。案主往往朝向更開放、更多自我信任以及更有意願成長，而不是處於停滯的狀態。案主學習依照自己內在的標準過生活，而不是按照外界所暗示他應該成為的樣子。治療的目標不僅僅是解決問題，也需要協助案主成長，使其更有能力因應現在和未來的困境。

治療關係。個人中心取向強調治療師的態度和人格特質，以及案主—治療師關係的品質，因為這是治療結果的主要決定因素。對於治療關係有決定性影響的治療師素質，包括了真誠、非占有性的溫暖、正確的同理、無條件地接納和尊重案主、寬容、關愛，以及將以上所有態度傳達給案主的能力。有效的治療就是以治療師和案主之間的關係為基底，案主有能力將他們在治療中學習到的，運用到與其他人的關係上。

技術。此取向強調案主—治療師關係是帶來改變的必要及充分條件，因此，它所指定的技術很少。技術，永遠都次於治療師的態度。此方法將直接的技巧、解釋、提問、診斷和蒐集歷史資料減到最低程度；將積極傾聽、表達同理、對感受的反應和澄清發揮到最大化。

多元文化的應用。對於普世、核心狀況的強調，為個人中心取向提供了了解多樣世界觀的框架。同理、與案主同在和尊重案主的觀點，這些都是在與多元文化案主諮商時必備的態度和技巧。個人中心學派的諮商師傳遞的是，對於各種形式的差異和價值懷著深深的敬意，以接納和開放的方式理解案主的主觀世界。

貢獻。身為打破傳統精神分析的治療方式之一，個人中心取向重視案主的主動角色和責任。這是一個積極和樂觀的觀點，並且強調考慮一個人的內在和主觀經驗之必要性。此取向認為治療師的態度有至關重要的作用，使治療歷程以關係為中心，而不是以技術為本。

進階閱讀建議。這種取向的概述請見 *Person-Centered Psychotherapies*（Cain, 2010）一書。

三、完形治療

概述和基本假設。完形治療（Gestalt therapy）是經驗性及存在性的取向，它的基本假設為：個人和他們的行為必須在所處環境的脈絡之下被理解。治療師的任務是促進案主探索他們當下的經驗，覺察、選擇和責任是實務的基石。案主透過參與實驗，盡可能持續他們自己的治療，這些實驗是設計來提高覺察力和投入於接觸。當案主增加了「是什麼」（what is）的覺察時，改變自然發生。提高覺察也會幫助案主將自己破碎或未知的部分做出更多整合。完形治療著重過程和內容，這種方法是現象學的，因為它關注案主對現實的感知，也是存在主義的，因為它是基於這樣的觀念：人們總是在成為、重塑和重新發現自己的過程中。

主要概念。本取向聚焦於此時此刻、直接經驗、覺察、將過去的未竟事宜帶到現在，以及處理未竟事宜。其他的概念包括能量和能量凍結、接觸和抗拒接觸及關注非語言線索。案主藉由重新經驗過去的情境，如同此刻正發生似的，來確認發生於過去但至今仍妨礙他們的未竟事宜。

治療目標。目標是獲得覺察和更大的選擇空間，覺察包括認識環境、認識自己、接納自己和有能力做接觸。案主會被協助於注意自己的覺察過程，因此他們可以負責地、有選擇地、有辨別能力地做出決定。帶著覺察，案主將有能力意識到自我被否定的部分，並開始朝向整合所有的部分。

治療關係。此取向強調「我與你」關係。焦點並不在於治療師所運用的技巧，而在於治療師如何作為一個人，以及關係的品質。所強調的因素包括：治療師的當下同在、真實的對話、溫柔、直接表達自我，以及更加信任案主正在經驗的過程。具備一種目標在於提升覺察之啟發、創造和進行實驗的創造性精神。諮商師協助案主更完整地體驗所有的感受，並讓他們做出自己的詮釋。技巧的專業是重要的，但是治療師的投入參與才是最高原則。與其幫案主解釋這些經驗的意義，治療師更需要關注的毋寧是案主行為所呈現的「什麼」（what）和「如何」（how）。

技術。雖然治療師具有引導和催化的功能，會提出實驗和分享觀察，但基本的治療工作還是由案主自己完成。治療師並不強迫案主改變；相反地，他們在此時此刻的架構之下，以「我與你」的對話為脈絡來創造實驗，這些實驗是體驗式學習的基石。即使實驗是由治療師所建議，但這是一個需要案主全心參與的合作過程。完形實驗（Gestalt experiments）採取多種形式：針對案主和其生命中重要他人之間，設置一場象徵性的對話；透過角色扮演，演出一位關鍵人物的特質；痛苦事件的再體驗；誇大一個手勢、姿勢或非語言的習慣；或持續一場個人內在衝突的對話。

多元文化的應用。假如處遇方式是靈活且及時的，完形治療是可以被有創意且細膩地運用於不同的文化族群。完形助人者強調了解案主，而非使用

技巧。實驗是在案主的合作以及企圖了解案主文化的背景之下所完成。

貢獻。完形治療認為，從此時此刻的觀點來理解過去是有價值的。相對於只是用抽離的方式在問題上討論，這個理論更強調做（doing）和體驗。完形治療注重非語言和身體的訊息，從而拓寬了助人關係領域中可被探索的素材。它提供了成長和提升的角度，而不只是治療疾病。探索夢境是一個創造性的途徑，可提高對於生活中關鍵訊息的覺察力。

進階閱讀建議。現存關於這種取向的一個有用的資料來源是 *Gestalt Therapy*（Wheeler & Axelsson, 2015）。有關完形治療的進一步討論，請參閱 Corey（2021, Chap. 8）、Neukrug（2018, Chap. 6）、Prochaska 與 Norcross（2018, Chap. 6），以及 Wedding 與 Corsini（2019, Chap. 9）。

第六節　認知行為取向

　　本節介紹一些主要的認知行為取向（cognitive-behavioral approaches），包括行為治療、理情行為治療、認知治療和現實治療，還包括對第三波行為療法（稱為正念和接納治療）的介紹。雖然認知行為取向非常多元，但它們確實有共同的特質：(1) 案主與治療師之間為合作關係；(2) 其假設為心理困擾絕大多數是來自認知過程的干擾；(3) 強調改變認知可產生在情感和行為上所渴望的改變；以及 (4) 是一個有時間限制和教育性的治療方式，聚焦於特定的目標問題。認知行為取向的基礎是結構化和心理教育的模式，其強調家庭作業的功能、將責任歸屬於案主、期待案主在治療期間之內或之外都扮演積極的角色，並採用各種認知和行為技巧以促使改變發生。認知行為實務人員關心的是教導案主如何成為自己的治療師。通常，治療師會指導案主有關問題的本質和過程、認知治療的過程以及想法如何影響情緒和行為。指導過程包括向案主提供有關他們目前存在的問題和預防問題復發的資訊，其中包括處理案主將所學應用到日常生活中時，可能遇到的不可避免之挫折的方法。在所有的治療模式之中，認知行為治療已成為最普及的療法，越來越常

被應用於廣泛的多樣性案主群、各式各樣的問題和許多不同情境的實務工作上。

一、行為治療

概述和基本假設。行為取向認為，人們基本上是透過學習和社會文化環境兩者所形塑而成。由於此取向多元的觀點和策略，與其認為它是一個單一的方法，更精確的是將它視為多樣化的行為治療方式。在行為治療的領域中，將眾多觀點聯合在一起的核心特質是聚焦於顯著的行為、目前的行為決定因素、學習經驗帶來改變，以及嚴密的問題評估和成效評量（assessment and evaluation）。行為觀點的基本假設是，大多數有問題的認知、情緒和行為都是學習來的，新的學習可以改變它們。儘管這修正過程通常被稱為「治療」，但更準確地說，它是一種個人參與教學／學習過程的教育性體驗。

主要概念。行為治療（behavior therapy）強調當前的行為而非歷史事件、精確的治療目標、針對這些目標而設定的不同治療策略，以及治療效果的客觀評量。治療重點在於當下和行動方案的行為改變。觀念和步驟被明確地指定，依據經驗而測試並不斷修訂。還有一個重點是，在處遇介入之前和之後測量一個明確的行為，以判斷這些行為的改變是否為執行步驟的結果，同時判斷改變的程度。

治療目標。行為治療的一個特徵是，在治療過程的初期就確認具體的目標。一般的目標是去增加個人的選擇，和創造新的學習環境。目的是去消除不良的適應行為，以建設性的模式取代之。一般而言，案主和治療師會共同詳細地訂定出具體的、可測量的和客觀的治療目標。在幫助案主實現目標的過程中，行為治療師通常扮演積極和指導性的角色，雖然通常是案主決定要改變什麼行為，但治療師通常會決定如何改變這行為為佳。

治療關係。雖然此取向主要強調的並非案主—治療師關係，然而良好的工作關係仍是有效治療的重要先決條件。熟練的治療師可以將問題行為概念

化,並利用治療關係帶來改變。它的假設是,案主的進步主要是因為案主採用的行為技巧,勝於案主與治療師的關係。治療師的作用在於透過提供指示、示範和回饋成果,教導具體的技巧。治療師往往是積極和直接的,又具有顧問和問題解決者的功能。案主必須自始至終積極地參與治療過程,且被期待要配合持續的治療活動,在治療情境之內和之外皆然。

技術。行為療法與其他療法的不同之處在於,它是短期的、主動的、指導性的、合作性的,並且關注維持問題行為的因素,而不是最初可能引發問題的因素。評估和診斷在初期就進行,以確認治療計畫。行為治療的處遇是依據不同案主所經驗到的特定問題而個別化設定的。任何被證實能改變行為的技術,都可能被納入治療計畫。此取向的優勢在於有許多為了產生行為改變的不同技巧,其中一些技巧是放鬆方法、系統減敏感法、現場減敏感法、洪水法、自我肯定訓練,和自我管理方案。

多元文化的應用。當特定文化的常規已經被發展出來時,行為治療可以被適當地融入於多元案主群的諮商。此方法強調對治療過程的教學,並著重於具體行為的改變。案主學習到透過發展出他們自身的問題解決技巧,便可處理他們文化背景之下所面臨的實際問題。

貢獻。行為治療是一種具有廣泛應用性的短期治療取向,強調所使用技巧的研究和評估,從而建立責信(accountability)。特定的問題被確認和探索,且案主經常被提醒關於治療的過程和已經獲得的益處。在助人功能的眾多方面,此取向已被證實它的有效性,它的概念和步驟很容易被理解。治療師是一個明確的強化劑、顧問、模範、老師和行為改變的專家。

進階閱讀建議。有關行為療法的進一步討論,請參閱 Corey(2021, Chap. 9)、Craske(2017)、Dobson 與 Dobson(2017)、Kazantzis、Dattilio 與 Dobson(2017)、Ledley、Marx 與 Heimberg(2018),以及 Wedding 與 Corsini(2019, Chap. 6)。

二、理情行為治療

概述和基本假設。Albert Ellis 被公認為理情行為治療之父，以及認知行為治療的始祖。理情行為治療（rational emotive behavior therapy, REBT）認為行為改變的基礎是建立在思考、評價、分析、質疑、行動、練習及重新決定的前提下。認知行為取向的基本假設是，個體自我陳述（self-statements）的重組將導致其相對應行為的重組。

主要概念。REBT 認為，雖然情緒困擾是植根於童年，但人們不斷重複著不合理和不合邏輯的信念。情緒問題是個人信念的產物，而非事件，因而這些信念需要被改變。案主被教導生活中的事件本身並不會擾亂我們，我們對事件的詮釋才是關鍵。

治療目標。REBT 的目標是消除對生活觀點的自我攻擊、減少不健康的情緒反應，並習得更理性和寬容的人生哲學。REBT 的兩個主要目標是，協助案主逐步達成無條件的自我接納和學習無條件的接納他人。為了實現這些目標，REBT 為案主提供切實可行的方法來找出他們根本的錯誤信念，再審慎評估這些信念，並以建設性的信念取而代之。

治療關係。治療是一個再教育的過程，而治療師必須積極和直接地擔負起老師的功能。隨著案主開始了解他們持續地造成自己的問題，他們需要努力地練習改變自我攻擊的行為，並把它轉換為理性的行為。

技術。針對大多數的案主，REBT 廣泛地使用認知上、情感上和行為上的多種方法。這個取向融合了一些技巧，用以改變案主思考、感受和行為的模式，技巧是設計來引導案主嚴格審視其目前的信念和行為。REBT 聚焦於特定的技巧，以改變案主在具體情境之下的自我攻擊想法。除了修改信念，REBT 也幫助案主了解他們的信念如何影響他們的感受與行為。從認知的角度來看，REBT 對案主證明了讓他們混亂失常的是他們的信念和自我對話。雖然這個取向並不優先處理感受，但隨著案主探索他們的想法和作為時，感

受經常會浮現，當感受確實顯露時就能被處理了。

多元文化的應用。促使 REBT 對多元文化的案主群有效的因素包括：針對每一個個體量身訂做的處遇、處理外界環境的作用、治療師積極且直接的角色、強調教育的重要、依靠經驗證據、聚焦於現在的行為，還有此取向之精簡。REBT 的助人者有老師的功能；案主則學習各種用來處理生活問題的廣泛技能。它教育的重點訴諸於：讓有興趣學習實際而有效方法的案主可藉此帶來改變。

貢獻。REBT 是一個全面的、綜合的取向，治療的目的是改變思考、感受和行為的困擾，REBT 教導人們如何藉由改變思考而改變情緒。諮商期程是短期的，並強調積極地練習新的行為，讓內在觀察被帶入實際行為之中。

進階閱讀建議。對此取向提供概論的書是 *Rational Emotive Behavior Therapy*（Ellis & Ellis, 2011）。

三、認知治療

概述和基本假設。Aaron Beck 是認知治療的始祖，他對於憂鬱和焦慮等心理失調的理解和治療有很大的貢獻。認知治療（cognitive therapy）的前提是：認知是我們如何感受和行動的主要決定因素，認知治療假設案主的內在對話在行為中具有重要影響。個體對自我的監控和命令以及對事件的詮釋，讓諸如憂鬱和焦慮的心理障礙之內在動力被照見。

主要概念。根據認知治療，心理問題源自老生常談的過程，譬如錯誤的思考、在不適當或不正確的訊息基礎上做出不正確的推論，以及無法區分虛構和事實。認知療法的內涵是：利用修改不準確和失常的思維，來改變失常的情緒和行為。

治療目標。認知治療的目標是利用案主的自動化思維接觸其內在的核心輪廓，並開始重建此輪廓，藉此改變案主的思考方式。人們信念和思考過程的

變化，往往導致其感受及行為的變化。在認知治療中，案主被鼓勵去蒐集並推敲出支持他們信念的證據。透過合作式治療的共同努力，他們學會了區辨哪些是自己的想法，哪些是現實中發生的事件。

治療關係。認知治療強調由治療師和案主雙方共同努力，以可被證實或推翻的假設為架構，建構起案主的推論。認知治療師持續積極地和謹慎地與案主互動；他們也在所有的治療階段中，致力於促使案主積極參與和合作。

技術。認知療法強調蘇格拉底式的對話，以幫助案主發現他們對自己的錯誤想法。透過引導式的探索，治療師發揮催化劑和導引的功能，幫助案主了解他們的思想與感受和行動之間的連接。認知治療師教導案主如何成為自己的治療師，這包括教育案主了解問題的本質和過程、認知治療如何發揮作用，以及他們的思考如何影響其感受和行為。認知治療的技術旨在辨識和測試案主之誤解和錯誤假設。家庭作業經常被使用於這種合作的治療關係中，它是依據案主具體特定的問題而量身訂做的，家庭作業通常以一個試驗的樣貌呈現，案主被鼓勵去創造出他們自身的自我協助功課，以便持續處理那些在治療過程中浮現的議題。

多元文化的應用。認知治療具有文化敏感度，因為它使用個體的信念系統或世界觀作為自我改變的方法之一。認知治療的合作特質提供了很多案主想要的架構，然而治療師仍然盡心竭力獲取案主在治療過程中的積極參與。由於認知治療實行的方式是著重於爭取案主的充分參與，它非常適合用在與多元背景的案主工作。

貢獻。認知治療對於焦慮、恐慌和憂鬱的治療方法已被證實是有效的，這個取向已經受到臨床研究者大量的關注。豐富的經驗顯示，在教導案主改變他們的信念系統這方面，很多具體的認知技術已獲得證據佐證它們的效用。

進階閱讀建議。如果你有興趣進一步閱讀將認知治療納入綜合取向的相關內容，請參考 J. Beck（2005, 2011）、Dobson 與 Dobson（2017）、Ellis 與 Ellis（2011）、Kazantzis、Dattilio 與 Dobson（2017）、Meichenbaum（2012, 2017）、Sperry 與 Sperry（2018），以及 Vernon 與 Doyle（2018）。有關認知觀點的一般治療，請參閱 Beck 與 Weishaar（2019, Chap. 7）和 Corey（2021, Chap. 10）。

四、選擇理論 / 現實治療

概述和基本假設。選擇理論（choice theory）假設人類是被內在動機所驅使，根據內心的目的而興起意圖控制所處世界的行為。選擇理論——實踐現實治療的基本哲理——提供了一個框架，解釋了人類行為中的為何及如何。由 William Glasser 於 1960 年代創立和發展的現實治療，其假設是人要為自己的行為負責。基於存在主義的原則，現實治療認為我們選擇了自己的命運。現實治療（reality therapy）假設人類有改變的動力是基於：(1) 當他們確定現在的行為無法讓他們得到想要的；(2) 當他們相信選擇其他行為將會讓他們更接近於他們想要的。案主被要求要評估自己目前的行為，以確定他們可能要改變的具體方式。

主要概念。此治療取向的核心理念是，行為是我們為了控制自己對外在世界的感受或觀點，使這些感受及觀點符合我們內在世界的最好嘗試。整體行為（total behavior）包括四個無法分割但有區別的組成——行動、思考、感覺和生理，這些都伴隨著我們的行為。現實治療和選擇理論的一個主要概念是：無論我們的情況可能多麼悲慘，我們始終有一個選擇。改變整體行為的關鍵是透過行動和思考，因為整體行為的這些面向比感覺和生理面向更容易改變。現實治療的重點是承擔個人責任，並面對當下。

治療目標。此治療取向的總體目標是幫助人們找到滿足生存、愛與歸屬、權力、自由和樂趣這些需求的更好方式。行為的改變應該帶來基本需求的滿足。案主被期許自我評估目前的行為、思考、感受是否讓他們得到他們想要

的，並且協助他們找到更好的運作方式。

治療關係。治療師透過逐步參與案主，並創造支持性和挑戰性的關係，作為治療過程的開始，他們教導案主如何與其他人做重要的連結。整個治療過程中，諮商師要避免批判案主、拒絕接受案主對於不貫徹原本同意的計畫的藉口，並且絕不放棄案主。反之，諮商師持續請案主評估其選擇之成效，確定是否可能有更好的選擇。

技術。將現實治療做法概念化的最佳方法是透過諮商的週期（cycle of counseling），其中包括兩個主要組成：(1) 諮商環境；(2) 導致行為改變的具體程序。現實治療是積極的、指導的和教導的。熟練的詢問和各種行為技巧被用來幫助案主進行全面的自我評估。

現實治療中有些具體的程序已由 Robert Wubbolding（2011, 2017）發展出來。這些程序被簡化為 WDEP 模式（WDEP model），意指下列策略的群組：

W ＝慾求（wants）：探索慾望、需求和覺知。
D ＝方向與行為（direction and doing）：聚焦於案主現在正在做的事，和此事將帶領案主前往的方向。
E ＝評估（evaluation）：督促案主評估他們的整體行為。
P ＝計畫與承諾（planning and commitment）：協助案主制定切合實際的計畫，並做出承諾、貫徹落實。

多元文化的應用。現實治療師透過幫助案主探索目前的行為對他們自己和他人而言的滿足程度，來展現對案主文化價值的尊重。案主完成自我評估之後，治療師辨識出那些對案主不利的生活區域，接著案主要制定具體和切合實際的計畫，這些計畫要與他們的文化價值觀一致。

貢獻。以一個短期取向而言，現實治療可被使用於各類型的案主。現實治療法包括許多簡單、清晰的概念，很容易讓許多助人者理解，而且它的原則

可以讓家長、教師和神職人員運用。作為一個積極和行為導向的方法，它適合用在許多被視為治療困難的案主類型身上。此方法教導案主專注於他們能夠做到的，並願意從現在開始改變他們的行為。

進階閱讀建議。關於現實治療的最新書籍是 *Reality Therapy and Self-Evaluation: The Key to Client Change*（Wubbolding, 2017）。有關現實療法和選擇理論的進一步討論，請參閱 Corey（2021, Chap. 11）、Glasser（1998, 2001）、Neukrug（2018, Chap. 11），以及 Wubbolding（2011, 2013, 2016, 2017）。

五、正念與接納治療

正念和接納是最先進的治療方法，通常被稱為行為療法的第三波浪潮。這些第三波行為療法圍繞著四個核心主題：(1) 對心理健康的延展性觀點；(2) 對可接受的治療結果的廣泛性觀點；(3) 正念和接納；(4) 設計值得享受的生活。正念和接納療法預計在未來會越來越受歡迎（Prochaska & Norcross, 2018）。以正念為基礎的療法是治療壓力失調的有效方法，如果與運動、接觸大自然、飲食和營養、娛樂、為他人提供服務、人際關係、放鬆和靈性參與等具治療性的生活方式改變相結合，可能會更有效（Walsh & Vaughan, 2019）。

認知行為傳統思想的當代發展包括四個主要取向：(1) 辯證行為治療（DBT），已成為公認的邊緣型人格障礙治療方法；(2) 正念減壓（MBSR），運用正念技巧應對壓力，促進身心健康；(3) 正念認知治療（MBCT），主要是治療憂鬱症；(4) 接受與承諾療法（ACT），鼓勵案主接受不愉快的感覺，而不是試圖控制或改變它們。所有這些基於正念的取向都經過了實證檢驗，這是行為學派傳統的特徵。

有關正念在心理治療實務中之角色的深入討論，請參閱 *Acceptance and Mindfulness in Cognitive Behavior Therapy: Understanding and Applying the New Therapies*（Herbert & Forman, 2011）、*Mindfulness and*

Psychotherapy（Germer, Siegel, & Fulton, 2013）、*Wisdom and Compassion in Psychotherapy: Deepening Mindfulness in Clinical Practice*（Germer & Siegel, 2012），以及 *The Mindfulness Solution: Everyday Practices for Everyday Problems*（Siegel, 2010）。

辯證行為治療。辯證行為治療（Dialectical behavior therapy, DBT）由 Marsha Linehan（1993a, 1993b）發展出來，她希望減輕那些考慮自殺的人的情緒困擾。現在，DBT 被認為是治療邊緣性人格障礙患者的重要取向。DBT 已被證明可有效治療多種疾患，包括焦慮症、憂鬱症、物質濫用、創傷後壓力症候群、飲食失調和非自殺性自殘（Linehan, 2015）。

辯證行為治療師強調強健的治療聯盟，這是透過建立結構化的、可預測的治療環境來實現的。DBT 的整體目標是透過技巧訓練並將這些技能應用到日常生活中，來減少無效的因應行為並增加有效的行為。當案主開始進行 DBT 時，他們被要求訂定一些使生活有價值的具體生活目標（Kelly & Robinson, 2018）。

正念，即體驗每時每刻的展開，是 DBT 的基本技巧，它使個人能夠覺知並接納世界的本來面目，並避免評價和批評。透過正念，案主學會擁抱和忍受他們在面對痛苦情況時所經歷的強烈情緒，並鼓勵案主去接受並體驗情緒原本的樣子，而不是試圖改變它們。接納意味著不加批判地接受我們當下的經驗，但帶著好奇心和同理心，透過讓案主欣賞活在當下的價值來促使進展（Germer, 2013; Kelly & Robinson, 2018）。

有關 DBT 的詳細討論，請參閱 *DBT Skills Training Manual*（Linehan, 2015）。

正念減壓。正念減壓（Mindfulness-based stress reduction, MBSR）的本質是理解到我們的大部分悲傷和痛苦都是由於不斷地希望事情與現實有所不同而造成的。MBSR 幫助人們學習如何更完整地活在當下，而不是沉思過去或過度擔心未來。正念冥想可以淨化心靈、平靜身體，使個人能夠以不帶偏見的方式專注於此時此地的覺察，其重點在於「現實是什麼」而不是「如果」。

MBSR 方案旨在教導參與者以建設性的方式處理外部和內部壓力源；個人將致力養成持續在當下滋養此原則的承諾。鼓勵案主將正念帶入所有日常活動中；這種日常的練習包括在站立、行走、吃飯和做家事時保持正念。獲得一種正念的存在方式並不是一種簡單的行為技巧，它是我們隨著時間的推移，透過訓練的實踐來加深我們的專注而發展成的一種存在方式。即使只是短暫的集中注意力和安靜反思，我們也可以得到很大的收穫。正念的練習可以對我們日常生活的方式產生重大影響，為了讓正念在治療室之外推廣，正念練習必須融入日常生活中。

有關正念和接納的延伸討論，請參閱 *Acceptance and Mindfulness in Cognitive Behavior Therapy: Understanding and Applying the New Therapies*（Herbert & Forman, 2011）。

正念認知治療。正念認知治療（mindfulness-based cognitive therapy, MBCT）是將正念原則和技巧的全面性整合，應用於憂鬱症的治療。MBCT 使用接納技巧來提高復原力並防止憂鬱症的復發（Antony, 2019）。MBCT 的簡潔性使得該取向成為一種有效且具有成本效益的治療方法，該方案整合了 MBSR 技巧與指導案主認知行為技能，主要目的是改變案主對其負面想法的覺知和關連。

當我們發展出正念的技巧時，我們的思維會變得更加清晰，我們更加能提昇對周圍世界的覺知。MBCT 實務工作者的態度和行為對於幫助案主獲得一種可接受的存在狀態以及放棄自我批評和評判的習慣來說非常重要。

有關 MBCT 更詳細的評論，請參閱 *Mindfulness-Based Cognitive Therapy for Depression*（Segal, Williams, & Teasdale, 2013）。

接納與承諾治療。接受和承諾治療（acceptance and commitment therapy, ACT）是一種基植於經驗的心理處遇，它使用接納和正念的策略以及承諾與行為改變策略來滋養心理的韌性。ACT 不是一種技術；它是一種在心理韌性模式內發展與運用處遇的取向，接納和承諾治療師幫助案主接納生活中的困難並以堅定的方式向前邁進。ACT 的主要目標是幫助案主適應當下，持

續價值基礎一致的行為改變，從而實現預期的結果。接納與承諾治療師教導案主去注意、接納、甚至擁抱他們全部的想法和感受。

不強調改變案主想法的內容，相反地，重點是接納（不帶評判性的覺知）他們的認知。目標是讓個人能覺察並檢視自己的想法，讓案主接納他們想法的本相，並致力於重新調整他們與思考過程的關係。當案主檢視自己的想法時，他們對自己想法的反應同時與自己想法的關係，被視為重新建構其思考內容的替代方案。

接納和承諾治療師的主要角色是幫助案主變得更加完整，這樣他們就可以開始過著符合自己價值觀且更有活力的生活（Hayes & Lillis, 2012）。價值觀意味著以有意義的方式生活同時反映和選擇人生目標（Podina & David, 2018）。為了實現這一目標，實務工作者可能會問案主以下問題：你希望你的生活代表什麼？你真正關心的是什麼？你想要過什麼樣的生活？當案主更了解自己的價值觀、選擇他們想要遵循的價值觀並採取行動使他們的行為與價值觀相匹配時，治療師和來訪者將共同制定治療目標（Antony, 2019）。對行動的承諾非常重要，案主需要謹慎決定他們願意做什麼以便能過著有價值和有意義的生活，具體的作業和行為練習是案主承諾採取行動的兩種方式。案主有責任決定能為他們提供有意義生活的價值觀；為案主選擇價值觀並不是治療師的職責。

有關 ACT 的更多信息，請參閱 *Acceptance and Commitment Therapy*（Hayes & Lillis, 2012）和 *Acceptance and Commitment Therapy: The Process and Practice of Mindful Change*（Hayes, Strosahl, & Wilson, 2011）。

第七節　後現代取向

本節將介紹四個主要的後現代取向（postmodern approaches）：焦點解決短期治療、動機式晤談、敘事治療和女性主義治療。在這些取向中，治療師推翻了專家的角色，寧願採取更多合作和協商的立場。焦點解決短期治療、動機式晤談和敘事治療都有一個樂觀的基本假設，就是人們是健康的、

有能力的、資源豐富的,並具有能創造改善生活的解決和替代方式之能力。女性主義治療著重於多元化、性別歧視的複雜性以及社會背景在理解性別議題中的核心地位等議題。

一、焦點解決短期治療

概述和基本假設。焦點解決短期治療(solution-focused brief therapy, SFBT)假設治療師並非案主生活的專家;相反地,案主才是專家。這種取向強調案主的優勢、資源、以往的成功經驗,以及他們處理自己的擔憂並實現他們想要的結果的能力。複雜的問題並不一定需要複雜的解決方式,治療師幫助案主認知到他們已經具備了哪些能力。改變是持續和必要的,而且小的改變會帶來許多改變。治療師將注意力聚焦於案主的成功經驗,並幫助他們發揮自己的潛力、優勢和資源。

主要概念。SFBT 的核心概念包括從談論問題到討論與建構解決方案。治療過程著重於案主期望的未來,而不是過去的問題。治療保持簡單和簡短,治療師會盡快完成工作,他們傾向於將每次治療都當作最後一次治療。每個困擾都有例外,藉由討論這些例外,案主能夠在很短的時間內克服主要的問題。

治療目標。焦點解決模式強調的是案主要建立自己的目標和偏好,而這將在相互尊重、對話、詢問並能給予案主肯定的治療氛圍中完成。治療師和案主在合作關係中一起工作,兩者共同發展出實用和有意義的治療目標,且最終案主會建立能帶來更美好未來的、具有意義的目標。

治療關係。SFBT 是一個合作的冒險事業;治療師致力於和案主一起完成治療,而非在案主身上做治療,治療師認知到案主才是他們自己經驗的主要詮釋者。焦點解決治療師採取「不知道」的立場,或非專家的立場,以使案主站在成為自己生活專家的位置。「治療師是專家」被「案主是專家」所取代。透過採取好奇和「不知道」的尊重立場,治療師可以從案主那裡得知需

要被完成的工作本質。案主和治療師共同建立清楚的、具體的、務實的以及符合個人意義的目標,而目標引導著治療過程,這種合作的精神開闢了當下和未來改變的可能性。

技術。焦點解決治療師使用一系列的技巧,有些治療師要求案主將問題外化(externalize),並且聚焦於優勢或未使用的資源;另一些治療師激發案主探索可能奏效的解決方案,技巧著重於未來及如何解決問題最好,而非理解問題的成因。焦點解決短期治療經常使用的技巧包括治療前的改變、例外問句、奇蹟問句、評量問句、家庭作業和摘要回饋。

焦點解決短期治療師經常在第一次會談時問案主:「自從你打電話來預約之後,你做了什麼讓問題有些改變的事情?」詢問治療前的改變(pre-therapy change)往往會鼓勵案主減少對治療師的依賴,而更倚重自己的資源來達成目標。

例外問句(exception questions)帶領案主回到過去問題不存在於生活或問題不那麼嚴重的那些時刻。探索例外提供案主去發掘資源、善用優勢以及創造可能的解決方案。

奇蹟問句(miracle question)允許案主去描述沒有問題的生活。此提問著重於未來,鼓勵案主思考不同樣貌的生活,而非那個被特定問題所控制的生活。奇蹟問句聚焦於案主搜尋解決方法。例如,「你將如何知道事情已經改善了?」和「當生活變得更好的時候,你會注意到哪些事情不同了?」

評量問句(scaling questions)要求案主透過 0 到 10 的量表,具體說明某個特定層面的進步。可以向案主提出這樣的問題:「按照 1 到 10 的標準,1 表示最差,10 表示最好,你對現在的工作滿意度如何?」這個技巧使案主看到他們以明確的步驟和程度所達成的進展。

治療師可以透過真誠的肯定或指出案主已經呈現的具體優勢,來提供摘要回饋(summary feedback)。

多元文化的應用。焦點解決治療師從案主所經驗的世界來了解案主,而非以治療師自己先入為主的觀點理解案主的世界觀。焦點解決治療師採取非

病態的立場，不認為案主哪裡出了問題，而是強調創意的可能性。重點是預防和教育，而不是補救。與其追求讓改變發生，焦點解決短期治療師傾向於創造一個了解和接納的氛圍，允許各樣不同的案主去使用他們的資源，創造具體的改變。焦點解決治療師的態度有利於與多元的案主群建立合作治療的夥伴關係。

貢獻。SFBT 的關鍵貢獻是樂觀地認為人們是有能力的，並且能夠創造出更好的解決方案。問題被視為一般的困難和生活的挑戰。SFBT 提供了有效的方法來應對案主的抗拒和遲疑，這個治療方式的優勢是使用提問，尤其是未來導向的問題，促使案主思考如何解決未來的潛在問題。

進階閱讀建議。有關焦點解決短期治療的進一步討論，請參閱 Corey（2021, Chap. 13）、Cormier、Nurius 與 Osborn（2017, Chap. 10）、Grothaus、Runyan 與 Sacco-Bene（2019, Chap. 7）、Murphy（2015）、Neukrug（2018, Chap. 13），以及 Prochaska 與 Norcross（2018, Chap. 15）。

二、動機式晤談

概述和基本假設。動機式晤談（motivational Interviewing, MI）是一種人本主義、以案主為中心、心理社會學的、指導性的諮商取向，由 William R. Miller 與 Stephen Rollnick 在 1980 年代初期發展出來的。基本假設是案主想要變健康並渴望積極的改變，MI 的前提是個人有能力產生內在的改變動機。改變的責任在於案主，治療師和案主都認為改變是可能的，而抱持希望和樂觀的感覺。一旦人們相信自己有能力改變和療癒，新的可能性就會為他們展開。

主要概念。MI 植根於以人為本的治療哲學，但也有一些「扭轉」（twist）。與非指導性和非結構化的個人中心取向不同，MI 是刻意指導的。當案主表現出對諮商目標的抗拒時，MI 諮商師會努力減少案主對改變的矛盾心態並增加內在動機。

治療目標。尋求治療的人常常會對改變感到矛盾，他們的動機可能會在治療過程中起伏不定。遲疑或對改變舉棋不定被認為是正常的，並且是治療過程中可預期的一部分。透過尊重案主的故事、確認案主的優勢和傾向，以及增強內在動機，MI 提供了多種方法來解決案主在改變過程中經常遇到的死胡同。MI 強調案主的自我責任，並提倡採用邀請方式與案主合作，從而為行為問題找到替代解決方案。MI 實務工作者相信案主的能力、優勢、資源和能力，而治療師則指導個人採取必要的步驟，以根據他們的個人目標和價值觀帶來改變，實務工作者幫助案主成為自身改變的倡導者和生活改變的主要推動者。

治療關係。在獲得成功的結果一事上，治療關係與治療師所依據的特定理論模式或心理治療學派同樣重要。MI 治療師強調治療的關係脈絡，即所謂的 MI 精神，以及與案主建立合作夥伴關係，使用客戶的想法和資源，積極讓案主參與有關改變的對話，並意識到所有選擇最終取決於案主。MI 實務工作者鼓勵個人探索他們對改變的擔憂和恐懼，並努力建立內在動力。MI 治療師避免與案主爭論，避免採取對抗性立場，將抗拒重新定義為健康的反應，表達同理心，並反映式傾聽。MI 實務工作者並不將案主視為需要擊敗的對手，而是視為在他們當下和未來的成功中發揮重要作用的盟友。

技術。MI 涉及一套複雜的技術，這些技術可以根據案主當時的言論和行為來靈活使用。提出開放式問題、採用反映式傾聽、探索案主的目標和價值觀、肯定和支持客戶、以非面質的方式應對抗拒、在提供建議之前先徵求同意、強調個人的選擇、鼓勵案主的自主性以及引發和強化改變的談話，是 MI 所使用的典型技術。動機式訪談不只是簡單地提出問題，還包括很多內容，它需要敏銳的傾聽來幫助治療師找到提升案主自身改變動機和渴望持續治療的方法。

多元文化的應用。從事 MI 治療的治療師努力不帶批判或批評地從案主的角度體驗世界。MI 強調反映式傾聽，這是實務工作者能夠更佳理解案主主

觀世界的一種方式。展現同理心是為案主創造一個安全的氛圍，以探索他們對改變之矛盾心態的基礎。當案主改變緩慢時，我們可能會認為他們有能使人信服的理由維持現狀，同時也有理由改變。其中一些原因可能與案主的文化背景和文化價值觀有關。這種了解案主世界的立場是在多元文化環境中應用 MI 的基礎。

貢獻。採 MI 取向的實務工作者支持案主的自我效能感，主要是鼓勵他們利用自身的資源來採取必要的行動，以成功帶來改變。MI 臨床醫生努力增強案主在改變的作用，並強調案主制定自身目標和做出個人決定的權力和內在能力。MI 專注於當下和未來的情況，賦權案主找到實現目標的方法。MI 在進行良好的實證研究方面擁有令人印象深刻的紀錄，證實了其在解決一系列案主議題和各種場域的價值。

進階閱讀建議。*Motivational Interviewing: Helping People Change*（Miller & Rollnick, 2013）是深入了解動機式晤談的絕佳資源。另請參閱 Cormier、Nurius 與 Osborn（2017, Chap. 10）和 Iarussi（2019）。

三、敘事治療

概述和基本假設。敘事治療（narrative therapy）的基礎在某種程度上是細查人們述說的故事以及了解此故事的意涵。每一個故事內容對於說故事的個體而言都是真實的；沒有絕對的現實。敘事治療師致力於避免對案主獨特的故事和文化傳統做出不尊重的假設。

主要概念。敘事治療的主要概念包括探討問題如何擾亂、控制或打擊一個人。治療師企圖讓案主與他們的問題區分開，不再採用固定僵化的觀點看待他們的特質。這種取向的重點是改變案主與事件相關的敘述，並邀請案主從不同的角度看待他們的故事，最終共同創造一個另一版本的生命故事。案主被要求找出可以支持自己新觀點的證據，即他們有足夠的能力擺脫問題的主導地位，並被鼓勵去思考假如他們是有能力的，會期待什麼樣的未來。

治療目標。敘事治療師邀請案主以新的措辭來形容他們的經驗，往往可以打開新局面。從敘事治療的角度看，治療過程的核心包括辨識人們如何內化社會標準和期待，以至於壓抑和限制了人們原本可能有能力過的生活方式。敘事治療師與案主合作，幫助他們體驗增強的行動感，或在世界上採取行動的能力。

治療關係。敘事治療強調治療關係的品質以及在這種關係中創意性地使用這些技巧。敘事治療師不會假定自己對於案主的生活特別了解，案主是他們自身經驗的主要詮釋者。在敘事取向中，治療師試著了解案主的生活經驗，同時避免去預測、解釋或者視其為病態。透過系統觀的聆聽、帶著好奇的、堅持不懈的態度並尊重案主的提問，治療師與案主共同合作去探索問題對他們的影響，以及他們做過哪些事可降低此影響。藉由這個歷程，案主與治療師共同建構生氣蓬勃的另一個生命故事。

技術。敘事治療最具特色之處，是這句引人注目的句子：「人不是問題，問題本身才是問題。」（The person is not the problem, but the problem is the problem.）敘事治療師利用外化對話（externalizing conversations）與案主交會，其目的是將「人」的自身和問題分開。這裡的假設是一旦案主將他們自己和他們的問題區隔開，案主就可以發展出不同的和更具建設性的故事。

多元文化的應用。由於強調多重真實，且假設所謂的真實是社會結構之下的產物，敘事治療很符合多元的世界觀。敘事治療師抱持的假設是，問題是在社會的、文化的、政治的以及關係的脈絡之下被界定，而非僅存在於個體之內。案主不需要改變本質的自我；相反地，他們面臨的挑戰是改變自己與主流文化的關係。

貢獻。當敘事治療師傾聽案主的故事時，他們關注於一些細節，這些細節顯示案主具有能力針對受壓迫的問題表達堅決反對的立場。問題不被視為病理表現，而是一般的困難和生活的挑戰。在敘事治療實踐中，沒有處方、沒有固定流程，也沒有確保會達成預期結果的公式可循。此治療方式鼓勵治療

師在與案主工作時運用創造力。

進階閱讀建議。有關敘事治療的進階治療，請參閱 *Narrative Counseling in Schools: Powerful and Brief*（Winslade & Monk, 2007）。另請參見 Winslade 與 Del Corso（2019）。

四、女性主義治療

概述和基本假設。女性主義治療（feminist therapy）的基本前提是，性別角色期待從出生起就深刻地影響著我們的身分認同，女性主義治療師對於何謂心理健康個體之男性取向假設提出了挑戰。我們鼓勵案主提高對性別角色社會化如何深植在成人人格中的覺察。這種取向的基本假設是，僅關注個人的內在動力無法理解個人的問題；相反地，必須考慮圍繞性別歧視的多元化和複雜性的脈絡性因素。女性主義理論的基本哲學是性別中立、適應性、互動性、生命全程導向。

主要概念。女性主義治療的主要概念是社會性別角色的訊息影響個人如何看待自己和如何行動。當代女性主義治療的假設是：性別不能與種族、民族、階級和性傾向等其他身分認同範疇分開來思考。有問題的症狀被視為因應對或生存策略，而不是病症的證據。對痛苦的診斷變得次要於優勢、技能和資源的識別和評估。雖然個體不需要為主要是由功能失調的社會環境造成的個人問題負責，但他們有責任努力推動改變。

治療目標。女性主義治療師幫助案主辨識出社會化模式的影響，以便案主能夠批判性地評估和修改早期與合宜的性別角色行為相關資訊。女性主義治療師認為，性別是治療實務的核心，要理解案主的問題需要採用社會文化觀點。治療目標集中在六個議題：平等、平衡的獨立和相互依賴、自我滋養、賦權、社會改變以及重視和肯定差異。個人轉變和社會改變都是重要的治療目標，在個人層面，治療師致力於幫助女性和男性確認、宣告和擁抱他們的個人力量。作為一個有政治意識的行業，另一個目標是社會轉型。

治療關係。治療關係建立在授權的基礎上，有意識地平衡案主和治療師之間的權力基礎。治療師致力於揭開治療的神秘面紗，讓案主在評估和治療過程中成為的積極夥伴。治療師教導案主意識到性別角色期待如何影響、他們如何定義自己，以及如何與他人產生連結。

技術。在女性主義治療中，技術來自心理動力取向、認知行為治療、正念取向和人本主義治療。所用技術包括使用治療合約、家庭作業、閱讀治療、治療師自我揭露、角色扮演、認知重建、重構、再標籤和自我肯定訓練。此外，女性主義治療程序還包括性別角色分析和介入、權力分析和介入，以及社會行動。

多元文化的應用。女性主義治療和多元文化觀點有許多共同點，關係內的權力的女性主義觀點可用於理解基於種族和文化因素造成的權力不平等。女性主義治療和多元文化觀點都不僅僅關注個人變化，相反地，這兩種取向都強調對社會改變採取直接行動是治療師角色的一部分。許多引起人們關注受壓迫族群的社會行動和政治策略對於婦女和其他邊緣化族群同樣具有關連。女性主義治療師和多元文化治療師都致力於制定政策以減少各種類型的歧視——性別、種族、文化、性傾向、能力、宗教和年齡——的機會。

貢獻。女性主義治療的一個主要貢獻是，女性主義治療的原則和概念與其他治療系統整合的潛力。任何取向的治療師都可以將女性主義實務融入在他們的工作中，只要他們以積極、平等的態度對待女性和男性進行治療，並願意面質父權制度。建立社群、提供真實可靠的相互移情關係、創造社會覺知的意識、強調社會改變都是這種取向的重要優勢。

進階閱讀建議。有關女性主義療法的實用介紹，請參閱 *Feminist Therapy*（Brown, 2018），另請參閱 Remer（2013）和 Corey（2021, Chap. 12）。

第八節 家庭系統觀

家族治療（family therapy）涉及從個體動力到系統內互動的概念轉換。家庭系統觀（family systems perspective）視家庭為一個運作的單位，也是一個實體，其本身加起來超過其成員的總和。當聚焦於個體的內在動力而不充分考量人際關係間的動力時，只揭露了個體不完整的圖像。家族治療師所同意的基本概念為：家庭即系統，治療取向有必要全面地面對其他家庭成員與被「認定」的案主。雖然系統取向並不排斥處理個人內在的動力，但此種取向擴展了傳統的重點。在沒有觀察個體與其他家庭成員以及更大的社區和社會範圍的互動狀況之下，要精準地評估個體的擔心掛慮是不可能的。

家庭治療不僅是與家庭一起工作的方法；它是一個隨著時間推移而關照著個體和家庭發展的觀點。它還提供了一個鏡頭，透過鏡頭來看見與世界的連結。它考慮到個體的鄰居、社區、教會、工作環境、學校和其他系統的影響。事實上，從家庭系統的角度認為，除非案主的親密關係網絡被考慮在內，否則個體顯著的變化不太可能發生或維持。

一、家庭系統治療

概述和基本假設。家庭系統取向（family systems approaches）的假設是：理解個體最好的方式是透過評估整個家庭的互動。它也根據以下假設為基礎，認為案主的問題行為可能是：(1) 為家庭提供某種功能或目的；(2) 一個家庭無法有效運作的產物，特別是在家庭發展週期的過渡期；或 (3) 跨越世代傳下來的不正常模式之症狀。所有這些假設都挑戰了傳統個體治療概念化人類問題和成因的框架。

系統觀的原理之一為，症狀是呈現家庭系統——而非個體——內部的功能障礙，而功能障礙往往跨越了好幾個世代。家庭提供了理解個體行為的背景脈絡，任何家庭成員的行為都會影響所有其他成員，而他們的反應也將交互影響這個個體。

主要概念。家族治療是一個尊重各種觀點、技巧和方法的多元領域,這裡所提出的主要概念,含括了一些混合不同系統方法的議題。

家族治療往往是短期的,因為尋求專業幫助的家庭通常要解決的是問題的症狀。除了是短期、以解決問題為焦點和行動導向之外,家族治療往往會處理現在的互動。它和許多個別治療方法不同的是,它強調目前的家庭關係如何促成了症狀的發展和維持。

幾乎所有的家族治療師都會關注家庭系統此時此刻的互動,藉由處理此時此刻的互動,已存在相當時間的模式能夠被改變。家族治療的觀點強調語言和非語言的溝通,家族治療師對於家庭互動的過程及傳授溝通模式有濃厚的興趣。

治療目標。家族或關係治療的目標是幫助成員改變不順暢的關係模式,幫助家庭創造新的互動方式。普遍的目標是在系統內帶來改變,並認定如果系統改變了,那麼系統內的個體也會改變。具體的目標則由治療師的明確方向或由此家庭和治療師合作的過程來決定。

一個完整的家族治療實務方法必須包括指導性的原則,有助於形成目標、互動、觀察以及推動改變的方式。有些理論專注於感知和認知的改變,有些主要處理感受的變化,還有一些理論強調行為的改變。

治療關係。家族治療師的功能如同示範者、老師和教練。雖然治療師的技術非常重要,但治療師能夠與整個家庭成員建立和諧密切的關係並創造工作關係的能力,才是最有價值的。大部分取向的共同點是,它們承諾去幫助家庭成員學習新的、更有效的互動方法。

對 Bitter(2014)而言,治療師與一個家庭所創造的關係,遠比他／她採取的技巧重要。Bitter 指出有效的家族治療師具備以下的個人特質和方向:同在;接納、關注和關懷;自信和信心;勇氣和冒險;用開放的態度面對改變;留心一個家庭的目標和目的;與家族的互動模式工作;欣賞多樣性的影響;真誠地關心別人的福祉;關心家庭及其成員的心理狀態;參與、投入及滿足於和家庭工作。這些個人特質影響了技巧被傳遞的方式。

技術。家族治療師有各式各樣的技巧可以使用,然而他們使用的處遇策略最好考慮結合他們的個人特質。治療師使用適合自己個性和適切於治療目標的技能和技術,是至關重要的。技巧是實踐治療目標的工具,但這些處遇策略並不會塑造出一位家族治療師。

面對臨床實務的要求,治療師需要靈活選擇處遇策略,滿足特定的治療目標,並為具體的成果做出貢獻。大多數家庭治療師會整合來自不同理論取向的概念和技術,根據他們的培訓、個人特質和他們所服務的家庭群體產生自己的取向組合。家庭治療正在走向整合,很多治療程序可以自各種理論中借用,端視哪個對於被服務的家庭最有可能奏效。家庭的最佳利益是核心考量。

今日,家族治療師探索包括家庭中的個體文化和該家庭所歸屬之更大的文化背景兩者。他們尋找文化可以影響他們與家庭工作的方式。治療性的處遇不再處處通用,不只是文化因素的介入,更是由於家庭系統其實是社區的一部分。

多元文化的應用。許多文化認為相互依賴比獨立更有價值,而這是家族系統取向中的主要優勢。與案主工作時,當案主身在某種合作形式的家庭單位中,特別重視祖父母、父母、姑姑和叔叔,便很容易看到家庭取向比個別治療有更顯著的優勢。藉由了解和欣賞家庭系統的多元性,治療師得以將家庭經驗置於他們所屬的、更大的文化背景之下來考量。

貢獻。家庭系統取向的重要貢獻之一是,無論個人或家庭都不會因特定的功能障礙而被指責。與其指責「被認定的病人」或家庭,不如讓整個家庭有機會了解家庭的多重角度和互動模式,並且參與尋找解決之道。家庭藉由辨識和探索內在的、發展上的以及具有重大意義的互動模式而被賦權。在此同時,系統的角度理解到,個人和家庭是被外部力量和系統所影響。如果變化是發生在家庭之內或家庭成員之間,治療師必須覺察到有可能造成影響的系統有哪些。

進階閱讀建議。有關家庭系統治療的進一步討論，請參閱 *Theory and Practice of Family Therapy and Counseling*（Bitter, 2014）和 Corey（2021, Chap. 14）。

第九節　助人歷程的整合取向

　　整合模式（integrative model）是指，藉由不同的理論取向得出的概念和技巧為基礎所形成的觀點。現今助人歷程中發展出整合取向的趨勢，原因是我們認知到，當所有案主類型和他們特定的問題都被全面考量在內時，沒有單一理論足夠完整，得以解釋人類行為的複雜性。目前大多數實務工作者對多種理論和多種技術範疇的整合觀點都抱持開放的態度（Norcross & Beutler, 2019; Norcross & Goldfried, 2019）。每一種理論都有其獨特的貢獻和它的專門領域，透過承認特定理論的優點和缺點，實務工作者就有了一些基礎來開始發展適合他們的諮商模式。Norcross 與 Beutler（2019）認為，「心理治療應該根據個別案主的獨特需求和脈絡來彈性量身訂做，而普世應用就像同一個尺寸要給每個人穿」（p. 531）。

　　我們鼓勵你保持開放的心，看重每個諮商理論本身的價值。這章提及的所有理論都有一些獨特之處，同時也有其侷限。學習所有當代的理論，以確定你可以吸收哪些概念和技巧成為你的工作方法。你將需要不同的理論系統和諮商技巧的基本知識，以便有效地在各種場合與多樣化的案主群工作。僅僅在一個理論範圍內操作，可能無法提供你治療的靈活性，你需要有創意地處理伴隨著多樣化案主群而來的複雜性。

　　每一個理論代表了看待人類行為的不同切入點，但沒有一個理論代表完全的真理。由於並沒有所謂的「正確的」理論取向，你可以去找尋一個適合你個人的取向，並思索一種可以涵蓋思考、感受和行為的整合取向。為了發展出整合性取向，你需要徹底扎根於一些理論，請對這些理論可以藉由某些方式結合在一起的觀點抱持開放的心，並願意不斷測試你的假設，確保它們發揮功能。

建立整合性的取向是一項複雜的任務。你不能只是從各理論中隨意挑選技術。如果你只是毫無根據地挑選，你的選擇很可能會反映出你的偏見和先入為主的想法，我們建議的整合方式是基於治療學派的共同因素。然而，融合理論的結構比利用不同學派的不同技術要求更高。如果你試著將不同方向的理論構造統整到你自己的整合模式中，那麼這些概念必須是相容的。在最好的情況下，整合是對不同取向特別貢獻的創意性整合，是滾動式整合適合你個性和風格的獨特概念和技術。

如果你目前是受訓中的學生，那麼期待你已經建立起一個整合的和明確的理論模型是不切實際的。整合的觀點是來自大量閱讀、研究、臨床實踐、調查和理論化的結果。隨著時間和深思熟慮的研究，我們的目標是發展出前後一致的概念架構，你可以使用它作為從眾多技巧中做出選擇的基礎。

在發展出與案主工作的方式時需要納入理論和研究。如今，大多數機構越來越需要實務工作者使用具研究支持的技術。治療關係、治療師的個性和治療風格、案主和環境因素都是治療成功的重要因素。治療關係與治療師使用的技術、案主的特徵以及其他治療師特質是共譜出療效性，對有療效之心理治療的理解會考慮所有這些因素以及它們如何共同作用為案主帶來好處。當考慮到所有這些因素時，證據導向實務工作就更有意義（Norcross & Lambert, 2019）。

如果你的案主對特定取向沒有反應，請相對應地調整治療方法，即使是同一個案主，你也可能需要在治療的不同階段調整你的方法。治療師需要有能力提供多元的治療取向，以適應客戶特質、態度、價值觀和偏好的變化（Wampold, 2010）。無論你採用哪種理論取向，你都必須決定使用哪些技術和程序、何時使用以及針對哪些案主使用。為了使諮商有療效，技術和程序的使用方式必須符合案主的價值觀、世界觀、生活經驗和文化背景。基於案主的社會化，某些技術可能是禁忌。案主對某些技術的反應（或缺乏反應）是判斷這些方法有效性的關鍵量表。

治療師身為人以及治療關係的品質，對於治療結果至關重要。治療關係與特定的治療方法一樣，都對案主的改善有著重要作用。研究人員多次證明

了心理治療中個人向度的療癒影響（Norcross & Lambert, 2019; Wampold & Imel, 2015）。

　　開放地尊重整個心理治療領域的實務，並避免以僵化或「食譜」照表操課的方式使用技術，技術和方法只是幫助你有效接觸案主的工具。根據特定案主特質量身訂做治療關係，可以提高治療過程的有效性（Norcross & Lambert, 2019）。將你的技術個人化，使其適合你的治療風格和案主的需求，並樂於接受案主關於你的技術對他們效果的回饋。

　　整合取向重視所有有效的理論，並強調由案主的經驗來決定採用哪種方法（Eubanks, Goldfried, & Norcross, 2019）。發展你的個人取向來帶領你的實務工作是一生的努力，你將隨著經驗的累積而更加精鍊。挑戰將在於以整合的態度思考和實踐──但要批判性地去做。

一、在整合取向中運用正念和接納

　　第三波治療取向在幫助案主選擇他們想要遵循的價值觀、建立具體目標，以及採取行動步驟實現目標等方面有著共同的觀點。行為治療以及正念與接納治療都基於行為概念和實現其目的的主要治療策略，而這些技巧是基於實證數據。

　　正念處遇的目標可以整合到大多數治療取向中。這些目標包括提高注意力、增強專注度、增強執行控制感、覺察有意義的選擇、減少負面想法和情緒，以及推廣情緒復原力（Pantaleno & Sisti, 2018）。這些新取向強調經驗式學習、會談中練習、從回饋中學習、完成課間作業以及將會談中學到的東西，應用於會談外遇到的挑戰性情境。這些第三波取向縮短了人文主義和關係導向治療與傳統認知行為模式之間的距離。

二、心理治療整合的未來

　　一項 Delphi 調查研究了心理治療領域的趨勢，顯示未來十年預計將增加的六種治療取向包括正念治療、認知行為治療、整合心理治療、多元文化治療、動機式晤談和辯證行為治療（Prochaska & Norcross, 2018）。受歡迎

程度最有可能下降的取向是傳統精神分析、榮格治療、阿德勒治療和人際溝通分析理論。人本主義治療（個人中心、存在主義和完形治療）的受歡迎程度預計也會下降。在治療形式方面，心理教育團體、伴侶治療和團體治療預計將繼續流行。短期療法的使用將會增加，而長期療法即將被淘汰。

在過去的 40 年裡，心理治療整合已發展成為心理健康領域的成熟運動。整合化是大多數國家實務工作者的理論模式方向，並將變得更加國際化和跨學科（Eubanks, Goldfried, & Norcross, 2019）。人們越來越認識到，當整合各種取向的貢獻時，諮商是最有效的。臨床實務應基於現有最佳的研究，與實務工作者的專業知識相結合，並應用在案主的需求脈絡中。

迄今為止，心理治療整合一直是在理論和臨床的基礎上，但證據導向實務工作（EBP）將成為未來整合的組織力量，並有望指導所有形式的醫療照護（Norcross & Goldfried, 2019; Norcross, Hogan, Koocher, & Maggio, 2017）。Prochaska 與 Norcross（2018）指出，「EBP 將對心理健康實務、培訓和政策產生深遠影響」（p. 446）。整合治療提供證據和回應，以滿足個別案主在其獨特背景下的需求，並且「智力上充滿活力，臨床上受歡迎，並且明顯有效」（Norcross, Goldfried, & Arigo, 2016, p. 124）。

當然，在這裡對各種理論取向的討論都是簡短的。*Handbook of Psychotherapy Integration*（Norcross & Goldfried, 2019）全面檢視了心理治療整合的各種觀點，此書將讓你了解心理治療整合運動的發展方向。有關從整合角度思考和實務的實用方法，請參閱 *The Art of Integrative Counseling*（Corey, 2019）。以下資源包括關於治療整合的理論章節：Corey（2021, Chap. 15）、Norcross、Goldfried 與 Arigo（2016）、Prochaska 與 Norcross（2018, Chap. 17 & 18），以及 Wedding 與 Corsini（2019, Chap. 14）。

重點回顧

- 一個整合了思考、感受和行為的理論取向，將提供可以在助人歷程各階段被靈活運用的處遇準則。
- 一個實用的理論在某種意義上可以領導處遇方向。

- 因為沒有所謂「正確的」理論取向，你可以考慮採用一個與你的個性和價值觀一致的取向。
- 在你能夠整合這些理論之前，首先必須深入研究這些多元的理論，企圖整合你所不知道的事是不可能的。
- 心理動力理論成為許多當代理論設計的基礎。
- 經驗理論是以治療師與案主發展出有品質的關係為根基。在很多方面，關係導向療法的基礎是假設案主可以是自己生活的專家。治療師的功能為促進者，幫助案主挖掘他們的內在資源。
- 認知行為療法強調思考如何影響情緒和行為。如果期待改變發生，這些取向著重於採取行動。
- 傳統認知行為的當代發展是屬於第三波取向的範圍。以正念為基礎的方法——辯證行為治療、正念減壓、正念認知治療以及接納與承諾治療——都經過了實證檢驗。
- 後現代取向是立基於樂觀的假設，即人是健康的、有能力的、資源豐富的，並具備能夠創造改善生活的解決和替代方式之能力。案主本人，而不是治療師，被看作是他們自己生活的專家。
- 系統取向的一個假設是，系統內任何部分的改變會影響該系統的所有部分。
- 家庭系統觀提供了一個鏡頭，透過它來觀看世界上的連結，它考慮到個人的家庭、鄰里、社區、教會、學校和工作環境的影響。
- 當考慮到各種案主類型及其具體問題時，沒有任何理論能足以全面地解釋人類行為的複雜性，如今大多數諮商師都傾向於整合多種理論。
- 證據導向實務工作預計將在未來幾年成為所有形式健康照護的一部分。
- 研究眾多當代理論，以確定你可以將哪些概念和技術融入實務工作取向中。需要具備各種理論體系和諮商技術的基本知識，才能在各種機構中與不同的案主群有效地工作。

你可以做什麼？

1. 在小組中探討，假如在面試中被問到這樣的問題時：「你的理論取向為何，你認為這會如何影響你與不同案主群的工作方式？」你會如何回答？
2. 檢視不同的理論描述並仔細考慮哪些不同的理論概念可以適用於你的個人生活。你可以如何使用這些方法，以利於更了解自己？
3. 在小組練習中，討論各種理論的以下面向：
   - 助人者的角色
   - 你最希望從每個理論中借用的主要概念
   - 從每個理論中找出有用的技巧
   - 案主—諮商師關係之觀點
   - 每個理論的主要貢獻
4. 在小組中花些時間來討論，你需要知道什麼和你需要具備哪些特定的技能，才能讓你有效地與家庭工作。如果實習機構的督導要求你加入他/她在該機構進行的家族治療，你的反應會是什麼？

Chapter 8

倫理與法律議題
Ethical and Legal Issues Facing Helpers

魏心敏 譯

學習目標

1. 描述在倫理決策中所涉及的議題。
2. 闡明法律與倫理之間的差異。
3. 指出倫理守則規範的目的。
4. 闡明如何因應同事違反倫理行為。
5. 了解處理倫理爭議的步驟。
6. 闡述在與個案說明知情同意的過程，可能涉及的議題。
7. 討論保密原則及隱私保護如何成為治療關係的基石。
8. 闡述在伴侶及家族諮商中，法律及倫理層面的保密原則。
9. 描述在團體治療中，保密原則的角色及限制。
10. 討論科技介入心理治療的保密原則及隱私保護。
11. 闡明個案的歷程紀錄及會談紀錄的不同。
12. 指出管理式醫療保險制度主要的倫理議題。
13. 列舉可預防倫理及法律問題的風險管理實務模式。

焦點問題

1. 就你目前所處的助人專業學習階段中，你最為關切的倫理議題為何？
2. 當你面臨一個倫理爭議，你對於如何處理此議題所涉及的衝突問題的思考為何？
3. 專業助人工作者所應遵守的倫理守則，其主要目的為何？你如何應用倫理守則來引導你做倫理決策。
4. 在所有的助人關係中，保密原則都是有條件且有所限制的。倘若你是一位正在接受諮商的個案，對於保密原則的目的及其限制，有哪些部分是你想要了解的？
5. 在諮商過程使用科技產品時，有哪些需要留意之處，特別是與個案的隱私有關的部分？
6. 你認為哪些項目是知情同意應具備的基本內涵？倘若你是一位正在接受諮商的個案，關於知情同意的過程，有哪些資訊是你想了解的？
7. 你對於如何妥善取得個案的知情同意的思考為何？
8. 有關個案的紀錄保存，你認為什麼資料是最重要應該被建檔的？
9. 對於避免遭受證照主管機關的處分，你有哪些擔憂？哪些具體作為可以降低服務疏失訴訟的發生率？
10. 關於遠距離諮商、諮商服務的科技應用及社群軟體的使用，你有哪些倫理考量？

第一節　本章目標

不論你選擇什麼特定的助人專業工作，你都會面臨到倫理的爭議。要成為一個有能力的實務工作者的條件之一，是能夠在你的實務工作中執行專業機構所規範的倫理守則。本章將介紹你在實務工作中可能會遇到的倫理及法律議題，包含知情同意、保密原則及隱私權、服務文件及紀錄檔案的保存、服務疏失及危機管理。適當的界線建立，亦為重要的倫理議題，此部分會在第九章闡述。我們希望在這個章節所提到的內容，能幫你做好準備，對於任何在與個案工作時所發生的倫理爭議，能夠有效因應。

過去幾十年來，在心理衛生專業中，倫理議題越來越受到關注。有關助人工作領域的倫理及法律議題的文章，在專業期刊中十分常見，也有許多關於專業倫理的書籍出版。大多數的大學及研究所，在許多課程中納入倫理及法律主題的討論。而在許多研究所的課程中，獨立開設的專業倫理及法律課程已經成為必修科目。我們鼓勵你修習倫理的課程，或至少閱讀與專業倫理相關的書籍，以及參與相關的專業研討會或工作坊。

第二節　倫理議題量表

你在倫理實務工作中最主要關切的是什麼？或許在此刻，你不曾思考過這樣的問題。在以下的量表中，每一項描述都反應出你對於倫理議題的信念與態度。使用以下的量表評分方式，檢視你最關切的倫理議題：

5＝我非常同意這個陳述

4＝我同意這個陳述

3＝我不確定這個陳述

2＝我不同意這個陳述

1＝我非常不同意這個陳述

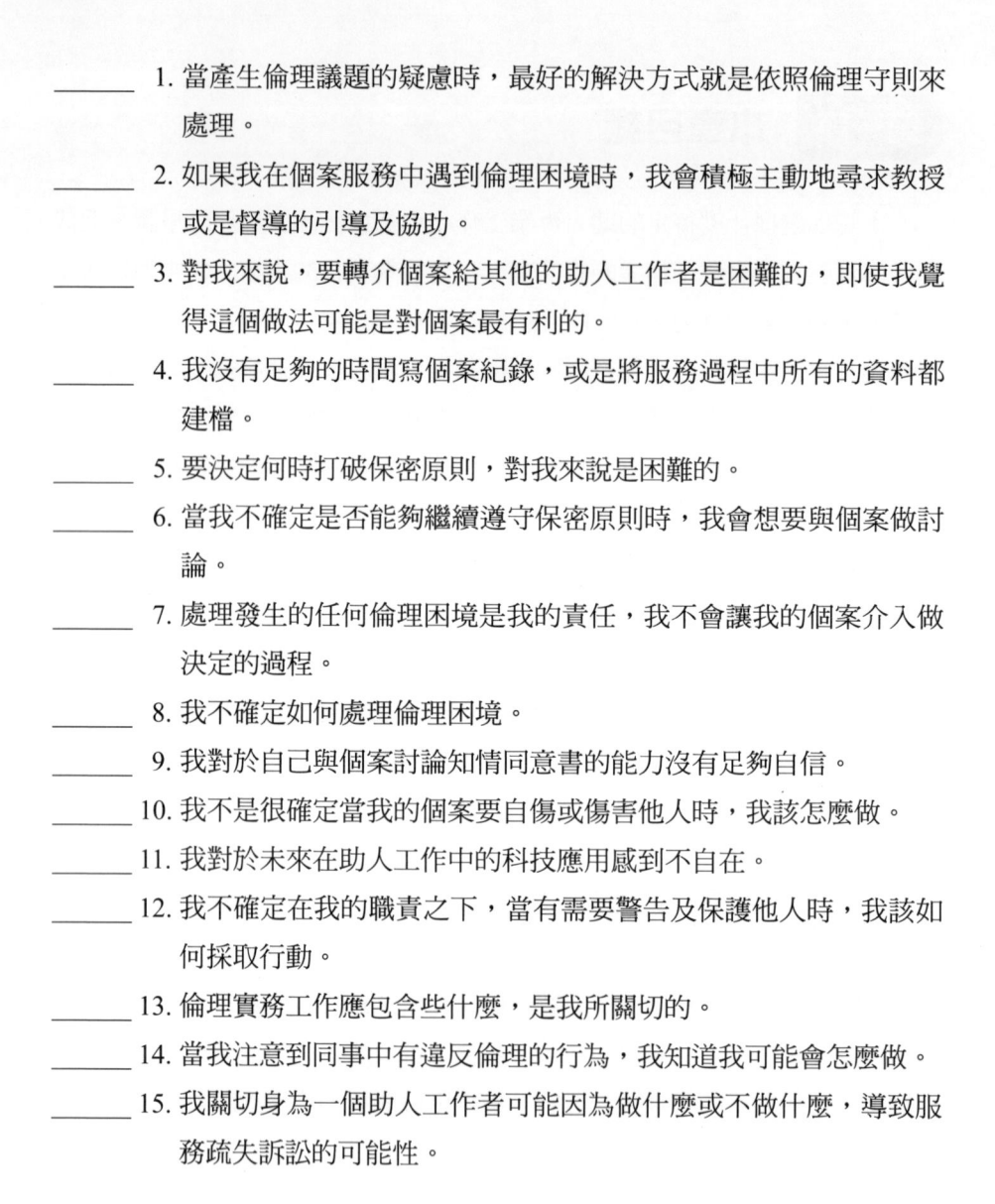

_____ 1. 當產生倫理議題的疑慮時，最好的解決方式就是依照倫理守則來處理。

_____ 2. 如果我在個案服務中遇到倫理困境時，我會積極主動地尋求教授或是督導的引導及協助。

_____ 3. 對我來說，要轉介個案給其他的助人工作者是困難的，即使我覺得這個做法可能是對個案最有利的。

_____ 4. 我沒有足夠的時間寫個案紀錄，或是將服務過程中所有的資料都建檔。

_____ 5. 要決定何時打破保密原則，對我來說是困難的。

_____ 6. 當我不確定是否能夠繼續遵守保密原則時，我會想要與個案做討論。

_____ 7. 處理發生的任何倫理困境是我的責任，我不會讓我的個案介入做決定的過程。

_____ 8. 我不確定如何處理倫理困境。

_____ 9. 我對於自己與個案討論知情同意書的能力沒有足夠自信。

_____ 10. 我不是很確定當我的個案要自傷或傷害他人時，我該怎麼做。

_____ 11. 我對於未來在助人工作中的科技應用感到不自在。

_____ 12. 我不確定在我的職責之下，當有需要警告及保護他人時，我該如何採取行動。

_____ 13. 倫理實務工作應包含些什麼，是我所關切的。

_____ 14. 當我注意到同事中有違反倫理的行為，我知道我可能會怎麼做。

_____ 15. 我關切身為一個助人工作者可能因為做什麼或不做什麼，導致服務疏失訴訟的可能性。

當你完成這份量表，花幾分鐘思考你最關注的倫理議題，如此可以幫助你在研讀本章節時，更主動地思考及建構倫理問題。確認在哪些方面的倫理議題，你不確定你該扮演的角色，並在課堂中將這些問題提出來討論。

第三節 倫理抉擇

　　倫理實務所涉及的不僅僅是了解及遵循專業倫理守則。在處理倫理困境時，你很少能夠找到一個清楚明確的答案，大多數的問題都是複雜且沒有簡單的解決辦法。執行倫理抉擇時，必須具備處理倫理議題的灰色地帶，及面對不確定性的容忍度。

　　雖然了解你專業工作的倫理規範是必須的，但僅具備這樣的知識並不足夠。倫理守則並非教條，然而這些守則仍對助人工作者在為個案及自身的最佳利益做抉擇時，提供了指引。每一個機構的倫理規範及流程皆不盡相同，因此你必須要了解所服務的機構特有的政策及慣例，以及你所在的州內的相關法律及規範。

　　在教學的經驗中，我們發現學生們往往在開始上倫理課程時，期望能夠從課堂中得到解決他們目前工作領域中所面臨的問題的明確答案，他們通常不會想到他們必須透過個人及專業自我探索來找到方法。我們告訴讀者，這本書的目的是幫助他們發展資源，有助於他們能夠智慧地處理他們可能遇到的倫理困境。

　　舉例來說，Gerlinde 在擔任實習生時，即覺察到她所實習的機構出現違反倫理的現象。她與其他實習生被期待接下較具難度的個案，她意識到這樣的實習工作，無疑是超過她能力範圍所及的。更嚴重的情況是，機構內所提供的督導者無法隨時在機構內給予協助。

　　她的督導負責許多業務，不能夠提供固定的督導。她在學校的實習研討會中，學習到督導在倫理及法律上都應為實習生的實習行為負責。面對實習機構的狀況，Gerlinde 不知道該如何處理。她並不想在學期中轉換實習機構，但她又對該如何適當地面質督導者關於機構目前的情況而感到為難。

　　在不確知該如何處理的情況下，她與學校的老師約了時間討論她的困擾。在與老師的諮詢中，Gerlinde 找到了幾個其他可行的方法。她可以自己與機構督導接觸，並更堅定地與督導約定督導時間。另一個選擇是，與機構

督導及學校老師約定會面時間，來討論機構目前實習的情況。無疑地，這個機構對學生而言，可能並不是一個合適的實習機構。重要的是，Gerlinde 了解她必須要尋求協助來處理她所面臨的問題。有時，遇到相似困境的學生會驟下結論：他們只能忍受這樣的事情，而不能處理這樣難以接受的情況。

在開始倫理課程之初，Gerlinde 認為對於各種可能面臨的情況，能從課堂上獲得處理方式的解答。在學期末了前，她學習到感謝倫理守則並非法律，它們僅是一套規範，提供在一定範圍內處理倫理困境時的指引，她同時也了解到諮詢對倫理抉擇的重要性。

另一個例子是說明個案的福祉應為治療關係中之首要考量的倫理規範。試想案例中個案正談到她生活在一個酗酒家庭的掙扎，當助人工作者聽到個案的陳述，痛苦地想起自己酗酒的父母，他想著是否應該告訴個案自己的感受。何以他會想要提出這樣的自我揭露？他的自我揭露是為了滿足自己的需要或是個案的需要？他又如何知道這樣的揭露會對個案產生助力或是阻力？

助人工作領域的倫理議題往往是複雜及多面向的，它們無法有簡單的解決方法。對於倫理議題中的灰色地帶，助人工作者須具備抉擇技巧方能釐清。思考倫理議題以及學習做出智慧的抉擇是一個持續不間斷的過程，需要以開放的態度來面對。

一個關鍵的問題是「倫理該如何遵守？」有些助人工作者把焦點僅放在法律、規範及倫理守則，但如此極端的規則取向，對於專業關係的品質可能會有負向的影響。謹守規則取向在倫理議題上，對努力實踐最高的倫理功能的助人工作者，所給予實質的幫助是有限的。另一個助人者可能犯的錯誤，是不成比例的過度關注個人的價值觀，而低估法律、規則、規範或是倫理規範的重要性。

一、法律與倫理

法律與倫理對基本專業實務工作提供指引，但對於大部分的情境問題並沒有給予明確的答案。法律（law）規範社會能忍受的最低標準的行為，這些規範是由政府機構所強制執行的，所有的倫理守則說明了實務工作者必

須遵守相關的聯邦及州條例及政府的法規。當法律問題在工作中產生時，實務工作者必須要能夠辨識。有時實務工作者不確定他們是否面臨到法律問題，一旦確定為法律問題，他們也不知道該如何處理（Remley & Herlihy, 2020）。當你遇到法律問題時，建議諮詢律師了解目前這個階段該採取什麼樣的行動。許多專業的助人者協會有熟悉法律及實務議題的律師顧問，協會的會員則可以提出申請律師諮詢。許多助人工作者面臨的涉及倫理及專業判斷的情況，可能也同樣涉及法律問題。

不同於法律，倫理（ethics）象徵的是期望達成的目標，或是由專家訂定的最高或理想化的標準。倫理守則在本質上是一個概念性的概述，一般而言是可以由實務工作者來客觀解釋。應用於助人工作者實務工作中的倫理守則及法律指引的知識，是符合倫理的工作及達到最低法律義務所必需的。

身為助人工作者，不僅僅是要遵守你所屬的專業倫理守則，同時必須了解你所在該州的法律及你的法律責任。然而，單單熟悉規範你所屬的專業之地區及州立的法律，仍不足以讓你能夠做出完善的抉擇。你的專業判斷在你處理個案的困境時，扮演重要的角色，在倫理及法律方面也相同。

在實務工作的情境中，你可能會遇到法律與倫理有所衝突的的情況。在這樣的案例中，要能夠同時履行倫理及法律上之義務，你必須審慎地檢視你的工作角色，以及尋求其他專家的諮詢。

舉例而言，有時在與未成年族群工作時，倫理規章會與法律的標準及規範產生衝突。助人工作者可能會想要在保密原則下，尊重未成年者的倫理權益，但同時要面對家長在特定的州立法律許可下，要求了解與諮商工作相關的資訊（Wheeler & Bertram, 2019）。在某些地區，保密原則、家長同意權、知情同意權、個案權益之保護及收容機構住民之人權，皆是由法律所規範的。由於大部分的助人工作者都不具備完整的法律知識，因此建議助人工作者可以尋求法律諮詢，以了解適用於其實務工作中的法律常規。對適用於助人關係中的法律權益及責任的了解，可以保護個案及助人工作者，避免因為疏忽或忽略而產生不必要的訴訟。法律及倫理守則設立之初的本質，是源自於規範已經發生的事件而非預期將發生的事件。僅為了遵守法規及倫理規

章而限制了自己的行為,並非明智之舉。有些專家認為只要謹守某些執業的方式,就可以避免遭到個案提出服務疏失之訴訟。如果是以這樣的法律觀點為服務個案之優先考量,助人工作者可能會因為害怕發生訴訟案件,而限制了他們與個案的工作,因而無法提供有效益的服務。

身為助人工作者,雖然盡你所能地避免發生服務疏失的行為是必需的,但不要讓這樣的想法成為你倫理實務工作的全部,別讓你的實務工作被基於恐懼的倫理觀點所主導。反之,盡可能地在進入專業學程之初,發展出以關懷為出發點的倫理觀點,並盡力地在與個案工作時,實踐最高標準的倫理關懷(Corey, Corey, & Corey, 2019)。

了解強制性倫理(mandatory ethics)及理想性倫理(aspirational ethics)的差異,是追求最高倫理實踐的關鍵。強制性倫理形容的是諮商師遵守倫理實務中最低的標準,了解最基本的實務規範。理想性倫理則是不僅只是謹守倫理實務中最低的標準,諮商師必須具備對於倫理守則的精神及原則的理解。一般來說,遵守強制性倫理的助人者,可以安全地避免介入法庭上的法律訴訟,或是避免遭受州立執照主管機關的處分。而那些採取理想性倫理取向的助人者,更進一步去思考倫理規範如何影響與個案的福祉有關的服務介入。舉例來說,提供免費的服務(公益服務)給社區中需要服務但無法負擔費用的個案,就是理想性倫理的實踐。在進入專業學程之初,具備理想性倫理的概念是十分重要的。記住,倫理實務的基本目的是在於促進個案的福祉。

二、專業守則及倫理抉擇

不同領域的專業機構皆訂有倫理守則,為助人工作者提供概略的指引。這些守則並非永遠不變的,當有新的爭議產生時就會進行修訂。目前訂定倫理守則的心理衛生機構有全國社會工作者協會(NASW, 2017)、美國心理學會(APA, 2017a)、美國諮商學會(ACA, 2014)、美國心理健康諮商師學會(AMHCA, 2015)、美國學校諮商師學會(ASCA, 2016)、美國婚姻與家族治療協會(AAMFT, 2015),以及全國人群服務組織(NOHS, 2015)。

Herlihy 與 Corey（2015a）指出倫理守則訂定的目的如下：

- 倫理守則教育助人工作者如何執行完善、符合倫理之實務工作。將倫理守則應用於特定的事件時，需要強烈的倫理敏感度。
- 倫理守則為專業信度提供了機制，倫理守則最終的目的是為了保護社會大眾。
- 倫理守則是增進實務工作的催化劑，倫理守則引導我們去審慎地檢視倫理原則的內容及精神。

倫理守則是必要的，但對於倫理責任的執行面並不足夠。雖然你可能已經或熟悉你所屬專業領域的倫理守則，你仍舊必須發展出一套引導你的實務工作、屬於你個人的倫理立場。你需要持續檢驗你的臨床實務工作，確認你的工作是否盡可能地符合倫理規範。倫理守則不代表真相，它也無法為你做決定。

在執行倫理抉擇時，你必須努力克服灰色地帶的未知、提出疑問、與同儕討論你在倫理上的顧慮，以及監看你自己的行為。反思、合作及諮詢，可以引導你找到探究倫理議題的方向，但最終你仍要鼓起勇氣，不顧慮結果地做出自己的抉擇。在面對每個個案的獨特性，仰賴你在特定的情況下採用倫理守則，為倫理抉擇做出最佳的行動策略。

如果你有意識地遵守倫理守則，你就具備一些方法避免訴訟的產生。記錄下你採取的行動及倫理抉擇的過程是重要的自我保障。遵守或違反倫理守則的行為，都可能成為法律訴訟過程中有力的證據。在法律訴訟中，你的行為可能會被拿來和其他與你有相似專業資格及職務的專業工作人員比較。

美國社會工作人員協會的倫理守則（NASW, 2017）說明，倫理守則並不能為倫理行為做保證，或是處理所有的倫理議題或爭議，也不能夠掌握為道德社會做負責任的抉擇之複雜性。相反地，倫理守則確認了助人工作者應依循的倫理原則及標準，他們的行為也據此受到評判。在此，守則更說明了倫理抉擇是一個過程的概念。美國心理學會所提出的倫理守則（APA, 2017a）更清楚地說明了倫理守則不僅不能為倫理議題提供解答，也並無針

對實務工作者可能遇到每一個倫理爭議進行說明。

在實務工作中，倫理守則的應用往往是困難的。身為助人工作者，你可能會遇到的倫理議題，不僅僅需要對於你所屬專業領域的倫理守則有所了解，也必須知道這些守則如何在真實生活中被應用及解釋。

三、不同專業機構之倫理守則

我們建議你花些時間閱讀一個或更多機構的倫理守則。檢視這些守則的優點及限制，以及他們之間的相似之處。倫理守則的哪一個方面對你最有幫助？當你在實務工作中與某一個守則產生衝突時，覺察你的行動策略必定是有原因的，但同時也要了解違反你的專業中的倫理守則是會有些後果的。

你可以透過以下各個專業機構的網站，下載該機構的倫理守則：

1. 美國諮商學會 American Counseling Association (ACA): ACA Code of Ethics, ©2014，更多資訊請見機構網址：www.counseling.org
2. 全國合格諮商師委員會 National Board for Certified Counselors (NBCC): Code of Ethics, ©2016，更多資訊請見機構網址：www.nbcc.org
3. 復健諮商師認證委員會 Commission on Rehabilitation Counselor Certification (CRCC): Code of Professional Ethics for Rehabilitation Counselors, ©2017，更多資訊請見機構網址：www.crccertification.com
4. 全國酗酒和藥物濫用諮商師學會 Association for Addition Professionals (NAADAC): Code of Ethics, ©2016，更多資訊請見機構網址：www.nbcc.org
5. 加拿大諮商及心理治療學會 Canadian Counseling and Psychotherapy Association (CCPA): Code of Ethics, ©2007，更多資訊請見機構網址：www.ccpa-accp.ca
6. 美國學校諮商師學會 American School Counselor Association (ASCA): Ethical Standards for School Counselors, ©2016，更多資訊請見機構網

址：www.schoolcounselor.org

7. 美國心理學會 American Psychological Association (APA): Ethical Principles of Psychologists and Code of Conduct, ©2017，更多資訊請見機構網址：www.apa.org

8. 美國精神醫學會 American Psychiatric Association (APA): The Principles of Medical Ethics With Annotations Especially Applicable to Psychiatry, ©2013，更多資訊請見機構網址：www.psych.org

9. 美國團體心理治療學會 American Group Psychotherapy Association (AGPA): AGPA and IBCGP Guidelines for Ethics, ©2002，更多資訊請見機構網址：www.groupsinc.org

10. 美國心理健康諮商師學會 American Mental Health Counselors Association (AMHCA): Code of Ethics, ©2015，更多資訊請見機構網址：www.amhca.org

11. 美國婚姻與家族治療協會 American Association for Marriage and Family Therapy (AAMFT): Code of Ethics, ©2015，更多資訊請見機構網址：www.aamft.org

12. 國際婚姻與家族諮商師學會 International Association of Marriage and Family Counselors (IAMFC): IAMFC Code of Ethics, ©2017，更多資訊請見機構網址：www.iamfc.org

13. 團體工作專業人員協會 Association for Specialists in Group Work (ASGW): Best Practice Guidelines, ©2008，更多資訊請見機構網址：www.asgw.org

14. 全國社會工作者協會 National Association of Social Workers (NASW): Code of Ethics, ©2017，更多資訊請見機構網址：www.socialworkers.org

15. 全國人群服務組織 National Organization for Human Services (NOHS): Ethical Standards of Human Service Professionals, ©2015，更多資訊請見機構網址：www.nationalhumanservices.org

16. 美國音樂治療學會 American Music Therapy Association (AMTA): Code of Ethics, ©2015，更多資訊請見機構網址：www.musictherapy.org
17. 英國諮商與心理治療學會 British Association for Counseling and Psychotherapy (BACP): Ethical Framework for Good Practice in Counseling and Psychotherapy, ©2013，更多資訊請見機構網址：www.bacp.co.uk

四、辨識自我違反倫理之行為

看到他人的缺點及批判他們的行為，總是比發展出誠實地自我檢視的態度來得容易。其實，控制自我的行為，遠比控制你身邊同儕的行為要來得容易，因此適當的做法是將焦點放在審視自己的所作所為。試想以下兩個情境，並盡可能地試著想像自己在這兩個情境中：

- 你告訴個案只要他們有任何困擾都可以打電話給你，你也給你住家的電話。有一位個案時常打電話給你，且往往都是在深夜的時候。他告訴你他非常感謝你讓他可以打電話給你。當你被需要的時候，你感覺被討好嗎？你是否覺察自己因為被需要的需求，而養成了個案的依賴性？

- 一位你私人執業的個案，正對於自己是否要繼續會談感到猶豫，她在思考目前是否是結案的時機。但對你而言，目前在經濟上非常緊縮，最近也有其他幾位個案都結案了。你會傾向支持她的決定，或者你會傾向鼓勵她繼續會談，部分原因是因為你目前的經濟狀況？

五、同事違反倫理之行為

你可能偶爾會遇到同事出現違反倫理或非專業的行為。在倫理行為專業守則一般的建議是，在這樣的情況下最審慎的做法，就是以期望能夠改善因為違反倫理或專業的行為所造成的情況之態度，直接與該名同事對話，表達你的疑慮。如果上述做法無法成功與該名同事溝通，你就有義務依照你所屬的專業機構規範的程序有所作為，如舉發該同事。

即便大部分的倫理守則強調同事的專業能力的問題，或是違反倫理的行為，是他們所屬的專業成員的責任，Jonhson、Barnett、Elman、Forrest 與 Kaslow（2012）指出，心理衛生專業人員不願意去處理這些問題。他們承認他們不會直接與他們認為執行某項心理業務但能力在門檻之下，或是做出違反倫理行為的同事對話，即便他們有責任處理這樣的情況。

Koocher 與 Keith-Spiegel（2016）之研究探討出成立非正式的同儕團體，是一種助人工作者可以彼此相互監督的方式。當團體成員間被指出疑似違反倫理的行為時，非正式同儕團體可以介入給予指正。採取的方式可以是直接面質該名助人工作者，或是提供建議給個案，告知當他們對於專業助人者的行為有所疑慮時，他們可以如何處理。

在督導或諮詢團體維持開放的溝通模式。在團體中，同事們可以定期確認彼此的狀態並給予回應，是一種積極運作非正式的同儕團體的方式。這樣的方式提供一個支持性且尊重的環境，在提升專業的同時，幫助助人者避免掉入違反倫理的行為。至關重要的是，請記得有非常多的人進入助人專業領域，絕對不要意圖從事違反倫理或法律的行為。

想像你自己身處下列的情境，並思考在每一個案例中，你會如何面對？

- 一個同事時常用不適當的方式及場所談論他的個案，所有人都可以聽到他所說的內容。他聲稱拿個案來開玩笑是他紓解壓力的方法，讓他不至於太嚴肅地看待生活。
- 有一些女性個案告訴你，她們受到你服務機構的某位助人工作者的性騷擾。在她們與你的會談中，她們正在處理被這位助人工作者占便宜的憤怒。對你而言，目前的情況中，有哪些是法律及倫理上的分歧？
- 一位同事多次主動與她的個案有專業以外的社交聯繫，她認為這樣的互動執業方式並無不妥，因為她將個案視為是法定的成年人。她更聲稱與個案的社交互動，能夠對於目前個案的議題有所領悟，對治療會有幫助。
- 你看到一位同事正在為明顯超出他能力及訓練範圍的個案提供服務。

這位同事不願意再接受額外的訓練,也沒有接受適當的督導。他強調處理個案帶來的不熟悉問題,是最好也是最簡單的從做中學的方法。

在許多倫理守則中,有概略地說明如何回應同事違反倫理的行為。舉例而言,復健諮商師認證委員會(CRCC, 2017)提出以下規範:

> 當復健諮商師有理由相信另一位諮商師正在違反或已經違反倫理規範,在不傷害所涉及的個案的保密原則,並且處理方式是可行的情況下,他們傾向用非正式的方式解決這個問題。(L.2.c)

的確,處理同事違反倫理的行為需要一定程度的勇氣。如果這些人處於權力位階,你很明顯是處於弱勢。即使違反倫理行為的是你的同儕,這樣的面質仍舊是困難的,需要真誠且有意願地去溝通這個困難的議題。在此我們提供一個和同事討論,關於對方目前提供的服務可能超出她的專業能力的方法。

> 海倫,有一件事情讓我感到擔憂,希望能夠跟你討論,也希望你不會覺得被冒犯。我非常尊重你也很看重我們的關係,但你最近新接手厭食症個案這件事,讓我感到有些擔憂。我知道你喜歡挑戰,但從你分享的過去的專業,不論是你或是你的督導都不曾有過任何關於飲食疾患的專業訓練。因為與飲食疾患個案的複雜度,以及厭食症個案可能受到的生命威脅,都意味這是一個需要具備專業訓練的領域。我希望你能夠深思提供超出自己專業能力的服務,可能帶來的影響。對於我說了這麼多,我也想聽聽你的想法或是你心裡的反應。

六、倫理抉擇模式

ACA 倫理守則(ACA, 2014)中闡明,當諮商師面臨倫理的困境時,他們應謹慎地考慮此倫理抉擇的過程。不同的倫理抉擇模式,可以引導你處理

所遭遇的倫理困境,而至少了解一種倫理抉擇模式,可以讓你在實務工作中得以應用之。以有系統的方式來檢視倫理困境,會增加你做出完善的倫理抉擇的可能性。在決定什麼是最好的行動方針時,我們不該過度強調尋求諮詢的重要性,但是當遇到倫理困境時,諮詢一位以上的同事或督導會是一個好方法,幫助你從問題的不同面向來思考解決之道。負責且符合倫理的實務工作,需要你完成以下事項:

- 採取行動時,應根據具實證的、完善且負責的判斷。
- 向同事諮詢或尋求督導。
- 了解當前最新的助人專業知識及技巧。
- 持續地自我檢視。

盡可能地在適當的時機,將你的個案納入倫理抉擇的過程。和個案一同做倫理抉擇,而非單純為他們做決定。尊重個案的自主性,意味著助人工作者不僅不會為個案做決定,也不以此養成他們依賴的態度及行為。

在此所談到的倫理抉擇,包括盡可能地視個案為合作夥伴,將其納入決策過程中。因為你正在做的抉擇是關乎個案的最佳福祉,因此你必須向他們解釋與他們有關的倫理困境的本質。從女性主義治療的觀點來說,倫理抉擇是邀請個案參與治療過程的每一個階段的做法,是根據女性主義的原則,在治療關係中,諮商師與個案的權力應該是平等的(Brown, 2018)。

我們在此說明處理倫理困境的步驟,不應被視為是解決倫理困境的單一及簡化的方法。在過去的經驗中,這些步驟是用來激發自我檢視,以及鼓勵同儕間對於倫理議題的討論。依循這些步驟,可幫助你深思倫理問題。

1. **指出倫理問題或困境**:盡可能蒐集所有相關的資訊來釐清你所面臨的問題情境。你可以透過以下幾個問題來幫助自己釐清:「這是一個倫理的、法律的、專業的或是實務的問題?這個問題是否不僅牽涉上述的單一層面,而可能是複合式的問題?」如果此倫理問題涉及法律層面,應尋求法律諮詢。切記,許多倫理困境都是複雜的,這代表檢視倫理問題的最好方式,即是從不同的觀點及避免尋找單一面向的解決

之道。倫理困境往往沒有「對」或「錯」的答案，因此你將會經驗到未知的挑戰。尋求諮詢會對釐清問題是否為倫理議題，或指出問題的本質有所幫助。在此問題釐清階段，以及在後續問題解決的整個過程，都應將個案納入倫理抉擇過程。將你進行決策及行動，以及每一階段的諮商過程，都以詳細檔案紀錄保存下來。

2. **指出可能涉及的潛在問題**：蒐集完成相關資訊後，將重要的議題列表，刪除不相關的資訊。評估會因倫理情境而在權益、責任及福祉方面受到影響的人員。充分考量的做法，是支持議題的不同面向，不同的倫理規範可以提出不同的行動方針。將文化脈絡納入此倫理情境中，包含任何與個案處境相關的文化面向。試問自己以下的問題：什麼是提升個案的獨立性及自決能力最好的做法？採取什麼樣的行動對個案的傷害最小？什麼樣的抉擇最能夠保障個案的福祉？我要如何才能營造一種信任且具治療性的氛圍，幫助個案找到他們自己的解決方法？

3. **採用相關的倫理守則**：一旦你對於倫理問題的本質有較清楚的概念，查詢倫理守則中是否對目前的議題有所闡述。當你針對特殊案例採用倫理規範，你必須仔細閱讀倫理守則內容，並了解這個倫理規範應用的廣泛性。不能只是依據某單一倫理規範就做出決定，採取行動，而是要找出所有與目前情境相關的所有倫理規範。如果倫理守則中已經有明確且清楚的規範，那麼依循倫理守則應可解決此倫理問題。但若倫理問題是較為複雜且沒有明確的解決方法，則需要採取以下的方法來處理。確認你所屬的專業機構的倫理標準，是否可以提供問題可能的解決之道。思考你個人的價值觀及道德觀，與相關的倫理守則的內容是一致的或有所牴觸？如果你不同意某個規章所規範的內容，你是否有充分的理由來支持你的立場？你所屬的州立或國家的專業協會可能可以提供你處理倫理問題的指引，這些協會通常會為會員提供法律諮詢。

4. **了解適用的法律及規章**：持續了解與倫理相關的最新州立及聯邦法

律，對助人工作者而言是十分重要的。特別是對保密原則的維持與打破、通報老人或兒童虐待、處理自傷或傷人議題、監護權、檔案存放、評估及診斷等議題相關的法律，對助人者更是重要。此外，確認你了解你所服務的機構或組織現有的規定及規範。

5. **尋求諮詢**：一般而言，諮詢一位或多位同事或其他領域的專家，可以得到看待倫理問題不同的觀點，對於倫理抉擇是有幫助的。不要侷限在諮詢那些與你相同取向的專業人員，一個粗劣的倫理抉擇往往是因為缺乏客觀看待事件的能力。偏見、迷思、個人的需要及情感的投入，都會扭曲了看待倫理困境的觀點（Koocher & Keith-Spiegel, 2016）。因此，也要考量自己在評估這個倫理情境所經驗的個人情緒。透過專業諮詢可以幫助你判斷，你在倫理事件中所經驗到的害怕或自我懷疑如何對你造成影響（Herlihy & Corey, 2015a）。如果有涉及到法律問題，則應尋求法律諮詢。當你說出自己對於目前問題的情況的評估及問題解決的想法後，請求專業人員對於你的分析給予回饋。同時，在接受諮詢之前，你也可以思考以下問題：

- 什麼樣的問題是你想要向諮詢者諮詢的？
- 你如何利用諮詢的機會，檢視你傾向採取的措施的正當性？
- 你是否已經思考過在你的案例中，所有可能牽涉的倫理、實務及法律議題？
- 是否有任何你害怕提問的問題？

透過諮詢，可以幫助你思考可能忽略的資訊或細節。因此將諮詢內容記錄下來，包括諮詢者所給予的建議，是十分重要的。

6. **思考可能且可行的行動方案**：集思廣益，盡可能想出許多的行動方案。你可以請求同事一同發想可能的行動方案。透過列出許多不同的行動方案，你可以從中找出對你來說最有幫助的。為每一個可能牽涉其中的對象，評估每一個選擇可能對他們產生的後果。排除那些無法

確知可以帶來你所期望的結果，或可能帶來問題的選擇。當你思考出許多問題的可能解決之道時，你可以考慮在適當的時機，將這些選擇與個案及其他專業人員進行討論。但須留意的是，個案在倫理議題的討論過程中，不會變成「助人者」。爾後確認哪些決定留下的選擇或合併的決策，對目前的情況而言是最佳的抉擇。一個判斷你的行動方案的做法是，試想你對於某案例的行動過程將被報紙、網路、廣播或電視新聞所報導，你對自己作為的認同程度為何。如果你給自己的答案是否定的，則必須重新思考你的行動方案。

7. **探討不同的抉擇可能帶來的後果**：深入了解每一個行動方案可能會涉及個案、可能因此倫理抉擇而受到影響的相關人，以及身為諮商師的你的層面有哪些。同樣地，最重要的是選擇適當的時機，與個案討論倫理抉擇可能帶來的後果。了解一個倫理抉擇可能有各種不同的結果，而並非只有一個預期的結果可以解決當前的倫理困境。持續的腦力激盪，及反思其他的可行方案，以及諮詢同事看看是否有其他你尚未思考到的可能性（Remley & Herlihy, 2000），再次思考主要的決定可能帶來的後果，確認是否有新的倫理問題可能因此產生。如果有，重新思考此倫理議題，並且再次評估過程中的每一個步驟是否有需要修正的地方。

8. **確立行動方案**：在試圖做出最佳抉擇時，審慎思考不同管道所得來的資訊。當倫理困境越清晰，行動方案也就越明確；而當倫理困境越難捉摸，要做出決策也就相對較為困難。在執行行動方案時，你必須了解同樣的情況下，不同的專業助人者可能會選擇採用不同的行動方案，但你只能依據你手邊的最佳資訊來執行你的決策。當你完成了倫理抉擇的行動，聰明的做法是追蹤該案件後續的情況，以評估你的介入是否有效，以及引發了什麼樣的效應（Herlihy & Corey, 2015a）。確認此次介入的成效，以了解後續是否還需要採取進一步的行動。如果你希望能從此次的經驗中學習，反思你對於倫理事件情況的評估及你所採取的行動是否適當，會是很好的方式。Wheeler 與 Bertram

（2019）建議仔細記載你採取每一個行動方案時所做的倫理抉擇的過程，包含你所考量採用及放棄的方案選項。同時，記錄行動方案的結果，以及包含任何額外進行的行動方案，也是十分重要的。此時，回頭檢閱你過去曾寫下的紀錄，對於倫理抉擇過程之評估會有相當的助益。同時，適時地邀請個案參與評估過程，可以幫助你了解倫理抉擇行動過程中最準確的全貌。

但即使你已遵循了如上述有系統的倫理抉擇模式，你可能還是會感到有些焦慮，不確定自己是否為手上的案子做了最好的決定。許多倫理的議題都是具爭議性的，有些可能同時牽涉到倫理及法律層面，此時最好的做法就是與同事、督導及班上同學討論你的疑慮及困擾。同時，你也必須時常留意與你的實務工作相關的最新法律、關注你的專業領域中新的發展，以及反思可能會影響到你的實務工作的價值觀。發展專業及倫理責任感是助人工作者永無休止的任務。

案例　應用倫理抉擇模式的八步驟於案例 Bob

為了說明助人工作者如何釐清處理複雜倫理議題的程序，我們提出以下 Bob 的案例，並針對他的情境採用八步驟的倫理抉擇模式。當你回顧這個案例，以及 Bob 最終的決定，你的反應為何？倘若你身處於同樣的情境，你是否會採取同樣的行動方案？為何或為何不？倘若你正是這名實習生面臨這樣的倫理困境，是否有任何其他的因素可能影響你的決定？

案例 Bob：Bob 是一個在社區心理衛生機構實習的實習生，他有相當多與各類身心障礙個案工作的經驗。他覺得自己是因為哥哥本身是唐氏症患者，因此啟發了他想服務身心障礙者的想法。然而，除了他自己本身與身心障礙者的工作經驗，他並沒有接受任何正規與自閉症個案工作相關的訓練。Joseph 是一位剛轉介到他手上的自閉症個案，Joseph 主述的問題是希望能夠提升人際關係、改善焦慮及憂鬱的情緒問題。Bob 對於接受這樣的個案感到不確定，因為他並沒有受過與自閉症個案工作的正式訓練，他擔

心這樣超過自己能力範圍所及提供服務，可能會觸及倫理議題。

八步驟的倫理抉擇模式的應用

1. **步驟一　指出倫理問題或困境**：倫理困境是，Bob是否具備與自閉症個案諮商的能力？這是一個涉及倫理及實務的問題。
2. **步驟二　指出可能涉及的潛在問題**：此情境的倫理核心要素，是以Bob要提供超出他能力及訓練範圍的服務為主。Bob與自閉症個案工作的經驗不足，可能導致他的介入產生反效果，使得個案原具有自閉症特質，介入後卻產生退化，導致之前的行為問題更加劇。

    Joseph的問題似乎還包含了環境議題，不單只是與自閉症相關。Bob有許多與Joseph提出的人際問題、焦慮及憂鬱議題有關的個案工作經驗。他也具備相當出色的諮商技巧、與此族群工作的熱忱，以及具有相當多個人或專業上與身心障礙個案互動的經驗，足以引導他將Joseph轉介給自閉症專長的諮商師，在他認為Joseph需要更專業的服務的情況下。

    此外，也有一些實務議題需要被考量。Joseph不應該被自閉症所界定，那只是一部分的他。如果Joseph知道Bob要將他轉介出去只是因為他是自閉症患者，他會有什麼樣的感受？此外，Bob發現他所在機構的收費，相對是比較低廉，而他所處的地區，私下執業的具備自閉症專長的諮商師收費，比他高出許多。Joseph可能因此不接受諮商協助，因為他無法負擔這些具備自閉症專長的諮商師所需的費用。
3. **步驟三　採用相關的倫理守則**：美國諮商學會所提出的倫理守則（*The ACA Code of Ethics*; ACA, 2014），對於專業人員能力的界線的規範如下：

    > 諮商師僅能在他的能力範圍內執業，依據他們的教育、專業訓練、受督導的經驗、州立及國家專業證照，以及適當的專業經驗。既使多元文化的諮商能力是所有諮商專業都

需要具備的，諮商師若具有一定的專業知識、個人的覺察、敏感度、專業傾向及相關的諮商技巧，則可以成為具備多元文化能力專長的諮商師，與不同文化族群的個案工作。（Standard C.2.a）

Bob 思考是否治療師需要接受特別的專業訓練才能與自閉症個案工作。若是，Bob 需要接受多少訓練才能算得上具備專業能力？如果 Bob 真的接下了 Joseph 這個個案，他需要接受對於自閉症更為了解的同事的諮詢或是督導。

4. **步驟四　了解適用的法律及規章**：這個案例本身並無法律問題存在，如虐待的情況。但對於身心障礙者的歧視，的確涉及法律規範。倘若 Bob 將 Joseph 轉介只是因為他是自閉症患者，是否會被視為是歧視的行為呢？

5. **步驟五　尋求諮詢**：Bob 把這樣的倫理困境提出與督導者及團體督導中討論。他的督導曾經督導過與自閉症患者工作的實習生，因此她鼓勵 Bob 在她的督導之下，接受與 Joseph 的諮商工作。督導者也建議 Bob 去修習一門關於自閉症的繼續教育課程。此外，Bob 也諮詢了自閉症專長的行動治療師，她表示 Bob 在接受督導的情況之下接下 Joseph 的案子，並不存在違反倫理的問題。但治療師則是思考 Joseph 在 Bob 缺乏實務上與自閉症個案工作的情況之下，是否能夠接受到最高品質的照顧。Bob 記錄下所有諮詢中所得到的建議。

6. **步驟六　思考可能且可行的行動方案**：其中一個行動方案是將 Joseph 轉介至社區其他具備自閉症專長的個人實務工作者。另一個可能的行動方案，是 Bob 接下 Joseph 這個個案，同時 Bob 接受自閉症相關的繼續教續訓練。在這個期間，Bob 的督導可以仔細地監控 Bob 為 Joseph 進行諮商的過程及成效。第三個行動方案則是將 Joseph 放入等候名單，等待機構內其他受過有自閉症光譜疾患相關訓練的治療師，而不是由 Bob 來接這個案子。

7. **步驟七　探討不同的抉擇可能帶來的後果**：若 Joseph 經濟上能夠負擔，將 Joseph 轉介給其他具備自閉症專長的個人治療師是最理想的。但倘若 Joseph 不能夠負擔個人治療師的費用，他將無法接受到任何服務。在這個案例，Joseph 的主述問題將無法被解決，也可能導致更嚴重的症狀，以及生活品質的下降。若 Bob 選擇在接受督導的情況下，接下 Joseph 這個案子，他就能學到與自閉症個案工作的經驗，Joseph 提出的主訴問題則能獲得諮商協助。將 Joseph 放入等候名單，等待機構內其他受過有自閉症相關訓練的治療師，Joseph 的治療將會被延後，並且等待同事能夠釋放出接案的空間，並沒有具體的等候時間。這個情況與第一個行動方案類似，延後治療可能導致個案的症狀更為嚴重。

8. **步驟八　確立行動方案**：Bob 謹慎思考與這個倫理困境相關的所有面向後，決定向 Joseph 說明他的考量。Bob 首先與 Joseph 解釋由於他的經驗不足，因此他將會在接受督導的情況下，為 Joseph 進行諮商。Bob 提供給 Joseph 許多的資訊，讓 Joseph 為他的治療進行決定。Bob 表示他採納了督導的建議，去接受更多的專業訓練，因此他報名了一堂繼續教育課程，同時一位同事也會為他提供自閉症相關的訓練，他也會與督導進行密集的督導。他同時也與 Joseph 說明，即便他即將開始接受更多自閉症相關的教育訓練，仍有許多治療師是比自己更有經驗的。最後 Bob 與 Joseph 雙方都認同彼此的諮商關係，而 Bob 則是繼續他的學習、督導及與同事的諮詢。

第四節　知情同意

對大部分的個案來說，尋求正式或專業的協助都是一個新的經驗。他們往往不清楚自己應該做什麼，也不清楚他們可以期待助人工作者提供什麼樣的服務。大部分專業機構的倫理守則，要求助人工作者應提供個案正確完整、與服務相關的資訊，讓他們在獲得足夠的資訊下決定後續是否接受協

助。

　　保障個案權利一個適當的方式，是發展一套協助他們在獲得足夠的服務資訊後做決定的流程。知情同意（informed consent）包括個案有權利被告知其與助人工作者的關係，同時可以自主地做決定。知情同意允許個案決定是否要與你一同投入這一段治療關係。知情同意也定義了治療關係的界線，釐清了諮商師與個案之間的諮商關係的本質。治療過程中的知情同意，在實務上、法律上及倫理上都是極具影響力的工具（Wheeler & Bertram, 2019）。透過知情同意，給予個案機會提問及思考他們對治療過程的期待。而倫理實務的一部分，則是與個案討論他們的權利。個案們時常忽略了他們的權利，對於治療師所說或所作的都毫無疑問地接受。

　　你會如何在治療關係之初，即教育你的個案了解他們的權利及責任？要求個案在初次會談即簽署知情同意書，並非卸除助人工作者在告知個案服務資訊上的職責。知情同意應被視為是一個持續的過程，而非一次性的告知。雖然在治療關係之初，提供服務的說明與個案權利的告知是必要的，但助人工作者必須了解個案可能無法記下你所告知的所有資訊，積極性的知情同意應是一個在諮商關係中持續的過程（Wheeler & Bertram, 2019）。

　　此外，在第一次會談與個案討論知情同意項目最主要的部分，建議你可以撰寫一份容易理解的知情同意書，在初次會談時提供給個案，請他在下一次會談前詳讀。透過這樣的方式，個案可以在對服務有基本的概念下提出問題，並可省下會談中寶貴的時間。而請個案簽署這份文件也是十分重要的，代表個案充分了解服務的規定及流程。

　　說明知情同意的內容，要在避免告知過少或一次告知過多資訊的情況下，謹慎地取得平衡。同時也教育個案，治療歷程需要持續不斷的努力。勿輕易假設個案能夠清楚了解你在初次會談所提供的資訊。當個案越了解服務的流程，包括個案與助人工作者的角色，他們越能從專業的關係當中獲益。

　　提醒個案他們所擁有的權利和責任，意味著實務工作者鼓勵個案具有自主性及個人權力。實務工作者與個案討論知情同意的內容時，必須使用明確可以理解的語言。再者，助人工作者須將涉及文化相關的知情同意流程納入

考慮，並在與個案溝通時保持文化敏感度。舉例而言，假使你的個案是一位曾經在她的國家遭受迫害的難民，她可能會擔憂你可能會向其他人透露她在諮商中私下與你透露的訊息。倘若你並沒有清楚解釋保密原則及其限制，個案很可能在與你會談時有所保留。來自集體主義文化的個案，則可能對於專業界線有不同的看法，你需要花時間教育這些個案何謂治療關係（Bemak & Chung, 2015; Chung & Bemak, 2012）。

雖然大部分的專業助人者同意，在倫理上的責任是要提供給個案與服務流程相關的資訊，但對於應揭露什麼和以何種方式揭露並無太多共識。針對治療師在知情同意的實務經驗的研究中發現，在給予個案的知情同意資訊中，所涉及的範圍及深度都有相當多的差異（Barnett, Wise, et al., 2007）。當你在決定什麼是你最想要告知個案的資訊時，試想以下的問題：

- 助人關係的目標為何？
- 你有能力提供什麼樣的服務，以及你願意提供什麼樣的服務？
- 你對個案有什麼樣的期望？你的個案又可以對你期望些什麼？
- 你可能使用的助人策略存在哪些風險，又具有哪些優點？
- 你會如何向個案介紹你自己？
- 身為助人服務提供者，你具備哪些專業條件？
- 服務機構有哪些經濟上的考量？當個案無法負擔諮商費用，你是否提供浮動費率繳納方案？你的服務是否接受私人保險給付？
- 你預估你與個案的專業關係會持續多久的時間？你又會如何與個案進行結案？
- 在助人關係中的保密原則有哪些限制？哪些時候法律會要求助人工作者有義務要提供服務的內容資訊？
- 在哪些情況下，你可能會與督導或同事討論你與個案的工作內容？
- 是否有其他的工作取向是你會建議個案參考的？

如果你在行為醫療管理方案服務，你需要向個案解釋服務次數的限制、保密原則的限制，以及短期處遇的服務範圍較為有限的部分。

案例　提供足夠的資訊

在初次會談的過程中，Simone 詢問她的諮商師 Allen 治療的歷程大概要花多久的時間。Allen 表示治療的歷程至少需要一年，並且每週需進行一次，Simone 對於諮商的歷程需要這麼長的時間感到沮喪。Allen 告訴她，這是他工作的方式，並且向她解釋，以他之前工作的經驗，有意義的改變是一個漫長的過程，它需要投注很多的心力來進行。他同時也告訴 Simone，如果她無法承諾投注一年的時間每週來進行諮商，他願意將她轉介給其他諮商師。

你的立場： 試想如果 Simone 找你擔任她的諮商師，你會怎麼做？請思考以下的問題：

- Allen 是否在倫理及專業上有義務解釋何以 Simone 的諮商歷程需要一年的時間？
- 倘若 Allen 提供其他的治療方案，如與 Simone 改成進行短期諮商，是否涉及倫理議題？
- 接受醫療管理體系服務的個案，或是在保險提供者只願意給付非常有限次數的情況下接案，對這位助人工作者而言是否符合倫理？

討論： 當個案終於來電預約了會談的時間，他們對於為目前生活的問題尋求協助，往往是焦慮的。因此，若在初次會談談及過多治療歷程的細節，可能會讓個案打消後續接受治療的念頭。但若忽略提供給個案決定是否接受治療所需的重要資訊，亦為一項失誤。因此，要提供什麼樣的資訊，以及提供多少資訊，部分應由個案來決定。這對助人工作者是一個很好的練習機會，採取教育的方式，鼓勵個案提出關於治療成效的評估以及治療的問題，並在此治療的過程中，給予個案有建設性的回饋。透過你給予個案的適當資訊，你正提升了個案成為治療過程中主動參與者的可能性，同時他們也有比較高的機會願意承擔在治療關係中應負的責任。

第五節　保密與隱私

　　助人關係是建立在信任的基礎之上，如果個案不信任諮商師，他們便無法進入重要的自我揭露及自我探索的階段。信任，廣義來說，可以用個案確知他在會談中的談話，諮商師會給予傾聽以及保密的程度來加以評估。心理專業助人者具有倫理及法律的雙重責任，必須保障個案在接受服務的過程中，其個人資訊不會在未經同意的情況下被揭露。助人工作者除了在法律的要求及個案的同意之下，不應揭露個案的資訊。

　　為了讓個案在探索他們生活中的各個層面時，不必害怕個人資料會流出治療室外，個案需要合理的保證，助人工作者會謹守他們的保密原則。只有在個案相信他的會談內容是保密的情況下，有效的治療才有可能發生。諮商師具有倫理上的義務，必須以個案能夠理解的語言，以及尊重個案文化背景的方式，明確地協助個案了解保密原則的定義（Barnett & Johnson, 2015）。

　　保密原則是助人工作者最基本的倫理義務之一，但對許多助人工作者而言，同時也是最困難的議題之一。助人工作者不斷地面臨到複雜的法律規定、新的科技技術、醫療照護服務輸送系統，以及強調消費者權益的文化之下，所帶來的倫理議題。

　　雖然你的個案有權利要求與你的治療關係應是保密的，但保障個案的資訊的義務並非絕對的。你必須具備法律知識及倫理概念，以便因應當你必須打破保密原則時。所有的專業倫理守則皆提到，個案有權利在治療之初就了解所有保密原則的限制。保密原則必須在給予個案的知情同意流程中，以書面及口頭的方式完整說明。Herlihy 與 Corey（2015c）建議助人工作者與個案討論以下的保密事項：

- 不在未取得個案同意或欠缺完善的法律及倫理的正當理由之下，洩露保密資訊。
- 有些個案可能會想與家中成員或社團成員分享保密的資訊。

- 有時在盡可能提供最好的服務給個案的前提下，與他人分享個案的資訊是可以允許的。
- 在個案要求或同意的情況下，諮商師可以與其他專業人員討論個案的保密資訊。
- 保密原則並非是絕對不可改變的，還有許多助人工作者的義務會超越助人工作者對個案的保證。舉例而言，當知道有人處於危險時，助人工作者被要求必須打破保密原則。
- 當個案是未成年人或進行伴侶、家庭或團體諮商時，保密原則無法得到絕對的保證。
- 當法院要求調閱個案紀錄時，助人工作者必須放棄保密原則。
- 在專業關係建立之初，助人工作者必須向個案闡明哪些資訊、在何種情況下、會以何種方式，以及與什麼樣的對象會被提出討論。
- 當諮商師選擇擔任倡議者的角色時，必須考量到個案的保密原則可能遭到破壞。因此當個案不同意諮商師為他們進行倡議時，可能會產生倫理爭議。
- 倘若個案的紀錄是透過雲端電腦及其他電子通信設備保存，個案的隱私可能會受到影響，未必能夠受到完整的保護。

州立法律中有明確載明某些情況下，法律凌駕於保密原則之上。當個案處於明確且急迫可能傷及別人或自己的危險時，助人工作者則必須透露個案的資訊。你必須熟悉你所處的州的法律，因為不同的法律規範可能有打破保密原則之外的做法。並非每一州的法律都是相同的，但所有的州法皆規範助人工作者有義務通報亂倫及兒童虐待的案件；而大部分的州法皆有規範助人工作者有義務通報老人虐待及無行動自主之成人虐待，助人工作者必須了解如何評估虐待及疏忽的指標。所有的州法皆要求當兒童身上出現不明的傷口時，則必須進行兒童虐待及疏忽的通報。此外，當個案有可能傷害自己或他人時，助人工作者必須採取相關的行動。如果個案有自殺傾向，助人工作者有責任採取保護個案的措施。

社會服務專業者若無法適當處理保密議題，很容易受到法律的責難，因此你必須熟悉你所屬州或管轄區域之法律，並且遵守之，同時留意你所屬專業之倫理規範。當處理複雜的倫理議題時，建議尋求專業機構的協助。

為訓練你對於保密議題的思考更敏銳，想想你會如何處理以下的案例：

1. **兒童虐待**：兩名女孩被她們的阿姨帶到社區的機構，這名阿姨幾個月前才獲得她們的監護權。一名女孩11歲，口語表達正常，但另一名13歲的女孩則不然。當她們開始願意表達，而你詢問她們關於過去發生的事，她們告訴你她們的阿姨及舅舅曾意圖侵犯她們其中一人的身體，另一名阿姨則是對她們嚴重施暴，11歲的女孩表示她的姐姐曾在一次被阿姨施暴後企圖自殺。如果她們是你服務的對象，你會採取什麼樣的行動，以及你的理由為何？你是否有你所服務地區的兒童保護專線？

2. **另一種形式的治療或是老人虐待？** 一位69歲的個案，開始每週一次的諮商，處理她與忌妒又有控制慾的兒子的關係。諮商師發現到她的脖子和上背部都有瘀青，當諮商師詢問到她身上的瘀青，個案很快地回答她是因為呼吸問題去接受了拔罐治療。諮商師感到有些困惑，不確定個案說的是否為真，是否向自己坦白，或是個案是為了掩飾自己的兒子的行為。如果你是這個案子的諮商師，接下來你會怎麼做？

3. **逃家計畫**：一位實習生在一所小學與兒童工作，她告訴兒童團體的成員：「所有你們在這裡說的話，都必須留在團體之中。」之後，有一位男孩在團體中透露了他詳盡的逃家計畫。而這位諮商師事前並未與團體成員們談到保密原則的例外事項，她不知道該如何處理目前的這個情況。如果她向相關人員通報了男孩計畫逃家，他可能會感到被背叛。但如果她不進行通報，她可能會面臨到因未知會家長，遭到家長以服務疏失的理由提告。如果她來尋求你的諮詢，你會建議她如何處理目前的情況？

4. **實習生破壞保密原則**：你是一個地區機構的實習諮商師，你參與機構

舉辦的一個實習生訓練團體，每週一次進行案例討論。一天，你與某些學生一起在餐廳用餐時，他們開始討論他們的案例，不僅提及個案的姓名，還透露許多個案詳細的資訊，且音量大到足以讓全餐廳的人都聽得見他們談論的內容。在這種情況下，你會如何處理？

與人談論你的個案及他們的故事，對助人工作者來說似乎具有某一種吸引力，特別是當你周圍的人都對你的工作內容感到好奇時。這也許讓你有一種優越感，能夠有這麼多有趣的奇聞軼事可以和他人分享。當你感覺對個案工作無力招架，你需要放鬆自己時，你可能會無意地透露許多你不應該透露的訊息。身為一位助人工作者，你應該學習如何談論你的個案以及如何在不打破保密原則情況下進行。個案應該知道保密原則並非絕對保證不公開，但助人工作者應保證，除了法律要求提供的相關資訊以及專業必要性之外，你會避免與他人討論個案或與個案工作的內容。

一、伴侶及家族治療的保密原則

保密原則對於伴侶諮商及家族治療，也是關鍵的倫理議題。從法律的角度而言，一般來說，保密原則應用於伴侶諮商、家族治療、團體諮商、未成年人諮商時，是有所限制的。然而，從倫理的角度而言，保密原則是極為重要且必須被探討的，因此所有的機構都非常留意在上述的諮商領域中，保密原則的規範為何。當實務工作者與伴侶及家庭工作時，保密原則可能是十分複雜的，它涉及決定誰是個案、知情同意原則的進行，以及在合理的情況下，以個別的方式處理保密議題（James Bitter, personal communication, December 21, 2018）。有些助人工作者認為不論他們從哪一位家庭成員口中得知的訊息，都不應向其他家庭成員透露。相反地，有些助人工作者的原則則是不為任何一位家庭成員保守秘密。他們的假設是秘密不會幫助家庭成員們彼此坦誠，這些助人工作者鼓勵家庭中的秘密是應該被公開的。如果你決定採取這樣的方式，你必須清楚明白你將如何回應家庭成員私下透露的訊息，以及必須讓你的個案在決定開始接受治療之初即了解你的原則。

案例　在伴侶諮商時透露資訊

　　Owen 來尋求個別諮商，而不久後，他的太太 Flora 一同進入會談，兩人接受了幾次的婚姻諮商。Owen 向治療師透露，他在幾個月前與一名男士發生了性關係，他不想讓太太知道，因為他害怕太太會和他離婚。在之後的一次婚姻會談中，Flora 抱怨她覺得自己被忽略，她不確定她的先生是否真心承諾要為他們的婚姻努力。她表示只要能確認她的先生願意繼續這段婚姻，並且願意為他們目前婚姻中的困境付出努力，她仍然願意繼續接受婚姻諮商。治療師知悉她先生的婚外情，但選擇隻字不提，而留給先生來決定是否要在婚姻會談中向太太告知。

　　你的立場：你認為這名治療師在此情況下，是否做出符合倫理的決定？如果你也面臨到同樣的情況，你是否會採取不同的做法？假使 Owen 告知你他感染了愛滋病，他非常地擔心，此時你又會採取什麼樣的行動？你是否會擔心他對太太 Flora 隱瞞此事？關於告知及保護無辜第三者的職責之議題，是否具爭議性？

　　討論：毫無疑問的，這位治療師面臨到一個困難的處境。我們思考著在保密原則說明的過程中，治療師是如何向 Owen 解釋保密原則的內容及限制的，以及 Flora 在與 Owen 一同參與婚姻諮商後，是否也接收到同樣的資訊。治療師是否有告知 Owen 在 Flora 加入婚姻諮商後，所有他在個別諮商所透露的資訊，他都無法向 Flora 隱瞞，Flora 是否也同樣了解上述的原則。治療師是否在保密原則的文件內有清楚說明，在婚姻諮商中，個案們所陳述的資訊，無法保留不讓另一方知道。而當他們決定向諮商師揭露訊息，必須要理解潛在可能衍伸的後果。此時 Owen 可能會選擇不向諮商師揭露他婚外情的情況。因此，當與伴侶或家庭工作時，首要任務就是在治療之初就清楚說明治療師將如何處理敏感議題的揭露。

二、團體諮商的保密原則

　　當你帶領一個團體時，你必須考慮某些特定的倫理及專業層面的保密原

則。如同個別諮商，在團體治療的環境中，你必須讓團體成員知道保密原則的限制。因為有這麼多的人都知道在團體中所分享的訊息，你必須清楚說明你無法保證每一位成員都能受保密原則的保護，因為你無法控制團體成員在團體外的言行。

你應該向團體成員說明，法律的特權（保密原則）在團體治療不適用，除非是違反國家法律（ASGW, 2018）。團體治療師必須在團體進行之初，對團體成員清楚具體說明，在團體治療中對於保密原則的限制，以及對非自願團體成員告知治療師具有通報責任，及必要時的通報流程。團體成員們也必須留意，在團體過程中所留下的任何的檔案資料或紀錄，都有可能對於成員們原有的保密原則之權利造成影響。

即使你不斷地向成員們強調保密原則的重要性，還是會有一些成員不適當地與他人討論團體中分享的訊息。團體領導者有責任解釋保密原則可能被打破的情況，即使是在不經意的情況下。最好的做法會是團體領導者提醒告知團體成員，保密原則可能會在哪些情況，在無意中以細微的方式被打破。

保密原則對於團體成員在團體中的安全感建立是不可或缺的要素，是團體成員願意在團體中冒險的根基。在團體發展初期，團體帶領者可以向成員們強調，成員們可以透過表達他們對於透露自己的個人訊息的擔憂，來維持團體的安全感，這也是團體成員的責任。團體帶領者鼓勵團體成員將自己的害怕保密原則會被破壞的想法在團體中提出，而在團體中可以開放地討論這些擔憂。

在機構、學校的團體治療，當成員更熟悉彼此，彼此之間有頻繁的接觸，在團體外亦是如此。在這些情況下，保密原則變得更為重要，更難維持。團體諮商師有責任在說明保密原則時，強調網路上行為的規範，也建議團體諮商師建立基本的規則，如團體成員不可透過張貼照片、留言或是以任何形式將團體成員的個人資訊在網路上公開。建立團體外的網路討論規則，應該被納入保密原則的說明流程，以及團體管理的規範中。

三、學校諮商的保密原則

在學校諮商的環境下，保密原則及隱私權的保護是助人工作者主要的考量。兒童及青少年有權利在第一次與學校諮商師接觸時，知道什麼樣的資訊是會保密，而哪些情況不會。在未成年諮商未有權力提供知情同意的情況下，家長或監護人有義務代為簽署同意書，同時必須納入諮商的服務流程中。

家長或監護人有權利了解諮商的內容，學校相關的人員亦同，但必須以對兒童及青少年隱私的侵犯最小化，以及尊重學生的方式來處理。學校諮商師也必須清楚告知學生保密原則的限制，以及在什麼樣的情況下、以什麼樣的方式，保密的資訊會被公開。

ASCA 所提出的學校諮商師倫理守則（2016）提到保密原則的關鍵的規範：

> 學校諮商師理解他們在保密原則之下的主要倫理義務，是保護學生，但同時在理解家長或監護人具有主導孩子生活的法律及與生俱來的權力的情況下，取得他們對於學生個案的保密倫理義務的平衡。學校諮商師了解他們必須在學生有做決定的倫理權益，提出同意權的能力，以及父母或監護人為未成年孩子的行為做決定的親職或家庭法律權利及責任，這三者之中取得平衡。

當未成年個案呈現自傷或傷害他人的危險時，學校諮商師必須打破保密原則。從倫理及法律的觀點來看，任何自殺或傷害他人的威脅都必須非常嚴正地處理。即便自殺的風險極小，但因為有這樣的可能性，助人工作者就有職責必須聯繫家長，告知他們個案可能的自殺行為。法院發現，打電話通知家長的職責，對一個有自殺傾向的學生來說，受到傷害的機率是較小的。簡而言之，學校相關人員也必須被告知，盡可能地採取行動保護可能自殺的學生，潛在的暴力行為亦同。特別是有鑑於近年來校園槍擊事件的增加，有老師或學生關切到某學生展現暴力意圖時，即時地採取了行動，而成功阻擋了

一些悲劇的發生。

繼續教育對助人工作者是非常重要的，如同當你意識到學生具有自殺或傷人的危機時，你願意去尋求適當諮詢的態度亦是十分重要。你可能因為一個疏忽的判斷，未符合相似的教育及資歷的專業人員規範，而必須負起法律責任。只要你的行為是合理及合乎倫理的，你就不必過度擔心會因學生自殺或傷人事件受到法律的制裁。

案例　告知家長並尊重保密原則

Conrad，一名17歲的高中三年級學生，被學校輔導老師評估有憂鬱傾向，因而被轉介給一名心理師Andy。Conrad目前與父母及兩名弟妹同住。他在初次會談中提到，自己在過去兩年之中，都飽受學業及人際關係不佳之苦，並且大部分的時間都感覺憂鬱。他的成績很差，在人際上也越來越退縮，他的因應之道就是在房間裡寫作及玩音樂。他計畫在家裡待到畢業，之後他就要去社區大學就讀。Andy與他進行了四個小時的會談，他很能接受談話治療的方式。在最近的一次會談後，Andy接到了Conrad媽媽的電話留言，表示希望能夠了解Conrad目前治療的進展，以及一些她認為有關於Conrad的資訊。

Andy告知Conrad他的媽媽來電，並表示媽媽想要知道他的會談進展。Conrad不確定他是否想要讓媽媽與Andy談話，因為他不知道媽媽可能會告訴Andy哪些關於他的事情。

你的立場：在此案例中，有哪些法律及倫理的議題必須受到檢視？你如何處理個案的需要，以及父母被告知的需要？你是否有任何對Conrad及其父母都有利的介入方案？

討論：Andy可以與Conrad討論邀請他的父母一同談話的可能性。這樣的方式可能會給予Conrad在治療關係中的主動性，以及為他的治療做決定，同時也保護了Andy與Conrad之間的信任關係。然而，在Conrad的父母進入會談之前，Andy若與Conrad談論關於Conrad的母親可能

向諮商師透露關於他的資訊的擔憂，對於治療過程也是相當有意義的。Conrad 的害怕是什麼？他是否擔憂母親所透露的事情，可能會為他或他的家庭帶來負面印象？這個探索的過程，將帶來有意義且有建設性的治療性介入。

四、科技世界中的保密原則及隱私權議題

在過去的十年間，諮商專業中最劇烈的變化之一，就是使用科技技術提供諮商服務（Jencius, 2015）。然而，諮商的倫理守則的規範並未跟上電子通訊技術的快速發展，因此也產生了許多與多元新興科技有關的倫理及法律議題。ACA 倫理守則（ACA, 2014）的 H 章節近年來才被修訂，提到科技產品的使用，透過電子通訊媒介的關係建立，以及使用社群媒體作為提供服務平台等相關議題。而在 H 章節主要提及的細則，是有關諮商師是否有能力提供遠距服務，以及相關的法律規範；知情同意的內容及安全性（保密原則、限制及安全性）；個案個人資料的確認；遠距的諮商關係（網路鏈接、網路可及性、專業界線）；諮商紀錄的保存、網路的取得方便性，以及使用社群媒體所可能涉及保密原則的各個層面。

若不適當地使用不同形式的科技產品，個案的隱私可能在非常多情況下會被破壞。即使使用加密軟體，保密原則也無法受到保障。在電子通訊的時代，使用網路從事諮商業務，是最具爭議的挑戰。使用電子媒介溝通，充滿了潛在的隱私權問題，使得個案隱私難以受到保障。

諮商師與個案在同意傳遞電子郵件到個案的工作地點或是家中之前，必須審慎思考個案隱私權的議題。一個適當的規則是限制電子郵件資訊僅限於基本的聯繫資訊，如會談時間的約定。Tran-Lien（2012）建議預計使用電子郵件與個案聯繫的諮商師，應提供給個案一個聲明（納入知情同意的一部分），詳細說明使用電子郵件聯繫的規則和限制，對保密原則潛在的危害，以及預期回覆的時間。她建議與個案以電子郵件聯繫是可行的做法，但必須謹慎考量提供相關的規定，及法律及倫理相關的議題（p. 22）。當使用電子郵件作為溝通的方式時，可能遇到的挑戰及安全指引，都需要向個案清楚解

釋。

雖然個案的隱私權及保密原則長久以來都是一個核心議題，但以電子方式傳送資訊使得這個議題顯得更為複雜。1996 年由美國國會通過的健康照護體系資訊傳遞和權責法案（Health Insurance Portability and Accountability Act, HIPAA），提倡醫療產業的標準化及效率。HIPAA 是聯邦法律，當中的條款詳細規範有關個案的隱私權、知情同意及紀錄的傳送。諮商師被要求提供個案清楚的說明自己的心理健康資訊將如何被使用及保存（Remley & Herlihy, 2020）。

HIPAA 隱私條例（HIPAA privacy rule）中，給予個案更多的權利掌控自己的醫療資訊。個案必須被告知他們的權益，以及必須簽署同意書，醫療單位方可提供或接收其他醫療單位所需的個案資訊。HIPAA 隱私條例中規範，不論是以紙本或電子方式傳送保密的醫療文件時，都必須在使用或揭露前取得個案的授權。此規範是源自於對醫療資訊透過電子方式傳送可能會破壞個案的隱私，造成大範圍的缺失的疑慮而設立的（Wheeler & Bertram, 2019）。新的隱私條例已限制實務工作者使用個案的醫療資訊以及其他可以辨識的個人資訊，以保障個案的隱私。此條例中也要求醫療單位必須設立保護個案資訊的制度及流程之計畫。

當大多數的我們已經過度習慣仰賴科技，隱私權受到侵犯的可能性，往往會因缺乏縝密思考而被忽略。因此，助人工作者使用不同形式的科技與個案通訊時必須特別謹慎，且留意在過程中不經意侵犯了個案隱私的可能性。

在知情同意的流程中，建議你與個案討論在使用廣泛的科技產品時可能會引發的潛在隱私權問題，以及採取防範措施，如此你與個案都能夠了解此議題的重要性，以及對此達成共識。試想以下在機構中與隱私權有關的議題。

案例　**隱私權議題及電話聯繫**

你的機構設立了一個客服中心，專門接聽個案的電話以及進行會談的預約。客服中心的一個新制度是打電話提醒個案下一次預訂會談的時間。有一名女性個案表明她不希望她的先生知道她正在接受諮商，然而一名客服中心的接待人員打電話到她的住處，提醒她下次會談的時間時，她的先生聽到了電話中提醒她會談的留言。

你的立場： 在這個案例中，你有覺察到任何與隱私或保密原則有關的倫理議題嗎？在這樣的情況下，你會如何在機構的制度以及個案的隱私權中取得平衡？如果你接到個案來電抱怨上述所發生的事件，你會如何回應？

討論： 即便這個案例當中保密原則被破壞並非有意，並且是起因於機構人員和聯繫中心溝通上的失誤。個案可能有許多的原因，不想讓先生知道她在接受諮商，她有絕對的權利向機構抱怨這次隱私權被破壞的事件。諮商師能看重這個事件，不帶防衛地傾聽她的擔憂，並且為機構的行為向個案道歉，是十分重要的。

這個案例描述了當個案的隱私權沒有被謹慎以待，保密原則被破壞的情況是很容易會發生的。最好的實務做法是在第一次與個案接觸時，就與個案討論希望聯繫的方式，也是對個案的隱私的尊重。對於個案隱私權的維護，機構人員盡其所能地保護個案的隱私，是至關重要的。

五、小型社區的隱私議題

我（Marianne）在一個小型社區執業，提供婚姻及家族諮商已經相當多年。在這樣的環境下，需要具備保護個案隱私權的倫理考量。首先，選擇能夠確保個案進出隱私的工作室是很重要的。我考慮在市中心的專業大樓承租，但我很快地想到個案對於在前來尋求心理協助時被他人看到，可能會感到不安。在住宅區的工作室，離市中心較遠，個案即可免除這種顧慮。但我必須很小心地安排個案會談的時間，在會談時間中間預留充分的空檔，讓個

案不會在工作室遇到熟識的人。如果你將工作室安排在住家，則必須檢視工作室環境應具備的專業性，如個案隱私權的維護，以及不應受到治療師家人的打擾。

我會和案主討論在小型社區中，保密原則可能受到的特有干擾因素。我告知他們，當我在商店或郵局巧遇他們時，我不會與他們討論專業問題；我尊重他們希望在工作室以外的地方與我互動的方式。我了解他們意識到我與許多社區的住戶工作，我再次向他們確認我不會向任何人透露個案的身分。另外一個保護個案隱私的做法，是關於在社區的銀行存支票。因為銀行行員都知道我的職業，對他們來說，很容易可以從支票上辨識出我的個案的身分。因此我同樣與個案討論他們希望的付費方式，如果他們在意我在當地的銀行存支票，我會將他們的支票存入其他地區的銀行。

六、保護的義務

在法律上亦列出保密原則的例外，當心理衛生專業人員在合理的基礎上，相信個案處於傷害自己或他人的危險之中時，保密原則是允許被打破的。諮商師具有法律責任，亦有倫理責任保護個案或他人免於傷害，因此當有必要提供這樣的保護時，他們必須要打破保密原則。Wheeler 與 Bertram（2019）提出危機處理的指導原則：對於諮商師而言，最重要的問題為如何實踐他/她的法律及倫理職責去保護個案的人身安全，在考量個案的最佳利益之下採取行動，並且確保自己不觸犯法律。

試想你自己在以下情境中：一位社區諮商中心的新進個案告知你，他在童年時曾遭到父親嚴厲的虐待，現在的他非常憤怒。他威脅要殺了他的父親，並且告訴你他已準備好了武器。你會如何處理？你如何判斷某個個案是否具危險性？如果你判斷個案確實處於危險的狀態，你會採取什麼樣的行動？

許多助人工作者認為，去預測個案何時可能對他人造成嚴重的威脅是很困難的。當你接受更多的訓練或督導，你會學習到如何辨識及評估危險因子，以及暴力行為的訊號。潛在暴力的預測指標包含具曾有暴力或攻擊行

為、口頭威脅、透過信件或電子郵件威脅、騷擾（包含性騷擾或是跟蹤）、持有武器，特別是槍枝（"How to Recognize Students", 2011）。

雖然一般來說，實務工作者對個案是否有傷人行為的誤判，並不具法律責任，但對於個案危險性的不適當評估，可能會有法律責任，也可能傷及第三者，或不適當地打破個案的保密原則。助人工作者面對潛在的危險個案時，應採取事先規劃的步驟，來保護大眾及減低自己的法律責任。助人工作者應留意個案是否有傷人的經驗、告知個案保密原則的限制、記錄下個案具威脅的言行以及其他個案的陳述、尋求諮詢，以及提供曾採取的保護步驟。

決定何時是打破保密原則以保護潛在受害者的合理時機，是十分困難的。當法律上提出要求時，心理衛生專業人員有義務揭露個案的資料，因此心理衛生專業人員必須熟悉各州法律中，有關專業人員保護職責的規範，因為每個州立法律皆不相同（Herlihy & Corey, 2015c）。建議助人工作者尋求督導、同事或是檢察官的諮詢，因為當你錯失警告及保護有權受到保護之第三者時，或是錯誤警告無需受到保護之第三者時，可能須負擔法律責任。大部分的州法同意或要求治療師打破保密原則，以保護潛在受害者。過去的部分法律案件中，心理衛生專業人員日益意識到自己具有雙重職責，必須保護他人免於受到潛在危險個案之傷害，以及保護個案免於自傷。當助人工作者失職，未診斷或預估個案的危險性；未能保護潛在受害者；未處置危險個案，或過早同意危險個案出院的情況下，助人工作者對於保護大眾免於受到潛在危險個案之傷害，具有民事損害賠償之法律責任。

HIV 議題。關於助人工作者警告及保護第三者的職責，相當具爭議性的倫理困境之一，是與 AIDS 患者、HIV 陽性患者，以及可能讓他人受到 HIV 傳染的個案工作。身為助人工作者，你必須在維護個案的保密權益，以及警告可能受到你的個案感染 HIV 的第三者之中，做出權衡。

關於此議題，助人工作者並沒有警告第三者之法律責任，必須經由法院判決來解決此法律問題。即使如此，與 HIV 陽性患者工作的助人工作者，仍會在倫理上持續地面臨應該採取什麼措施的掙扎。要能夠辨識出哪一位個

案可能有潛在的危險性,以及評估哪些是與個案發生過親密關係、目前處於危險中及可能受害的對象,是相當困難的。

揭露必須是在縝密思考之後的決定,除非助人工作者確知個案的診斷,或已經查明這名個案確實未知會可能已經受害的第三者,且未來也沒有計畫告知對方,否則不應採取任何行動。助人工作者必須了解該州立法律關於疾病病程的揭露,何時該採取什麼行動。ACA 倫理守則(ACA, 2014, Standard B.2.c)中規定,若個案罹患傳染性或具生命危險的疾病,助人工作者有權利打破保密原則,揭露個案的病情,但並未說明助人工作者有責任對他人提出警告。因為這個規定,可能會讓助人工作者陷於服務疏失訴訟的危險。

這個情況呈現助人工作者在遵守法律及倫理決策中的兩難,幾位專門與 HIV 個案工作並服務多年的同事表示,他們聲稱從未在這種情況下打破保密原則,因為在打破保密原則和警告第三者的做法之外,仍有許多解決之道。

案例　告知及保護他人的職責

你的一位男性個案向你揭露他是 HIV 陽性患者,但是他並沒有告訴你任何關於他與一名或者多名性伴侶的性活動的訊息。之後的會談,他揭露了他不只有一名性伴侶,而他的一名性伴侶尚未注意到他的病情。他持續與這名伴侶在未做安全措施的情況下發生性行為,顯然他並未留意他必須告知他的性伴侶或改變他從事性活動的方式。

你的立場:在這個案例中,你會如何處理?ACA 的指導原則是否對你的行動方案有所助益?你會依照知情同意的原則,在一開始便向他人揭露相關的訊息嗎?如果你會採取這樣的做法,是為什麼?如果不會,你的理由又是什麼?你在倫理及法律上的職責又為何?你會如何處理倫理及法律潛在的衝突之處?你會如何做出決策?

討論:打破保密原則應是優先考量採取較不具侵擾性的方法無效後,最後採用的方法(Corey, Corey, & Corey, 2019)。首先,試著幫助個案看到向不知情的伴侶揭露他是 HIV 陽性患者的價值。心理衛生專業人員

在涉及感染 HIV 的案例中，在法律上並不具有「保護責任」；對於保護 HIV 陽性個案的性伴侶的法律責任亦仍不明確。建議向所在州立公共衛生部門、專門處理相關案件的律師、曾有倫理抉擇經驗的同事以及你的專業機構尋求指導（Wheeler & Bertram, 2019）。當你諮詢其他專業人員如何進行及決定行動方案時，務必刪除能夠辨識出個案個人資料的資訊，以保護個案的隱私。

自傷。除了警告及保護第三者的職責之外，助人工作者也有責任要保護可能傷害自己的個案。許多助人工作者告知個案，當他們有正當的理由懷疑個案有自殺的可能時，他們有倫理和法律的責任打破保密原則。即使個案認為他們有權利決定如何對待自己的生命，但助人工作者在法律上有責任要保護他們，但困難之處在於如何判斷個案是否真正想要自殺。

雖然有些專業助人工作者，反對使用強制的方式來預防個案自殺事件，以表達對於個案有權決定自己的生命的尊重，多數的助人工作者仍相信，大部分的自殺案例是可以被預防的，倘若與潛在自殺危機個案工作的專業人員，可以學習如何辨識、評估及有效介入危機情況。個案處於危機之中，可能會在短時間內感到絕望，但倘若他們能獲得幫助來處理當前的問題，他們的自殺可能性就會大幅降低。助人工作者可以幫助個案區分想要結束自己的生命，以及想要結束情緒性的痛苦及煎熬的不同。大多數的時候都是情緒性的痛苦和煎熬，讓個案感覺到被淹沒，當能夠辨識到這點，就有機會帶來希望和治療性的介入。一般而言，心理衛生工作者一旦確認個案處於嚴重的危機中，就必須採取適當的行動，助人工作者倘若未能適當地採取防治自殺的行動，則可能必須承擔法律責任。

專業人員協會的倫理守則共同認為，助人工作者必須積極地預防個案自殺行為的發生。以下的問題可以幫助你評估自殺徵兆的致命性，以及決定是否有必要進行進一步的介入：

- 個案是否有明確的自殺計畫？
- 個案目前是否診斷為憂鬱症？

- 個案是否表現出無助或無望感？
- 個案是否曾有突然或時常展現戲劇性的情緒或行為改變？
- 個案是否曾經企圖自殺？
- 個案是否有強烈、堅定的自殺意念？
- 個案是否已經準備好自殺的工具？
- 個案目前是否罹患心理疾患？
- 誰可能可以阻止個案自殺？
- 個案的家庭、住所或其他任何地方，是否有人能夠提供情感支持？

當個案沒有主動揭露自傷的意圖，諮商師需要更直接的詢問。會導致增加個案自傷的危險的因素，包括：嚴重的心理疾患、物質濫用、近期內的親友喪生、急性生理疾患（Bongar & Sullivan, 2013）。當你確認個案處於自殺的危機時，身為助人工作者的倫理職責，即是在會談室後採取行動。介入方案可能是告知個案的父母、伴侶或生活中其他的重要他人。助人工作者若認為自己沒有評估具自殺可能的個案的能力時，應該尋求具備相關技巧的專業人員的督導，或是進行適當的轉介。透過諮詢，可以確保諮商師依照規範進行實務工作，在打破保密原則前，進行縝密的思考，以及評估現階段所有的介入選項。此外，極為重要的是，助人工作者必須適當地記錄下評估的過程，進行的諮詢，以及介入計畫，其中包括所選擇的介入方案為何，採取該項方案的理由，以及為何不選擇其他方案的原因（Werth & Stroup, 2015）。

案例　保護憂鬱個案

一名憂鬱的個案談到想結束自己的生命。他告訴你，他之所以跟你提及這個想法，是因為他信任你。他堅持要你不能讓其他人知道他有自殺的意念。他想要讓你知道他有多絕望，他希望你能夠了解他的感受，最終能夠接受他做出的任何決定。

你的立場：思考你在這個案例中倫理及法律上的義務。你會如何回應他？你又會如何進行此次會談？

討論： 這個案例反應出初次會談時，與個案討論保密原則的限制的重要性，包括當個案處於自傷的危險之中，諮商師必須打破保密原則，是給予實務工作者一個非常好的提醒。在這個案例中，你可能發現個案並沒有執行自殺的計畫或是意圖，與他探索自殺的想法，可能可以幫助整理他的思緒，並且給予情緒的紓解及療癒。同時，可提供個案一份自殺防治相關單位的聯繫資訊，當個案若尚有自殺的感受時，可以透過電話求助。

倘若與個案會談時，你感覺到你對於個案自殺的擔憂提升，可以直接進行自傷致命性的評估，來確認個案是否有具體的自殺計畫、自殺使用的工具，以及明確的執行自殺計畫的意圖。若評估個案確實有具體自殺計畫和意圖，你有倫理義務，不顧個案反對，打破保密原則。個案應理解助人工作者有義務嚴肅看待其表達自殺的想法，並採取行動保護之。總結來說，個案能夠憤怒地存活下來，好比個案成功執行了自殺行動。憤怒可以被處理和解決，但一旦個案成功地自殺了，這樣的結果是完全沒有機會改變的。

案例　根據情報資訊採取行動

一名大學諮商師收到一封來自其個案 Sadie 的朋友的電子郵件，這位朋友不願透露身分，在他的來信中提到 Sadie 有自殺的念頭，並且已經有詳細的自殺計畫。諮商師收到此封信件後，立刻與 Sadie 電話聯絡，並且要求她盡快到諮商中心來見他。

你的立場： 你認為諮商師有倫理義務對這樣的電子郵件訊息做出回應嗎？這名大學諮商師打電話要求 Sadie 來進行緊急會談，只因為她朋友的一封電子郵件，是否不恰當？諮商師是否有責任通知 Sadie 的家長？你認為諮商師要求 Sadie 來進行緊急會談是否已經足夠，或者還須採取其他的作為？

討論： 助人工作者必須特別小心處理自殺的威脅，並嚴肅地看待。在這個案例中，諮商師透過個案朋友的電子郵件，得知個案有自殺念頭，

諮商師聯繫 Sadie，並告訴她她的情況不能輕忽。諮商師採取倫理行動，持續與 Sadie 保持聯繫，並進行了自殺致命性的評估。諮商師有權利和責任告知 Sadie，是一位關心她的朋友聯繫諮商師，並留意到她有具體的自殺計畫。而諮商師在與 Sadie 討論過自殺議題後，認為 Sadie 的情況有必要聯繫她的家長。為了保護 Sadie 的隱私權，諮商師不能與那位主動警示 Sadie 情況的朋友聯繫。

第六節　檔案管理與紀錄

　　從倫理、法律及實務的觀點，助人工作者有責任撰寫精確的個案紀錄。若你未能記錄所有提供服務的過程，將會被視為未達倫理規範的標準。許多州的執照法規和規範，建立了撰寫個案紀錄的最低指導原則，但大多都是交由助人工作者自行判斷撰寫紀錄的內容（Knapp & VandeCreek, 2012）。撰寫紀錄具有許多不同的目的，在實務的觀點，個案紀錄提供助人工作者回顧治療歷程的歷史紀錄，紀錄的保存具有雙重的目的：(1) 確保服務品質，盡可能提供個案最好的服務；(2) 提供達到一定專業標準的服務的證明。從法律層面，州立及聯邦法律對於個案紀錄的撰寫及保存的要求，是助人工作者避免服務疏失提告非常重要的證據。正確、有意義，且及時的檔案紀錄，對於危機管理的策略規劃是有幫助的。

　　助人工作者撰寫兩種紀錄。治療過程紀錄（progress notes）或稱個案臨床服務紀錄，是依照法律的要求來記錄。這種紀錄基本上是描述行為，包括說了什麼或做了什麼。治療過程紀錄包含個案的基本資料、生命史、主述問題、知情同意過程的文件檔案；最近一次健康檢查報告的客觀資訊；初次會談提供的資料；必要時也會包含轉介的資料；個案的診斷、社會功能程度、預後、症狀、治療計畫、服務成效、目標達成的進程，以及其他可能的處遇方式；服務提供的型態；會談預約及確切進行的日期及時間、結案過程摘要。當你完成了個案臨床紀錄的撰寫和建檔，絕對不能進行任何的更改。最好的方式是在會談結束之後，盡快將個案紀錄輸入個案的檔案，並簽署姓名

和日期。

治療歷程紀錄（process notes）或稱心理治療紀錄，和治療過程紀錄是不同的。治療歷程紀錄，記錄的是個案在治療中的反應，如移情，以及助人工作者對個案主觀的印象。這些紀錄並非用來對外公開的，而是僅供助人工作者個人使用。重要的治療資訊不應該記錄在治療歷程紀錄，如治療歷程紀錄不應包含個案的診斷、治療計畫、症狀、預後及服務過程。記住，在法律上，助人工作者被要求額外撰寫個案臨床服務紀錄（治療過程紀錄），但並沒有要求助人工作者必須撰寫心理治療紀錄（治療歷程紀錄）。

從倫理和法律的觀點，將個案紀錄保存在安全的地方，並且採取一些方式來維護個案資料的保密性是非常重要的。而個案紀錄檔案存放的時間，是依照州的法令及機構的政策。即使屆時個案檔案會以安全的方式被銷毀，機構仍應保存個案治療資料的摘要紀錄。而使用先進的科技如雲端電腦儲存檔案，似乎很便捷，然而這也是使得個案的檔案保存和保護變得複雜的方法。

我們必須了解，個案有權利看他們的治療紀錄，或是治療紀錄的摘要。個案紀錄的內容不應包含助人者個人的觀點或是個人對於個案的看法，而應該呈現助人工作者的專業性。如果個案取消會談，一個好的做法是記錄下個案取消會談的原因。撰寫會談紀錄時，使用明確的語言描述個案的行為是很重要的。聚焦在描述個案特定和具體的行為，避免使用他人無法理解的語言。當你撰寫個案紀錄時，必須假設你的紀錄會被調閱。雖然專業紀錄被期望能夠詳盡地記載治療過程，但最好的方式還是盡可能地簡潔。

記住這句名言：「沒有紀錄，也就代表沒有發生。」記錄下個案和助人工作者與臨床治療工作相關的行為。紀錄內應包含使用的介入方式、個案對於治療策略的反應、衍生的治療計畫，以及後續採取的方法。而針對危機的情境，如可能的自傷、傷人及破壞他人的有形資產，記錄你所採取的行動，也是相當聰明的做法。然而，如果你過度關切如何記錄才能自我保護，而忽略了你應該提供給個案的服務品質，這就不是以個案的最佳利益為考量。

完善的紀錄是對個案和助人工作者都有幫助的。Wheeler 與 Bertram（2019）表示，助人工作者若沒有持續地撰寫臨床紀錄，會讓他們自己陷入

服務缺失訴訟的危機，因為這樣的疏忽違反了心理衛生實務工作者的服務規範。他們也提到，「條理清晰及保存良好的個案諮商紀錄，是諮商師在規劃治療計畫、確保中斷的諮商可以持續，以及確保服務的品質等最有效益的工具」（p. 153）。

第七節　醫療管理體系中的倫理議題

近年來，助人工作的服務提供方式已逐漸開始轉型。Cummings（1995）提出，從傳統的使用者付費服務模式逐漸轉型成為醫療管理模式（managed care model）的過程中，有些心理衛生的價值觀已改變，而助人工作者的角色也被重新定義過。醫療管理模式的特色是有次數限制的處遇模式、符合成本效益的方式、服務效益的監測、預防策略多於治療策略。這樣的改變，意味著在短期服務的模式中，你必須重新看待身為助人工作者的角色，以及思考你可能被期待發展短期服務的專業技巧。

一、關鍵的倫理議題

助人工作者在醫療管理系統中，明顯地會面臨兩難，是以個案的最佳利益為考量，或是必須對依靠短期處遇的模式才能維持運作的服務體系的忠誠議題。很多時候個案需要的服務次數，遠多於短期治療所能夠提供的。重要的是，不應將維護醫療管理財務狀態健全的利益，放在個案的福祉之前。

醫療管理體系要求助人工作者在提供症狀治療及有限制的介入時，仍需和過去的服務模式一樣，維持一致的專業價值觀。這樣的做法對看重自我成長和自我實現勝於治療性、較採取短期和焦點解決策略的助人工作者來說，可能會引發倫理議題。在醫療管理體系中服務的助人工作者，會面臨到許多心中的疑慮所帶來的倫理議題：知情同意、保密、遺棄、成效評估及助人工作者的能力。

知情同意。知情同意是一個持續不斷的過程，對於醫療管理系統來說特別

具有重要性。在開始接受服務及與你建立專業關係之前,你的個案有權利知道醫療管理的公司會要求提供個案的診斷資料,因此個案可能需要接受測驗,以及一些臨床的個人資訊、治療計畫,甚至是完整的臨床服務紀錄。

從倫理的觀點,個案有權利知道因為醫療管理經費上的管控,可能會對於服務品質造成負面的影響。個案有權利知道其實有其他形式的治療,可能對他們更有幫助,但卻因為成本管控的因素而被拒絕申請。他們也有權利知道你是否精通短期治療,而這意味著一個門外漢可能會決定提供的治療形式和能夠提供的會談次數、治療計畫中其他的限制,以及由誰來決定結案的時間。

保密原則。雖然保密原則在傳統上被視為是助人工作者的倫理及法律責任,以維護個案的隱私,醫療管理體系仍重新定義了保密原則的範疇。也因為醫療管理服務的提供者主導了治療計畫,個案資料的保密性因此受到影響。

雖然保密原則有許多例外,但對於個案資料的要求,原本就設計於醫療管理服務的架構之下,遠超出過去保密原則限制性的允許程度,而使得保密原則在治療師—個案關係中受到威脅。個案必須意識到醫療管理服務計畫,可能會要求助人工作者透露敏感的個人資訊給第三者——可能是審核能否通過初次或延續會談補助的主要負責人。助人工作者無法對治療的保密性做任何程度上的擔保,因為一旦隨著經費的申請送出個案保密資料,他們就失去了對這些資料的掌控。在醫療管理服務方案下,所有的治療過程都受到助人工作者以外的人的監督。因為對於經費的限制,助人工作者必須在進行治療之初即告知個案有關醫療管理服務政策之下,保密原則的有限性。

遺棄。許多專業助人機構的倫理守則,都載明助人工作者不應遺棄個案。在過去的做法中,結案是由助人工作者和個案共同完成的過程。倫理層面上,專業助人者絕不可遺棄個案,並且他們有責任提供適當的專業服務。但在醫療管理服務方案的運作模式下,許多有關個案及助人者的重要的決策,是由醫療服務方案的決定,結案不再由助人工作者和個案共同進行,而是經

由醫療管理公司的政策來執行。如果因經費的因素而使得治療突然結束，個案很可能會感到被遺棄。因此助人工作者有責任告知個案，延案的申請不一定能夠獲得醫療管理公司的補助。醫療管理服務條款因為終身給付之最高限額，限制了個案每年可以接受服務的次數。而個案申請他們所需要的服務，可能也會被拒絕，因為他們需要的服務費用超出給付的金額，而他們也無法自行負擔延案的費用。雖然治療時間的限制從財務管控方面來看是合理的，但會造成倫理問題，例如當個案有持續接受服務的需求時，卻強迫助人工作者將個案轉介。

很明顯地，醫療管理服務在專業臨床工作上呈現了倫理的問題。在倫理上，助人工作者不應遺棄個案，也有責任提供專業的服務，但在醫療管理服務制度下，這樣的服務方案為個案和助人工作者做了許多重要的決定。

成效評估。在醫療管理服務方案中，所有的治療受到助人工作者以外的人監督。成效評估（utilization review）是指，用設定好的指標來評估治療的必要性、治療介入的適當性及治療的成效。成效評估可以在治療的前期、中期及後期進行（Cooper & Gottlieb, 2000）。對個案的成效評估，一般是由助人工作者以文字敘述的方式來進行，並且定期提交給醫療管理公司。

助人工作者的能力。在醫療管理體系服務的助人工作者必須具備特殊的知識和技能，以具彈性及融合的方式，針對不同的個案族群及問題提供多元的短期服務。這樣的助人工作者必須具備折衷或整合的理論取向。助人工作者被迫要能夠精通短期及有效率的治療方式，治療計畫必須快速地規劃完成，治療目標也被限制在一定的範圍之內，治療的重點則是必須放在治療結果的呈現。如果助人工作者未受過短期治療的訓練，或個案的情況並不能在有次數限制的情況下得到好的幫助，那麼助人工作者就必須具備適當的轉介技巧。

二、醫療管理的法律議題

即使許多臨床的決策是由醫療管理體系來決定，但助人工作者最終還是

必須要為個案負責。法律上，助人工作者雖然是受到醫療管理單位的僱用，但當個案抱怨他們沒有得到所要求的服務標準時，助人工作者並無法在服務疏失的訴訟當中豁免。當助人工作者真的在危機處理、適當轉介及延案申請的過程當中有所疏失時，他們不能用醫療管理計畫的限制當作擋箭牌。助人工作者在面對想要提供給個案他們所需要的，以及醫療管理計畫所訂定的服務當中，有時感到非常兩難。越來越多的助人工作者對於在服務提供的次數受到付費的第三者的限制，而個案的需要必須在妥協的情況下提供服務，倍感壓力（Koocher & Keith-Spiegel, 2016）。不論服務輸送的架構為何，為了符合倫理的服務，助人工作者仍應以個案的利益為優先考量。

三、醫療管理的未來趨勢

許多未來的助人工作者，將會面臨到必須尋求在醫療管理服務方案加諸的限制中，仍能維持服務一致性的方法。在許多社會服務的場域中，越來越強調服務的可信度。醫療管理要求機構和助人工作者提供有成效的服務，展現服務的可信度。也有越來越多的機會，你會被期待快速地評估個案明顯的問題、規劃短期服務治療方法，以及提供有效益的介入。

第八節　服務疏失及危機管理

服務疏失（malpractice）的一般定義是，在忽略或疏忽的情況下未能提供適當的服務，而導致個案受傷或有所損失。服務疏失也是一個法律概念，包含因疏忽致使個案受傷或造成個案的損失。專業的疏忽（professional negligence）包含工作中違反專業規範，或未盡專業責任提供適當的服務（Corey, Corey, & Corey, 2019）。針對服務疏失最主要的問題在於確認哪一項服務標準（standards of care）適用於判斷助人工作者確實在服務個案中違反職責。

助人工作者受到批判的標準，以一般業界能夠接受的標準；換言之，在相似的情況下，以一位謹慎的諮商師可能會做出的同樣行為作為準則

（Wheeler & Bertram, 2019）。在個案服務上，你被期待遵守法律規範，以及屬於你的專業倫理守則。除非你提供適當的服務，以及具有專業的信念，否則你都有可能因未善盡職責而遭到民法訴訟的提告。心理衛生專業人員的服務疏失訴訟，在過去十年來呈現增加的趨勢，但這些訴訟的總和，仍是偏少的（Remley & Herlihy, 2020）。保護自己，避免捲入服務疏失訴訟，或遭到個案投訴至執照委員會的最佳方式，就是提供有品質的個案服務，以及與個案建立並維持尊重及有效能的專業關係。

要構成服務疏失的提告，必須具備以下四個要素：(1) 你必須對個案負有專業職責（也就是你與他人專業關係）；(2) 你必須有服務疏失或不適當的行為，或因未提供預期的服務等級，而被視為未達一般的服務標準；(3) 你的個案必須因此受到身心上具體的傷害；及 (4) 個案必須聲稱服務疏失和他所受到的傷害之間的關聯性（Corey, Corey, & Corey, 2019）。

一、服務疏失訴訟的原因

助人專業的服務疏失的原因皆不同，典型的服務疏失一般發生在以下幾種情況：(1) 實務工作者所採用的服務流程，超出可接受的專業實務範疇；(2) 實務工作者使用未接受過專業訓練的技巧；(3) 助人工作者未依循標準的諮商流程提供服務，導致對個案造成傷害；(4) 治療師未警告具攻擊性個案的周遭他人，導致他們受到傷害；(5) 助人工作者未取得個案的知情同意，或是未將相關資料建檔；(6) 助人工作者未向個案解釋治療可能帶來的結果（Wheeler & Bertram, 2019）。專業期刊顯示，越來越多的文章引用，關注及探討酒精和藥物濫用可能帶來的傷害。酒後駕車是嚴重的犯罪，而對實務工作者酒後駕車的行為，多數的執照委員會會執行嚴重的懲處。

身為一名學生，你可能認為你不用擔心會因為服務疏失而被提告，不幸地，實習生其實是最容易被提告的。在目前你專業發展的階段，你可能很認真地思考，降低因服務失誤而被提告的方法。目前現實的情況是，即使你遵守了屬於你專業領域的倫理守則，遵守法律的規範，你仍然有可能被告。不論你多麼小心，你都有可能因為你在專業上的失誤而被控告。即使這樣的訴

訟不會成功，這個過程仍可能對你造成很大的壓力，會花費許多時間、精力和金錢，你必須花許多時間準備及提供法院要求的資料。避免捲入服務疏失訴訟的做法，就是提供良好品質的服務，以及了解並遵守你所屬的專業的倫理守則。

案例　該歸咎於誰？

一名青少年採取了自殺行動，即便他的治療師已經盡最大的努力來協助他。這個孩子的家長責難治療師沒有能夠了解或更進一步來預防這個孩子自殺的行為。

你的立場：試想你在保護職責的立場。你能否預期個案潛在的自殺行為？假設你能夠辨識有自殺傾向的個案，你是否每一次都能思考出最佳的預防措施？

討論：雖然你不需要去證明你是完美的治療師，但你必須展現你的天分，並且在你的服務工作中磨練你的專業知識及技能。你必須要呈現你有很好的信念、你願意在必要的時候尋求督導及專業諮詢，以及你僅在你具備專業能力之下提供服務。提供書面的資料來支持你提出的聲明，亦為不可或缺的。

二、預防服務疏失訴訟之方法

相信之前的說明已經很清楚地提到，助人工作者必須有智慧地知道自己與個案工作的限制，以及接受這些限制，同時在你的專業能力範圍內提供服務。不論你的專業資歷為何，絕對不要猶豫是否尋求諮詢。向同事提出諮詢，往往能夠因為不同的新觀點，而得到一些啟發。即使你能夠自己做出有智慧的決策，其他專業人員的諮詢依然能夠給予你有效的支持及協助。如果你深陷訴訟之中，若能證明你的介入方式是依據其他專業人員的倫理規章，對你的案件將會有助益。再次強調，適當的檔案紀錄對你在服務疏失訴訟的辯護是十分重要的。如果你使用特殊的治療技術，但缺乏強而有力的理由，

你可能會在民事訴訟中失利。如果你僅能提出像是跟隨自己的直覺以及「感覺是正確的」方式等這樣的理由，來為你的治療實務工作辯護，你可能不太會成功。

三、危機處理

危機處理（risk management）是指聚焦在辨識、評估及處遇可能傷及個案、告發至執照委員會的倫理爭端，以及服務疏失訴訟問題的實務工作。預防服務疏失最佳的方法之一，是助人工作者以自我及專業的真誠和開放的態度對待個案。提供有品質的專業服務給個案，也是最佳的措施之一。你必須知道自己的限制，在處理困難的個案時，保持開放的態度尋求諮詢，當然，記錄下所有諮詢的建議是絕對必要的。

但如果你希望能獲得保證絕對不會受到服務疏失的提告，那你可能得選擇別的職業。在心理衛生專業的領域是沒有絕對的保障的，但是透過危機處理的方式，可能可以大幅減少受到法律訴訟的機率。即便危機處理的策略很重要，但過度看重這些策略，卻並非正確的做法。Birrell 與 Bruns（2016）建議實務工作者應視倫理為關係建立的方法，而非倫理處理的面向：諮商師須開放自己真誠一致的態度，因此方能成為合理且有生命的助人工作者，融入在諮商過程裡的每個時刻（p. 396）。

當你思考如何採取危機處理介入，別忘了將你與個案的治療關係品質納入考量。以下是補充的指導原則：

- 利用知情同意流程。切勿讓治療過程神秘化，與個案互動時展現專業的誠信及開放的態度，才能建立長遠真誠的信任關係。
- 思考與個案訂立合約以清楚說明治療關係的方式。向個案釐清你的角色。你的個案尋求協助的目的為何？你會如何盡力幫助他們達到治療的目標？
- 由於你可能被控遺棄，建議你在遠行時，提供緊急代理人給個案。
- 你的執業對象應僅限於你受過相關教育、訓練及具備服務經驗的對

象。那些超出你專業能力範圍的個案應提供轉介，同時持續提升你的能力。

- 持續更新個案的正確資料，並且謹慎地記錄個案的治療計畫。建立個案診斷資料檔案，並註記每位個案的相關資訊。
- 留意地方法及州法對你的實務工作的限制，以及了解你服務機構的制度。透過與專業的機構互動，以提升自我法律及倫理能力的成長。
- 留意保密原則的限制，並且明確地讓個案了解這些限制。當必須打破保密原則時，你必須盡量取得個案簽署之同意書。
- 法律規定助人工作者必須通報任何疑似兒童、老人或無法行動自主的成人虐待事件。
- 如果你的專業判斷確定個案處於自傷或傷人的危機中，採取必要的行為保護個案或他人避免受到傷害。記錄下你所採取的行動。
- 若你進行的是線上諮商，當有危急的事件發生時（如自殺危機），確保你清楚知道個案的真實身分及住址。
- 若你提供遠距服務或是線上諮商，你必須展現具備遠距服務提供的能力，以及使用遠距服務設備的能力。
- 留意你的言語及行為，以示對個案的尊重。以這樣的方式，大多能夠開創一個良好的治療關係。使用清楚的語言提供資訊給個案，並確保他們了解你所提供的資訊，這樣的方式一般能夠開啟好的治療關係。
- 請未成年個案簽署知情同意書。一般而言這是一個好的做法，即使州立法律並未要求助人工作者必須這麼做。
- 當有任何倫理疑慮時，諮詢身邊的同事，並記錄討論的內容。諮詢這個動作，展現出你對於完善的諮商服務提供的承諾，以及你願意為了個案最高的利益尋求其他專業的協助。
- 尋求資源，持續接受督導。
- 建立與維持適當的專業界線，學習問題處理及設立規則。
- 留意你與個案的互動，檢視你與個案的移情。
- 如果你正在與高風險個案工作，請進行諮詢並記錄諮詢的性質。

- 避免將你的價值觀加諸於個案身上,及避免為他們做決定。
- 在涉入多重關係前尋求諮詢,以及與個案討論多重關係潛在的優點及缺點。
- 切勿與目前或之前的個案、目前的實習生或學生,發生性關係或感情關係。
- 在你使用任何治療技術前,確認你使用該技術的理由。
- 設立清楚關乎你所提供的服務的服務規章,並向個案說明之。
- 切勿承諾個案任何你無法提供的服務,幫助他們了解努力及承諾是決定服務是否有成效的關鍵。
- 如果你在機構內服務,務必簽署合約,確保機構對於你專業服務的提供的法定責任。
- 遵守你所服務機構的政策。如果你不認同機構的某些政策,首先你必須思考反對的理由,之後再看看機構政策架構是否有異動的可能。
- 在個案接受治療之初,與個案釐清關於費用的相關問題。遵守付費的規定,以及請個案填寫應繳交的文件。
- 試著評估個案的治療進展,以及教育個案如何評估治療目標的達成進度。
- 讓個案知道他們有權利選擇在任何時候結束專業服務。個案決定結案的理由,需要被明確記錄。
- 為自己購買服務疏失的責任險。實習生在服務疏失的法律案件中是沒有受到任何保障的,許多專業機構有提供合理價格的實習學生責任險保單。

以上的指導原則可以減少服務疏失訴訟或是被告發至執照委員會的倫理爭議發生的機會。Wilkinson、Smith 與 Wimberly(2019)指出有一些典型的違反倫理的案件,使得諮商師在全國的諮商執照委員會被舉發。最常發生的違反倫理的情況類型,包括未依規定取得應得的繼續教育時數;雙重關係;不實的專業資格。除此之外,遭到執照委員會懲處的事件,還包括檔案

儲存、會談筆記、諮商費用收費問題、在酒後或服用藥物影響下執行諮商業務、犯罪被捕，以及未取得個案的知情同意。我們鼓勵實務工作者持續評估自己提供的專業服務，同時不斷更新與你的服務場域及個案族群有關的法律、倫理及社區的規範。減少倫理投訴或服務疏失訴訟的最佳方法，即是了解最新的倫理及法律規範，並遵守之。

第九節　友善提醒

學生有時會以不實際的期待，來過度要求自己應對於本章所提出的倫理議題有明確的答案。相反地，倫理議題無法有明確的解答，這才是真實的情況。的確，資深的專業助人工作者會意識到助人工作的複雜性，因而無法有精確且絕對的答案。因此他們以感恩的態度，看待助人工作必須持續學習、持續接受諮詢及督導，以及保持謙卑的必要性。

本章的目的，並非試圖讓學習者感到過度衝擊，而是希望刺激你發展出思考及行動的習慣，可以提升你以倫理及專業守則為基準的實務工作能力。助人專業工作是一個具危險性但有價值的冒險，你可能會在服務過程中時不時地犯錯，記得感謝這些錯誤經驗並從中學習。善加利用督導，不僅可以讓你從中學習到哪些行為可能是錯誤的，同時也會降低傷害個案的可能性。

不要過度焦慮自己必須了解所有問題的解決之道，避免服務疏失訴訟的最好方式，是以最真誠的心盡力做對個案有益的事。記得在你的專業生涯中持續詢問自己：「我在做些什麼？我又為什麼這樣做？如果我的同事在我身旁觀察，我還會這麼做嗎？」

重點回顧

- 助人專業的趨勢之一，是提升對倫理及專業實務工作議題的關注。這個趨勢有部分是因為對心理衛生實務工作者的服務疏失訴訟而起的。
- 倫理抉擇是一個持續不斷的過程。以你目前身為學生的角度看待的議題，仍可以在你往後累積更多專業資歷之後重新檢視之。

- 你必須熟悉專業倫理守則。然而，具備倫理規範的知識仍不足以解決倫理問題。
- 成為一名倫理實務工作者，必須同時具備個人及專業倫理的特質。理解違反倫理的行為常常是不容易被察覺也並非有意的。因此，保持誠實的自我探索，可以確保自己的服務提供是合乎倫理的。
- 經常利用系統化的倫理抉擇過程，如本章節所提到的八大步驟模式或是你個人創新的模式。這樣的系統化過程，可以提升服務的客觀性、研究、分析、合作及檔案化，皆是有效率的倫理實務所需的要素。
- 倫理議題鮮少有明確的答案。倫理困境從本質上而言，必須透過你的專業判斷來處理。
- 最終，身為一個實務工作者，你將必須做出許多困難的決定。負責任的實務工作必須要仰賴你具實證的、完善且負責的判斷來採取行動。
- 許多個案從未想過自己的權利或責任。身為一個助人工作者，你可以透過發展知情同意流程，幫助個案做出聰明的決定，來維護個案的權益。
- 保密原則是助人關係的基石。雖然個案有權利期望他們與你在治療關係中的談話都是保密的，但有些時候你必須打破保密原則。個案有權利在治療關係之初，了解必須揭露保密資訊的特定情況。你必須了解及遵守與保密原則相關的法律。
- 保密原則在伴侶、家庭、團體及未成年人的諮商工作中，有其限制。而這些限制必須在治療之初的知情同意流程中討論。
- 某些時候，你具有專業及法律上警告或保護個案的義務，此時，你必須了解你的職責為何。
- 你的工作是教育個案幫助他們自己，如此他們便能降低尋求協助的需求。鼓勵你的個案持續依賴治療是違反倫理的，同時無法達到個案賦權。
- 為所有的個案保留會談紀錄是必要的，個案紀錄的保存對個案的利益及專業服務的提供都是十分重要的。
- 倘若你依賴高科技，如雲端電腦儲存及保護個案的資料，須留意過程中涉及的倫理複雜性。

- 若你與個案透過電子郵件或是網路聯繫，務必了解相關的法律及倫理議題。
- 行為醫療管理方案對於心理及社會服務的提供，以及服務提供的品質，有極重要的影響。倫理層面上，助人工作者應盡可能地告知個案，由於成本效益之故，可提供的服務次數以及可能的限制。
- 修習一門倫理課程或至少讀一本與專業倫理相關的書籍，參加有關面對倫理及法律問題的專業研討會或工作坊。
- 了解什麼樣的情況可能引發服務疏失的訴訟，以及學習在實務工作中有哪些做法可以減少這樣的情況發生。

你可以做什麼？

1. 尋找至少一位助人工作者，訪談他在實務工作中所面臨到的倫理議題。聚焦在他所面臨到最核心的倫理議題。這位助人工作者如何處理這個倫理難題？他們有哪些顧慮，是否有任何關於法律訴訟的顧慮？
2. 假設你是一位實務工作者，指出你可能遇到的倫理議題，並列出一個處理這個議題可能會使用到的資源清單。包括網路資源、當地機構及醫院的電話，與此議題相關的書籍或文章。如果這是課堂作業，每一個學生選出不同的倫理議題。當你完成作業，與同學們分享彼此的資源清單。
3. 思考一個在你的實習過程中曾遇過的倫理難題，你是如何處理當時的情況？如果事件重演，你是否會採取不一樣的做法？
4. 找出你未來可能會面臨到的倫理議題中，你認為最具急迫性的，並在工作日誌中記錄下你對此議題的疑慮。如果你目前正在實習，以條列的方式記錄所有你認為潛在的倫理困境，並將你心裡的疑慮帶到督導會談或課堂上。透過工作日誌的紀錄，將會幫助你逐漸成為一名符合倫理的實務工作者。你認為目前的你還可以做些什麼，讓你自己繼續朝著這個方向前進？
5. 舉行一次課堂辯論，以支持與反對自殺防治為辯論主題。以此案例作為討論：癌症末期的個案因病情而苦，並感到沒有復原的希望，因此想要

結束自己的生命。將參與課程的學生分組進行討論，以治療師的角色，交替站在不同的自殺防治責任的立場來進行辯論。

6. 在小組中討論你可能必須打破保密原則的情況，並檢視你是否同意這些必須打破保密原則的一般性指導原則。在你的小組中，試著討論出教育個案了解保密原則的方式，以及法律在保密原則上的限制。討論在學校輔導、團體治療、伴侶及家族諮商，以及與未成年者的諮商工作中，你又會如何向個案說明保密原則及其法律限制。

7. 指出某些你可能會使用的科技的諮商治療形式，如電子郵件、簡訊、Facebook，或是任何其他形式的社交軟體。在小團體中，討論當你使用每一種科技形式來提供服務時，可能面對的具體的倫理議題。有哪些防護措施你可以使用，以維護個案的保密原則及隱私。

8. 以下所列出的參考資料，其完整的書目資訊，請參考本書的參考文獻。實用的倫理及法律實務工作指引，請參考 Wheeler 與 Bertram（2019）。實用及正向取向的倫理實務探討，請參考 Knapp 與 VanderCreek（2012）。依照 2014 年 ACA 倫理守則的案例彙編，請參考 Herlihy 與 Corey（2015a）。解釋與應用倫理守則的實務工作參考手冊，ACA 倫理守則部分請參考 Barnett 與 Johnson（2015）。探討關於傷害他人、自傷以及安樂死的決定之保護性議題中助人工作者的職責，實用的參考資料為 Werth、Welfel 與 Benjamin（2009）。倫理及法律的諮商實務，可參考 Remley 與 Herlihy（2020）。探討助人專業工作中倫理議題之處理的書籍，則可參考 Corey、Corey 與 Corey（2019）。

9. 我們建議你熟悉各個心理衛生專業的基本倫理實務守則。請參考本章中提供的網站清單，或者參閱本書第一章內文中所提及之各專業機構的聯繫資訊。

Chapter 9

處理界線議題
Managing Boundary Issues

林淑娥 譯

學習目標

1. 完成界線管理的自我評估表。
2. 指出有關多重關係的倫理守則。
3. 區分跨越界線和侵犯界線的差別。
4. 從文化角度來描述界線。
5. 解釋在小社區內管理多重關係的倫理挑戰。
6. 列出四項設定界線的準則。
7. 解釋結合專業關係和個人關係的倫理面向。
8. 指認在社群媒體中界線的重要性。
9. 解釋以物易物換取專業服務的優缺點。
10. 制定有關贈送和接受禮物以幫助建立關係的準則。
11. 闡明處理治療關係中性吸引力的準則。
12. 了解與現任案主發生性關係的倫理和法律問題。
13. 了解與以前案主發生性關係的倫理和法律問題。

焦點問題

1. 你預期與案主建立界線時可能會遇到哪些問題？
2. 如果有個案主失業而付不起你的諮商費，他建議用以物易物作為結束會談的替代選項，你會願意進行這場交易式會談嗎？你能想到什麼其他的選擇嗎？
3. 如果有個案在最後一次會談時送你禮物，並說明你接受這份象徵對你所提供協助之感謝的禮物對他有多麼重要時，你會怎麼做？
4. 當專業助人者認為和某個求助者間同時或相繼出現兩種以上的角色時，多重關係便存在。你相信多重關係基本上是不合倫理的嗎？還是說這樣的關係是不可避免的，也未必都有問題？
5. 你相信什麼樣的多重關係是有問題的？為什麼？你能思考一下你和諮商中的案主可能會產生哪些多重關係？
6. 你要如何處理和案主間難以避免的多重關係？
7. 如果有個案主有興趣和你維持某種社交關係，你會如何回應？如果這個人是你以前的案主，會有什麼差別嗎？
8. 如果現任案主想透過 Facebook 與你保持聯繫，你的立場是什麼？你是否同意透過 Facebook 或其他形式的社群媒體與以前案主保持聯繫？
9. 如果有個案主對你表達情愛慾望，你會怎麼做或說些什麼？如果你對某個案主有情愛慾望，你會怎麼做？
10. 你和以前的案主在進入多重關係前（社交的、性方面的、商業、專業上的），你會考慮哪些倫理、法律和臨床議題？

第一節　本章目標

不管你進入什麼樣的助人專業，你都會面臨要試著與你的案主確認和維持適當的界線。本章中你會愈加清楚知道，成為一個助人者要能夠在不同的情境下同時建立個人與專業的界線。如果你在私人生活中不能建立與維持良好的界線，你在專業生活中可能就會遇到有關於界線的麻煩。本章中，我們要介紹一系列助人者在維持與案主的專業關係時會碰到的倫理議題。本章所涵蓋的主題和第 8 章討論的倫理抉擇是連貫的，學習處理這些界線所關注的重點，是所有實務工作者在任何場域中都要面對的關鍵倫理與臨床議題。研究顯示，對於助人者來說，學會建立清晰而靈活的界線是多麼重要。最常用且有效的自我保健策略之一是設定界線（Nrcross & VandenBos, 2018）。

僅靠倫理守則無法解決多重關係問題。助人者需要考慮一系列界線問題所涉及的所有倫理和臨床面向（Corey, Corey, & Corey, 2019）。願意在個人實務工作展現良好的判斷、願意反思我們的做法，並能覺察你的動機，是成為有倫理的實務工作者要考量的關鍵面向。心理健康專業人員常會因為沒有注意到與案主關係中的警訊而陷入麻煩，他們可能沒有充分留意跨越界線的潛在問題，也可能在不經意間跨越了界限，為案主和自己帶來困擾。

本章所呈現的主題，助人者必須誠實自我檢視，以決定其行為對案主造成的衝擊。我們在此呈現的有些議題和個案狀況可能是明確的，有些則不然。解決這些倫理的兩難需要個人與專業上的心智成熟，以及願意不斷檢視質疑自己的動機。

第二節　關於界線的自我評估

你和案主建立適當界線時，主要關注的重點是什麼？或許你不曾質疑或反思過這點，我們希望你能夠擴展你的覺察力，加深在助人關係中建立和維持適當界線重要性的認識。針對以下這些陳述句，請利用以下編碼代號指出

最能體現你的信念和態度的答案：

5 = 我非常同意這個陳述。

4 = 我同意這個陳述。

3 = 我不確定這個陳述。

2 = 我不同意這個陳述。

1 = 我非常不同意這個陳述。

_____ 1. 對我來說，我很容易和我的案主建立清楚而明確的界線。

_____ 2. 我有時候相信我有能力和我的案主保持專業關係。

_____ 3. 如果現任案主想邀我參與某種社交活動，我不確定我會怎麼回應。

_____ 4. 我可能會考慮和以前的案主有社交關係，如果我們兩個都有興趣交個朋友。

_____ 5. 我不認為我的訓練足以讓我能妥善處理助人關係中的情愛（性）吸引力。

_____ 6. 因為多重關係是如此普遍，所以不該在所有的情況下都被認為是不適當或是不合乎倫理的，而應該視個案狀況而定。

_____ 7. 多重關係幾乎是都有問題的，因此他們應該視為不合乎倫理。

_____ 8. 如果我真是一個有倫理的專業人員，就不會受到案主的情愛（性）吸引。

_____ 9. 如果我正在諮商一個對我有情愛（性）慾望的案主，我可能會轉介這個案主給其他諮商師。

_____ 10. 如果案主付不起我的諮商費用，我可能會持開放態度接受他用物品交易我的治療服務。

_____ 11. 以物易物交換服務很容易破壞治療關係，所以我將與案主探討其他選擇。

_____ 12. 和案主發生情愛（性）關係就是不合乎倫理的，即使治療關係已經結束。

_____ 13. 我從不接受案主的禮物，因為這樣會跨越適當的界線。

_____ 14. 在決定專業服務的適當性時，考量其所在的文化脈絡是重要的。比如說：以物易物交換專業服務、是否接受禮物、助人者是否對某個案主可以有多重角色。

_____ 15. 如果我們對於私人關係與專業關係能有清楚的區分與了解，我對於受理親密朋友為案主不會有困擾。

一旦你完成這個評估量表，花點時間反省一下你這時候可能有的任何倫理關注議題，這個反省將有助於你更積極主動地閱讀本章，並提出一些倫理問題。提出一些你現在所處情勢下模稜兩可的情況，並將其帶進班級討論中。

第三節　多重關係與倫理守則

當助人者把自己和案主的專業關係和其他形式的關係混淆時，就常會引發倫理問題。多重關係（multiple relationships）發生在專業人員對求助者同時或相繼扮演了兩種以上的角色，助人者在某些案例中和他們的案主、學生或被督導者間有其他明顯不同於專業上的關係時，他們之間便建立了一種多重關係。在這些情境下，就不能忽視潛在的利益衝突和對求助者的剝削利用。

這兩個名詞：**雙重關係**（dual relationships）和**多重關係**（multiple relationships）（APA, 2017a）已經被交互使用，某些倫理守則持續使用這兩個名詞，美國諮商學會（ACA, 2005）的倫理守則更把這些關係拿來指稱非專業關係。本章中我們使用**多重關係**，因為這個名詞同時包含了雙重關係與非專業關係。多重關係的範圍可能是助人者扮演了一種以上的專業角色（例如大學講師，或是督導和治療師），或是混雜了專業與非專業的關係（例如諮商師或是事業夥伴）。其他多重關係的產生，來自提供治療服務給親戚或是朋友的親戚、和案主交友、和現任案主或是以前案主發生情愛關係、向案

主借錢或是借錢給案主等。心理健康專案人員必須學習有效且有倫理地管理多重關係，包括處理專業關係中最重要的權力差異、處理界線議題，還有努力避免權力的濫用（Herlihy & Corey, 2015b）。避免跨越界線（boundary crossing）或多重關係的論點是基於助人者濫用權力影響和剝削個案以謀取自身利益，並損害個案權益的可能性（Zur, 2007, 2017）。有些助人者確實將個人需求置於首位，透過與個案一起扮演多個角色來滿足個案的需求，以滿足他們自己的財務、社交或情感需求。然而，大多數助人者是出於滿足個案需求的願望而建立多重關係，從我們的角度來看，全面譴責參與多重關係和執行多重角色的行為是不合理的。

近年來，對多重關係的全面禁止，已被替換為警告不要利用治療關係中的權力落差和不要剝削利用個案。現今的助人工作者承認，某些界線的跨越可能是有益的。越來越多的助人專業者同意，如果在合乎倫理下應用，彈性的界線可以在臨床上有所幫助，並且需要根據具體情況，個別的對跨越界線進行評估（Herlihy & Corey, 2015b）。

各種的倫理守則專門且廣泛的設置適當界線、了解到潛在的利益衝突、以及採取措施管理多重關係等議題。說明這些倫理守則的例子有：美國諮商學會（ACA, 2014）、美國心理學會（APA, 2017a）、美國婚姻與家族治療協會（AAMFT, 2015）、美國心理健康諮商師學會（AMHCA, 2015）、復健諮商師認證委員會（CRCC, 2017）、全國社會工作者協會（NASW, 2017）、全國人群服務組織（NOHS, 2015）和全國合格諮商師委員會（NBCC, 2016）。雖然守則的功能就像是工具指南可以起到指導方針的作用，但多重關係常常是件難以清楚劃分的事，當倫理守則被應用到特定情境時，倫理的論據和判斷才會發揮作用。請考慮下列倫理守則的範例，這些範例涉及多種關係和管理界線。以下說明一些多重關係之倫理守則的例子。

ACA 倫理守則（ACA, 2014）描述了特殊情況下一般界線可能會擴展：

> 諮商師考慮將當前諮商關係擴展到傳統參數之外的風險和益處。例如，參加個案的正式典禮或儀式，例如，婚禮／宣誓儀式或

畢業典禮，購買個案提供的服務或產品（不受限制的以物易物除外），以及在醫院探望個案生病的家人。在擴展這些界線時，諮商師採取適當的專業預防措施，例如在開始前先適當地徵得案主同意、諮詢、監督和文件記錄，以確保判斷力不受影響，且不發生傷害。（標準 A.6.b.）

NASW 倫理守則（NASW, 2017）著重在對案主可能的剝削風險或傷害：

> 社工不應該與案主或前案主建立雙重或多重關係，以免對案主造成剝削或潛在傷害。在雙重或多重關係不可避免的情況下，社工應採取措施保護案主，並負責設定明確、適當和文化敏感的界線。（當社工以不只一種關係——無論是專業關係、社會關係或商業關係——與案主建立連結時，就會出現雙重或多重關係，雙重或多重關係可以同時或連續發生。）（1.06. c.）

APA 倫理守則（APA, 2017a）指出，未造成損害或傷害或剝削案主風險的多重關係，不見得是合乎倫理的：

> 如果這個多重關係可能合理地被預期會削弱該心理治療師職能的客觀性、能力或是其展現的效能，或者以其他方式冒著對與之存在專業關係的人進行剝削或傷害的風險，則心理諮商師應避免建立多重關係。（3.05）

Zur（2007, 2014, 2017）觀察到，沒有一個專業組織的倫理守則提到特定情況下的界線要考慮哪些相關因素，比如說家訪、在辦公室以外的地方會談、自我揭露、在家辦公，和非涉及性方面的接觸。

居家治療已廣泛應用於少數族裔人群，主要是因為其中許多人很難信任傳統心理健康專業。對某些案主，居家治療可能是他們唯一取得服務的管道，因為行動不便、交通因素或是其他阻礙他們難以外出的障礙。走出辦公

室會減少猜疑並建立信任，家訪可以讓諮商師對案主的居家、鄰里關係和社區環境有第一手了解。Amanda Connell（2015）解決了她在向個案提供居家服務時，在保持界線方面所面臨的一些挑戰。她發現，因為在面談期間其他人會經常出現在家裡，保密性和隱私可能會受到損害，當沒有照顧者在場時，個案可能會提出許多超出助人專業角色職責範圍的個人協助請求。Connell 努力設定明確的界線，提醒個案該服務的目的，同時以富有同情心和人道的方式行事。

大多數專業組織的道倫理守則警告多重關係的潛在問題，但不禁止這種關係。有關多重關係的彈性指導原則強調在做出倫理決策時要考慮其脈絡的重要性，非屬於性方面的多重關係本質上並不是不合倫理的，大多數倫理守則都承認某些多重關係是不可避免的。當多重關係會對案主造成傷害或是有明顯潛在傷害或剝削個案時，多重關係就是不合乎倫理的。

第四節　多重關係的論戰

專業助人者越來越關注多重關係的倫理，在 1980 年代，雙重關係的性議題在專業文獻中引起相當大的關注。無疑地，有關性的雙重關係是不合乎倫理的，所有的倫理守則也都禁止助人者和案主間發生性關係，這項禁令至少延續到專業關係結束後的二至五年。此外，大部分的倫理守則都警告助人者不得進行可能導致剝削案主的任何活動。

非涉及性方面的多重關係有時候指的是非專業關係（nonprofessional relationships），這類關係自 1990 年代開始也越來越受到檢視。非涉及性的雙重關係包括受理家庭成員或朋友為案主、同時是治療師與督導的角色、和治療中的案主有業務往來、個人諮商同時帶有諮詢和督導的關係。然而，並非所有非涉及性的雙重關係都是不恰當或不合乎倫理的。

非專業關係常常是複雜的，而且圍繞在其中的問題也少有簡單和絕對的答案，涉及許多灰色地帶。助人者在與案主或是在社區中工作時，不能總是只扮演一種角色，他們也不願意把自己只限制在單一角色。助人者終其一生

的職涯都被挑戰在專業關係中要平衡多重角色。Herlihy 與 Corey（2015b）得出結論表示實務工作者在諮商中對於非關乎性的多重關係沒有明確共識。從業人員有責任自我監督並隨時檢視自己涉入這種關係的動機，他們要小心謹慎地和案主進入一種以上的角色關係，除非有合理的臨床理由這樣做。

人際間的界線是流動的，它們可能會隨著時間而改變，也可能隨著諮商師和案主的持續工作而重新定義。Zur（2014, 2017）指出了不構成多重關係的雙重角色：家訪、接受客戶的小禮物、參加畢業典禮或婚禮、陪同個案參加可怕的醫療約診、與青少年個案打籃球、與個案散步、和一個害怕飛行的個案一起飛行。這些事件最好被認為是跨越界線（boundary crossing）──當諮商輔導員改變他們通常的界線以回應特定情況下的案主需求時，就會發生這種情況。這樣的跨越情境雖偏離了標準實務做法，但可能使個案受益。

完全避免所有跨越界線既不可取，也不可能（Barnet, 2017a）。然而，即使界線跨越可能對個案無害，這些跨越點可能導致專業角色的模糊，並可能導致多重關係，這些關係確實可能有害的。**侵犯界線**（boundary violation）是一種對個案造成傷害的嚴重違規行為，我們必須採取措施防止跨越界線成為侵犯界線的行為。

Barnett（Barnett, Lazarus, Vasquez, Moorehead-Slaughter, & Johnson, 2007）指出，當跨越界線可能會導致侵犯界線時，即使臨床人員本意良善，仍必須要對其行動加以深思再做決定。如果一個治療師的行動對案主造成傷害，這可能就被視為是侵犯界線的行為。無法用符合社區中普遍的標準進行實務操作，以及像是診斷案主的任務、歷史、價值和文化等角色的其他變數，也都可能會導致本意良善的行動被視為是侵犯界線的行為。例如，小時候遭受性虐待的個案可能會認為她的治療師僅僅觸摸肩膀就侵犯了界線。這個簡單的動作，作為一種支持的姿態，可能會導致個案在治療關係（一個應該感覺像避風港的地方）中感到不舒服。

並非所有多重關係都可以避免，有些是強制性的，有些助人專業人士相信這些關係不一定有害、不合倫理或不專業的（Herlihy & Corey, 2015b; Zur, 2007, 2014, 2017）。Johnson 與 Johnson（2017）聲稱在軍事環境中多重關

係往往是不可避免的，也是強制性的。為了在軍事心理治療中有效，臨床人員必須假設他們會在小基地或船上以意想不到的方式遇到個案。Johnson 與 Johnson 認為「軍隊中的多重關係實際上可以提高士氣，降低尋求專業援助的恥辱感，並能提升即時護理服務（real-time acess to care）」。他們補充說，「與個案的多重關係很少造成傷害，特別是當心理治療師對這些互動感到滿意，並始終關注到個案的最大利益時」（p. 53）。

Barnett（2017a）相信藉由嚴格的風險規避來應用界線的做法，可能會創造一個無菌環境，導致對個案造成傷害又無法促成正向積極的治療關係。Pope 與 Vasquez（2016）指出，拒絕進入跨越界線的關係，可能會既失去接近個案的機會又對個案造成傷害。

一、有關界線的文化觀點

當諮商輔導員參與社區工作和社會正義倡議時，往往需要以更靈活和更廣泛地的角度考慮傳統的界線觀點。在跨文化的諮商中，重要的是從業人員要獲得文化能力，把專業關係中的文化面向納入考量。社會正義和倡導——採取了一個更廣泛的框架，著重在社會因素而不是個人因素。諮商輔導員如果沒有意識到文化動力及其對個案的影響，可能會對個案做出不合乎倫理的行為（Lee, 2015）。

Speight（2012）呼籲重新審視傳統觀點對界線的理解，跨越界線以及個案和諮商師間的關係。許多非洲裔美籍個案期望建立溫暖，互惠和理解的關係，並將治療師的客觀超然視為不參與其中的跡象。當你和有多元文化的個案工作時，跨越界線在文化上可能是一致的，Speight 提出了**連結**（solidarity）的概念，它立基於社區內的連結，而這以一種文化一致性的理解、定義和管理界線的方式聯繫了社區內的人們。「在我和我的個案之間的連結允許並要求我成為我自己，優先考慮真正的關係來建立親密的界線，並為個案的最大利益行事」（p. 147）。透過對界線的更廣泛理解，Speight 能夠在她的治療關係中保持真實和親密，而不會不適當或不專業。她鼓勵臨床人員要注意界線太近和太遠之間的細線，她建議諮商輔導人員要學會容忍複

雜性，並在治療情境下發展角色的靈活性。

二、小社區中的多重關係與界限議題

跨越界線是在小社區生活和實踐的治療師面臨的日常現實。在鄉村社區工作的助人者在處理多重關係方面比在城市地區工作的助人者面臨更大的挑戰。鄉村社區的從業人員將經常參與多種關係，諮商輔導員的任務是正確判斷哪些關係應該避免，哪些關係應該進入，對於那些進入的人來說，如何以合乎倫理方式管理它們（Barnett, 2017b）。

Schank 與 Skovholt（1997）設計了一份針對在小社區和鄉村地區生活與工作的心理諮商師的問卷。他們發現研究中的心理諮商師都承認其實務工作會涉及專業界線的議題，有些主題是社交和工作關係間重疊的現實狀況、有些是助人者和自己的家庭成員在社交關係上重疊造成的影響，以及接受一個以上家庭成員為案主，或同時接受與案主有朋友關係的人為案主的兩難。雖然這些諮商師知道倫理守則的內容，但他們承認自己常在掙扎中抉擇要如何應用這些倫理守則，來解決在鄉村實務工作中所面臨的倫理兩難。雖然這項研究已經過去了一段時間，但研究結果今天仍然適用。

鄉村實務工作者常面臨一個獨特的倫理兩難。當地的藥劑師、醫生、機械工人、銀行業者、木匠、美容師都可能是某個助人工作者的案主。此外，在鄉下的專業人員會在當地某家商店看到這些案主，然後還得仔細考慮是不是要在其他人面前承認他就是某個人。如果他們同樣參與當地某個商會組織或是上同一所教堂，他們可能會很煩惱既是夥伴又是案主的衝突，也可能會很擔心如果案主的小孩和他們的小孩在同一所學校是朋友，或是參與同一個運動球隊。在鄉下社區中也會發生商業交易和治療效能間混為一談的問題，比如說，如果某家治療機構需要一部新的器材，而唯一賣這種器材的人剛好是他的案主，那這個治療師可能就會冒著違反倫理守則的風險；但是如果這個治療師到別的地方去買這個器材，就有可能會造成治療師和這位案主間關係的緊張，因為這不符合鄉村社區要對當地商人忠誠的信念。我們來思考一下案主想用勞務或是商品來交換諮商服務的議題，有些社區的實質運作是建

立在以物易物上而非現金經濟交易運作，這種倫理守則可能就未必會成為問題，然而如果這個交易的協定沒有運作得很好的話，在治療關係中可能會存在一些潛在衝突。很典型地在鄉村地區，助人者會扮演多重角色，而且也會比都會地區的同儕經歷更多維持清楚界線的困難。由於鄉村實務工作者要面臨這些要求，我們建議你可以尋求同儕和工作夥伴的諮詢，即使是遠距的溝通，都有助於你預防專業耗竭。當治療師的同事與治療師的案主之一（例如，案主可能是同事的孩子的老師）有共同關係時，尋求共享工作環境以外的專業人士諮詢，甚至可能需要在小社區之外。

第五節 建立私人與專業的界線

我們發現在界線的脈絡下建構對多重關係的討論是有幫助的，如果你在個人生活中形成了清晰的界線，你就不太可能在專業上遇到多重關係。如果你的界線界定不明確，或是嘗試要融合這些角色但卻做得不好，比如治療和友誼關係，或者治療和商業關係，你可能就會受困於倫理兩難。

我們欣賞 Lazarus（2001, 2006）對治療界線的合理觀點，他認為對多重關係的一般禁令，已經導致州政府執照委員會做出了一些不公平和不一致的決定，不僅制裁了那些並未造成實際傷害的實務工作者，而且還阻礙其展現對案主適當處遇的能力。Lazarus 主張有些立意良善的倫理標準可能會被轉化成虛假矯情的界線，而造成具破壞性的禁令，並逐漸侵蝕臨床效果的有效性，此外，他相信有些多重關係可以提升治療的結果。主張非教條式評估界線問題的方式，包括在決定可能適合建立輔助性次級關係時，要視個案的狀況而定。他主張考量個別案主的差異是很重要的，而不是只屈服於硬邦邦的標準。Lazarus（2015）相信「治療師和案主之間的安全連結應該才是首要目標，而非嚴格的界線，而這安全的連結才能保護案主不受虐」（p. 31），從他的觀點看來，當治療師願意跳出眾所周知的框框思考和冒險時，就會產生巨大的效益。

Lazarus（2001）承認某些立意良善的指導原則可能會導致反效果。他

會和某些案主交朋友,和某些人一起打網球、散步,也會恭敬地接受案主的一些小禮物和回贈禮物(通常是書)。Lazarus 清楚地表達,他反對對案主有任何形式的貶抑、剝削、虐待、侵犯和性接觸。他並不提倡排除所有界線,對他來說,他把某些界線視為必要。Lazarus 不受制於規則,而是要求在許多非關於性方面而又被禁止的多重關係地帶,要有一個協商的過程。Lazarus(2006)強調不應該在沒有慎重考量前便貿然跨越界線,他相信跨越必要的界線時要有清楚的論證基礎,也要清楚辨別彼此的角色與期望,並將可能的權力差異時時謹記在心。

一、設定界線的指導原則

雖然目前對多重關係有許多分歧的觀點,但大部分的專業人員都同意,諮商師與受僱者、或是諮商師與親密愛人間角色的混淆是不適當的。每當助人者扮演多重角色時,就可能會有利益衝突、失去客觀性和剝削求助者的風險。具有倫理的實務工作者必須要有適當的預防措施,來確保案主的最佳利益。有些倫理守則強調知情同意、與個案持續討論,以及書面記錄下與個案的任何討論的重要性。Herlihy 與 Corey(2006b)提供以下指導原則給要運作一種以上角色的專業人員參考:

- 一開始就設立健全的界線。在你的知情同意書中,要明智地指出你在專業關係以及對社交或是商業關係的相關政策原則。
- 在設立專業關係時要讓案主參與。和案主討論你的期待與他們對你的期待。
- 當你對某個案主運作一種以上的角色時,知情同意是很重要的。案主有權利知道與多重關係有關的任何可能風險。知情同意與討論突發問題和衝突是一個持續的過程。
- 在獲取客觀性與辨識非預期的困難時,向同儕諮詢是最有用的方法。當你運作一種以上的角色或是涉入多重關係時,定期諮詢是很好的指導政策。

- 當多重關係特別有問題或是存在高度傷害風險時，要在督導監督下工作才是明智的。
- 重要的是，諮商者、教育者和督導要能與學生和被督導者討論有關處理平衡權力議題、界線議題、適當的限制、關係的目標、濫用權力的潛在目的，以及討論傷害可能以微妙的方式來自多重且有時相互衝突角色等主題。
- 從法律的觀點來看，記錄你和案主間多重關係的任何討論是個很好的做法，包括在你的筆記中，你已經採取哪些行動要極小化傷害風險的發生。
- 如果必要時，請轉介案主給其他專業人員。

有關非涉及性方面的多重關係論戰似乎還在持續著，隨著倫理議題的複雜，可能無法有完整的共識。禁止所有形式的多重關係似乎不是解決剝削案主問題的最佳答案。Zur（2017）認為嚴格禁止所有跨越界線的行為可能會弱化治療效果，他進一步說，如果治療師跨越界線可能會傷害案主，或是預期會有損其客觀性、判斷和能力，或是干擾其治療效果時，那就要避免跨越界線。專業助人者在面臨實務工作中諸多界線議題時，必須要能澄清自己的立場，並且有系統地做出倫理決定。Zur（2014, 2017）相信最重要的是考慮脈絡下的多重關係，在某個脈絡下什麼是最適當的、不能避免的以及合乎倫理的；在另一個脈絡卻是不適當的、可避免與不合倫理的。

Herlihy 與 Corey（2015b）呈現了一個決策模式，可以把它應用到面質助人者的多重關係議題。如果潛在的多重關係是**不可避免的**，助人者要做到：(1) 確保案主的知情同意；(2) 尋求諮詢；(3) 記錄並檢視自己的實務工作；(4) 接受督導。如果潛在的多重關係是**可以避免的**，助人者應該先評估一下在這個個案中的潛在好處與風險。如果好處大於風險，那麼這份多重關係就有正當理由；然而，如果風險大於好處，那麼助人者就要婉拒這份關係，並且向案主加以解釋說明理由，甚至必要時轉介給其他專業人員。

在你苦於判斷怎樣才能構成適當界線時，你可能會發現某些角色的混淆

在特定情境下是不可避免的。因此很關鍵的是要學會如何管理界線、如何避免跨越界線變成侵犯界線，以及如何發展防護網預防案主受到剝削利用。即使是經驗豐富的專業人員在涉及跨越界線和建立適當角色時，也常被挑戰要遵守大部分倫理課程所學的。對學生、實習生以及沒經驗的助人者來說，處理多重關係的挑戰可能更大，對於這些臨床經驗相對缺乏的人，最明智的做法就是盡可能避免涉入多重關係。思考一下我們討論過的主題和指導原則，然後把它們應用到本章所提到的每個情境，問問自己，你會怎麼解決和你的案主間因為角色衝突所面臨的倫理兩難。

第六節　整合專業與私人關係

你可能會被某個極度欣賞你並邀請你和其發展友誼的案主打動，與其建立社交關係。如果你也喜歡這個案主，且你的朋友圈又小時，這種渴望可能會特別強烈。如果你告訴案主不可能有私人關係或是社交關係，你或許也會害怕去處理拒絕案主後造成的可能感受。

一、平衡專業與私人關係間考量的因素

平衡和案主間的專業關係與私人關係是很複雜的。作為一個助人者，你可能不太會挑戰這樣的案主，免得你和他的私人關係破裂；或是你可能會經驗到難以和你的案主分離。即使你能夠維持你的客觀性、在面質與支持案主間取得最佳平衡，你的案主還是可能難以區分這兩種關係。我們要考量的因素就是：不管你如何看待這個議題，你和案主的關係一定都是不平等的。案主／朋友會分散你的時間和注意力，即便你沒有收費，關係仍然是不對等的，因為你會提供更多的傾聽和回饋。在一個對等的友誼裡，夥伴雙方會互相接受與回饋。

有時候助人者和案主間會發生社交關係，當你發現自己處在這個位置時，你要仔細考慮幾個問題：「這份社交關係會妨礙我和案主間的工作效能嗎？」「這份友誼會阻礙案主和我工作嗎？」「我能保有足夠的客觀性來判

斷任何可能產生的負面效果嗎?」我們確實在意那些與案主有社交和私人接觸的助人者,如果你大部分的普通朋友都是專業上服務的那些人,我們會質疑你是否正在利用助人者的角色滿足自己的私人需求。

案例　和案主去吃午餐

Yoana 是一位治療師,已經和她的一個案主會談一陣子了。這位男性案主 Joel 詢問 Yoana 是否樂意和他一起午餐會面,她問他要在辦公室外進行會談的理由,Joe 說他想在非正式的場所會談,也想藉午餐表達對 Yoana 提供協助的感激之意。事實上,這個情境複雜的原因在於 Joel 的個人議題之一就是他害怕被拒絕。Joel 告訴 Yoana 這場邀約對他是個冒險。

你的立場:你如何處理這個情境?如果案主和你同性別或是異性,會有什麼差別嗎?你自己對這個案主的感覺會不會影響你的決定?

討論:一些臨床人員從不在辦公室以外的地方與個案會面,而另一些臨床人員則覺得在不太正式的環境中與個案互動很舒服。讓這種特殊情況變得困難的是,Yoana 和 Joel 已經有一份既定的合約,在正式場合面談已經有一段時間了,Joel 已經主動改變了合約。Yoana 必須考慮這個邀請背後的動機,Joel 想要帶 Yoana 去吃午飯的願望可能只是反映了他對她提供的協助表達感激,正如他所透露的那樣,但這可能表明他受到 Yoana 的吸引力正在發展。毫無疑問,對於害怕被拒絕的 Joel 來說,採取這一行動需要勇氣,而 Yoana 可能在接受他的邀請會感到某種程度的壓力。然而,接受他的午餐邀請可能會導致 Joel 誤會她的意圖。如果 Yoana 被 Joel 吸引,這可能會把她帶到滑坡上,導致違反界線。Yoana 必須評估這一邀請的影響以及她對 Joel 治療關係的反應。

> **案例** 在治療以外參加團體的運作

Derek 在機構內正帶領一群男性團體，這些成員討論到男性如何在我們的文化中被孤立。為了處理孤立，他們決定在機構內每週定期團體會面外，要建立每月一次的額外團體聚餐，他們也邀請團體領導者 Derek 加入他們團體外的聚會。

你的立場：你認為 Derek 適合參加他們的聚餐嗎？你對這個情境的倫理考量是什麼？支持和反對與這群團體成員進行社交活動的理由是什麼？你會怎麼回應他們？為什麼？你的性別會影響你的決定嗎？

討論：助人者需要意識到與個案社交的潛在陷阱。如果 Derek 在聚餐時喝酒，知道幾個小組成員正在恢復酗酒，這可能會影響他們對他的看法和他的專業精神。Derek 在接受這個邀請之前最好先評估他的基本需求和動機。Derek 很有可能在這些聚餐中保持他的職業風度。然而，如果他把這些事件視為他工作日的延伸，他可能會開始怨恨所需額外的時間，他的負面情緒可能會在小組成員中變得明顯。這個案例展示了像邀請你共進晚餐這樣看似簡單的事情，在倫理上是複雜的。

二、私人和專業關係交互作用的文化脈絡

在評估將友誼和助人關係融為一體的適當性時，文化脈絡扮演重要的角色。Parham 與 Caldwell（2015）從非洲人的觀點來看，助人關係不能只侷限於辦公室，相反地，諮商包括了許多活動，包括交談對話、娛樂活動、歡笑、一起聚餐烹煮的經驗、旅遊、參與儀式和典禮、歌唱與打鼓、說故事、寫作和觸碰。Parham 與 Caldwell 認為每個活動都有潛力成為助人經驗中的「療癒焦點」。

本著類似的理念，Sue 與 Capodilupo（2015）更明確表示有些文化團體重視和助人專業者間的多重關係；在一些文化中，人們相信私人的事情最好在親友間討論，向陌生人（專業助人者）自我披露被認為是禁忌，違反了家庭和文化價值觀。Sue 與 Capodilupo 指出，有些亞洲個案可能更喜歡讓傳統

的助人角色逐步發展成更具人性化的角色。

　　Machuca（2015）是一名與拉丁裔個案工作的拉丁裔諮商輔導人員，她寫到在有效能的諮商中考慮文化脈絡的重要性，與拉丁裔個案諮商時，實務工作者需要了解他們對於個人魅力的需求，在更個人層面上進行諮商的渴望、觸碰的舒適度以及諮商會談更有彈性的時間限制。來自拉丁文化的案主常會期待他們的諮商師會參與他們的社交和家庭事件、接受禮物以示謝意，並進行個人自我揭露。Machuca 強調，解決與拉丁裔個案的界線問題需要諮商師做出特別的努力，來適應個案的文化價值和偏好，這已超越嚴格又傳統的諮商方法所允許的範圍，這種文化背景下的跨越界線提供了建立有效治療關係的機會。「身為拉丁裔移民的諮商師，與我的個案一起走在文化適應之路，幫助我認識到保持彈性的重要性」（p. 103）。

　　Bemak 與 Chung（2015）發現，在一些民族和種族多元化的社區中，這種關係預計會超出 50 分鐘的正式會談範圍。當諮商師分享他們個人生活的各個層面時，他們會與這些個案建立信任和開放。Bemak 與 Chung 認為「不自我揭露的諮商師可能會造成不信任、諮商師可信度的喪失、案主的不安全感、對案主的潛在傷害以及提前終止關係」（p. 87）。

三、和已結案案主／前案主交朋友

　　各種倫理守則中都沒有涉及與已結案案主（former client）交朋友的規範。雖然和結案案主交朋友可能不會不合乎倫理，但這種做法在實務處理上可能是不明智的。最安全的策略應該是要避免和結案案主發展社交關係。長遠來看，已結案案主可能更需要你在某個未來時刻當一個治療師而非朋友，如果你和某個已結案案主交朋友，他／她可能之後就不再有資格使用你的專業服務了。

　　除此之外，可能在很多情境下，諮商師和案主之間權力的不平衡從未改變，即使在社交關係中，你可能還是被當成提供協助的人，或是你的舉動還是像個助人角色。這種權力的不平衡可能會非常緩慢地改變或根本不會改變（Herlihy & Corey, 2015a）。在你允許專業關係進展成私人關係前，你必須

要能覺察自己的動機，而你案主也要能覺察其動機。如果你習慣和你以前案主發展社交關係，你可能會發現自己常花過多時間，並對你所尋求或同意的關係感到不滿。在這個情境下的核心是，你有沒有能力建立一個你願意做和不想要做的清楚界線。

第七節　社群媒體與界線

　　Kolmes（2017）提到，個案和治療師之間網路社群上多重角色和關係變得越來越普遍。這些多重關係包括社交、專業和商業關係，所有這些關係都可能為治療師帶來新的挑戰。從倫理角度來看，我們需要了解這些多重關係的本質，什麼時候它們可能會出現問題，以及什麼時候它們是治療過程的一部分。有問題的多重關係的一個例子是請求現任案主或以前案主的線上評論或推薦，根據 Kolmes 的說法，請求案主參與推銷治療師的業務時，是邀請他們與專業人士一起擔任業務的多重角色。Kolmes 認為，透過社群媒體和網路建立的多重關係可能會產生正面和負面的影響，「如果由敏感而周到的臨床人員妥善管理，有些多重關係可能有利於治療關係，它們甚至可以提供增強臨床關係的機會，其他多重角色可能會以多種方式侵蝕治療關係」（pp. 186-187）。與個案一起參與社交媒體的實務工作者，其任務是制定社群媒體政策，Kolmes 聲稱，政策聲明可以減少混亂，並為個案提供有關社交媒體的指導原則，「只需要仔細思考你的政策以建立此類文件，就可提供一個機會來審查你的倫理守則，並探索你自己想要的方法」（p. 192）。

　　越來越多的案主或已結案案主希望透過網路與他們的諮商輔導員成為朋友。對於心理健康專業人士來說，收到案主或以前案主的「好友請求」並不罕見（Reamer, 2017）。為了幫助正在考慮使用 Facebook、Twitter 或其他形式社交媒體的專業人士，在數位時代，人們提出了一系列關於界線、雙重關係和隱私的倫理問題，幫助專業人士面臨越來越多的挑戰。Reamer（2013）描述如果社會工作者與案主「交朋友」，可能會出現的界線混亂：

造訪社工社群網站的案主可能會了解到大量有關其社會工作者的個人資訊（例如有關社會工作者的家庭和關係、政治觀點、社會活動和宗教的資訊），這可能會在與案主的專業關係上引發複雜的移情以及反移情議題。（p. 168）

　　儘管與案主「交朋友」在倫理上有問題，但 Reamer（2013）強調拒絕社交網站上的好友請求可能會無意中導致案主感到被拒絕，Reamer（2017）建議實務工作者要分別創建單獨的個人和專業社群媒體和網站，以建立明確的界限並避免不適當的多重關係。

　　Reamer（2017）說明了數位世界中多重關係所涉及前所未有的倫理和風險管理挑戰。數位科技帶來了一系列倫理問題，少數與案主和治療師的私人和專業生活的界線混淆有關，以及社會的變遷中涉及了隱私與開放之間的複雜交集。Reamer 同意數位科技在心理健康領域將繼續存在，他強調需要助人工作者制定合理的指導方針，致力於促進負責任的心理服務。在數位科技的發展下，他呼籲「要有健全的倫理判斷和謹慎的風險管理，尤其是與有意和意料之外的多重關係相關的新形式」（p. 205）。

　　Spotts-De Lazzer（2012）主張實務工作者必須轉譯傳統倫理守則在社群媒體的規範上，並提供以下建議幫助諮商師管理 Facebook 上的存在：

- 限制線上分享的內容。
- 將明確的社群網絡政策納入知情同意流程的一部分。
- 定期更新保護設置，因為 Facebook 會不斷更新改變。

　　ACA 倫理守則（ACA, 2014）強調知情同意和諮商師要制定社群媒體政策的必要性。修訂後的守則強調了諮商師和個案之間的虛擬關係，並為諮商師維護安全的虛擬存在提出了建議（Jencius, 2015）。NBCC 倫理守則（NBCC, 2016）關於數位技術使用的標準規定：「將社群媒體用於專業目的律師，應將發布的訊息限制在不會建立多重關係或可能威脅個案隱私的訊息範圍內」（標準 21）。

你與以前的案主要在社群媒體成為朋友之前，會探討哪些問題？對於與現在的案主或以前的案主發展線上友誼有何看法？你願意與案主建立這樣的私人或社會關係嗎？你是否同意透過某種形式的社群媒體與前案主保持聯繫？為什麼願意或為什麼不？在建立私人關係之前，你想與前案主討論哪些問題？

第八節 諮商中的以物易物交換服務
（Bartering in Counseling）

用物品或是勞務和案主交換諮商服務的諮商師，常是因為樂善好施的動機，最典型的就是幫助那些付不起專業諮商費的案主。當案主付不起諮商師的專業服務費時，他們可能會建議一項交易的協定——舉例來說，幫忙助人者打掃房子、做某些行政服務，或是做其他私人工作。當案主處於可獲知其諮商師之私人資訊時，他們很容易陷入困境，這將會干擾助人者和案主間的關係。

以物易物在許多文化中是一種可被接受的做法，但是交換諮商師的服務特別容易有問題。案主可能以為他們的諮商效果沒有進展得很好，並對助人者沒有照其協定內容而感到不滿；同樣地，助人者也可能不滿意缺乏時間限制或是案主提供的勞務或物品的品質，這些都可能導致怨懟，並且極度干擾治療關係。

一、以物易物交換專業的倫理兩難

現在大部分的倫理守則都對專業中以物交換服務有關的特定標準，雖然專業關係中以物交易沒有被全面禁止，但是在做法上還是有些限制的規定。美國諮商學會（ACA, 2014）、美國心理學會（APA, 2017a）、全國社會工作者協會（NASW, 2017）、復健諮商師認證委員會（CRCC, 2017）、美國心理健康諮商師學會（AMHCA, 2015）、全國合格諮商師委員會（NBCC, 2016）和美國婚姻與家族治療協會（AAMFT, 2015）的倫理守則均規定，只

有在這些條件下，以物交換服務才可能是合乎倫理的。這些條件——如果案主要求；如果它不是臨床上的禁忌；如果不是具剝削性質的；如果它不會增加傷害風險；如果該安排是在充分知情同意的情況下達成的。

在某些文化和某些社區中，以物交換服務是一種公認的做法，以物交換服務是多重關係的一個例子，我們認為助人者有一定的空間來運用他們的專業判斷，並考慮他們所處的文化脈絡。Bemak 與 Chung（2015）指出，在許多文化中，以物易物是傳統支付形式的一種有價值的替代方式。他們強調，以物易物必須根據個別狀況進行周密地安排，同時考慮每一個案的文化脈絡和具體情況。Forester-Miller 與 Moody（2015）說明了在鄉村地區避免多重關係所涉及的困難，並提醒了諮商師，城市居民和鄉村居民之間的價值觀與信念可能存在極大的差異。他們建議諮商師要確保不會強加自己的價值觀在與他們不同文化的案主身上，Forester-Miller 描述了她提供治療給阿巴拉契亞（Appalachian）文化的經驗，在這種文化中人們為有能力負擔自己與其親人的治療而感到自豪。她曾經為一名青春期女孩提供諮商服務，她的單親母親無法負擔一般費用，也無法支付減額的費用，因為即使是很少的費用，也會耗盡這個家庭的資源。當 Forester-Miller 告訴這個母親她很樂意免費探視其女兒時，這母親表示她無法接受，然而，她詢問諮商師是否願意接受她用一床被子來代替輔導女兒的費用。這母親和諮商師討論了被子的貨幣價值，並決定用她來支付一定次數的諮商費用。事實證明這是一個很好的解決方案，因為它使少女得以獲得所需要的諮商服務，並讓母親有機會透過付費來維護其尊嚴。

如果你正考慮以某種形式的以物易物來代替專業服務的報酬，請諮詢一下經驗豐富的同事和督導，這類型的諮詢可能會導引出你和案主尚未考慮過的替代方案。在你思考過情境中關係重大的議題並諮詢其他人後，我們強烈建議你直接和案主討論此情境下的優劣利弊。這種你與案主共同討論，就像聽取其他人意見一樣，可能有助於你辨識出在交易協定草案中某類潛在的問題。你要持續地諮詢與進行個案討論，特別是攸關界線和多重角色的事件，並從中了解特定實務意涵的脈絡。當然，你所諮詢的人以及你和案主的所有

討論過程都應該詳加記載於文件中。

在你要進行以物易物交換服務前，雙方應該商討一下協議的內容、要能對交換的內容都有清楚的了解才達成協議，並將該協議記入案主紀錄中，這是助人者和案主共同評估特定情況下的風險與利益，並在仔細討論後所做出決定的好做法。討論可能出現的潛在問題也很重要，案主可能沒有意識到以物易物交換服務中涉及的潛在衝突與問題，諮商師有責任指認出以物易物的潛在問題與風險。也許作為一般規則，最安全的做法就是避免用物品或勞務來以物易物交換專業服務，因為這都可能為助人關係帶來潛在的衝突、剝削利用和緊張。

二、以物易物交換專業的法律層面

以物交換專業服務沒有被倫理或是法律所禁止，作為一個助人者，你可能要面對某些決定是否要用以物易物作為替代方案的情境，特別是當案主付不起服務費時。如果你諮詢 Robert Woody（他是一個諮商教育者，也是一個律師），他可能會勸你要留下清楚的交易協議。Woody（1998）反對使用以物易物來換取心理諮商服務，並說到交易低於實務最低標時就會成為案例。如果你和案主進入了一項交易協議，你就會有壓力要去證明：(1) 這份交易協議對你的案主最有利；(2) 協議是合理的、公平的，而且不會有不良的影響；(3) 它不會妨礙你提供案主有品質的心理治療服務。因為交易對治療師和案主都充滿著風險，Woody 相信應該審慎評估把它當作最後選項，他甚至總結說以物易物不是個好方法，而且應該要避免。

三、以物易物交換專業的其他觀點

Koocher 與 Keith-Spiegel（2016）主張當人們需要心理諮商服務，但是又沒有保險支付或是正處於財務困難時，以物交易可以是具有正當性又符合人道主義的做法，他們認為這種交易方式能帶給雙方滿意感。Thomas（2002）視以物易物為一種幫助經濟困難者的合法工具，他認為不該只因為案主有微小可能性會對治療師提出訴訟，就把這種交易選項排除在規則以

外。然而，Thomas 相信冒險進入任何多重關係都需要仔細思考與判斷，他主張絕大多數的專業工作都應該以一般流通貨幣來支付，但他也提到若是因為案主的經濟情況不許可，應該要有津貼補助現有的心理諮商服務。以物易物交換服務可以是一種提供給在財務上不符合保險給付者的協助方式，Thomas 建議要有一份契約詳加說明治療師和案主的協議細節，並且定期回頭檢視。

案例　用勞務交換治療服務

Carol 數個月來一直都在幫 Wayne 諮商，Wayne 也都持續有付費，現在他在諮商上有絕佳的進展。Wayne 這次來會談時很沮喪，因為他丟了汽車零件代理商的工作，窘迫的財務壓力讓他沒辦法再繼續出席 Carol 的諮商。他提議可以幫 Carol 那輛高級車的引擎做個徹底的檢修，以支付他後續的諮商費用，他詢問 Carol 願不願意接受他的提議，因為他真的不希望在這個時候中斷他的諮商。

你的立場：你打算和 Wayne 達成某種形式的交換協議嗎？為什麼想這樣做以及為什麼不想？除了這交換協議，你還會提供 Wayne 什麼其他的選項嗎？你會因為他的情況，而考慮繼續和他會談但不收費嗎？思考一下當你遇到下列議題時，你會怎麼做：

- 你的決定會不會取決於你工作的環境是在大都會區或是鄉村地區？
- 你在做決定時會如何把文化的脈絡考量在內？
- 如果你同意以勞務交換服務，而 Wayne 並沒有把你的汽車引擎修理好，這可能會對你和他正在進行的諮商過程造成何種影響？
- 如果你告訴 Wayne 做這項交易讓你覺得不舒服，而他的回應是他覺得你在他最需要協助時放棄他，你會怎麼回應？

討論：因為 Wayne 提出以勞務交換的想法，如果 Carol 對這個想法覺得舒坦，那麼同意這個安排未必不合乎倫理。為了確保他們的治療工作

不會因這項新安排而脫軌，Carol 和 Wayne 需要在達成協議之前坦率地討論可能的陷阱。Carol 可能會向 Wayne 指出，如果她的老式汽車的修理工作最終花費的時間比他最初預期的時間要多，他可能會感到怨恨，但他也可能有更大的壓力想要「完美的達成任務」來取悅治療師。Carol 可能會想，如果 Wyane 的任務不合格，她不得不付錢給別人修理她的車，她會有什麼感覺。透過討論勞務交換服務的潛在問題，Carol 將為案主提供知情同意，並牢記他的最大利益。如果他們決定推進這項計畫，就需要具體說明安排的條件，包括應對可能出現挑戰的替代方案。如果在聽到 Carol 的擔憂後 Wyane 猶豫不決，Carol 需要提供一個可接受的替代方案，以便 Wyane 可以繼續接受服務。也許她會同意在有限的時間內為他提供無償服務，直到他找到另一份工作，或者降低她的費用並為他提供延期付款計畫。

第九節　在治療關係中贈送與接受禮物

有些倫理守則會專門提到在治療關係中贈送和接受禮物的主題，美國婚姻和家族治療協會（AAMFT, 2015）的倫理守則說明了這個標準：

> 在考慮是否接收或贈送禮物時，婚姻與家庭治療師要遵守文化規範；婚姻與家庭治療是要考慮接收和贈送禮物的潛在影響，以及其對治療關係的完整性和有效性（3.9）

ACA 倫理守則（ACA, 2014）也有接受接受禮物的標準：

> 諮商師要了解接受案主餽贈可能產生的挑戰，並認知到在某些文化中，小禮物是表達尊敬與感激的替代品。當諮商師在決定要不要接受案主的禮物時，要考慮治療關係、禮物的價值、案主贈送禮物的動機，以及諮商師想要或是拒絕禮物的動機。（標準 A.10.f）

全國合格諮商師委員會（NBCC, 2016）在其倫理守則中採用了這一觀

點：

> 註冊諮商師（NCCs）不應該接受案主的饋贈，除非是文化上可接受或是與治療相關，因為這可能會引發潛在的混淆。當你在思考是否要接受時，諮商師要考慮禮物的價值以及對治療關係的影響，這些考慮都應該記錄在案主的文件中。（標準4）

Bemak 與 Chung（2015）指出許多文化中有建立完善的禮物交換原則。在助人的專業關係中，如果拒絕收受一項合理的禮物或有時拒絕贈送禮物，可能會被視為侮辱和拒絕案主的文化。Bemak 與 Chung 承認，必須考慮禮物的費用和適當性，但助人者也需要了解文化規範，以及透過禮物表達對案主尊重的重要性。奢華的禮物必定有倫理的問題，但你可能會把從案主處接受小禮物與你給案主禮物兩種感受混淆。接受某些類型的禮物（高度個人化的物品）是不合適的，需要探索案主的動機。有些實務工作者會把他們不能接受案主禮物的政策放在知情同意的文件中，但我們比較喜歡評估每個個案所處的具體環境，因為有許多因素必須納入考量；有些倫理守則確定了接受禮物時需要考慮的具體因素：治療關係、給予的動機、諮商師接受或拒絕禮物的動機、文化規範以及接受禮物的動機。

這裡有幾個是你在決定要不要接受案主禮物時可能要探索的問題：

- **這個禮物值多少？**大部分的專業助人者可能都同意，接受一件非常昂貴的禮物是不恰當也不合乎倫理的。如果案主提供你戲院票券，並邀你結伴前往參加活動，也是有可能出問題的。
- **贈送禮物這件事發生在助人過程的什麼階段？**如果案主在關係早期就想給你禮物或是發生在專業關係結束時，這兩者就有所差別。不論治療師或是案主給小禮物當作結案過程的一部分，從臨床的角度來看是適當而有價值的。比較有問題的是在諮商關係早期就接受禮物，因為這麼做可能是鬆懈必要界線的前兆。
- **接受或拒絕禮物在臨床上有什麼意涵嗎？**很重要的是，你要知道何時

接受案主贈禮在臨床上是有禁忌的，你要和案主探索一下原因，你可能也需要和案主探索一下他給你禮物的動機。案主可能是為了尋求你的認可，在某些案例可能案主的贈禮動機是為了取悅你。沒有經過適當充分的討論就接受案主禮物，長期而言並無助於他。助人者應該小心考慮損益比率，因為它適用於接受或不接受案主禮物，也適用於給或不給案主禮物。

- **贈送禮物有什麼文化意涵嗎？**和有文化差異的案主群工作時，臨床人員常會發現他們需要跨越界線去強化諮商關係。文化脈絡確實在評估接受餽贈的適當性上扮演重要角色。餽贈禮物的意義隨文化而異，在某些文化，如果你沒有接受餽贈，很可能你的案主就會覺得受辱。舉例來說，有些亞洲案主可能會提供禮物來表達感激、尊敬以及確認關係。雖然這樣的行動在文化上是恰當的，但是有些助人者相信接受這份禮物可能有損其界線、會改變他們的關係，甚至造成利益衝突。

Brown 與 Trangsrud（2008）做了一份調查，評估 40 名有證照的心理諮商師有關接受或婉拒案主餽贈的倫理抉擇過程。那些調查參與者指出，如果禮物是不貴的、在文化上適當、又是在結束處遇時表達感激之意的話，諮商師似乎都會接受案主的禮物。如果禮物是昂貴的、在處遇期間餽贈而非結束時，以及帶有感情或是強迫意圖時，他們比較會婉拒。這份調查顯示了在權衡接受禮物的好處，以及拒絕禮物而損及治療關係的風險上，文化因素的考量很重要。

如果你發現案主有一種想給你禮物的行為模式，可能你的某些方式也助長了案主要心懷感恩的感受；然而，如果案主很少給你禮物，你仍然需要找到合適方式來處理這種情況。思考一下，怎麼做你會比較舒服，以及什麼才是案主的最佳利益，如果你決定不要接受這份禮物，我們建議你要和案主討論你的理由。一個開放式的討論可能比你只是給案主一個教條或是政策來得豐富、有敏感度。如同討論以物交換服務的案例一般，不管你接不接受禮物，最明智的做法就是記錄下你的理由。

案例　贈送與接受禮物

一位中國案主 Lin 在進行了五回合的治療後，送給她的治療師一件珠寶禮物，而他們後續還有五回合的治療。她很感激治療師為她做的，治療師如果能接受這份珠寶將對她意義重大，因為這份珠寶已經在其家族中珍藏多年，這是她表達感激的方式。

你的立場：思考一下你在助人關係中贈送與接受案主禮物的立場，你看出在治療期間或是治療結束後接受餽贈的差異了嗎？在接受或拒絕其禮物前，哪些面向是你想和 Lin 探索的？在你做決定時，你會如何考量 Lin 的文化背景以及餽贈對她的意義？

討論：這種情況必須小心處理。有鑑於案主的文化背景，如果治療師不接受她的禮物，很可能她會覺得受到冒犯，如果 Lin 呈現禮物的動機是真心誠意的，而珠寶本身的價值相對不高（即使有情感上的價值），那麼治療師可能要接受這份禮物才適當；另一方面，如果 Lin 的動機似乎很複雜，有能力的治療師應該在第五次治療時就會發現，重要的是治療師會去探索這個禮物對 Lin 背後的意義。如果這個禮物非常昂貴（一件應該是案主的傳家寶），治療師需要用一種巧妙的方式委婉拒絕這份禮物。她可能會說「我很欣賞你的慷慨，但要接受這份禮物我覺得不自在，這件珠寶是獨特的，它屬於你的家族，我想讓你知道我收下你的感激之情了，但不需要透過這份特別的禮物來強調。」

第十節　處理性吸引力

有些助人者會因受到某個案主的吸引而有罪惡感，相對的，當助人者意識到某個案主受他們所吸引時也會覺得不自在。似乎把性的感覺視為不應該存在，會讓助人者也很難辨識與接受這份感覺，創造出一種發生此類感受時不鼓勵助人者去探索的氛圍。在助人關係中典型的性反應包括：驚訝、驚恐和震驚、有罪惡感、對於未解決私人議題的焦慮感、害怕失控、害怕被批

評、無法公開談論的挫敗感、無法有性接觸的挫折感、對工作的困惑、對界線與角色的困惑、對行動的困惑，以及害怕無法回應案主的需求。

在 *Sexual Feelings in Psychotherapy* 一書中，Pope、Sonne 與 Holroyd（1993）打破禁忌，討論關於如何承認及處理治療中性吸引力的感受，並提供以下指導原則：

- 探索助人者性慾的感覺與反應是專業訓練和持續專業發展的重要面向。
- 性感受和與案主有性親密舉動，應該清楚區別。
- 不允許助人者剝削利用案主。
- 大部分的助人者會經驗到受案主吸引而造成的焦慮感、罪惡感或是困惑。
- 助人者必須毫不逃避地去覺察與處理助人關係中的性吸引力。
- 助人者最好能在一個安全的、非批判的、支持的脈絡中，和其他人探索一下自己的感受。
- 了解性感受不是件簡單的事情，這意味著助人者必須願意投入在一私人的、複雜的和無法預期的探索過程中。

受到情感或是性吸引並不意味著你就要對治療上的失誤有罪惡感，或是你就是邪惡墮落的，然而，重要的是你要承認你的感覺（而非對某案主），並避免和案主發展成不適當的性關係。雖然暫時的性吸引是正常現象，但是受到案主強烈的性吸引卻是有問題的。

學習如何有效處理對案主的感情回應或是吸引力，牽涉到了解你自己的感覺，並採取步驟來降低此吸引力干擾案主福祉的機會。只是體驗到受案主吸引的感受，而不把這份吸引付諸行動，讓大多數的治療師感到內疚、焦慮和困惑（Pope & Wedding, 2014）。有鑑於這些反應，就不奇怪有許多治療師想要隱藏感受，而不是透過諮詢同事或督導或是將此事帶入自己的治療來承認和處理性感受了。

Koocher 與 Keith-Spiegel（2016）建議治療師與其他治療師（可能是一

個有經驗又受信任的同事或是適合的督導）討論和案主間的性吸引力。取得對此情境的新觀點有助於釐清風險、覺察這份關係的脆弱性，以及探索如何進展的一些選擇。尋求專業諮詢通常是個好想法，但我們提醒你不要直接和你的案主分享這份受吸引的感覺，這樣的揭露可能會損及治療工作，而且還會對案主造成負擔與困惑。在一項調查中，Neukrug 與 Milliken（2011）發現，在 535 名美國諮商學會（ACA）成員受訪者中，89.7% 人認為告知案主，助人者自己對案主有吸引力是不合乎倫理的，因為助人工作者有責任設定與案主明確的界線來管理他們的感受。

當你讀到以下的這些案例，思考一下在每種情境下你會怎麼做。

案例　治療師受到案主的吸引

一個單身女同事告訴你，她和一位女性案主有一個問題，她非常受到這個案主的吸引，她發現自己在每次會談時都很樂意延長時間。你的同事告訴你，如果她不是案主，會想約她出去。你的同事在揣想是不是該結束這份專業關係，然後開始私人關係。她已經和案主分享她深受吸引的感覺，而這個案主也承認受她吸引。

你的立場：你的同事來尋求你建議她下一步該怎麼做，你會對她說什麼？如果你也有相同的處境，你覺得你會怎麼做？

討論：這種情況是有問題的，因為治療師開始根據她的感受採取行動。治療師的行為不當（直接與這位案主分享她的情愛感受），這使事情進一步複雜化。即使他們為了追求私人關係而終止了專業關係，他們之間也存在明顯的權力差異。追求情愛關係會對案主造成傷害，案主陷入了尷尬的境地。如果案主不回應這些感受，她可能會感到太不舒服，無法繼續治療關係；如果案主承認發現治療師有吸引力，案主就處於弱勢脆弱地位。你必須對你同事直接表達你對潛在倫理與法律影響的擔憂，因為她自私的決定可能會傷害此案主。

案例　案主受到治療師的吸引

在一次諮商會談中，你的一位案主向你揭露：「我發現你對我很有吸引力」，案主對於她自己的告白覺得不舒服，而且現在想知道你會怎麼思考和感覺。

你的立場：如果你聽到這些，你能想像這會如何影響你嗎？你會說什麼來回應案主的擔心？

討論：因為治療關係的情感親密，一些案主可能會覺得他們的治療師很有吸引力。透過創造治療工作所需的最佳照顧和安全環境，治療師可能對案主而言會產生「理想」伴侶的錯覺。重要的是要記住，治療師知道案主的隱私細節，但反之亦然。即使他們對你的生活知之甚少，案主可能仍會被你吸引，這種吸引力可能植根於情感轉移。如果你發現自己處於這種情況下，在你探索案主對你的覺察意義時，要富有同情心和敏感，但也要清楚保持適當的溝通界線。與案主一起處理這個問題可能是一個不舒服的任務，但如果處理得當，它可能會加深案主的洞察力和自我意識。

案例　討論性感受

你的一個案主鉅細靡遺地描述了他的性感覺和性幻想，隨著你的聆聽，你開始覺得不舒服。案主注意到這個狀況並詢問：「我說了什麼不該說的嗎？」

你的立場：你會怎麼回應這個案主的問題？你會在你自己的治療或是和同事的談話中探討這個議題，以便對你的感覺有所了解嗎？你會和你的案主分享多少？

討論：我們發現培訓中的助人工作者經常難以公開談論性。對許多人來說，這種不自在的連結源自於他們原生家庭早期關於性行為的禁令和社會禁忌。當案主提出與有關他們性感受的擔憂時，你需要準備好聽到他的擔憂。正如在這個簡短的場景中所示，如果案主發現你對他的話題感到不舒服，他或她可能會感到羞恥或尷尬。你在關係中掌握著權力，所以在不

給案主帶來負擔的情況下，克服自己的不自在感是很重要的。從臨床角度來看，案主的性幻想似乎偏離了諮商方向，讓你感到驚慌，你必須以專業和治療的方式處理你的反應。

一、管理吸引力的訓練

尋求同事、督導或是個人治療的協助，可以讓學生和實習生有管道獲取一些指導原則、教育和支持，來管理其受案主吸引的感覺。同儕督導團體是討論對案主性慾感受的理想場合。在訓練期間仔細留意有關性的議題，對於發展成適格的心理健康專業人員很重要。

有鑑於在助人過程中處理性吸引力議題的挑戰，Herlihy 與 Corey（2015b）建議助人專業中的訓練方案應該增加對性吸引力議題的重視。助人者必須確保其感覺是出於自然，並能有所覺察地學著提供案主專業的協助，即使他們可能有時候也會有感受到性吸引力的經驗。Herlihy 與 Corey 強調要學會檢視你自身的反移情、要能向同事諮詢，並留意性吸引力的細微處，它可能會使人從跨越界線到進入不適當的多重關係。我們建議你參考 Irvin Yalom（1997）所寫的一本書《診療椅上的謊言》（*Lying on the Couch: A Novel*），這本書中提到許多有趣的案例，以及論述治療師和案主之間有關性吸引力的滑坡謬誤（slippery slope）[1]。

第十一節　與現任案主的性關係

不當的性行為（sexual misconduct）是心理健康人員對案主處置不當（malpractice）的主要原因之一。研究助人者與案主間性關係的學者描述，這種不當行為比一般料想到的還要普遍。研究顯示，助人關係中的性行為可能會對案主造成嚴重的傷害（Knapp & VandeCreek, 2003）。大部分的心理

---

[1] 譯註：滑坡謬誤指透過忽略無數個變動因素，來讓一個偶然的前提，成為一個結論的必要條件，是日常所見的一種思考謬誤。

健康專業人員都認同和案主有情色接觸就是不適當的，也是治療師對案主在關係上的一種剝削利用。所有不同專業組織的倫理守則都認為與案主的性接觸是非專業、不合乎倫理，並且會造成臨床傷害。

和案主發生性關係將伴隨著倫理與法律面向的嚴重後果，這些後果包含成為法律訴訟的標的、會被判重罪、會被吊銷執照、會被專業組織除名、喪失保險項目以及失業。治療師可能被判緩刑，還被要求接受心理治療，即使他能夠重新回到工作，不僅會受到嚴密監控，工作也會受到監督。

以下是治療師不當性行為的一個例子（CAMFTJ, 2010, pp. 55-57）。一名持有婚姻和家庭治療師證照的從業人員被控犯有不當性行為和重大過失。他的案主是一名女性，有酒精依賴史且與男性有心理虐待關係，當她透露受該治療師性吸引時，這位治療師也揭露了他對她的相互吸引力，他沒有試圖改變她的感受或討論轉移問題。他在他們的會談中談到了他的性幻想，並表達對他們無法發生性行為表示失望。他還透露了自己的私人細節，他們會在晚上和週末通電話，有時以調情的方式。案主在收到她的酗酒者匿名贊助商對這關係的回饋意見後，開始明白她的治療師正在傷害她，她直接與她的治療師分享她對他們的關係感到困惑，他反應不佳，這讓案主感到心煩意亂，他沒有給她任何建議，也沒有把她轉介給不同的治療師。

讀到這裡，你可能覺得自己不會和你任何一個案主牽涉到不當性行為。那些已與案主發生親密性關係的實務工作人員，以前也和你有相同的預設。要記住你不是免疫的，你也有與你所幫助的人發生情愛關係的可能性。請對你的需求和動機保持警覺，以及警覺到當你發現自己受案主吸引時，你的需求與動機如何妨礙了工作。

案主通常只跟你短時間接觸，而且他們可能只看到你最好的一面，你可能向來受到尊敬與諂媚，並被誤認為毫無缺點，這種無條件的景仰可是非常有誘惑力的，特別是在剛成為助人者時，而你很可能會非常依賴這樣的回饋。如果你的案主說你有多麼善解人意、多麼不同於他所認識的其他人，你可能會很難不去相信他們所說的。如果你不能用適當的觀點來看待案主對你表達的感受，作為一個助人者你就有麻煩了。如果沒有自我覺察和誠實，你

可能會把會談導向滿足自己的需求，而最終免不了牽扯到性。

性愛接觸是不合乎倫理的主要原因來自助人者因其專業角色而有的權力。因為案主談論其生活中非常私人的面向，而使得他們具有高度的脆弱性，助人者如果出於私人動機而剝削利用案主，就很容易背叛這份信任。性接觸也是不合乎倫理的，因為這會促成依賴，並使助人者失去客觀性。但是反對和案主性接觸最重要的論點是大部分的案主最終都表達受到傷害，最典型的就是案主會變得怨懟與憤怒，他或她會覺得自己受到性的剝削利用以及被遺棄，而且通常會覺得自己被困在創傷經驗中未解決的問題與感受裡。

第十二節　與結案案主的性關係

現在多數不同專業的倫理守則都對專業關係結束後的性關係沒有絕對的限制，但是都提醒助人工作者與以前的案主發展成戀愛關係要在一定期間後，通常是結案後的二至五年。不過，這並非意味著在經過特定年數後，和案主發展這樣的關係就是合乎倫理或是專業。美國諮商學會（ACA, 2014）、全國社會工作者協會（NASW, 2017）、復健諮商師認證委員會（CRCC, 2017）、美國婚姻與家族治療協會（AAMFT, 2015）和美國心理學會（APA, 2017a）的倫理守則都相當重視與結案案主形成關係的條件，舉例來說，因為吸引力的關係與案主結案，等個幾年，然後再開始戀愛關係，這不被認為是合乎倫理的。即使是過了二至五年，助人者還是有職責要檢視他們的動機，仔細考量什麼對以前的案主才是最好的，以及要小心避免任何形式的剝削利用。

在和前案主可以有性關係的例外情況中，如何證明沒有利用案主的前提取決於實務工作者，我們要考量的因素包括治療結束後經過多久時間、治療的本質與期間、助人者與案主間的關係在結案時的環境氛圍、案主個人的生命歷史、案主的能力與心理狀態、預期傷害案主或其他人的可能性；以及結束專業關係後，助人工作者暗示發展戀愛關係的任何陳述與行動。

幾乎所有的實務工作者都同意，終止助人關係本身並不能將專業關係合

理化為可轉變為性關係。如果助人者考慮在結案後五年和案主談戀愛，明智的做法就是諮詢同事，或是和前案主尋求治療，一起探索相互間的移情與期待。助人工作者要能持續覺察結案後的親密行為對案主的潛在傷害，還有治療關係可能對新關係產生影響的面向，以及持續的權力差異（Herlihy & Corey, 2015b）。

重點回顧

- 多重關係可能會發生在你和案主有一種以上角色身分的互動時。你要能意識到你所處的權力位置，並避免出現利益衝突。
- 大部分專業組織的倫理守則都提醒多重關係有潛在問題，但大部分的守則並沒有禁止所有這類關係。
- 本章有助於把你和案主的關係維持在專業而非私人的基礎上。把社交關係和專業關係混淆常常會不利於案主和助人者雙方的最佳利益。
- 助人者正面臨這挑戰——學習如何有效又合乎倫理的管理多重關係，包括處理多數專業關係中最基本的權力差異、管理界線議題以及努力避免誤用權力。
- 當諮商輔導員在社區工作並進行社會正義倡導時，往往需要擴大對界線的傳統看法。
- 在鄉村社區工作的助人者在管理界線和多重關係方面會面臨獨特的挑戰。有些多重關係是無法避免的，助人者必須為這些關係建立倫理界線時做出良好的判斷。
- 請謹慎使用社群媒體。請意識到在 Facebook 上與案主交友的潛在問題。你要跟上科技的快速發展，這些技術可能會引發與專業界線相關的新問題。
- 避免以物交易專業服務可能是個好想法，除非這是現有最佳的選擇，以及它具有文化規範。以物交換服務可能會導致你和案主的怨懟不滿。
- 在決定是否接受案主的禮物時，請考量一下文化脈絡、案主提供禮物的動機，以及助人歷程的階段。

- 情愛吸引力是助人關係中正常的一部分，重要的是學會如何認知到這份吸引力，以及發展合宜又有效的處理策略。
- 不當的性行為是心理專業人員處置不當的主要肇因之一。助人者與案主間親密性行為不合乎倫理有許多的原因，最主要的原因之一就是這已經涉及濫用權力與信任，而且通常會對案主造成傷害。

你可以做什麼？

1. 有人說，多重關係是必然的、普遍的、不可避免的，而且可能會有潛在的利益和傷害。請在小團體中同時探索多重關係潛在的好處和風險；準備好相關的指導原則來評估一下你如何平衡多重關係內可能的好處與風險。
2. 回顧一下與以前案主的性關係之討論，分成兩組來辯論是否同意在諮商關係結案的特定時間後，與前案主發生性關係和戀愛關係的議題。
3. 假設你是監督倫理守則委員會的成員，考慮與以前案主有社交上、性方面、商業上及專業上關係的合適性時，你會考慮些什麼？在某些或是大部分的情況下，這些關係應該被認為是不合乎倫理的嗎？你能想到例外情況嗎？你可以想像一下接受前案主社交邀約的情境，有哪些情境是你可以接受的？你認為和前案主有商業往來是合適的嗎？你能想到在何種情境下你可能又會和前案主形成專業關係？
4. 請在小團體中花點時間討論在建立私人與專業界線的重要性上，你學到什麼知識？你預期和某些案主在建立與維持界線時會碰到哪些困難？
5. 文化對助人工作者與個案建立界線有什麼影響？打破僵局並討論你自己的文化背景如何影響你對適當治療界線的看法。
6. 請在小組中討論你預計將如何回應使用 Facebook 等社群網站的個案他的交友請求，討論在工作中使用社群媒體作為輔助工具的利弊。
7. 以下所列出的參考資料，其完整的書目資訊，請參考本書的參考文獻。有關當代多重關係論戰的許多處遇面向，可以參考 Herlihy 與 Corey（2015b）及 Zur（2007, 2017）。

Chapter 10

從實習與督導中獲益
Getting the Most From Your Fieldwork and Supervision

|魏心敏　譯|

學習目標

1. 列舉取得一個有品質的實習工作的方法。
2. 論述成功的工作表現所需具備的知識與技能。
3. 列舉五項從實習經驗中獲益的方法。
4. 論述與不同類型個案工作的挑戰。
5. 探討如何在督導中獲益最多。
6. 闡明成為有效能督導者的特質。
7. 探討如何面對不如預期的督導。
8. 闡述團體督導的價值。
9. 論述督導結合個別治療的倫理議題。

焦點問題

1. 可以採取哪些具體做法,讓你在實習工作中能夠學習到最多?
2. 你如何在督導中獲益更多?如果你沒有得到應有的督導品質,你會採取什麼行動?採取這些行動對你而言的難易度為何?
3. 試想在實習經驗中,你可能會有哪些自我懷疑?有哪些方法可以幫助你挑戰你的自我懷疑?
4. 你會採取什麼樣的做法來面對你在實習過程中所遭遇的困難?
5. 在接受督導的過程中,你認為什麼樣的態度及行為可以學習到最多?
6. 你想要在你的實習當中學到什麼?在接受一個實習機會之前,你會想詢問哪些問題?
7. 你認為一位有效能的督導者,應具備什麼樣的特質?
8. 關於督導者對你的期待,什麼是你想要了解的?你對於督導者有什麼期待?
9. 與一位與你的世界觀差異甚遠的督導者合作,對你而言會是什麼樣的經驗?你將如何面對你與督導者之間,因為觀點不同而產生的差異?
10. 你如何設法取得一個有品質的實習工作?

第一節　本章目標

　　有一些實習生在進入大學或研究所訓練課程前，就已經有過實務工作的經驗，但絕大多數的實習生並沒有。不論你是否有過實務工作的經驗，你會在參與實習的過程中，經驗到各種情緒是非常自然的。許多助人工作初學者在開始實習階段時會感到緊張及恐懼。如果你同時感覺到自我懷疑，以及興奮的情緒所困擾，可以確信你並不孤單。當你對於實習更為熟悉，可能會慢慢發展出自信及專業能力，特別是當你採取堅定的態度要在實習過程中學習到最多時。

　　當你採取積極的態度，你會從系所課程及實習活動當中獲得許多收穫。與其把注意力放在自己無法改變的事上，不如想一想在學習過程中你可以做些什麼，以及以積極的態度面對學習過程的所有人事物可能帶來的益處。在本章中，我們鼓勵你思考如何確保自己參與有意義的實習，以及如何獲得有效的督導。

一、受督者自我檢核表

　　完成以下的自我檢核表，這是一個幫助你聚焦思考，並評估身為一個受督者的信念及態度的方法。請閱讀每一個問題陳述，並就該陳述與你對於督導的觀點吻合程度進行填寫。

　　3 = 同意

　　2 = 不同意

　　1 = 不確定

_____ 1. 在取得實習工作時，我會以能夠提供有效能的督導及能夠接觸到多種類型的個案的機構為優先考量。

_____ 2. 我認為應該將實習視為一份工作。

_____ 3. 我願意藉由參與各種不同的活動，以建立自我導向的思考和行動

模式。

_____ 4. 我很清楚自己對於督導的期待是什麼。我也很願意和督導者在開始接受督導時，討論對於接受督導的目標和期望。

_____ 5. 對我來說，與督導談論在諮商過程中犯錯的擔憂，以及對於在錯誤中學習保持開放的態度都是重要的。

_____ 6. 我願意確保我自己在督導過程中採取主動，並且在每一次與督導會面前將自己準備好。

_____ 7. 如果我在與督導者的互動關係中遇到任何困難，我會與督導者提出討論。

_____ 8. 我願意為獲得最佳的督導經驗，採取行動。

_____ 9. 在督導關係中，指出可能影響諮商效能的個人問題是恰當的。

_____ 10. 為了盡可能在督導中獲益，我願意嘗試提出我實習過程中，所遇到的所有困難。

第二節 從實習中獲益

在諮商、社工、臨床心理及伴侶和家族治療等助人專業上，大部分的研究所課程會將見習及實習課程設計為核心課程。而大多數大學部的社會服務核心課程中，亦會提供協助學生了解機構的相關課程。實習課程的安排，銜接了理論課程與實務工作的應用。在實習課程中獲得的真實經驗，提供學生有機會學習關於機構書面作業、機構政策及流程，以及了解與不同族群的個案工作及可能面臨之問題的挑戰。

以下是系所設計實習課程的部分目標：

- 提供學生社會服務實務工作所需的不同學派及方法的知識。
- 幫助學生提升自我覺察，進而達到專業自我的發展。
- 擴大學生對於個人、家庭、社區及相關系統之社會文化的了解，並提高學生願意投入倡議社會公義的意願。

- 幫助學生了解及尊重文化的多元性，並提供學生以此為根本的服務模式。
- 協助學生擴展在機構內專業角色關係的覺察，以及機構在社區所扮演的角色的覺察。

在你能夠投入見習及實習課程的學習之前，你必須有理論課程的基礎、掌握特定的知識，以及一定程度的助人技巧。你可以藉由投入社區機構擔任志工，來增進你在學科上的學習經驗。因為擔任機構志工，是融合學理知識、實習經驗、技巧訓練及個人成長的整合性學習，也讓系所課程更為完整。

一、取得一個有品質的實習工作

如果你的系所會為學生安排實習，那麼你也許無法自己選擇想要的實習工作。然而，如果你有機會可以選擇可提供督導的實習場所，盡可能地去找到一個最合適的機構。首先，你必須先做功課。你可以透過網路搜尋你所期望申請實習的機構，從中了解每個機構成立的宗旨及目標，以及他們所提供的服務及實習機會。每個機構或實習單位針對實習申請流程的要求，可能都有些許的不同，因此你必須確實依照實習機構或單位網站上所公告的申請規定，提出實習申請。倘若你能遵照機構的實習申請流程及規定，必定能夠給予機構工作人員留下較好的印象。建議與曾經在你目前有興趣的機構實習的同儕聯繫，詢問他們當時的實習經驗。若你獲得實習面談的機會，你則有機會針對在該機構實習，提出更多具體問題。以下是你可以考慮詢問的問題：

- 機構及專業工作人員會如何看待實習生？他們會視實習生為工作團隊的成員，或是在一旁觀察的觀察者？
- 作為一個實習生，對機構而言，我的具體職責為何？
- 這個實習工作是否需要具備特殊的助人技巧，或有其他專業能力的要求？
- 我必須向誰提出工作報告？我的督導是誰？每週我可以有多少小時的

督導時間？
- 機構是否提供訓練或是工作人員成長發展的機會？在我實習之前及實習過程中，會接受什麼樣的訓練？
- 機構內是否有提供會談時所需的錄影設備？
- 機構是否提供實習生服務疏失責任險的保障？
- 機構內的個案可能會面臨到哪些典型問題？

有些時候，學生會選擇對自己方便或有利的，但非極具挑戰性的實習工作。我們希望你能夠盡可能地為自己安排一個有意義、可以增進專業學習的實習機構。在做這樣的選擇時，你需要相當多的思考、時間及準備。去爭取一個可以得到專業督導，以及可以從個案所帶來的許多問題中有所學習及獲益的機構。

由於預算限制，想要得到高品質的實習機會，變得極具競爭性。我們留意到一個案例，有三個諮商所學生花費了很長的時間去爭取一個有意義的實習。他們都非常堅定要得到一個實習機會，但由於該實習機構實在是非常熱門，因此他們都只有得到初次面試的機會。爾後他們針對該機構現階段提供的服務，做了更深入的了解。他們找出了機構所提供的服務，與社區對於服務需求的落差，並且這樣的服務落差，是符合他們個人的專業興趣及助人技能所能提供的。之後每位學生都單獨與機構主管面談，並提出他們對於機構可以如何依據社區的需求，來拓展服務的想法。該機構主管則對於他們所提出的新的服務構想，展現開放的態度，並且立刻同意這三位學生到機構實習。一位學生具備雙語諮商的能力，提供西班牙語諮商；一位學生則是聽障生，針對社區內聽障及聽力困難的個案，提供手語諮商。第三位學生，則是具備服務多重障礙個案的經驗，因此開創了到府諮商的服務，不僅提供諮商給嚴重障礙的個案，也針對他們的家庭成員提供團體諮商及相關的服務。這三位實習生所開創的服務方案成功地拓展，許多之前無法得到諮商服務的民眾，能夠獲得諮商的機會，讓他們在實習中能夠獲得滿足及成就感。

如果你在社區機構工作，並且想要在這個機構內實習，建議你在該機構

中盡可能地參與不同的實習工作。例如：你在精神醫療院所的青少年飲食疾患部門兼職工作，去不同個案族群的單位工作來挑戰自己，如老年失智症。如果你已經在某機構擔任志工，或是受僱於某機構，建議你在實習中嘗試不同的工作，如：參與不同的任務、擔任不同的角色、與不同的個案族群工作，你的實習經驗應該要能夠體驗許多不同的實習環境，以及多元的督導方式，大多數的機構都會提供多樣的實習機會。新的專業領域的訓練，是獲得新知識及技巧的管道。在督導中的實習機會所提供的實務經驗，有助於你學習在系統中有意義工作，越多的實務督導的經驗能使你學到更多。你所花費在見習及實習工作上的時間，都會成為你在未來實務工作上的基石。選擇多元的實習環境以及服務對象，能讓你探索自己的在服務某些族群時的強項，也學習去了解你比較沒有興趣的領域。

當我們與社會服務系所畢業生談話時，他們常提到目前的工作是透過實習所建立的人脈而找到的。事實上，大部分的畢業生表示，他們希望能夠參與更多的實習活動。有些畢業生覺得很遺憾，在實習的過程中沒有機會獲得更多樣的實習經驗。如果系所允許的話，建議你在選擇實習機構前，能夠盡可能多參訪幾個機構。了解每個機構的實習工作內容，向機構督導詢問是否可能（或恰當）與目前或曾經在機構內實習的實習生談話，了解他們在機構實習的經驗，並且與你選擇的機構預約面談。

二、成功的助人工作所需的知識及技巧

當我們詢問實務工作者，在他們目前的工作中最需要的工作技巧有哪些時，他們列出了諮商技巧、督導技巧、諮詢技巧、溝通技巧、與不同層級的管理互動的能力、方案撰寫的能力、組織技巧、危機處理的能力，及網絡連結的能力。有些助人工作者指出自我探索經驗的重要性，特別是以探索個人及人際成長為目標的團體。這些治療經驗提供他們檢視自我的機會，並處理情緒、個人議題，以及特別有助於與個案連結的活動。

即使身為主要管理服務方案的專業人員，仍提倡自我覺察的重要性，以及了解人際互動的動力是管理的工具。這些在管理層級的助人工作者指出，

他們若不知道如何有效率地與人工作，他們便無法管理及協調方案工作。

社區機構的觀點。作為公共服務系所所執行的自學方案，我們曾經聯繫提供本方案學生實習機會的社區機構，並詢問關於招募工作人員相關的問題，以及他們對於相關議題的看法。以下是我們對機構人員提出的具代表性的問題，以及他們的回應。

1. 我們的學生若想在你的機構實習，需要具備哪些特殊的知識及技巧？
   - 與不同文化背景的個案工作之能力。
   - 了解倫理及保密議題的能力。
   - 與他人連結的能力。
   - 資源連結及轉介的能力。
   - 傾聽技巧、個案管理的能力，及諮商技巧。
   - 積極主動的能力，而非被動。

2. 哪些知識、技巧及能力，對於在你們機構服務的工作人員來說是最重要的？
   - 具有非常獨立的特質，並能有責任地呈報治療計畫、事件及治療歷程。
   - 健全的判斷力及問題處理技巧。
   - 能夠辨識及維持良好的個人及專業界線。
   - 具有外展及方案組織能力。
   - 具有創造力、適應力，並能以開放的心、不帶批評的熱誠態度，為社區服務。
   - 能覺察及接受多元文化，包括移民者的生活經驗。
   - 具備自我激勵及認真的特質。
   - 良好的組織技巧。
   - 能夠在身心障礙族群所處的特教場域工作。
   - 團隊工作的彈性及能力。
   - 具備良好的問題解決技巧，同時也是一名優秀的創新者。

三、如何從你的實習經驗中獲益

有許多原因導致學生有時無法從實習過程及督導中得到最多獲益。以下是一些實際的策略，可以幫助你在實習經驗中獲得最大價值：

- 避免限制自己服務於單一族群，接觸各種不同的實習機構。擴大自己服務的廣度，可以幫助你找到自己的潛力，以及你真正喜歡服務的族群。透過實習可以了解你所喜愛及不喜愛的實務工作，有些學生起初只想要做諮商工作，但最後發現自己更適合行政或督導角色。
- 參與一些可以為你自己的實習工作做準備的課程或工作坊。這些學習機會將會是持續更新與特定族群工作，服務發展新趨勢的實用資源。
- 讓你自己融入實習機構，而不要期望讓機構來配合你。以開放的態度向機構工作人員及個案學習。試著停止認為自己應該學到些什麼，反過來聚焦在實習過程中處處存在的課題。透過與機構工作人員對話、參與工作會議及提問，盡可能地了解機構的政策。
- 留意你的工作對你身心的影響。你個人的某些生命議題也許會在你投入與個案工作時浮現，可能對你的生活引發一些的焦慮感。此時你可以考慮藉由個別諮商帶來的幫助，把它視為是自我照顧的一部分。
- 當你投入在實習工作時，你個人的親密關係可能也將受到影響。當你在實習工作中累積實務經驗，你的成長與改變可能未必總是被你親近的人所欣賞。當你的伴侶或是身邊的重要他人沒有跟你同步成長，你可能會遇到與他們互動關係上的困難。
- 在你的專業訓練範疇之內提供服務，並且尋找接受督導的機會。
- 試著在受督導的情況下，與不同的個案族群工作時，學習有彈性地使用諮商技巧。保持開放的態度，讓你的專業理論可以符合個案的需求，而非讓個案來配合你的專業理論。調整你的溝通取向及治療關係風格以符合個案的需求，及多元文化背景。須了解不同的個案背景需要不同的溝通方式。雖然學習治療的技巧及技術是重要的，但這些必

須以考量文化的適切性的方式下使用。
- 不要把你不喜歡的實習經驗視為是浪費時間,至少你學習到特定的機構或特定的個案族群,不會是你將來求職的考量。
- 與社區連結。使用社區資源,以及運用機構之外支持系統。與你所服務的領域內的其他工作人員對話、詢問同學他們如何與所在的社區連結,以及發展聯繫的網絡,這些網絡連結可能會帶來一定程度的工作機會。
- 試著寫日誌。記錄下你在服務工作中的觀察、經驗、疑慮及個人的想法。日誌是一個非常好的方式,讓你關注自我的狀態,並且記錄你與個案的工作內容。
- 開放自我去嘗試新的事物。例如,假使你未曾與家庭一起工作,可以試著去觀察一次家庭會談,或者有可能的話,和一個督導一起做家庭會談。不要對自己新的嘗試投下錯誤的結論,如果沒有百分之百的成功就是一名失敗者的想法。給予自己做中學的空間,並看重你在受督導下的學習經驗。
- 找尋將課堂所學的知識應用於實務工作的機會。例如一位專業助人者回憶她在就讀研究所時修了變態心理學的課程,她也在一個州立心理衛生機構內實習,與患有心理疾患的個案工作。這樣的實習機會,讓她可以在真實的情境中,了解到課堂上所提的關於個案行為的概念。
- 你必須有心理準備,做一些期待上的調整。因為在機構的工作人員了解你之前,你是無法直接與個案接觸並提供服務的。在實習之初,你可能是一個觀察者的角色。然而,你也必須留意,某些機構會在未提供完整的預備之前,即給予實習生安排任務。
- 看待你的實習為一份工作。盡可能把實習工作視為是你受僱於實習機構。展現你的責任感,穿著正式並舉止合宜,準時出席與個案會談時間及參與會議。遵守你對實習工作的承諾,盡全力地投入。
- 當你在實習時,你必須全然專注當下的工作,避免分心。若實習生不斷地使用手機傳送訊息,督導及機構工作人員可能會對你的表現感到

很挫敗。
- 盡可能地了解實習機構的組織。詢問機構的政策、方案執行的方式，以及對於工作人員的管理模式。在某些服務方案中，你可能會參與管理工作。
- 與機構的工作人員對談，了解他們的角色，以及他們對機構的看法。
- 試著對機構有整體的了解，也試著以個案的角度來看待這個機構。了解機構系統的運作方式，以及評估你如何在系統中成功地扮演你的角色。找出你認為機構內成功參與組織運作的工作人員，與他們對談、向他們學習，把他們當作是你的支持系統，同時了解是什麼促使他們持續有動力，提供良好的服務。
- 讓自己投入不同的實習活動中，以建立自我導向的方式思考及行動，主動地參與有意義的任務。

四、與不同類型個案工作的挑戰

如同先前的建議，尋找一個可以與許多不同類型的個案工作並參與不同任務的實習機構，會是一個很好的選擇。透過與不同的族群工作，你可以探索及發展新的專業興趣。如果你的實習工作僅著重在你所選擇發展為專業領域的特定族群或是議題，你可能會失去許多學習的機會，且讓你在專業上受限。

在你的實習過程中，你可能會參與職前訓練和督導。你的工作夥伴和督導會指導你與個案工作的處遇模式。因此，比起熟悉如何與特定族群或特定議題工作，更重要的是具備基本的專業知識和技巧，以及以開放的態度學習更多特定的專業能力。

幫助與你不同的個案。我們的一位同事談到她的一位癱瘓的個案，當她告訴他「我能了解你的感受」時，他顯得非常不悅和生氣，他說：「你怎麼可能了解我的感受？你可以用雙腳走出這裡，可是我不行。」經過思考後，這位同事想出了比較好的回應方式，她說：「你是對的，我無法完全地理解

你的處境,但我可以想像你在這麼年輕就癱瘓的挫折和痛苦。我不曾經歷過和你一樣的遭遇,所以我不知道你的想法和感受。但我帶著開放的心,想要理解你的感受,我也會盡我最大的努力,協助你面對癱瘓的心理感受。」

有些實習生有著錯誤的信念,認為幫助他人時,自己必須有過相同的生命經驗。一位男性的助人工作者,可能會懷疑自己是否有能力成功地協助一名青少女面對如何處理懷孕的議題。一位助人者可能會懷疑自己是否能夠協助不同種族的個案。而一名未遭遇過創傷的助人工作者,可能會懷疑自己是否有能力同理有過創傷痛苦生命經驗的個案。和成癮個案工作的助人工作者,可能會懷疑自己是否因為沒有成癮的經驗,就沒有能力成功地與個案連結。當這些助人者受到個案的面質時,他們可能會感到退卻和愧疚。我們希望你看到拓展自己的生命經驗,和這些與你不同的個案工作的價值。你可能不曾有過和這些個案相同的問題,但你必定有過一些痛苦的生命經驗。

試著去忽略他人與自己的不同,是錯誤的做法。助人者若沒有意識到自己與個案的不同,可能讓個案感覺到與助人者疏離,甚至不經意地對於個案造成傷害。和你生命經驗不同的個案工作的有效方法,是與個案在情感上連結。舉例來說,一個正在經歷離婚的個案,可能會感到失落。我們都曾經有過一些失落的經驗,如經歷摯愛的死亡、一個關係的結束或失去一份工作。這些失落的經驗,讓我們能夠同理個案的痛苦。能夠理解個案的世界,比和他有過同樣的問題要來的重要。關鍵是我們理解有些個案看待世界的角度與我們是很不相同的。

第三節 從督導中獲益

大多數的助人專業工作者,都會在某些時候和某些情況下對自己的能力感到質疑。我們希望你能夠有耐心地看待你的無能感,而不要去否認壓抑你的擔憂。受督導的實習目的,是提供你一個多元而有意義的學習機會。實習場域是一個你可以獲得具體的專業知識,將你所學的理論在實務工作中應用,以提升專業技巧的機會。在心中釐清你對督導的期待,並在督導開始之

初和督導者討論你的期望。

使你的督導時間效益最大化。大多數的助人專業訓練課程中，學生大多都被要求要接受督導。倘若你能夠了解督導中的角色、功能及責任，你將會在督導的經驗中獲益最多。預備自己在督導中採取主動的角色，並且與督導者發展合作關係。作為一個受督者，你的積極主動，將會讓你在督導中收穫最多。以下是一些能夠幫助你在督導中獲益的建議：

- 了解督導的目的。
- 認知不同的督導者，可能會以不同的方式來達到督導的目的。
- 接受在督導的過程中，經驗到一定程度的焦慮感是正常的。
- 與督導釐清督導合約中所載明，督導會談的內容的每一個部分。
- 主動尋找你想要的實務經驗。
- 在督導會談中，盡可能地坦承及開放自我。
- 如果你不能選擇你的督導，盡可能地理解你所被指派的督導者的風格，並與其合作。
- 釐清什麼是你最想要及需要在督導過程中獲得的，並且告知督導你的需求。
- 在督導會談之前作好準備。列舉出你想要與督導探討的問題，並舉出實例。
- 在每次與個案會談前，對於個案的議題，蒐集並閱讀相關的研究資料，以增進專業知能。
- 如果你與同事或實習同儕的相處上有任何困難，請與督導討論。
- 請督導給予你在專業能力的回饋，你的長處及有哪些方面需要提升。
- 接納多元形式的督導，如現場督導、團體督導或以錄影形式。
- 與你的督導談論你對於實務工作的不安和焦慮。
- 與你的督導分享你對於接受督導的經驗，你覺得有幫助的或是沒有幫助的部分。

一、接受多元的督導來源

以開放的態度接受不僅來自於督導者,也來自於老師、同儕、同事及個案的回饋,並向他們學習。利用你身為學生角色的優勢——沒有人期待你知道所有問題的解決之道。如果你了解犯錯其實是提供了自我反思、批判思考的機會,最終將走向學習和改變,你可能較不會受困於避免犯錯的意圖中。以開放的方式與督導討論你認為的錯誤,以及當你在不同的情境對自己的能力感到不確定時,該如何面對。認為你應該具備所有成為一名成功的助人者需要的知識和技巧的想法,會給你自己帶來過大的壓力。這樣的想法也會讓你的學習能力受限,並阻礙你向督導、同儕及個案求助。

在團體帶領者訓練中,我們時常發現有些學生帶著相當大的焦慮來參加工作坊,擔心被同儕或督導視為是沒有能力的。因此在工作坊一開始,就告訴他們:「盡可能地主動參與。盡可能地從過去你停止嘗試的情境中,拓展你自己的能力。不論結果如何,你都必定能從其中有所學習。」

當我們給予學生這樣的說明後,他們通常會顯得較放鬆,也表示感到焦慮減低。我們讓他們知道,我們理解及同理他們對於被同儕及督導觀察的難處,但你無法避免被個案、督導及協同工作夥伴觀察。在現場或是透過其他的方式被觀察,都可能引發你的焦慮感,但這是最有效果的學習方法之一。你的實習可能是極少數有機會被近距離檢視你的諮商過程,而這是一個非常好的學習和成長的機會。討論自己被觀察的經驗,可以在這個過程中有所掌控,而不是被他人如何看待你的想法掌控。學生們往往發現開放地去分享他們的恐懼是很有幫助的。弔詭的是,當這些恐懼的感受只是單純被辨識出時,你的恐懼也就消失了。

二、面對挑戰和自我懷疑

實習生可能會對自己的能力感到不確定、自覺有愧或是不願意肯定自己助人的能力。問問自己,你都如何面對自己,以及身為一個助人者在專業能力上的自我懷疑。

試想你會如何與挑戰你的個案工作。在初次會談時，個案對你的年齡感到驚訝，「你怎麼能夠幫助我？」他問：「你看起來這麼年輕，我不確定你是否有足夠的經驗可以幫助我。」試想這些挑戰反映了你的害怕及自我懷疑。試想你在心中對自己說出以下的話：

- 他是對的。我們之間有很大的年齡差距。我不確定我是否可以了解他的處境。
- 這個人的態度讓我感到憤怒。我都還沒有機會讓他了解我，就被他質疑我的能力。
- 這個情況讓我覺得不舒服，可是我不想認輸。我想要讓他知道即使我們之間有年齡差距，我們在面對困境的經驗之中，仍可能有許多相似之處。我想要至少有機會試試我們能否建立關係。

　　的確，身為人，當有人挑戰我們的時候，我們都會受到影響，但我們必須去學習如何面對這些情況。助人工作並非要證明我們是「對的」，在關注個案最大利益的前提之下，我們可以用直接及真誠的態度回應個案提出的挑戰。若你曾經在會談中，有過更成功或更具敏感度的議題處理經驗，將有助於意識到面對個案的挑戰該如何適當的回應。

三、你無須知道所有問題的答案

　　敞開自己，向你的督導及個案承認你自己缺乏某些知識，或缺乏對某些情況的了解。別害怕去表示你不知道，也別怕尋求協助，更不要假裝你具備某些你並不知道的知識。你在實習機構學習，並不是因為你已經具備所有你需要的知識及技巧。如果你因為對於沒有能力成功處理個案的問題，而感到害怕，你可以這樣告訴個案：「Maria，我並沒有所有問題的答案。但我相信，我們可以一起思考如何解決問題，找出對你來說最佳的問題解決方法。如果你同意，我會諮詢我的督導，看看她是否能提供其他的想法或是選擇，是我們沒有想到的。最終最好的解決方案，應該是你感覺最能接受的。」身為一個助人者，你的角色並非提供解決方法或給予建議，而是教育個案如何

檢視問題解決的其他可能方法，以及運用問題解決的技巧。

四、表達內在的想法

在和學生以及專業人員工作時，常會發現他們在與個案工作後，有許多強烈的反應，但他們把這些反應壓抑在心裡。我們會鼓勵受督者能夠將他們的想法說出來，而非壓抑內心，成為內在自我獨白。邀請他們說出他們沒有說出的想法，能夠幫助他們脫困。大多數時候，我們發現許多他們沒有說出來的話，如果說出來與督導者分享，可能對他們自己或是個案都有相當大的幫助。在一次工作坊中，一位受訓者 Victoria 在整個團體過程中都沒有發言，督導者詢問 Victoria 發生了什麼事。她說：「要跟著自己的直覺，令我感覺很害羞，我害怕你會質疑我，也會不喜歡我憑直覺說出來的想法。」她的督導鼓勵她多把這樣的想法說出來，Victoria 表示在把這些感受說出來之後，她感覺比較自在些，也比較不害怕督導的反應。

另一個例子，受督者 Lee 在一次團體訓練中，不斷建議進行許多練習。之後，當督導者詢問 Lee 為何在這麼短的團體時間裡，要介紹這麼多不同的練習，他回答：「因為這個團體似乎沒有特定的走向，團體成員顯得沒有活力，我感覺我有責任要改變它！我希望透過一些互動性的練習，讓這個團體有些生氣。」我們告訴 Lee，我們很高興聽到他描述他所看到的團體情況，而不是只想嘗試一些技巧，但卻無法提出使用這些技巧的理由。我們並不是要建議你在督導時，說明所有你對個案產生的瞬間反應，而是讓你知道在督導時間裡，去談一些非預設的內容是明智的決定。這些藏在我們心裡的，往往對我們有很深刻地影響。你覺得 Lee 除了一直轉換活動外，還能夠說些什麼引導團體的進行？

五、當傾聽他人的想法時，也找出你的想法

我們觀察到有一些受督者，因為太努力想要模仿某一位督導或老師的風格，反倒限制了自己的發展。你可能因為十分尊敬這些督導者，而想要學習他們的風格。然而在助人工作中，要避免成為另一個人的複製品。試著從你

的督導當中得到最大的收穫，嘗試不同的助人技巧風格，並且持續評估哪些是適合你的，而哪些不是。

你可以問自己：「什麼樣的助人方法和我個人及理論的信念相符？在理論及實務上，督導的做法和我的做法是否有所衝突？」如果你過度關注在模仿另一個人的助人方法，你可能會看不清你自己獨特的助人風格。當你的助人經驗越多，就越容易聆聽你自己內在的聲音以及尊重你的直覺。最終，你會越來越不需要依靠外面的專家。

六、督導的焦點

有一些督導學派強調個案的內在動力，也會指導你介入某些問題的策略。而有些督導學派則聚焦在你身為助人者與身為人的內在動力，以及你與個案有關的行為。在我們的觀點，一個全面性的督導應該是將這兩個部分都列入考量。如果你希望建立真正的治療同盟，你必須了解協助個案的技巧模式，同時也必須了解你自己。如果你的督導只聚焦在個案的行為，或是指導你下一步該怎麼做的特定技巧，我們會認為你的督導缺乏很重要的一個面向。在督導單元中，一個相當重要而必須討論的部分，是你在會談中與個案同在當下的程度。如果你過度在意如何處理個案的問題，這個顧慮可能會干擾你與個案之間的關係建立，有助益的督導應聚焦在你和個案關係的品質。在督導中，你可以與督導者討論你與不同個案工作的經驗，這個督導的焦點會對你和個案都有很大的幫助。

七、我們的督導風格

當我們在進行督導時，會把焦點放在我們與受督者的關係，以及受督者和個案關係的動力。此時，我們會看到一個實務模式和督導模式平移過程的產生。透過這樣的平移過程，受督者從反思與督導關係的人際動力，學到如何概念化他們與個案的互動。

我們十分在意的是受督者與他們的個案人際層面的議題，而非把重點單純放在個案問題的評估和處遇。就我們的觀點，督導者應該能夠看到受督者

在所帶來的案例中沒有看到的部分，並且把焦點放在人際面向。

身為督導，我們企圖幫助受督者發展他們的自我覺察，以及鍛鍊他們的實務直覺。與其把重點放在直接教育受督者、給予他們資訊，我們反倒更願意致力於幫助他們學習概念化案例，思考他們將如何與個案工作，以及採取這樣的工作方式的原因。我們希望受督者可以找到自己的想法及聲音，而不是用我們的話來和個案工作。我們的督導方式呈現在以下問題的探討中：

- 倘若你有任何與我（督導者）互動上的困難，你會主動告知我嗎？
- 你會想要告訴你的個案什麼？
- 你認為與該個案工作，什麼樣的工作方向是最恰當的？
- 你受到個案什麼樣的影響？
- 你的行為又如何影響你的個案？
- 什麼樣類型的個案對你來說是困難的？這對你來說又代表什麼意義？
- 你的價值觀如何影響你與個案的互動？
- 在督導過程中，督導關係是否反映出你與個案的關係？
- 你是否在督導關係中感到自在，可與督導討論所有和個案工作的困境？

我們對於督導所提出的觀點，是來自於我們獨特的哲學及督導方式。其他的督導風格可能來自於不同的哲學假設。本章閱讀至此，你可試著思考以下的問題：在你目前的專業發展階段，什麼樣的督導風格對你來說會是最有幫助的？什麼樣的督導對你來說是最為困難的，原因何在？如果不能夠轉換督導，你有什麼樣的策略，可以有建設性地持續與這名督導互動？

八、得到你應得的督導

練習要求合宜的督導所使用的肯定技巧，將會對你和個案及同事之間的關係有所幫助。堅定並不等同於攻擊性的態度，採取攻擊性的方式，會無益地讓對方產生防衛。而被動的態度同樣無法帶來任何幫助，因為你的督導無法得知你的期望或需要。因此不論是攻擊性或被動的方式，都會讓你失去許

多學習的機會。

　　想清楚你希望在實習過程中獲得些什麼，確認自己想要什麼或許並不容易，特別是第一次實習時。你可以從你最想要學習和想要學到的技巧開始思考。機構接受學生實習，通常會提供學生和機構督導簽署的紙本契約書，契約的內容通常會載明每週實習時數、實習內容、學習目標、專業訓練的安排、對受督者角色的期待，以及對督導角色的期待。督導的契約也同時會說明督導進行的次數及頻率、督導和受督者應如何為每次的督導做準備的規定。在和督導簽署合約之前，與督導討論合約內容的細項及有哪些你可以參與的學習機會。在和督導互動時，表明你想在實習過程中經驗及學習的事物，雖然你不見得都能得到你想要的，但如果對於自己的期望有更清楚的想法，你比較能夠獲得這些學習的機會。

　　此外，了解到督導者背負著機構對他們的要求，會對你的實習有所幫助。當案量增多，壓力增加時，他們可能無法提供當初承諾的規律的督導。還有一些實務工作者並非自願擔任督導，但他們可能是被告知要參與督導工作，即使他們的工作量已經很繁重。有時他們可能只接受過很粗淺的督導訓練，他們發現自己必須接受更多的繼續教育課程，學習如何執行有效的督導。如果你能夠了解你的督導的處境，你可能比較知道如何與他們溝通。在開放溝通的氛圍下，你可以讓你的督導了解你需要協助。如果你手上有一個困難的個案，你可以用這樣的說法向督導表達：「我真的覺得我和 Kristen 的工作出現僵局，幾個禮拜以來我們只有一點點的進展，我給予她的建議似乎都沒有用。我建議結案時，她對我非常生氣，我現在不知道該怎麼做。我可以和你預約督導時間，來討論是否有其他的解決之道嗎？」透過清楚、明確和堅定的態度，你會比較有可能得到你所需要的。

　　當你有過實習的經驗之後，你仍需要督導的支持和引導，以及對於你實務工作上的回饋。但你可以在需要更多直覺和技巧的實務經驗中獲益。最重要的是，督導者和受督者有固定的溝通時間。主動與你的督導溝通。雖然在你認為你的督導不適任的情況下，這麼做對你來說特別困難，這個議題我們等等會談到，你的系所有責任要提供穩定且有效的督導。身為一個實習生，

對你來說，有意義的督導經驗是你應得的。

案例　交付超出實習生能力的任務

一位督導要求一名實習生為一對父母及兩名男童的家庭提供家庭諮商。督導告訴實習生，父母最想要了解如何管教他們的問題兒童，以及學習管教的技巧。但在督導的觀點，對這個家庭而言，更重要的問題是與父母親之間的衝突有關。這名實習生極少參與家庭諮商方面的課程及訓練，也覺得自己缺乏提供家庭諮商的能力。

你的立場：如果你是這名實習生，在這種情況之下，你會怎麼做？你是否會因為督導的壓力而接下這個任務，特別是在他表示會提供督導的情況下？你又會尋求什麼方法，來獲得能夠和家庭工作的基本知識？以及你會如何回應這名督導的要求？

讓你的督導知道你的顧慮是十分重要的，如此你們才能夠討論出其他的解決方案。閱讀以下的對話，試想如果你身為一名實習生，你是否會有不同的回應方式。

督　　導：我們機構目前人力短缺，我們真的需要你能夠和一些家庭工作。

實習生：我很驚訝你認為我有能力可以和家庭工作，但以我目前的專業發展階段，我必須拒絕這項任務。

督　　導：聽著，目前只有你可以加入提供家庭協助，我們在剛開始服務新的族群之前，都會覺得有些猶豫，你儘管放手投入去做就是了。

實習生：對我而言，不只是對工作的焦慮和自我懷疑，而是因為我只有上過一門家族治療的課程。在此刻接下這個任務，在我看來是不合乎倫理的。

督　　導：我不會要求你去做你認為不合乎倫理的事，但我會督導你，不會讓你在沒有任何指導的情況下接案。

實 習 生：謝謝你提供督導協助。也許我可以在家庭的同意之下，見習你與家庭工作的方式，之後我們可以在家庭會談過後討論你介入的過程。

督　　導：如果我有時間，當然可以這麼做。但這會增加我目前已經過度的工作量。

實 習 生：我下學期上過家族治療的課程之後，或許能在一個比較好的狀態下協助機構提供家庭服務。但對現在的我而言，我只能在我的能力範圍之內提供服務。

討　　論：這個案例對某些把實習生當作是免費勞工的機構來說是很真實的，這個問題並不在於利用實習生來填補機構人力的空缺，而是不願意提供實習生適當的督導。在實習生能夠成功地投入真正的家庭實務工作之前，他們確實需要基本與家庭工作的理論基礎及知能。無疑地，當實習生轉任新的專業領域，他們必須要具備實務技巧，以便他們能夠有效地在新的領域中工作。好的督導能夠使實習生知道如何應用他們的專業知識及技巧策略。如果實習生在新的領域提供服務，他們可以透過督導有所學習及獲得應具備的能力。

九、有助益的督導者

雖然並沒有一個所謂好的方法來進行督導，但對於諮商督導，仍是有所規範的。ACES（2011）在 *Best Practices in Clinical Supervision* 一書中提到關於督導實務指引，內容包含督導知情同意、督導目的確立、持續提供受督者回饋、實際進行督導、督導關係、督導中的多元文化及倡議議題的考量、督導紀錄、督導的形式，以及督導者的角色。諮商督導的指引，給予督導支持，以及釐清督導過程中各個面向。這些實務指引發展的目的，主要是協助督導者：(1) 在倫理及法律層面，保障受督者及個案的權益；(2) 以關切個案的福祉及達到系所要求的方式，提供受督者訓練；(3) 建立方案運作的政策、流程及規範。督導主要的功能是教育受督者，培育他們的個人及專業發展，及協助他們提供有成效的諮商服務。

Corey、Haynes、Moulton 與 Muratori（2010）以自身擔任過實務督導的經驗，歸納出一名有助益的督導應具備的人格特質：

- 關注實務、法律及倫理議題。
- 具備良好的實務工作技巧。
- 在行為上展現對人的同理、尊重、真誠及傾聽。
- 建立具接納的督導氛圍。
- 以信任及尊重的態度建立督導關係。
- 在確認受督者的專業發展程度及思考，有彈性地提供對受督者來說最有幫助的督導方式。
- 具備幽默感。
- 設立清楚的界線。
- 鼓勵受督者在督導時，適時地挑戰自我。
- 認同合作性的督導歷程。
- 尊重受督者對於督導關係所提出的看法。
- 欣賞每位受督者的差異，以及對理論不同的看法。
- 具開放、易親近及給予支持的特質。
- 對於訓練及督導具有強烈的興趣。
- 敏感於受督者的焦慮及脆弱。
- 視督導時間為「保護受督者」的時間。
- 提供真誠及有建設性的回饋。

簡而言之，好的督導是提供彈性的督導時間、就近可以接觸到、費用較能負擔，以及具備督導能力者。

有助益的督導者的概念，是來自於受督者對於督導的滿意度及喜好的研究。有助益的督導者是一位受督者會給予正向回饋，以及值得信任的。而一般對於有效益的督導者的描述，則是一位在技術層面具備專業能力的專業助人者，同時擁有好的人際技巧及有效的組織與管理技巧（Corey et al., 2010）。

Barnett、Cornish、Goodyear 與 Lichtenberg（2007）指出，許多學生發現督導關係的品質是督導成效的關鍵元素，如同個案與治療師之間關係的重要性。有助益的督導者，在具支持性且不帶批判的氛圍下，提供受督者有建設性的回饋。他們受過良好的訓練、具備實務督導所需之專業知識及技巧。他們會在自己擅長的領域中提供督導協助，也會在為了提供更好品質的督導必要情況下，代替其他督導者提供督導。

你可能會有機會接觸到很有幫助的督導者，也可能會遇到似乎是沒有能力擔任督導工作的督導者。他們有些人可能對於督導的角色感到很不安，就如同你對於自己擔任實習生這個新的角色一樣。我們希望你會記住，從督導中得到最大獲益的方法，就是和你的督導一同承擔督導的責任。

十、面對不太理想的督導

有時你會遇到不盡理想的督導。你如何辨識你所遇到的督導是不適當的呢？你可以如何確認自己得到需要的督導品質，以及自己被督導的權益？

接受不同的督導風格。不論是身為實習生的你，或是未來成為助人專業工作者的你，都會從不同的督導方式中學到如何執行助人工作。有些督導可能認為，面質是突破個案防衛的方式，其他督導則可能選擇持續提供個案建議，並採取問題解決的取向來處理個案的問題。有的督導專以創造支持性和正向關注的取向來和個案工作。有些督導可能很努力地和實習生建立融洽的關係，但有些督導則較直接，傾向保持專業的距離。因此，以開放的態度面對不同取向及風格的督導者，也以開放的方式採納他們對你的實務工作的看法。不要太快對與你不同的工作取向的督導者給予評論，而把它視為是一個學習的機會。身為一名受督者，你必須了解在你不同的專業發展階段，你可能需要不同的督導方式。

了解並感謝督導所肩負的責任。倘若你真的和督導者之間的互動遇到困難，解決之道並非尋找新的督導者。接受和你有不同觀點的督導者，和可能一開始就不容易接近的督導者，可能會帶給你更大的學習。當你和督導者發

生衝突時，最好的方式是與督導者討論這些衝突，以及盡可能讓這些衝突得到解決。與其告訴自己，你的督導者不容易合作，不如假設他/她會對你的要求和建議抱持開放的態度來回應。請記得，你的督導者擔負著協助你與個案工作的責任。如果你確認了要在某機構實習，你基本上不會有更換督導者的機會，同時也不太會有機會選擇你的工作夥伴。因此，學習人際技巧是面對人與人之間的差異所必需的。

了解你的督導者在法律及倫理上，都需要為你在實習機構的行為負責，這稱之為連帶責任（vicarious liability）。你不被認定需要為個案的問題負最終的責任，督導者在法律上負有監督決策的職責和法律責任。Polychronis 與 Brown（2016）將連帶責任的概念，擴大涵蓋嚴謹的法律責任（strict liability），意旨實務督導者對實習諮商師在專業領域的行為具有法律責任，需要去釐清督導者疏忽或忽略的督導責任。即使督導者提供堪稱典範的督導，他一樣要為實習者的錯誤行為負責。督導者若是在要求遵守嚴謹的法律責任（strict liability）規範的機構，督導者的角色很容易受到責難，需要有強大的風險管理策略來保護他們自己。了解到關於督導角色和責任，將可幫助你更了解與督導者之間的關係。

處理督導問題。你可能在和某位督導者督導時，面臨到許多問題。督導者可能不願意開放地與你溝通，或不鼓勵你們之間的溝通。有些督導者可能不知道他們對你的期待是什麼，有些可能在約定的督導時間卻未出席，有些可能會把安排督導時間的責任轉嫁到秘書身上，也有督導者為了掩飾自己的不安，而顯得過度控制或專制。有些督導者太快把過多的責任放到實習生身上，或是要他們做些打雜的工作。也有督導者會對於違反倫理感到罪惡，也有督導要求實習生代替自己接案，再試著以自己接案的角度寫下工作紀錄。有些督導者因有著被認為自己永遠是對的的需要，而濫用自己的權力。也有督導者只給予實習生極少的回饋，讓實習生持續在困境之中，只得到極少的指引。雖然大部分的督導者都有很好的督導想法，和努力提供好品質的督導，但他們之中有些被機構所賦予的多重責任給淹沒，這會讓督導者無法關

注在他們負責的實習生身上。

督導者的角色和功能本身，可能會不利於督導與受督者彼此開放關係的建立。督導者有責任督導你與個案的工作，也會評價你的工作。因此你在被觀察和評價的情況下，會感到焦慮是能夠理解的。接受身為實習生的過程中焦慮會一直跟隨你，對你會比較有幫助。但你可以面對和處理你的恐懼，而不要讓期待自己有好表現的想法阻礙了自己。

如果你對於你的督導感到非常不滿意，也認為你沒有接受到應有的督導品質，第一步先試著與督導討論，並提出你的疑問。如果你認為這不是一個好的解決辦法，可試著尋求學校督導的協助，探討是否有其他的選擇。

十一、督導中的知情同意

知情同意是督導關係中最基本的部分（ACES, 2011）。給予受督者明確的口頭及書面的知情同意資訊，被視為督導工作的標準流程。知情同意的目的是提升督導經驗的品質。在督導關係之初，與受督者討論他們的權益，就像是在治療過程的初期，我們與個案討論他們的權益一樣，是十分有幫助的。督導者應在開始與受督者進行督導之初，就提供完整的知情同意流程（ACES, 2011）。完成了知情同意的流程，受督者知道在督導過程中可以期待什麼，以及他們需要做些什麼方能獲得成功的督導經驗，受督者會感到被賦予做決定，以及主動參與督導過程的權力。此外，透過知情同意的流程，督導者及受督者之間的誤會也會降到最低，也較能在督導過程各自感到滿意。如果你的實習機構並未提供知情同意資料（通常是督導契約），你應該諮詢學校督導，請學校督導協助你向實習機構取得適合的督導知情同意。

實習生可能不會意識到他們應該定期獲得來自督導者的回饋。許多州的諮商機構要求文字的督導紀錄，代表督導者須負起提供回饋給實習生的責任。最好的情況是督導者應該持續每週提供受督者發展性評量，或至少督導者應該提供受督者實習過程的期中評量，指出他們在剩餘的實習時間內應該加強的部分。定期的文字評量讓督導者及受督者之間較不容易產生誤會。督導者若只在學期結束才提供回饋，會使得受督者經驗導他們沒有得到充分的

回饋，足以讓他們去做必要的調整，以增進他們實習中的表現。因此理想上評量的方式，以及督導的時間架構，都需要在督導契約內載明。

十二、參與團體督導

團體督導的價值有時是被忽略的。在團體中，受督者從傾聽他人的經驗及與同儕討論案例的過程中，和個別督導一樣，都是能有所收穫的。如果場地及時間許可的話，我們的做法是結合個別及團體督導。團體督導（group supervision）是在時間上非常有效率且獨特的督導方式，可以幫助受督者發展個案概念化的技巧，以及應用許多不同的介入模式。

如果你參與團體督導，你不僅能從督導身上學習，也能從一同參與的學員身上有所獲得。你會了解面對你在實務工作上的焦慮和擔憂，你其實並不孤單，你也會看到不同的助人關係的觀點。在團體督導中，你會有許多機會參與角色扮演，不僅扮演具挑戰性的個案，也會有機會在情境中扮演許多不同角色的助人工作者。角色扮演提供許多學習機會，不僅可以讓你覺察到潛在反移情議題，也能讓你以不同的觀點看待有時你認為是「困難的」個案。你可以透過扮演你的個案，讓督導者示範不同的方法。接著角色轉換，由督導扮演你的個案，而你嘗試以不同的方式與其工作。當然，在團體的情境中，其他成員也可以扮演各種不同的角色來增進學習的機會。角色扮演的技巧可以讓情境重現，讓所有團體成員都可以進行觀察，而非單純討論與個案工作的問題。

團體督導的模式是有幫助的，如果你把它視為是個人的督導。你可以針對以下的問題聚焦你的反應，並在團體督導中提出分享。個案的什麼行為激發了你的反應？個案的什麼行為會讓你希望他們下週不要出現？個案的什麼行為讓你感到威脅？什麼類型的個案是你最喜歡的？透過聚焦在你和個案的關係，以及你的內在動力，並在團體當中分享，團體成員的回饋將會有助於提升你的自我覺察。

結合個別會談或團體督導來探索你的價值觀和態度，也會是相當有幫助的。舉例而言，如果你覺察到你傾向獲得個案的感激或贊同，在個別會談或

團體督導過程中，探討你對於他人之贊同的需要以及對於被拒絕的恐懼，都會是有幫助的。

第四節　督導中的多重角色與關係

ACES（2011）在 *Best Practices in Clinical Supervision* 一書中提到，諮商督導者被期許具備個人及專業的成熟度，足以肩負督導者的多重角色。督導中的多重關係發生在當督導者與受督者之間，除了督導關係以外，還存在了專業或非專業的互動關係，在督導期間並存或後續仍持續存在的關係。多重的角色及關係，在實務督導中很常見。然而，即便這樣的情況常常是無可避免，但仍存在著潛在的問題。謹慎地處理督導中的多重關係，以避免受督者受到傷害或是被利用，是督導者的倫理責任。督導者必須釐清他們的角色，以及對於與受督者之間的關係界線，在彈性與嚴謹之間，能夠清楚區辨。倘若督導者不能夠在督導關係中，維持客觀的角色，那麼受督者將無法從督導過程中得到最多的協助。

在 ACA 倫理守則（ACA, 2014）中，規範了直接及明確地處理教學及督導關係中界線的議題。與受督者建立及維持適當的關係界線，是實務督導者的責任。

> 諮商教育者意識到與學生及與同事之間的權力關係的不同。如果他們認為非專業的關係，對於學生是有潛在的益處，他們在與學生互動時，會採取如同諮商師與個案工作時同樣的預防措施。（Standard, F.10.f.）

每一位助人專業的教育者或督導者，都有義務與學生開放地討論彼此關係適當的界線，以及協助受督者了解如何在督導中平衡及管理多重角色。督導者能在督導關係中，為如何建立與維持關係中的界線，提供有效的角色示範，是至關重要的（Austin, Austin, Muratori, & Corey, 2017）。

一、避免性騷擾

其中一個最為嚴重的違反督導專業界線的議題，就是在督導關係中涉及性騷擾或是性關係。主責實習生的督導者，必須避免和實習生發生性關係，以及避免對實習生做出任何形式的性騷擾行為。如果督導關係逐漸發展成為親密關係，對於實習生而言遲早都可能對於督導者提出被利用的指控，而致使整個督導過程都嚴重被犧牲。

你有權利要求在你的學習環境，不論是教室或實習機構，不會遭受到性騷擾。你不需要去面對來自教師或督導者在性方面對你示好的情況，然而你必須了解如果你遇到性騷擾的情況，你該如何處理。大部分高等教育機構及教育單位針對性騷擾事件，皆有訂定相關的政策，以及透過性別平等委員會通報的流程。了解你所屬的教育單位針對性騷擾事件處理的流程，可以讓你自己對這樣的情況有所準備。

二、督導與個人治療

督導者在督導過程中扮演多重的角色，他的功能包括教育者、顧問、導師，有時也是諮商師。這樣複雜的角色意味著督導與受督者的界線是隨時在改變的，督導不可能只扮演單一的角色，因此督導有責任管理自己在督導過程中多重的角色，以及這些角色與受督者的關係。由於實務督導時常會提及對助人關係有所影響的個人及專業關係，因此在督導會談中，也會討論到受督者的想法及感受。督導有責任指出受督者個人的內在動力可能如何對他們的專業工作造成影響，但督導的任務並非成為受督者個人的諮商師。因此在督導過程中，只會提及受督者的個人議題如何影響他們與個案的工作，以及如何運用他們的能力對個案工作是有效益的。即便將督導會談變成治療性會談並不恰當，但督導過程對受督者仍可以是有治療性及帶來成長的。

督導過程的督導關係，和教師與學生、治療師與個案的關係有些類似。在這些專業關係中，專家們皆處於權力位階。因此，專家們應肩負起建立及維持適當界線的責任，並且與受督者探討如何避免因界線議題及多重關係及

角色的處理議題上，而衍伸出的潛在問題。倘若真的在督導關係中有問題產生，專家有責任以符合倫理的方式逐步將問題解決（Corey, Corey, & Corey, 2019）。

督導者對受督導而言，是你學習到如何將所學的知識及技巧應用於特定的實務情境的一個方式。因此，能夠從督導者得到定期的回饋，使你能夠在基礎上獲得專業技巧的磨練是十分重要的。然而，雖然督導的目標在於磨練受督導者的技巧，但由受督者所提供諮商服務的個案的福祉，才是首要需要被考量的。實務督導的角色，必須在保護每一位個案的福祉，以及協助受督者提升其能力並在專業上成長之中取得平衡。

督導者站在一個客觀的位置，能夠辨識你的工作困境和移情。他們能夠指出影響你與某些個案工作的態度、情緒及行為。如果有需要進一步探索，或假使你與某些個案的工作困境是根源於你個人的內在動力，督導會鼓勵你尋求個人治療，這並不代表你不適合成為助人專業工作者。走進個案的生命經驗，可能會開啟你個人的心理創傷，有些未處理的衝突也會浮現。我們強烈地鼓勵你同時接受個人治療及督導，會是較理想的搭配（要避免你的督導及治療師是同一人）。這樣的做法能夠避免界線的混淆，以及在進行督導時，你可將焦點放在個案工作上，而在進行個人治療時，能聚焦在處理你個人的議題。

重點回顧

- 實習課程可能會是你在系所課程當中最重要的學習經驗。要明智地選擇實習機構，並且在實習安排上有多元化的選擇，因為你的實習經驗可以幫助你在職涯專業上做決定。
- 了解你所期望申請的實習機構。透過網路搜尋社區機構，從中了解每個機構成立的宗旨及目標，以及他們所提供的服務及實習機會。
- 看待你的實習為一份工作，即使在實習當中並不會支付薪水給你。準時、穿著合宜、展現專業的態度與督導、其他的實習生、機構工作人員及個案互動。

- 雖然盡力做好是重要的，但別想成為一名完美的實習者。實習經驗的安排是為了教導你助人的技巧，以及讓你可以從錯誤中學習。
- 學習向督導提出你的需要。了解自己的限制以及如何有效地讓你的督導了解你的限制，是十分重要的。同時，在與督導溝通你的需要時，能夠清楚分辨堅定與攻擊性的態度的不同。
- 每位督導者皆有其不同的風格，沒有任何的督導方式是絕對正確的，你可以從不同的督導者身上學到很多。
- 要找到一位理想的督導者可能是很困難的。督導者有時被指派擔任督導前，可能僅有些許的準備或訓練。如果你的督導並不適任，你必須堅定且主動地向督導提出你的需求。
- 雖然督導和心理治療在某方面有些相似，但有著重要的差異。督導會談不應延伸為個人心理治療。
- 督導者和受督者之間若發生性關係，是違反倫理的，因為這樣的關係會對受督者（或學生）造成傷害。這樣的親密關係，顯然是對權力的濫用，同時也使得督導或學習過程造成混淆。

你可以做什麼？

1. 如果在實習或工作上有督導者為你提供督導，將你想要與他／她討論的問題列在清單上。你想從督導當中獲得什麼？
2. 準備開始尋找實習機構時，搜尋幾個機構的網站，並務必參訪你想要實習的幾個社區機構。與機構主要負責實習業務的主任或督導會面，學習詢問可以幫助你做實習機構決定的問題，它是否可以讓你學習到與不同的族群個案及不同的困境工作。班上的每一個學生可以各參訪一個機構，然後將自己的發現與班上其他同學分享。
3. 思考以下幾個議題，並且用它們來作為你的日誌的撰寫主題。記住，寫下任何你所想到的，不要去檢視你的想法或你的文筆是否流暢。如果你沒有信心能夠持續寫日誌，那麼試試運用下面的議題，在班級的小團體中進行討論。

- 寫下你認為自己屬於哪種類型的學習者。對你而言，主動學習的概念是什麼？當你閱讀這本書及上這門課時，你如何讓自己變成更主動的學習者？
- 寫下你理想中想要獲得的實習經驗。你如何能夠獲得這樣的實習機會？
- 如果你已經在實習中，簡單寫下你在實習中的工作。你如何與機構的工作人員互動？你受到個案哪些影響？當你與個案工作時，是否有任何個人的議題浮現？關於你自己，你學到些什麼？
- 如果你目前正接受督導，讓你感到最滿意的部分是什麼？你與你的督導關係如何？對於提升你的督導品質，你有什麼想法？

4. 以下所列出的參考資料，其完整的書目資訊，請參考本書的參考文獻。對於實務督導的介紹，可參考 Bernard 與 Goodyear（2014）；實務督導的進行及如何善用督導，可參考 Corey、Haynes、Moulton 與 Muratori（2010）。實用的社會服務領域概論的教科書，可參考 Neukrug（2016a）及 Woodside 與 McClam（2019）。參考 Kiser（2012）的社會服務實習手冊，可以引導你在實習中得到最大獲益。成功的實習經驗的論述，可參考 Sweitzer 與 King（2014）。

Chapter 11

與團體一起工作
Working with Groups

林佩瑾 譯

學習目標

1. 描述團體的類型以及在不同設置環境下影響團體執行的注意事項。
2. 討論團體合作的價值。
3. 確認團體領導者在團體各階段的主要任務。
4. 確認團體中重要的多元文化和社會正義主題。
5. 確定團體協同領導模式的一些優點和缺點。
6. 描述參與團體經驗的潛在價值。
7. 列出幫助成員從團體體驗中獲得最多的關鍵點。

焦點問題

1. 你參加過治療團體嗎?如果有,你從中得到什麼經驗?是讓你學會什麼是團體流程和團體動力?是如何領導團體?或是如何做一個團體成員?還是更了解自己?
2. 為滿足你希望服務的不同案主群的需求,在團體工作中你看到什麼價值?
3. 你最想組織哪種團體?你的團體目標是什麼?
4. 你會採取什麼特別的行動啟動你的團體?你會諮詢哪些同事或其他資源來讓團體啟動?
5. 你如何準備去領導團體或協同領導團體?你有哪些個人特質可以幫助或阻礙你做為一個團體的領導者?
6. 你認為你需要具有哪些知識和技巧才能有效地領導團隊?
7. 你會選擇什麼樣特質的人和你一起來協同領導團體?
8. 在建立或催化團體時,你會面對什麼倫理議題?

第一節　本章目標

團體工作被認為是學校諮商師和機構群中各種案主群最常使用的適當形式，你的督導或機構中的指導者也許會要求你開始辦理某種特定的團體，你可能感覺尚未準備好去組織或帶領一個團體，或者你可能不清楚這特定案主的團體價值。本章的主要目的在於介紹團體工作的獨特價值，我們展現團體過程的觀點以及提供團體如何在各種設置環境有效運作的介紹。

我們將討論服務各種案主群所組織或運作團體需要的技巧，本章提供團體工作的概括性綜述，但它不足夠讓你有能力可以在沒有熟悉團體工作的督導者督導之下自行帶領團體。本章將同時討論你做為成員參與治療性團體的優點。

第二節　團體工作是一種處遇選擇

在過去的 20 年，團體工作重新得到關注。在 1960 年代及 1970 年代，會心團體和成人成長團體被認為是為了讓人們連結和促進更多自我實現的一種途逕。今日焦點已經改變，針對某些特定案主群的結構性團體，似乎是最需要的。短期性團體是治療創傷反應、適應問題和關注存在感處遇的選擇。如果治療團體是封閉式的、短期的、同質性的，並且是以過程為中心，則治療團體會最有效（Shapiro, Peltz, & Bernadett-Shapiro, 2019）。Barlow（2008）提出報告指出，團體治療不再被視為處遇的次要選擇形式，它和個別處遇同樣有效，在某些案例甚至更為有效。從我們的角度來看，團體是許多案主群處遇的選擇。團體提供了自然的實驗場和社區意識，讓人們了解他們在困境中並不孤單，並且有希望做出改變並創造更美好的生活。團體是高效益的，並提供新學習的獨特機會，團體有促進人們創造和給予更多生命方向的權力。

短期的團體諮商從經濟和理論方面來說都是有益的，團體方法非常適合

管理照顧領域，因為團體可以設計以提供簡單具成本效益的治療，在這部分，團體無疑是時間有限的，而且團體具有範圍狹窄的目標，許多時間有效的團體將目標置於症狀的釋放、教導參與者問題解決策略和人際技巧。由於現實的時間限制以及能夠以簡短的形式合併教育和治療的計畫，短期的團體諮詢在社區機構和學校環境中都很受歡迎。短期團體治療的實施者必須與成員設定清楚且務實的治療目標，在團體結構中建立明確的焦點，保持積極的治療角色，並能夠在有限的時間架構內有效地工作。

發生在團體中的人際學習，可以促進個人的改變，同時也是幫助個案了解和處理他們問題的途徑。實務工作者需要評估案主在參與團體中還是在個別治療中較適宜。在一些案例中，團體可能是個案生命中最適當的介入，在另一些案例中，團體工作可能用為補充式的處遇，或是個案完成某些個別治療後的下一步處遇。儘管團體可以提供的很多，但在各種環境中設計和促進團體發展是一項複雜的任務，大部分案主群可以從具有合格領導者或協同領導者的妥善設計的團體中獲得利益，此一議題將在本章稍候進行較詳盡的討論。

第三節　不同種類的團體

團體種類的差異隨著團體目標、所使用的技術、領導者的角色、訓練條件、以及參與其中的人而有不同。用來協助人們因應特定問題，或針對特定案主群的團體範圍，會受到實務人員創造力的限制，我們發現這些特殊的團體像雨後春筍般迅速發展，它們通常都是出於特定團體的需求或是出於設計這些團體的專業人員的興趣而產生。

許多團體同時有教育和治療的面向，這些團體通常是短期的、有某種程度的結構性、處理特定的人口群以及著重在某個特定的主題。它們能達成一些目標，比如說提供資訊、分享共同關心的事項、教導因應技巧、幫助人們有更好的人際溝通技巧、教導解決問題的技術，以及一旦人們離開團體時提供協助。

很顯然地，作為一個專業助人者工作的一部分，你可能會被要求要建立或是領導一個以上的團體。依照你服務的人口群和年齡，你似乎要自己尋求資源來設計一個團體。現在已經設計了很多創造性的團體來滿足特定人口群的需求。

結構性團體，有時候我們指的是心理教育團體，通常有一個教育目的並設計來處理某個特定領域中資訊不足的議題。這類團體的目的是預防一系列有關教育不足和心理的問題。心理教育團體可用於解決廣泛的問題，包括壓力管理、藥物濫用和節制問題、人際暴力、憤怒管理和行為問題。

結構化團體常用在與法院囑託的案主之工作，這些案主需要學習處理某些特定心理困境的策略，其目的不是打開參與者的心扉或促進人際互動過程，而是教導更有效生活的技能。在社福機構、醫療院所、學校和大學諮商中心裡越來越常使用這些團體，結構化團體還可以透過行為演練、技巧訓練和認知探索來增強或發展成員的既有的技巧。心理教育團體可能關注於壓力管理、應對技巧、社交技能、親密伴侶暴力、憤怒管理、行為問題、霸凌、管理關係和結束關係以及親職技巧。

另一種團體是諮商團體，這類團體著重在人際過程、問題解決策略與處理有意識的思考、感覺與行為。諮商團體協助參與者解決生活問題與處理發展性議題，這類團體也在此時此刻的時間架構下（a here-and-now time frame）使用互動式回饋和支持方法，諮商團體的成員被引導了解自身問題的人際特質，強調發現內在個人優勢並建設性地處理阻礙發展的障礙，成員們才能發展更適當的人際技巧以因應現在的困難與未來的問題。

這類諮商團體成為社會的縮影，成員關係是多樣的，但分享共同的問題。團體的過程提供了一個現實的樣本，因為人們在團體中經歷的掙扎和其在日常生活中的衝突相似。參與者學會尊重不同的文化和價值觀，並在更深的層面，他們彼此的相似性多過於差異性，雖然參與者的個人情境可能不同，但是他們的掙扎與痛苦常常是相似的。

有時，社會問題呈現了特殊族群進行團體工作的需求。例如，隨著社群媒體的發展，網路霸凌現象不斷擴大，受害者可以經由團體經驗而受益。

MeToo 運動讓女性在性虐待和性騷擾方面的奮鬥重現天日。今日女性希望從此種處遇中處理她們長期隱藏的感受，團體正是可以支持這項工作。最後，在學校槍擊事件中失去兒童或青少年的學生和家庭成員數量每年都悲慘地增加，這些倖存者也可以從想要克服來自同樣創傷的悲傷和恐懼感受的其他人的團體經驗中獲得好處。

實際上，你設計的團體種類同時具有出於你的興趣和工作所需的兩種功能，為了多數的案主人口群可以組成支持性或結構性的團體，也可以教育來整合治療目標。一旦你決定社區內或是你工作機構中某些領域的需求，你和工作夥伴就能著手啟動短期團體來滿足這些需求。

第四節　團體工作的價值

許多人們尋求專業協助的問題植根於人與人之間的問題，人們在建立與維持親密關係時經驗到困難，有時他們感覺到極少有選擇以改變預期的模式，他們可能在如何與所愛的人好好相處中感到耗損。團體提供了自然的實驗場，向人們證明他們不是孤單的，而且人際間生活方式的技巧是可以學習的。團體提供了社區的意識，此社區意識是許多個人生活的無人味文化的解毒劑。團體諮商提供了一個強大的治療場所，參與者可以重寫不再對他們有用的舊劇本，並練習與他人相處的新方式。團體是很有力量的，因為參與者可以經驗到他們一些長期的問題在團體期間獲得了解決。同時，團體也提供成員機會來設計和嘗試更有效的行為方式，這可以帶來具有矯正作用的情緒體驗。

透過團體過程的展開，成員觀察到如何與他人互動並在參與互動中認識自己。團體經驗被當成生活的實驗場，它成為成員觀看自己的鏡子。舉例來說，Luigi 試著讓自己在團體與人疏離，使得人們在各方面都很難靠近他，透過其他成員與領導者的回饋，他有機會認識到他自己造成自己在團體及日常生活中疏離的部分。團體的安全提供他嘗試不同方式的機會，他可以表達自己以取代忽略自己的感覺，他可以對其他人真正地敞開心房，真正傾聽別

人的聲音，而不是立即出現自我防衛。他可以嘗試接觸他人，並要求他所想要的，其他人從 Luigi 的功課中獲得好處，因為這使他們了解到自己和 Luigi 的相似之處。

團體提供一個討論的場域，讓成員在其中揭露自己的困惑、生氣、無助、罪惡感、憤怒、沮喪和焦慮。藉由表達與探索自己的感覺，成員們能夠看到人類掙扎的相似性，這些有困擾的團體成員在表達其感受時似乎也學會了傾聽別人表達情緒。舉例來說，Calda 採取了一種禁慾主義者的態度，以為如果她能壓抑自己的感覺就更能忍受她的處境，她可能不明白這個壓力正是她強迫自己這麼做才產生，當她開始表達自己關心的事，她可能就明白別人也在經歷她的某些痛苦，她不是唯一有這樣感受的人，她的分享能夠幫忙降低那道孤立自己的牆。

一些人類普遍性的話題通常透過團體顯現，除此之外，存在於團體內的差異可成為團體成員成長的催化劑。案主們可能因為年齡、性別、能力、性取向、社會文化背景、世界觀、和生活經驗等差異而受區隔，然而當人們冒險揭露其更深的關心的事與感受時，他們開始認知到團體成員彼此的相似性，雖然環境條件帶來的痛苦和失望可能因人而異，但是與特定事件相關的情緒卻有共同的特質。

團體是由一群有共同關心議題的人所組成，這種共享的感受通常更為強烈，比如說亂倫倖存者的女性支持團體。加入這個支持團體前，他們可能孤單地承受痛苦、悲傷、抵抗、罪惡感、憤慨和生氣的感受，隨著每個女性揭露其處境的故事與感受時，其他人也可以認同並開始了解融合彼此的模式，這種在團體內建立的連結感創造了一種氛圍，讓女性可以愈來愈清楚看到自己如何受到亂倫的影響，而這也引導她們覺察，讓她們了解早期經驗如何影響著她們現階段思考、感受和行為方式。在療癒過程中成員們通常處於不同階段，團體也允許成員去看看自己已經達成什麼，以及他們可以再多做些什麼。

團體提供成員擁有不同生活是有可能的希望。舉例來說，團體提供引導復原的步驟給那些承認自己生活失控的酒癮者，當這些案主有物質濫用

時，他們相信自己無力改變現狀也失去希望，但是藉由提供其他人日復一日地學習重新掌控自己生活的示範，證明他們是有希望過更好的生活。改變是有可能的，希望感能引導個人有明顯的生活型態之改變；戒酒互助協會（Alcoholics Anonymous）就是將這個想法付諸行動的例子。

對團體發展的接受度可以是一種強而有力的療癒力量，在一個提供給離婚家庭孩子的團體中，團體領導者和其他的孩子都給予了熱情與支持。當團體中的個體感覺到關心自己的人也對其他人有著重要性時，他們可以允許自己是脆弱且易受傷的。

團體對於經歷創傷的人或正在面對失去的人來說特別有價值，談論他們的情緒反應，並傾聽其他經歷過類似情況的人的意見，可以產生治癒的作用。與創傷倖存者一起工作的專業人員會受到案主所承受的痛苦的影響，而這種重覆的揭露可能會對助人者產生不良的影響。從事危機工作的助人者常將自己的感情深鎖於內心，團體經驗使這些危機處遇人員能夠報告並分享他們的替代性創傷經歷，這有助於他們自己的復原（見第14章）。

一、退伍軍人和軍人團體

現役軍人、退伍軍人及其家人面臨著大多數人沒有的壓力。關於退伍軍人團體的簡要討論是基於 Mark Stebnicki（2016b）在軍事人員諮商方面的工作。我們摘要了 Stebnick 的諸多想法，並改編了他與軍隊人員的工作，以說明團體如何為此一族群產生治療成果，以及團體的獨特性如何有助於人的痊癒。

為了使團體工作者成功地為退伍軍人及其家人設計和促進團體，他們有必要了解軍隊文化。現役軍人和退伍軍人承受著與一般平民經驗非常不同的壓力和要求，軍人必須與家人和朋友經常分離。他們隨時待命、接受過訓練，能夠全神貫注於自己的使命，並準備好保護周遭其他人的生命和安全。這個緊密團結的男女團體，創造了一個在其他工作環境中罕見的大家庭。

對一般平民和軍人來說，對於創傷的心理社會調適有很大不同。平民在遭受創傷事件後，可以及早獲得心理健康服務。儘管遭受創傷，那些在戰場

上目睹災難性傷害或死亡的軍人，必須繼續保持身體、情感和精神方面的良好表現，以保護自己和戰友的生命。他們的注意力必須始終集中在「使命」上，與敵方戰鬥時，他們必須控制自己的情緒。由於他們無法在創傷之後立即展開悲傷的過程，因此在軍隊派駐返回或從現役過渡到一般平民生活之前，他們可能不會經歷全面性的創傷後壓力症狀。

平民在遭受創傷事件後尋求專業協助時，通常不會感到任何恥辱。相較之下，現役軍人很少尋求諮商服務，因為心理健康問題被視為恥辱。尋求諮詢的現役軍人可能會失去工作上的安全許可，可能無法獲得晉升，並可能被單位成員視為軟弱或不適合履行職責。對於許多軍人來說，被診斷出患有創傷後壓力症候群（PTSD）和其他同時出現的心理健康狀況（例如憂鬱、焦慮或藥物濫用障礙）是一種職業風險，因為指揮官會認為他們的健康狀況可能不適合履行職責，這將對其職業生涯產生負面的影響。然而，嘗試從退伍軍人管理局系統獲得失能評估的退伍軍人必須有完整的紀錄，該紀錄記載他們在服役期間的醫療、身體和心理健康狀況。

在軍隊服役的男性和女性都有慢性和持續性相關健康疾病的風險，軍事人員團體可以成為個人心理治療的可行性替代方案，將他們的心理健康問題標示為創傷後壓力症狀，可以協助他們將病情正常化，並分散對創傷後壓力症候群「障礙」的關注。團體工作者能了解軍事人員所具有的獨特需求，並了解軍隊文化，則能夠發展一個可以為參與者帶來治癒功能的團體。很重要的是要了解一些退伍軍人在團體治療中表現不佳，是因為團體討論可能較集中在「戰爭故事」，這可能會帶給個人再次的創傷。對於諮商人員來說，評估每位軍人團體治療的風險和益處非常重要。

團體體驗讓參與者可以談論保密的深入個人問題，他們可以分享因承受作戰壓力而感到的痛苦和恐懼，表達倖存者的內疚，並表達他們為了適應和生存而必須掩藏的感受。儘管他們無法改變自己所面臨的創傷情況，但在團體的安全感之下，他們可以允許自己談論這些事件。創傷經歷的傷疤不會消失，但接受、同情、關懷、同理和相互理解為退伍軍人帶來了希望，他們可以成為倖存者，並可以有健康的普通人生活。團體中主題的共同性提供了治

癒能力，讓退伍軍人了解到他們並不孤單。

有關軍隊人員諮商的更詳細討論，請參閱 Stebnicki（2016b, 2017）。可以針對特定族群發展更多類型的團體，有關不同環境和年齡族群所設計的團體的描述，請參閱 Group: Process and Practice（M. Corey, Corey, & Corey, 2018）。

二、喪親團體

團體可以偶然展開，以回應社區中的特定需求。Sherry Cormier 分享了她發展和催化喪親團體的經驗，並解釋了該團體如何形成。

最近，我在當地一家老年中心進行了關於失落和悲傷的新書演講後，很明顯，一群參與者對他們的失落有著強烈的、未經處理的悲傷。當我提到在某種支持團體中處理他們的悲傷的重要性時，我被告知唯一可用的資源是每個月舉辦一次的社區團體，這是無法滿足喪親者的需求的。因此，我自願以經過認證的喪親創傷專業人員身分提供服務，每週回到老年中心來催化喪親支持諮商團體的進行。

在過去的三個月裡，我們繼續每週見面，即使在假期中也是，這對悲傷倖存者來說往往是一個危險的時期。身為一個悲傷倖存者，我很清楚，雖然失落是普遍存在的，但悲傷卻是個人化的、非常孤單的。悲傷者在非悲傷者面前會感到尷尬和難為情，因為不想讓自己強烈的悲傷和悲傷情緒帶給別人負擔。喪親支持團體是一個安全的容器，讓悲傷者可以與其他願意傾聽的人分享他們的喪親故事，並表達他們的情感。喪親團體為悲傷倖存者提供了一個消化和處理自己的失落的地方。在這個特殊的團體中，成員們彼此分享了許多不同的正面和負面的應對策略，彼此建立了聯繫，並展示了成長和復原的道路。大多數人在做他們從未想過自己能做的事情，例如處理財務問題、獨自出售房屋或尋找新工作。這些新的行為正

在協助他們更好地管理悲傷，並在經歷重大、經常性的創傷失落後，以新身分踏上旅程時感到更有力量。

喪親團體只是一個例子，說明了協助有生存議題和生活議題的人的團體價值。在 Sweet Sorrow: Finding Enduring Wholeness After Loss and Grief 一書中，Sherry Cormier（2018）講述了她自己經歷痛苦失落的個人經歷，她分享了作為心理健康專業人員處理悲傷的專業知識，並提供了許多有用的資源來協助其他人處理失落。Cormier 強調，與失落工作並沒有一體適用的時間表，悲傷工作更多的是個人旅程，而不是到達的目的地。

三、團體回饋的價值

團體的一個明顯優勢是有機會從許多人的回饋中獲得學習，當成員和領導者互相分享他們對彼此的個人反應時，就會產生回饋。如果反應是敏感和尊重的，成員就會意識到他們的行為對他人的影響。人際回饋的過程展示了他們如何造成正面和負面的結果，也提供了與他人互動的新可能性。團體領導者的角色是在團體內創造安全的氛圍，允許誠實地交換回饋，並建立規範，協助成員以關懷和同理提供回饋和接受回饋。

要提供難以入耳的回饋必須掌握時機，並以不帶偏見的方式提供回饋，否則接受訊息的人可能會變得防禦而不接受別人的看法。如果成員們誠實且謹慎地相互表達個人的反應和看法，參與者就能夠聽到他們如何影響他人。此回饋對於正在探索問題、試圖解決困難情況或嘗試不同行為方式的成員相當有用。領導者樹立了提供有效回饋的榜樣，並鼓勵成員參與重要的回饋交流（Stockton, Morran, & Chang, 2014）。

第五節　團體的階段與團體領導者的任務

如果你期待領導團體，了解一個團體不同階段的典型發展模式，將給你一個有用的觀點，也能幫你預測問題，並以適當及時的方式介入。在一個團

體中關鍵轉捩點的知識，能引領你協助參與者啟動其內在資源，以成功達成他們在各階段所面臨的任務。做為一個團體工作者你的任務會隨著不同階段而異。

團體的階段包括團體前、開始期、過渡期、工作期及最終階段，一個團體的生命階段通常未必會順暢流動，或是未必能如本段所描述完全按照順序預測，事實上各階段間有相當多重疊性，團體的起起伏伏，成員和領導者都需要注意到影響團體進展方向的因素，以下我們簡短描述團體生命的各個階段。

一、團體前階段

團體前階段（pregroup stage）是由形成一個團體的所有因素組成，任何團體要設立穩固的基礎必須要有仔細的思考與規劃。在團體達到成為一個團體之前，領導者可以設計一個團體方案，吸引成員，過濾與選擇這個團體的成員。

二、開始階段

開始階段（initial stage）是一個團體適應與探索彼此的時機，在開始階段，成員傾向呈現的自己是社會可接受的面向，這個階段的特徵通常是對團體結構有某種程度的焦慮和不安全感，成員們都很緊張，因為他們正在測試與發現彼此的界線，並好奇他們是不是被接受。典型來說，成員對團體有某種期待、關心和焦慮，重要的是要允許他們可以自在的表達。當成員開始認識彼此並學會團體的運作時，他們會發展出管理團體的規則、探索恐懼和對團體的期待、確認個人目標、澄清個人想探討的主題以及決定團體是否為安全處所。

領導者處理成員回應的行為決定了信任的發展程度，團體領導者的角色在協助社區成員從中相互學習，他們透過團體一開始教導成員專注於此時此刻、示範適當的團體行為、協助成員建立個人目標，以實現其領導者的角色。

團體領導者在一個團體開始階段有許多任務，包括以下：

- 教導參與者團體如何運作。
- 說明知情同意的事項。
- 發展基本規則並設立規範。
- 協助成員表達其害怕、期望，並協助發展信任。
- 對成員保持開放，並在心理上與他們同在。
- 提供某種程度的結構化，不增加成員的依賴性，也不引起過多的張皇失措。
- 協助成員建立具體的個人目標。
- 開放性地處理成員的擔心與疑問。
- 教導成員基本的人際技巧，如主動傾聽與回應。

三、過渡階段

團體成員能深度互動前，團體通常經過過渡階段（transition stage）。在這個階段，成員要處理焦慮、勉強、防衛和衝突的情緒，而領導者的任務是協助成員學會如何開始把他們帶入這個團體的議題上工作。領導者協助成員開始認知並接受其恐懼與防衛，同時，也挑戰他們去面對並處理其可能經歷的任何勉強和焦慮。成員們會決定是否冒險，在開放自己時，他們可能會退縮，這是因為他們怎麼看待自己或是別人怎麼考慮他們。

或許領導者在過渡階段要面對的主要任務是必須在適當時機以靈敏的方式介入團體，這基本任務同時提供了鼓勵與挑戰，讓成員必須面對並解決團體中存在的衝突，以及他們自身因為焦慮與抗拒的防衛。在過渡階段領導者需要執行的一些主要任務如下：

- 教導團體成員認知與表達其焦慮的重要性。
- 協助參與者認知到其防衛舉動的方式，並創造一種氛圍能開放地處理其防衛性。
- 藉由直接、尊重與誠實地處理成員，提供給他們一個示範。

- 鼓勵成員去表達在此團體階段對此時此刻幸福感的回應。

四、工作階段

工作階段（working stage）的特徵是生產力豐富的，它是建立於開始階段與過渡期所完成的有效能工作。隨著相互性與自我探索的增加，團體聚焦在促使行為有所改變。在實務經驗中，過渡期和工作期會相互混合，在工作階段團體可能會回到早期信任、衝突和抗拒參與的議題。有生產力的工作發生在團體的所有階段，而不是只有工作階段，但是工作的品質和深度隨著團體不同的發展階段而有不同形式。

在這個階段中領導者功能與一些的基本任務如下：

- 對於促進團體凝聚與生產力的團體行為提供有系統的增強。
- 找尋成員間共同關注的主題。
- 提供成員給予彼此建設性回饋的機會。
- 持續示範適當的行為，特別是溫暖的面質和對團體揭露有進展的回應。
- 支持成員願意冒險並協助他們將這個行為實踐在日常生活之中。
- 協助成員將指定家庭作業發展為改變的的實踐方式。
- 聚焦於轉化覺察（insight）成為行動的重要性。

五、最終階段

最終階段（final stage）是一個時機，用來進一步確認學到什麼，以及決定這個新的學習如何變成日常生活的一部分。團體活動包括結束、摘要、整合和解釋團體經驗。隨著團體結束，焦點要放在概念化和終結團體經驗，在結束過程中，團體要處理分離的感受、說明成員們未完的議題、回顧團體的經驗、開始實踐成員們想在日常生活中執行的新行為、設計行動方案、確認故態復萌的因應策略、建立一個支持網絡。如果團體具有治療作用，那麼即使團體結束時成員們會感到悲傷和失落，他們仍能夠將其學習延伸擴展到

團體之外。

在結束階段團體領導者的基本任務是提供一個結構，讓參與者澄清其團體經驗的意義，並協助成員能把在團體學習的經驗概推到日常生活的情境中。忽略團體結束的過程可能會讓成員留下未完成的工作，從而限制了他們運用從團體經驗中所學到事物的能力。團體的結束通常會觸發成員過去經歷過的其他失落，而悲傷可能是這個過程的一部分。

一個真實團體的階段發展例子可以參考 Groups in Action: Evolution and Challenges—DVD and Workbook 一書中的 DVD 方案 Evolution of a Group（Corey, Corey, & Haynes, 2014）。

第六節　團體領導者的發展技巧

現今有許多機構將團體作為協助案主解決問題的主要取向，如果你希望建立或催化團體，你就需要獲得有效領導團體的必要知識與技巧。要成為一個勝任的團體領導者，督導訓練是不可或缺的要素。如果你還沒有適當的教育準備時，督導要求你在沒有被督導的情況下設計或領導某種團體，你就會面臨倫理兩難。雖然開始催化團體時，你不需要做為一個專家，但你應該尋求有經驗的團體領導者提供你指導。

有效能的團體領導者了解團體的過程，並知道如何在團體內引發療癒的力量，領導團體比處遇個別的案主來得複雜的，除了個別諮商的基本技巧，團體領導的技巧包括幫助成員創造信任、連結成員一起工作、教導成員如何付出與回饋、催化揭露與冒險、介入處理阻礙團體進展的行為、確認共同的議題、建立角色扮演的情境讓成員能演出與探索其掙扎，以及讓成員為結束做準備。

與棘手或抗拒的團體成員工作的領導者技巧

當你遭遇到一個團體成員的防衛性時，你需要發展的團體領導者主要技巧之一是有效介入的能力。基本上你不只要學會認識與處理成員的防衛，還

要了解自己對成員所展現出防衛行為的反應。有些可能是你感覺到對領導者角色的威脅；有些可能對於成員缺乏合作與參與熱忱感到生氣；感覺自己的不足；以及對團體步調緩慢的焦慮。

當你正經驗到強烈的防衛感受時，介入處理最有力的方法之一是處理你自己對此情境的感受與可能的防衛反應。如果你忽視你的反應，你就讓自己遠離了發生在團體內的互動，再者，藉由讓團體成員知道你的反應，你可以示範一種直接處理衝突和問題情境的風格，而不是略過不管。在你處理團體內防衛行為時，你自己的思考、感受和行為可能是最有力量的資源。當你分享自己的反應是和團體的進展有關時——這種方式就不會是責備或是批評棘手的成員的不是——你讓成員們可以經驗到和你之間真誠有建設性的互動。

雖然可以理解你想學會如何處理「問題成員」，以及處理他們對團體造成的分裂，但是應該強調實際行為勝於對成員貼標籤，將問題行為視為大部分參與者在團體歷程中有時候想要保護自我的一種展示是更有用的。

作為一個團體的領導者，你的任務是要教育成員參與在有生產力的團體行為，這樣才能將團體經驗的好處極大化。在處理團體成員的行為問題時，你需要提醒自己，你的介入如何降低或擴大這些行為。當你處理到棘手的問題行為時，以下的這些行為可以視為適當的處遇。如果記住以下各點，你將有機會有效能的處理困難情境：

- 不要打發或反駁成員。
- 教育成員團體是如何運作的，要誠實與成員相處，而不要欺騙過程。
- 鼓勵成員探索自己的防衛行為，而不是要求他們放棄保護自己的方式。
- 用溫暖而尊重的方式挑戰團體成員去做某些可能是痛苦與困難的事。
- 不要在團體中逃避衝突。
- 在支持與挑戰間提供平衡。
- 當有人阻礙判斷、評論與批評時，邀請團體成員陳述他們個人如何受到其他成員的問題行為所影響。

在你和棘手的團體成員工作時，你可以問問自己這些問題：「是我做了什麼才引發這些問題？」「案主是不是讓我想起在個人生活中的某個人？」這些問題能幫助你檢視和了解你個人的回應可能如何引發案主的防衛行為，這樣有利於提醒自己就是這個原因，人們才會尋求團體來協助其找到更有效表達自己並與別人相處的方式。有關如何處理各種棘手團體成員，可以參考 *Groups in Action: Evolution and Challenges* 一書中的 DVD 方案 *Challenges Facing Group Leaders*（Corey, Corey, & Haynes, 2014）。

第七節　團體領導者的專業與倫理

團體工作專業人員協會（ASGW, 2008）的 *Best Practice Guidelines* 提供了團體工作者如何增加倫理與專業行為的建議，以下是反映這類標準特質之概述。

首先你要花時間思考你最想透過團體形式達成什麼，如果你想要有人協同領導你的團體，在你和這些潛在成員見面前，花時間和你的協同領導者討論全體的團體目標以及讓團體行動的整體計畫。除非你相信你的團體具有使參與者改變的潛能，否則將無法整合你的團體。

接著你要提供資訊給預期的團體成員候選人，要能理解某些最需要你團體的人，可能抗拒尋求你的服務，提供一些外展工作並釋出訊息給特定目標人口群，讓他們了解能從中獲益，也為篩選預期的團體成員做預備。在篩選階段，選擇其目標和需求符合團體目標的成員，不會妨礙團體過程的成員，以及不會因為團體經驗而使身心受困的人。你和成員探索潛在生活改變的風險，也幫助他們探索是否準備好面對這些可能風險。簡而言之，在你和團體碰面前，你要花時間鋪設基礎，並準備讓成員有個成功的學習經驗。

一旦團體開始碰面，你就要評估團體目標是否達成，如果你是協同領導者，安排與你的同事定期聚會以便你能夠和他配合。理想上，在每次團體前和團體後均可以會面討論。

因為你了解保密是任何團體的基礎，所以你要確保所有參與者知道保密

的意涵，並鼓勵他們談論有關保守秘密的事。你要努力教導成員如何成為一個主動的參與者，以便在團體系列活動中收穫最多，也要教導他們如何將最近獲得的人際技巧運用到日常生活中。

如果成員要在團體中建立安全感，那麼保密是必要的，這是成員願意冒險的基礎。在團體的整個過程中，提供維護團體保密性的指導方針，向成員解釋即使是在無心的情況下，保密性會如何被破壞，強調成員有責任不斷地透過解決他們對於自我揭露的內容將如何被對待的擔憂來確保團體的安全性。

你無法保證團體環境中的保密性，因為你無法控制成員的行為，成員有權知道國家或州法規有關法律特權（保密）不適用於團體治療的規定（ASGW, 2008），你有義務從一開始就向成員確認保密範圍。

如果你有一個開放的團體，最明顯的特徵就是成員關係的改變。你可以協助已經準備好離開團體的成員整合他們的學習，你也允許還留在團體內的成員討論他們失去一個成員的感受。你要照顧新加入的成員，讓他們能夠運用團體的資源。雖然成員們最後都有權利離開團體，但你要和他們討論倉促過早離開的可能風險，你要鼓勵他們討論自己想離開的原因。如果你的團體是由非自願案主組成，你要採取措施，在自願的基礎下獲得他們的合作與持續參與。

了解你的價值觀和需求可能對團隊流程產生影響是非常重要的，要小心避免強迫參與者以他們未選擇的方式進行改變。保護成員的權利，以避免受到其他參與者的脅迫和不當壓力也同樣重要，讓成員認識到團體的目的是幫助他們找尋自己的答案，而不是屈服於他人的壓力。

在團體進行期間，你要監控自己的行為，還要意識到你形塑了成員什麼。你要體認到教導成員如何評估自己在朝向目標中的進步程度是重要的，然後你要設計後續追蹤的程序。評估是貫穿整個團體生命週期的持續過程，可以使成員和領導者受益。透過有系統資料的收集來監控每個團體成員的進展，你可以調整促進團體的方式，讓成員從此經驗中獲得利益。

就如同你要讓成員準備好進入團體般，在最有效率的時間下你也要讓他

們對團體的結束有所準備。你協助成員齊心協力從團體經驗學習，並幫忙他們在離開團體後把所學發展成行動方案。如果你熟悉社區內的資源，你可以幫助成員在離開團體後，找到所需的專業協助。

第八節　團體中的多元文化與社會正義主題

你要體認與尊重團體中的差異性，並鼓勵成員能夠敏感於文化、種族、社經地位、語言、宗教、年齡、性取向、障礙和性別等差異可能會對團體過程有所影響。在某些文化中，不鼓勵個人公開表達自己的感受，不鼓勵與不熟悉的人談論個人問題，也不鼓勵向他人表達自己的反應。團體諮商人員需要意識到，對充分參與團體感到缺乏意願或猶豫，可能反映了成員的文化背景，而不是不合作的態度表現。文化可以被視為覺知生活的一面鏡子。

許多人都生活在一種以上的文化當中，他們往往擁戴自己的母文化但又發現其新文化某些面向也很動人，這些成員可能就會在試圖整合兩種生活文化價值上面臨衝突，如果你和其他成員都尊重這種文化衝突的話，這種核心的掙扎可以為團體探索帶來活力。如果你是對差異很有敏感度的團體實務工作者，你所使用的技術對團體成員的文化背景和需求就會是合適的。

支撐我們助人理念的西方文化價值觀，可能對更熟悉集體主義文化的亞洲人、拉丁裔/黑人和非裔美國人構成挑戰，例如：對親密情感問題的公開探索可能與一些拉丁裔成員的價值觀相衝突，他們認為強烈情感的表達是私人的，只能在家庭內分享。此外，拉丁裔可能會因為他們在整個社會中的負向經歷，而在接觸他人時小心謹慎（Torres-Rivera, Torres Fernandez, & Hendricks, 2014）。一些非裔美國人如果被期待太快地深度自我揭露或談論他們的家庭，那麼他們在團體中可能會遭遇到困難。透過了解非裔美國籍案主的文化背景，團體領導者可以將他們的文化價值觀融入團隊工作之中（Steen, Shi, & Hockersmith, 2014）。許多亞洲文化強調自力更生，這可能使亞洲人難以向他人尋求幫助，亞洲裔案主通常對個人問題保持沉默，而會求助於家人（Chung & Bemak, 2014）。團體中使用的目標、結構和技巧可

能需要修正，以使團體對成員具有文化的適合性及治療的有效性。

當你和一群差異很大的團體成員工作時，你要能夠體認到你在多元文化的能力和專業知能上的限制。掌握團體中所有成員文化背景是不必要的，但可以多邀請成員確認他們認為其文化對你及其他成員彼此有意義的面向。團體是社會的縮影，提供了處理權力、特權、歧視、社會不公和壓迫等議題的脈絡。如果這些議題在團體中出現卻沒有獲得處理，那麼成員就被剝奪了機會去探索文化價值和偏見，增進對這些不正義現象的認識，以及學習處理這些問題，團體領導者應該鼓勵對這些常被稱為「有對話困難」的議題進行公開的討論。

多元文化和社會正義主題在團體工作實踐中緊密相關，發展文化能力能讓實務工作者欣賞和處理不同的世界觀。除了有能力與不同案主群合作之外，成為有效的團體領導者還需要獲得基本的社會正義和倡議能力。ASGW（2012）*Multicultural and Social Justice Competence Principles for Group Workers* 具體闡述了多元文化和社會正義領域的能力範圍，如以下內容：

- 團體諮商人員討論為什麼社會正義和倡導問題在團體中很重要，以及這些議題如何影響團體工作的實踐。
- 團體諮商人員有責任解決團體中出現的地位、特權和壓迫問題；他們提供了安全的氛圍，允許公開討論這些個人主題。
- 團體諮商人員根據每個團體成員提出的問題進行文化評估。他們評估成員的文化認同、文化適應程度和壓迫，以及文化在症狀的發展和評估中所扮演的角色。
- 團體諮商人員專注於充權，並發揮每個團體成員的優勢和整個團體的資源。
- 團體諮商人員透過教育團體成員了解他們的權利，並協助他們在實現社會及個人變革中發揮積極作用，來促進平等主義。

鼓勵公開討論文化多樣性和社會正義，特別是權力和特權問題，以深化成員的社會正義意識。有關可應用於團體工作的社會正義和倡導能

力的說明，請參閱 *ACA Advocacy Competencies: A Social Justice Framework for Counselors*（Ratts, Toporek, & Lewis, 2010）和 *Multicultural and Social Justice Counseling Competencies: A Blueprint for the Profession*（Ratts & Butler, 2019）。

第九節　與協同領導者工作

在我們的團體工作實務裡，教育和督導團體實務工作者以及在指導學生和專業人員的團體過程的工作坊，我們都支持團隊工作。雖然我們偏好的是協同領導的模式，不過這並不是唯一可以接受的團體領導模式，許多人能相當有效地單獨催化一個團體。老實說，協同領導團體有許多制度性的阻礙，預算議題始終對協同催化的團體是日益增加的阻礙。機構的行政人員似乎都會問這個問題，「為什麼我們要付兩個人的錢來催化只需要一個人領導的團體？」

協同領導的團體有許多大家都關注的優點，比如：團體的成員可以從兩位領導者的觀點獲益；隨著風格的不同，協同領導者可以在團體期間帶來獨特焦點使每個成員都受到催化；協同領導者可以處理團體正在發生的事，並計畫未來的團體階段。協同領導的優點之一是能協助你確認和澄清出現在團體內的反移情。你回憶一下第 5 章，反移情會某種程度扭曲你的客觀性，以至於干擾有效的諮商。舉例來說，你的協同領導者可能會很不耐煩地回應抗拒表達其感受的人，你最好能夠接觸一下這樣的人，你也可以和你的協同領導者在團體以外的私下聚會裡，協助協同領導者確認自己對某個特定成員的反應或是依附情感。

協同領導方式具有優點之外，也有一些缺點。協同領導者的關係可能把團體過程複雜化，增加可能的倫理議題。例如，領導者和協同領導者之間可能會出現權力鬥爭或其他困難，這可能會對團體的進展產生負面的影響。對於團體領導者來說，建立並維持良好的工作關係可能有些苛求，但這樣做對一個成功的團體則是必須的。

Okech 與 Kline（2006）在研究有關協同領導的競爭議題時發現，有效的協同領導關係需要對建立與維持彼此關係付出承諾，無法有效溝通的協同領導者傾向於花費過多的時間在團體內討論他們的關係議題。團體領導者在團體之外處理這些問題是很重要的，這樣他們的動力就不會干擾團體的工作。Okech 與 Kline 的研究強調了協同領導者致力於認識並解決影響他們能夠在團體中有效工作問題的重要性。

協同領導者的選擇是很重要的，這不只包括吸引力和相似性，這兩者的功能性一起影響著團體動力，不是正向就是負向。如果協同領導者無法一起有效地運作，團體就似乎會受到磨難。兩個領導者間未能解決的衝突常會導致團體的分裂，如果領導者間的能量是朝向彼此競爭或是有其他權力鬥爭或隱藏的議題，那這個團體就幾乎沒有機會變成有效能的團體。每個領導者都應該有足夠的安全感，這樣團體就不會因為其中一個或兩個試圖壓抑對方而遭受痛苦。當然我們不認為協同領導者都要同意或分享相同的感覺或觀點，事實上，協同領導者如果感到足夠的信任，就能表達不同的意見，這將會為團體帶來活力。相互尊重與建立奠基於信任、合作與支持關係的能力是最重要的，我們強調協同領導者在團體聚會之後立即花時間共同評估剛剛團體發生了什麼，這是相當重要的。同樣地，他們也應該至少在每次團體階段前，簡短會面討論任何可能影響團體功能運作的事。

第十節　回顧你的團體經驗

既然你已經了解了團體方法在你的專業工作中的價值，我們請你考慮去經驗做為團體參與者的價值，學會如何催化一個團體的最佳方法之一，就是主動參與在團體中當一名成員。大部分的研究所團體諮商課程都包括了體驗式團體訓練，體驗式成長團體結合了體驗式學習和個人發展的元素。諮商及相關教育計畫認證委員會（CACREP, 2016）要求要有十小時在小團體中作為團體成員的直接經驗，並通常透過將體驗團體納入團體諮商課程之中，來達到此項要求。

Zhu（2018）回顧了諮商人員教育中體驗式團體的文獻，且獲得明確的證據顯示學生從參與體驗式成長團體中受益，並且普遍欣賞團體體驗的價值。學生參加體驗式團體的主要好處是有機會辨識可能增強或抑制他們作為團體諮商師的能力的個人特徵。以體驗式團體訓練活動作為團體工作指導的一部分，需要獲得學生充分的知情同意和指導者需具有高水準的能力。保密、隱私、管理多重角色和關係，以及提供安全保障措施來處理體驗式團隊工作的潛在問題是十分重要的（Corey, Corey, Muratori, Austin, & Austin, 2017）。

如果你參與經驗性團體作為你訓練的一部分，你可以把自己的經驗用在個人改變上，也可以運用在你作為助人者所關注的議題上。其他成員能幫助你誠實地看待自己並協助你更了解你和別人如何相處。你對於自己是誰的坦誠，是你改變的能力中最有意義的因素，你參與的團體是否有意義則取決於你自己。花一些時間反思一下，你對自己成為團隊成員的開放態度，你有多少意願來界定團體目標，這目標是否使你主動參與及完全投入來了解你自己和他人？你是不是願意了解自己的脆弱，以及把這些脆弱在團體脈絡中揭露出來？

在第 5 章中我們討論到你的案主可能有移情的反應，同樣地，也要體認到你可能對他們有的任何反移情。經驗性團體是個適合你探索對案主的感受和這些感受對你產生什麼影響效果的場合，團體可以幫助你了解自己的盲點，你可以辨識出反移情的潛在來源（Corey et al., 2017）。和你的訓練方案有關的團體經驗可能不是澄清你過去未竟事宜的適當場合，但它會使你敏感到你的脆弱如何干擾你成為一個助人者。舉例來說，假設當你和年長者為伴時，你已經知道自己不舒服並想尋求認可，就好像你和你的父母在一起一樣，那你可能需要進行團體外的個人治療，以了解你的脆弱並療癒它，但這團體會吸引你注意到反應的方式。在團體中你可以學習到自己感到脆弱時的防衛性，而這份對自己防衛的覺知，相當有助於你學會如何和棘手的案主工作。

我們的同事（Kristin）告訴我們她第一次協同領導一個亂倫團體時相當

焦慮，Kristin 記得她告訴自己：「如果他們問我是不是也有被猥褻騷擾經驗？如果我跟他們說沒有，她們會不會相信我能幫助他們？我能夠處理得了我將聽到的這些痛苦的事情嗎？」她在被督導時處理她所關注的這些議題，也和她的協同領導者分享這些議題。當團體有所進展時，Kristin 就不再困擾，也了解對她來說有許多方法能和這些成員連結並幫助他們。她剛開始的害怕並沒有使她氣餒，因為她能夠在這團體以外表達並且澄清她的困擾。

你不需要在心理嚴重受創的個人成長設計的團體經驗中才能獲益，你尋求他人的意見及接受回饋的意願可以開啟一個模式，當助人角色對你的要求很高時，這個模式將鼓勵你繼續尋求他人的協助，把參加團體當作訓練計畫的一部分，它提供了一個途徑，讓你可以談論你正在成為成長中的助人者所具有的感受、恐懼和不確定感。你從他人接收到建設性回饋的能力，能使你裝備得更好，並提供有品質的服務給案主。當你自己是一個抗拒的團體參與者，你就很可能無法激勵他人，特別是當案主似乎也是抗拒的。如果你能夠變成一個主動的團體成員，你就可以在往後運用這樣的經驗，教導團體成員如何在他們的團體經驗中獲的最大的收穫。

第十一節　教導團體成員如何從團體經驗中獲益

我們相信參與團體的人都會從團體經驗中獲益，如果他們有被教育如何成為投入的參與者。我們在這裡提供團體成員幾項建議，你可以使用這些建議，教導你正在催化的團體成員如何適當參與，建議你參考 *Group Techniques*（Corey, Corey, Callanan, & Russell, 2015）以及 *Groups: Process and Practice*（M. Corey, Corey, & Corey, 2018）。

1. 要體認信任不只發生在團體中，你扮演了創造這個信任氛圍的角色，如果你意識到有任何事情影響到安全感，請向團體分享你的猶豫。
2. 專注於你的個人目標，展現自己對從團體中學習的承諾。在每次聚會前，想想你要如何投入，你想探索什麼個人議題，以及其他可以

有意義地利用團體時間的方法。

3. 不要太執著在自己的議程裡，以致於無法處理其他在團體生活中經常自發性出現的問題。

4. 如果其他成員所做的事影響到你，重要的是要讓他們知道你在哪些方面受到影響。如果你能夠對他人的痛苦或是掙扎感同身受，分享你的感受和想法通常會對你和他人都有幫助。

5. 表達你在團體中此時此刻的持續感受。比如說，如果你很難於團體中分享你自己個人，請讓其他人知道是什麼讓你很難自我揭露。

6. 你自己決定要揭露什麼、揭露多少、何時揭露有關個人的訊息。然而，除非你告訴他人有關你自己的事，否則他人將沒有認識你的基礎。

7. 避免迷失方向，避免以你自己的歷史性的細節資訊壓倒別人，揭露此時在你人生中對你有意義的掙扎，特別是這些議題和團體中其他人正在探索的問題是有關的。

8. 運用你關心與傾聽的技巧，如果你能注意與同理別人，你就對團體過程很有貢獻。

9. 試著挑戰你自己是否「占了團體太多時間」，如果你過度關注於評量自己的參與程度，你將抑制你的自發性並阻礙自我。

10. 利用你的團體作為實驗新行為的場所，允許自己嘗試不同方法來決定可能想要改變的方式。

11. 要了解改變不會一蹴可幾，你也可以預期在進程中會有些挫折，持續追蹤自己的進程，並肯定自己願意嘗試以及看到自己所做的細微改變。

12. 要注意使用問題作為主要的互動方式，如果你有意圖地問問題，讓其他人知道是什麼促使你提出問題。

13. 避免給建議，如果你意識到想告訴別人該怎麼做、要讓人知道你給建議的企圖是什麼，學會為自己說話並談論自己。

14. 集中注意力在團體內運用個人的及直接的陳述，而不是提供解釋和

發問。

15. 給別人回饋時，避免將他們分類或對他們貼標籤。與其告訴別人他們是誰或是什麼，不如告訴他們你觀察到什麼以及這對你有什麼影響。

16. 注意任何你可能接收到的前後一致的回饋，接受你聽到的，並思考他們的意見，來決定他們所說的是否適合你，特別是在你團體以外的生活。

17. 尊重你的防衛，並了解它們的存在對你來說是有目的的。然而，當你意識到自己在團體中有防衛的感受或行為時，透過檢視自己的防衛，看看如果你變得不那麼防衛會發生什麼。

18. 透過對其他人表達關心來提供支持，但不要當他們正在經驗某些感受時（如對特定事件表達痛苦），太快透過安慰來介入，特別是讓他們知道他們的痛苦是如何影響你時。

19. 為你正在團體中完成的事情負起責任，花點時間思考這些聚會中發生的事，並評估你的目標達成度。如果你不滿意你的團體經驗，檢視你可以做什麼，讓團體經驗更有意義。

20. 要有意識地尊重和維護團體內發生的事情的保密性，請記住在無意中洩露他人的秘密是多麼容易，養成習慣不要談論團體成員正在做的事情或正在經歷的事情。如果你擔心你所揭露的事沒有在團體內保密，請願意在團體討論中提出這個問題。

21. 保持寫個人日記的習慣，記下你自己在團體內印象深刻的探索和學習。日記相當珍貴，可以追蹤你的進展，並標註你在思考、感受與行動方面的改變。

重點回顧

- 對許多特定人口群和特定目的來說，團體是一種處遇的選項，而不是助人改變上的次等方法。
- 團體過程可以讓人自我接納、對自己的深層了解與改變。團體體驗的一些

價值是學習到人並不孤單,並從許多來源接收回饋、獲得嘗試新行為的機會,以及利用團體作為人際的實驗室。
- 熟悉團體發展的階段,才能使處遇變得有效能並滿足團體的需求。團體發展包括團體前階段、開始階段、過渡階段、工作階段以及最終階段。
- 助人者被期待在形成與運作團體討論時要遵守倫理原則,重要的是如果你被要求進行團體工作時,你要了解自己能力的限制。
- 多元文化和社會正義主題交織在團體工作的實務之中,有效的團體工作解決了團體內多樣性的問題,並鼓勵成員探索團體中出現的權力、特權和壓迫等主題。
- 進行團體工作的技巧是可以學習並精進的,這些技巧可以廣泛地應用在許多特殊人口群和不同地點,成為有效的團體領導者需要獲得基本的社會正義和倡議的能力。
- 作為一個訓練方案中的學生,你可以從團體中獲得個人的與專業發展的大量收穫。如果你希望把團體工作當作是你實務的一部分,訓練和督導是很重要的。

你可以做什麼?

1. 調查一個當地社區機構或設施所提供的服務,詢問如何組織團體,對特殊案主團體提供什麼服務,這些團體有什麼成果。如果你現在在機構內實習,詢問團體工作。
2. 如果團體經驗不是你訓練方案的一部分,去參加一個在你的學院或大學、社區內的或是透過私人執業的團體。即使你決定不要加入團體,這樣的練習作業對於了解社區資源也很有用。
3. 如果你正在一個機構工作或是你正在機構實習,考慮你是否可以觀察一個團體。當然,在你能參與一個團體聚會時,都要取得團體成員和領導者的同意。參觀的目的是讓你熟悉可能的團體,以滿足不同案主群的需求。
4. 如果你現在正在團體中或是過去參加過團體,在你的日記中描述你所在

的團體成員類型。這可能教會你在領導或是協同領導的什麼能力？你也可以寫下你在帶團體時的擔心或是害怕。隨著你的書寫，讓你自己腦力激盪出和團體內的人們工作的可能優點。思考有關你的興趣，看看你是否能夠利用小團體作為媒介以從你的興趣中腦力激盪出某些共同的想法或概念。

5. 如果你有興趣了解更多有關團體諮商的資訊，下列提供四個專業組織（括號中顯示其相關期刊）的有用資源：
   - APA 第 49 部門，團體心理學與團體心理治療協會（*Group Dynamics: Theory, Research, and Practice*）。
   - 美國團體心理治療協會（*International Journal of Group Psychotherapy*）。
   - 團體工作專業人員協會（*Journal for Specialists in Group Work*）。
   - 美國團體心理治療和心理劇協會（*Journal of Group Psychotherapy, Psychodrama, & Sociometry*）。

   這些組織定期主辦會議，提供了同業人員間建立聯繫和了解團體工作新趨勢的機會。

6. 以下所列出的參考資料，其完整的書目資訊，請參考本書的參考文獻。有關評估一個團體，和每個團體階段主要議題的實務工具書，可以看 M. Corey、Corey 與 Corey（2018）。有關創造、執行與評估治療性團體的技術可以看 Corey、Corey、Callanan 與 Russel（2015）。關於團體技巧與策略的處遇措施，可看 Jacobs、Masson 與 Harvill（2009）。有關團體諮商領域不同主題的綜融性回顧，請參閱 DeLucia-Waack、Gerrity、Kalodner 與 Riva（2016）。有關限時團體諮商的全面討論，請參閱 Shapiro、Peltz 與 Bernadett-Shapiro（2019）。處理人際治療團體的理論與實務，請參閱 Yalom（2005）。有關回顧團體諮商的 11 個主要理論與實務應用，請參閱 Corey（2016）。有關教育的錄影帶方案呈現在 Corey 協同領導的兩個不同團體，請參閱 *Groups in Action: Evolution and Challenges—DVD and Workbook*（Corey, Corey, & Haynes, 2014）。

Chapter 12

在社區中工作
Working in the Community

林淑娥 譯

學習目標

1. 解釋為什麼社區觀點對專業助人者很重要。
2. 簡要討論專業助人者在社區中的不同角色。
3. 描述外展工作涉及哪些內容。
4. 指認專業助人者可以教育社區的幾種方法。
5. 指出五種動員社區資源的具體技巧。

焦點問題

1. 有哪些利益促使你參與當地社區?作為助人者,你可能想在社區中扮演哪些角色?

2. 許多助人者努力於幫助個案了解造成問題的個人內在因素,有些則是著重在可能影響個人問題的環境因素,還有一些人則著重在整合個人賦權與環境改變。整合個人與環境因素的優缺點分別是什麼?

3. 如果你要就某迫切社會議題對你的社區進行教育,你會強調哪些議題?你會向正在經歷這些特定社會議題的社區成員推薦哪些資源?

4. 外展工作是一項基本的社區處遇。如果在社區機構工作,你會考慮針對哪些族群提供外展服務?為什麼?

5. 作為一個社區工作者,相較於提供服務給不同的個案案主,你預期可能會面對的挑戰是什麼?作為一個社區工作者,你可能扮演哪些類型的助人角色?

6. 你對社會行動主義一詞有何理解?你可以採取哪些步驟來成為社會運動家?

第一節　本章目標

　　藉由解決社區內問題的根源，助人者可以改善許多人的生活，而不是一次只幫助一個人。心理衛生工作者需要注重預防，正如以下的故事所示：

朝上游移動（Moving Upstream）

　　沿著河岸行走時，路人注意到有人在水中溺水。將人拉上岸後，救援人員注意到河裡還有另一個人需要幫助。不久河裡就擠滿了溺水者，需要更多的救援人員來協助最初的救援人員。不幸的是，有些人沒有獲救，有些人被拉上岸後又掉回河裡。這時，一名救援人員開始往上游走去。「你要去哪？」其他救援人員困惑地問。上游救援人員回答：「我要逆流而上，看看為什麼那麼多人掉進河裡。」原來，上游的跨河橋有個洞，有人從那裡掉下來。上游救援人員意識到，修復橋上的洞就可以第一時間防止許多人掉入河中（Cohen & Chehimi, 2010, p. 5）。

　　我們常把主要關注點放在個別個案的內心世界，而沒有檢視社區和系統如何對個案的問題產生影響。正如這個故事所說明的，個體關注點可能會限制我們的效率。

　　許多人主張專業的助人者必須要對人們生活的整體社會環境有影響力，才能促進實際真正且持續的改變。這與來尋求個人諮商的個案工作同樣是一種專業，因為他們都會運用助人技巧；但是助人者如果能使用系統取向，就可以在個體和社區兩者間潛移默化產生改變，因為個別案主的期待與困難和社區系統中的其他多數人交織著，藉由聚焦在一個社區中的能量與優勢，社區工作者可以協助社區中的人們賦權。

　　本章目標在幫助你辨別外在環境如何影響案主。我們無法脫離案主所處的生存脈絡而提供處遇，因為這個社區會影響這些個體怎麼感覺、思考與行動。作為一個助人者，我們有責任向他們說明造成他們來找我們求助的問題

情況為何。

一、社區視角

什麼是「社區」，以及你該如何發現社區成員？在 Mark Homan（2008）*Promoting Community Change* 一書中的定義，描繪了社區（community）的精神：

> 一個社區是指一群人有明確共同的地點、信念、興趣、活動或其他特性，是明顯可以指出異於其他人的共同性與差異性。在社區中的成員能夠意識到這共同的特性時就證明社區存在，即便他們現在可能還沒有這種認知。這種認知會有效地引導社區成員更能完成個人的以及相互間的發展。（p. 133）

社區機構（community agency）一詞，包括了在社區中提供廣泛社會心理服務的許多公立的與私立的、非營利與營利的機構。同樣地，當我們提到社區工作者（community workers），我們指的是一群多元的人群服務工作者和社區健康工作者，他們的主要職責是為社區內的個人和整個社區服務。

社區變革媒介者（change agents）扮演一個由下而上主動提供社區方案與機構服務的角色，他們以社區成員的需求為努力的基礎。藉由傾聽案主意見，你可能就會明白影響或限制多數個案改變生活的環境因素。你也許無法擅長各項社區處遇，但是你仍舊可以為服務的社區在改變的路上扮演一個重要的角色。

成為社區變革媒介者的第一步是去了解與認識影響個案生活的社區。回答以下問題，同時牢記你個案的社區：

- 如何滿足這個社區的人群服務需求？
- 低收入者有哪些特殊需求？地方、州和聯邦有哪些資源可以幫助他們？
- 在這個社區中，人們可以去哪裡獲得他們需要的社會和心理服務？

- 你認為社區內的哪些壓力導致了個人和團體正在經歷的問題？
- 有哪些資產和資源可以幫助社區中的人們賦權？
- 哪些制度性的障礙，干擾個人獲得公平的機會以及參與社區和社群？

在理解和處理人類問題上，傳統取向著重在個人變遷途徑，以解決個人的內在衝突為主；相較之下，社區取向則著重在改變造成個人問題的環境因素，並專注於可強化整體社區的力量。社區模式（community orientation）要求助人者要設計「走出辦公室」的介入措施，這對於接受個體助人模式訓練的助人者來說，需要進行一種典範轉移，才能學會將社區視為案主。社區本身可能是解決某些問題最合適的焦點，因為社區內有資源、優勢和尋找解決方案的能力。一旦社區未被滿足的需求被提出來時，助人者就必須緊密地與社區成員工作，協助他們辨別、發展社區資源，並利用方法來強化社區本身的能量。

為了說明這種典範轉變，用一個年輕學生的案例來說明，他由於缺課太多而導致學業失敗。這諮商輔導員可以透過尋求學生家人的幫忙來提高該學生的出勤率；但如果是社區取向的輔導員就會擴大其調查圖像，並與家庭建立夥伴關係，進一步確定造成學生缺席問題和學業成績低落的系統性因素，也許這個男孩錯過了上學時間，是因為他在父母工作期間要照顧弟弟妹妹，透過主動連結在社區中可負擔的日托照顧資源，這個社區輔導員就可以幫助這個家庭以及社區中面臨類似處境的人。

對於那些堅持傳統角色的助人者，Chung 和 Bemak（2012）暗示這些實務工作者正在維持和加強現狀，從而導致在政治上對某些特定族群採取不公正、不平等甚至歧視的處遇措施。Chung 和 Bemak 認為，倡導（advocacy）是一個有效能的心理健康專業人士要具備的倫理與道德義務。

第二節　社區取向的範圍

　　助人過程不會憑空發生。人群服務的專業人員發展了處遇策略，來處理影響社區中歧異而多元的成員生活中不良社會因素。這一直和傳統社會工作的觀點「人在環境中」（person in the environment）一致。這個同時考慮個人與環境的過程，與社區心理健康運動（community mental health movement）一致，這個運動開始於 1950 年代，立基於假設人會有問題是因為其在社會系統中的失敗。社區心理健康觀點與所有社區相關，特別與歷史上被邊緣化、受壓迫和服務不足的社區尤其相關。社區工作要求實務工作人員學習一系列技能，包括將社區中的人們與其他人連結起來、培養領導技能、賦權社區成員、提供個案倡導，以及促進學習的文化。

一、個案倡導與社會正義視角

　　許多人所面臨的問題，都是作為一個擁有資源的系統或團體中的個體或成員，其公民權被剝奪的結果。社區工作者的目標是爭取更多的公民權，有文化意識的社區工作者，特別了解社會政治影響力如何衝擊不同文化團體的生活經驗，他們正努力改善這些以壓迫和邊緣化的方式不當地影響人們心理健康的社會不正義（Crethar, Torres Rivera, & Nash, 2008）。許多社區工作者相信所有人都有公平機會獲得高品質處遇方案的權利，因此，社區工作者要為所有年齡、背景和不同問題程度或類型的人們倡導所需要的服務，且不用考慮他們是否有能力支付這些服務。

　　助人者必須展現一種意志、一種意願，在一開始就先處理案主的經濟生存需求。專業助人者常會忽略這個事實——在激勵人們成長與自我實現前，必須先滿足他們的基本生存需求。不論無家可歸的人或是正努力養活自己和小孩的人都需要先擺脫危機生活狀態，然後才能從自我探索和成長中受益，一般來說，穩定要先於探索。

　　穩定通常包括一系列環境因素，如住房、食物、金錢、法律問題、藥物

戒治、藥物管理、兒童照顧、實際應對策略和社會支持。例如，受到丈夫虐待的婦女更迫切需要醫療和安全庇護所，而不是諮詢探討她的原生家庭是否導致她接受虐待關係。個案可能還需要培養自我肯定技能與強化自尊問題，不過還得要視其時機和發展需求層次是否恰當，才能有達到最有效的結果。同樣的，剛戒酒個案可能需要一些幫忙，透過一個可以讓他戒酒的生活環境、具體的再犯預防計畫、12 步驟會議轉介措施，並在探索其童年虐待與當前成癮之間的相關性前，學習新的應對策略。如果個案需要穩定下來，那我們就要評估和解決其各面向的需求。

個案倡導的思維正獲得諮商輔導專業的認可。Homan（2016）強調，我們需要改變影響人們的社會條件，而非改變受這些社會條件所影響的人們。他認為當系統中存在不公平現象時，所有人群服務工作者都應該為改變而努力。Hogan（2013）相信我們首先要做的，就是在文化屬性上更了解自己，如果我們要改變社會條件，就要體認到在專業工作上，個人的文化架構就是我們參與這個世界與使用工作方法的起點。Hogan 相信，透過了解我們的個人文化，我們就可以為多元文化環境搭建出一個有意義的對話基礎。

助人者需要了解自己對社會議題和弱勢族群的信念和態度，了解自己的知識範圍，並努力提高介入和扮演多種角色時的技巧水平。當諮商輔導人員將自己的態度和信念帶入其所處社區的社會政治歷史中，你所擁有的多元文化能力是很重要的，有助於理解倡導處遇措施的文化相關性和適當性。有關適用於與不同個案群體合作的社會正義和系統變革的全面討論，請參閱 *Social Justice Counseling: The Next Steps Beyond Multiculturalism*（Chung & Bemak, 2012）與 *Counseling For Social Justice*（Lee, 2018a）。

第三節　社區工作者的多重角色

社區導向的助人者努力透過挑戰系統的不公平來讓社會變得更美好。理想上，所有的助人專業都以促進個人與社區層次兩者的改變為目標，然而，實務工作者卻未必有相同的利益與專業。社區處遇要求實務工作者必須

要：(1) 熟悉社區內的資源；(2) 要對其服務案主的文化背景有基本的認識；(3) 要能夠在其工作的各面向運用脈絡和優勢觀點；(4) 要能夠隨著個案的差異，改變其使用的服務與策略；(5) 要能夠在一群人中執行其方案、技術與概念；(6) 能夠幫助案主讓他們成為自己的倡導者；(7) 有能力和社區連結，並讓社區成員互相連結（Lewis, Lewis, Daniels, & D'Andrea, 2011）。

一、走出辦公室，走進社區

在私人執業或機構場域的助人者可以走出辦公室，在社區做一些工作（Kottler, Englar-Carlson, & Carlson, 2013）。如果實務工作者致力於成為基層變革推動者與媒介，他們可以幫助在社區中產生漣漪，即使是以微小的方式，例如，社區工作者可以組織社區活動，例如 5K 步行活動，以提高對自殺或家庭暴力等特定問題的認識。Bemark（2013）說明了他是如何以大範圍的諮商輔導來從事社區行動，並寫下關於無界限的諮商輔導員（counselor）概念。輔導員在世界各地旅行，因為只要哪裡有天災就有關鍵需求。這種社區行動與傳統在辦公室內的諮商輔導非常不同。

社區工作者絕非只是專注在社區的某些問題，而是要藉由為社區成員創造機會來發展活化社區的技巧與能力，這樣才能提升社區的生活品質、擴展社區成員面對現在與未來挑戰的能力。事實上，社區改變的工作真的是一個小團體的工作，也就是說，在社區內你所工作的團體裡，你會發現有一小群人在改變的方向上採取主動角色。這個團體大部分的工作是在一個小團體的脈絡下完成，在第 11 章中我們說明了對人群服務工作者而言，這在實踐團體取向的價值上很重要。在社區要成為一個改變媒介，小團體技巧是基本的也是強而有力的。

二、對助人角色的多元觀點

傳統治療方法有時被批評將責任過度推給個案（他或她）的困境，在極端情況下，有些處遇措施將個案問題的主要責任完全推給個人，而不考慮可能導致問題的環境因素。助人專業必須體認到許多問題是出自個人的外在，

而非其內在，比如說不正義、壓迫、差別待遇。助人者必須要認知與處理環境因素對不同種族案主群所造成的問題；鼓勵助人者要扮演環境改變媒介和社會政治行動者的角色，來改良社會系統和緩解不必要的苦痛。為了做到這些，助人者需要獲取新的專業角色，以便傳遞更廣的服務來促進不同背景案主群的心理健康（Crethar et al., 2008）。

三、有別於傳統助人模式的另類角色

Atkinson（2004）認為對社區工作者而言，相較於傳統的助人取向，要採取某些或是下列所有的另類角色才能使案主受益：(1) 倡導者；(2) 改變推動者或媒介；(3) 諮詢顧問；(4) 指導顧問；(5) 當地支持系統的催化者；(6) 當地療癒系統的催化者。所有這些另類的角色展現了社會正義與行動主義的基本原則，目標都在使案主賦權。在與有種族議題或少數族群個案工作時，你所選擇的角色和工作策略能考慮到個案的文化適應水平、問題的病因學和輔導目標才會有用。成為一個賦權的倡導者需要高度的承諾，這些另類角色中的任何一個都意味著我們已經把工作焦點從改變個人移轉到改變社會，讓我們簡要地檢視一下這些另類的助人角色。

1. **倡導者**：因為少數族群的案主群常受主流社會壓迫，助人者可以代表他們發聲。低社經水準的人、因為歧視與壓迫而尋求問題解決之道的人們，以及那些被剝奪公民權而難以使用服務的人們，特別需要助人者為他們發揮倡導的功能。Crethar 和其同事（2008）定義倡導（advocacy）為「透過諮商專業回應對案主福祉的制度性、系統性及文化性阻礙所做的前瞻性努力」（p. 274）。當助人者以一個倡導角色展現功能時，他能更有效地使用助人技巧協助案主，去應對阻礙其達成個人、社會、學術及生涯目標的制度性障礙。

   有多元文化能力的實務工作人員應該實踐案主倡導的功能。助人者應該參與社會和政治的行動去幫助案主學會如何克服阻礙及賦權案主自身的能力（Lee, 2013a）。他呼籲實務工作者要和他們社區中的案主一起行動，並代表社區中的案主和人群發聲，舉例來說，一個諮

商輔導員與在伊拉克和阿富汗服役的一群受過創傷的退伍軍人一起工作，鼓勵這些個案與她一起參加公共意識營，讓社區了解創傷後壓力症候群（PTSD），鼓舞這些退伍軍人分享他們的故事，並激勵社群中未尋求治療者要走出來勇於求援。

2. **改變媒介或推動者**：這個角色的功能是社區工作者要盡可能地面對與帶來系統中的改變，而這能使案主在系統中所面對的問題產生改變。Lee（2006a）主張問題的發生不全然在於個人，而是問題產生在一個條件受限的環境。因此，對付問題的最好方法就是根絕系統中的障礙物。在改變媒介的角色中，助人者幫助案主把社區中受壓迫的力量組織起來，並教導他們處理這些問題的策略。

社區改變的主要目標是培植健康的社區，**一個改變媒介推動者要體認到健康的社區才會產生健康的人們。**作為系統性的改變媒介，社區工作者幫助案主發展力量，特別是政治性的力量，以便帶來案主所處的社會與實質環境的改變。社區工作者扮演改變媒介的角色時，有時候必須教育這些組織改變其文化來達到社區的需求（Homan, 2016）。舉例來說，一個諮商輔導員可以和地方雇主會面並教育他們有關職場性騷擾的知識，同時提供受僱者性別敏感度訓練。

3. **諮詢顧問**：扮演諮詢顧問時，助人者要能鼓勵每個人從不同的文化學習有用的技巧，來和社區中不同勢力成功地互動。在這個角色中，案主和助人者要合作一起對付系統中不健康的勢力。作為諮詢顧問，助人者和案主要能從不同的種族、族群、性／情感取向、能力、性別以及文化背景等，一起設計預防措施以減少種族歧視與壓迫的負面影響。一個對同性戀、女同性戀、雙性戀和變性者的需求有專門知識的助人者，可以受組織聘請為諮詢顧問，幫助主事管理者將異性戀和同性戀的工作場所文化轉變為一個更寬容的文化。

4. **指導顧問**：這個角色和諮詢顧問相近，不同之處是社區工作者作為指導顧問，他會和案主討論有關環境問題如何產生個人問題的處理方式。舉例來說，移民者可能在移民的文件上需要一些建議，以因應他

們即將面臨的問題，如就業問題、孩子在學校面臨的問題，以及學習語文的資源等。助人者需要學習一些主題性的知識，以便知道在何時何處能使他們的案主獲得進一步的協助。

5. **當地支持系統的催化者**：許多不同種族的案主群、生活在農村的人，以及一些老人，可能不會考慮尋求專業的諮商或治療，他們可能對心理健康人員感到不舒服或不安全，因為他們不是當地助人體系的成員，但是他們會轉而求助家人、親近的朋友、或是自己社區中的社會支持系統。社區工作者可以透過鼓勵案主善用社區資源，如社區中心、教堂、大家族、鄰里社群網絡、朋友網絡以及種族倡導團體，來扮演一個重要角色。社區工作者可以和教會領導者合作來影響社會政策和社區變革。

6. **當地療癒系統的催化者**：許多文化中，人群服務專業者極少有機會和有問題的人們接觸，因為這些人懷疑傳統心理健康工作取向與專業者，如果助人者能覺察案主文化中現存的治療資源，可以轉介案主給信任、熟悉的民俗或心靈治療師。對助人者來說，有時候了解案主的世界觀是困難的，在這種情況下，和當地的民俗療癒者合作可能比較有效（如：在地宗教領導者或是機構、能量治療師與相關社區領導者）。Chung 和 Bemak（2012）描述一個來自索馬利蘭的案主在來到美國前目睹了家庭成員被殺害的情形，他除了要和諮商員工作外，這個案主也和在地的民俗治療師會面，舉行一場「安撫已故家屬靈魂的儀式」（p. 9）。然後，案主和治療師閱讀古蘭經文的段落、吃某些食物並焚香來完成儀式。成為一個具文化能力的助人者要對當地的健康療癒實務工作者抱持開放態度，當助人者越能理解當地的療癒系統，就越能發現他們的實務工作也會深受影響。

四、學校諮商輔導員是社會正義倡導者與改變媒介者

在學校環境中扮演改變媒介的角色會涉及許多挑戰。Bemak 和 Chung（2008）將許多學校諮商輔導員描述為陷入「好輔導員綜合症候群」，不

惜一切代價促進和平與人際和諧以至於常導致維持現狀。這些學校輔導員沒準備好處理不平等、不公平的待遇、也缺乏機會和資源管道來因應問題。Bemak 和 Chung 說明了如何避免變成好輔導員綜合症的方法，轉而成為一個有效能的社會正義倡導者和組織變革的媒介者。以下是他們的幾點建議：

- 擴大你的職業角色和擺脫好輔導員綜合症的過程中，期望你能經歷一些人際衝突。
- 在重新定義輔導員的角色，和成為社會正義倡導者和學校組織變革媒介者時，認識到屬於個人與專業間的障礙。
- 欣賞應對不確定性、歧異和焦慮的必要性，這往往是改變過程的一部分。
- 認識到這需要勇氣說出來，並需要冒著個人和專業的風險，以確保所有學生有機會獲得優質教育。
- 在學校諮商中將改變媒介的角色視為專業的當務之急，而不是一種專業選擇而已。

Bemak 和 Chung（2008）認為，學校輔導員必須承擔新的專業角色，才能解決公立學校中對許多年輕人產生不利影響的不公平和不公正。

第四節　社區處遇

把社區諮商模式概念化的方法是透過提供各種形式的服務來協助人們，包括四種處遇方式：(1) 直接個案服務；(2) 間接個案服務；(3) 直接社區服務；(4) 間接社區服務（Lewis et al., 2011）。我們從下面的討論來仔細說明這些服務的每個面向。

直接個案服務（direct client services）是著重對一群身處心理健康發展問題危機者的外展活動。社區工作者所服務的不是身處危機的案主，就是需處理有持續的生活壓力導致因應能力受損的案主群。這類方案的目標群體是學校中輟生、各年齡層的藥酒癮患者、遊民、兒童及老人虐待的被害人及加

害人、自殺傾向者、犯罪被害人、老年人、AIDS 患者、青少年媽媽。為了觸及到這些學校與社區，助人者要提供多樣的個人、生涯、家庭諮商服務給這些處於危機團體（Lewis et al., 2011）。

間接個案服務（indirect client services）是由個案倡導所組成，包括代表一個人或團體，或是主動為他們且與他們一起介入問題。社區機構努力增強這些被主流社會所排除的弱勢團體，這些人包括但不限於失業者、遊民、老年人、身心障礙者、AIDS 患者等等。助人者要變成倡導者，代表案主發聲並主動介入案主的處境（Lewis et al., 2011）。倡導的過程被認為是最能幫助這群典型無權力者的方式，讓他們自己可以朝向獲取工具來發現和使用社區資源。

直接社區服務（direct community services）是以預防教育的方式來使大眾有所準備，例如生涯規劃的工作坊、AIDS 預防工作坊、善用閒暇、人際技巧訓練等。因為強調預防，所以這些方案可以幫助人們發展更廣泛的能力。

間接社區服務（Indirect community services）企圖透過改變社會環境來達成人群全體的需求，社區處遇措施處理因貧窮、性別主義、種族主義而使人無能為力的受害者議題，其重點在於透過與社區內各界人士緊密合作，促進系統性變革來制定公共政策。例如社區工作者可以專注於協助地方、州政府乃至於國家層面，制定有助於人民的政策，像是幫助身障者找到滿意的工作，並保障其工作職場的權益。

請參閱 *Counseling Survivors of Hurricane Katrina*（Herlihy & James, 2018），例如社區在與災民合作時的處遇措施，這篇文章展示了在一場天災後一些滿足社區需求的方法。

第五節　外展

當心理健康專業者越來越能意識到要提供服務給更廣大需求的人群時，有效的外展（outreach）策略受關注的程度便與日俱增。這些策略對於少數

族群特別有效，因為他們長久以來對白人心理健康系統的不信任，也使得這些白人心理健康專業者把他們錯誤地標籤為特異份子，並把他們排除在服務以外。

如同在第四章所提到，如果實務工作者希望能有效地接觸與他們本身文化不同的案主並接近他們，必須要對不同文化的案主有更多的理解。有文化意識的助人者如果希望其外展服務能夠成功，所使用的處遇技術就需要含括自己的人生歷練和了解社區中異質團體的文化價值（Lee & Ramsey, 2013）。

這種外展模式不同於傳統助人專業的模式，社區工作者不等待案主上門求助，而是主動走到社區，提供人們在整個生命週期中，改善心理健康的預防性整合服務方案。

外展模式包括發展性與教育性的措施，例如技巧訓練、危機管理訓練、社區教育、有關心理健康與諮商福利，以及多元的諮詢。這些服務必須對社區發生作用，不要只是提供專業人員。舉例來說，一個助人者可能要建立一個為老年人規劃的健康促進方案，那就要在社區中方便的地點，比如老人中心。一個強調成功老化的方案，包含各種讓案主從中獲益的活動，像是著重維持健康生活型態的創意藝文、壓力降低、生命韌性、正向思考和社會支持等活動。如果社區中的人們不使用這些服務，我們就要質疑這些服務的價值或是輸送服務的適當性。社區工作者在組織這些服務時，要能樂意從社區中學習，也要能與社區一起學習。

你無需對於社區中潛在案主做所有的事情，如果你在社區機構工作，你很可能只是團隊中和案主工作的一員，這個個案管理的模式包括一群有不同專業的助人者，管理照護體系也使用了團隊的模式。所以你需要學習如何在你的機構中與專業團隊的成員建構合作的關係，一旦確認了社區的需求，一群工作人員會比孤立的單一工作人員更有力量去接近案主群。

一、一項校園內的外展方案

第一次實習期間，我（Marianne）在一所小學擔任青少年分流輔導員

（juvenile diversion counselor），幫助 6～11 歲的兒童，他們因各類的問題行為而引起學校當局的注意。該方案目標在防止小問題成為更嚴重的問題，並使年齡較大的兒童遠離少事法庭系統。我從一個心理學家那裡接受督導，我的責任是設計一個與這些孩子一起工作的方案，我為年齡相仿的孩子組成了幾個小團體，在學校提供小團體諮商。雖然團體諮商有幫助，但我很快就意識到為了有效處理孩子們的困難，有必要跳脫學校環境。我制定了一項外展計畫方案，以便在社區中建立聯繫來幫助這些兒童。對這些兒童的行為產生重大影響的處遇措施，涉及了下列社區資源：

- 我參觀了教室、遊樂場，以及某些個案中孩子們的家，觀察他們的行為，然後對這些孩子需要什麼做出預設。
- 我諮詢了校長、教師、學校護士，並組成一個小團體，發展有效幫助孩子們的方法。
- 我聯繫了父母，讓他們知道我是誰，我將如何與他們的孩子一起工作。我邀請他們要盡可能多參與以便幫助他們的孩子。
- 經家長同意，招募大學生志願者，指導因學業問題和行為問題的孩子們。這些大學生正在學習兒童心理學課程，並被要求完成十個小時的實地實習，因此他們也受益於這項工作。
- 幾位家長同意允許他們的孩子參加學校以外的課外活動，如游泳社團或登山健行活動。
- 我發現有些孩子經常逃學，因為他們沒有「好看」（nice）的衣服穿而感到尷尬。我能夠在社區中找到資源來滿足這些兒童的需求。

從家長、兒童、學校相關人士的回饋中，我確認該方案項目對預防這些兒童發生重大問題很有效果。該方案由其他輔導員實施，他們也受僱於少事庭分流系統。

第六節　培力社區

　　人們沒有使用現成的服務資源有許多原因：他們可能不知道有這些服務、他們可能付不起這些服務、他們可能誤解諮商的目的和本質、他們可能不願意承認自己的問題、他們可能抱持著人應該要有能力管理自己的生活態度、他們可能認為專業助人者企圖控制他們的生活、他們可能感受到服務不是為他們準備的，因為他們認為這些服務不具文化敏感度，或是他們認為自己不值得接受服務。

　　實際的限制因素也可能使獲得社區服務變得困難。比如說，如果案主和機構服務有物理上的距離，社區成員又缺乏到達的交通工具，可能就不會使用這項服務方案。缺乏足夠或負擔得起的兒童照顧是另一個重要的限制因素。只要有可能，就能找到減少治療障礙的創造性方法。提供居家諮商、現場兒童照顧服務，或安排個案使用城市交通系統是增加案主參與方案的方法。你可以考慮透過從另一個社區資源借用空間來創建支援系統。例如，如果你的合格照顧支持團體的註冊人數較低，並且地理位置似乎是一個障礙，請調查使用圖書館、社區活動中心、教堂，或任何比你的機構更接近市中心的公共建築空間的可能性，這讓你在提供與擴展社區服務上能更有創造性。

一、揭開心理疾患的神秘面紗

　　社區取向的目標之一是教育大眾，並且企圖改變社區對心理健康方案的態度。也許在這個部分最重要的任務是去除對心理疾患概念的神秘歸因，許多人仍然執著於對心理疾病的誤解和古老觀念。專業人員在回擊這些錯誤概念時要面對一個真實的挑戰，助人者要有能力以社區中的目標群體所能理解的方式呈現這些服務。許多人還是會在面對嚴重的心理疾病時，考慮尋找任何形式的專業心理處遇；有些人則認為專業助人者對每個來到機構的案主問題都有答案；有些人則抱著一個信念，專業協助只是那些弱者或是無法解決自身問題的人才需要。除非專業助人者能主動呈現助人服務是善解人意的、

可被接受的、在文化上對大多數社區成員是適當的，他們可以從這個專業服務中獲益，培力教育社區才可以喚醒人們取得幫助與強化自身能力的資源。

Hogan（2013, chap. 5）指出實務工作者在培力社區時，可能要含括下列任務：

- 支持社區中少數群體的需求。
- 主動去接觸有特殊需求的人們，並且啟動預防問題的服務方案，而不是只有解決問題的處遇方案。
- 運用並改善社區工作者和半專業者的技巧，以便更能滿足案主的多元需求，以及發現與使用案主的多元能力。
- 發展有效處理貧窮、藥酒癮、兒童性/肢體虐待、兒童疏忽和家庭暴力的策略。
- 發展能為社區中失權者賦權的策略。

第七節　影響政策決策者

隨著當代社會問題增多，對社區取向方案的需求也越來越高，諸如：貧窮、遊民問題、犯罪、隨意槍擊、幫派活動、AIDS、失職父母、離婚、家庭暴力、兒童虐待、失業、緊張與壓力、疏離、藥酒癮、青少年犯罪，以及對老年人的疏忽等，這些只是在預防與處遇人群問題時，社區需要解決的一些挑戰。社區助人者能透過在社會政治領域中推動變革來制定社會政策，舉例而言，預防 AIDS 所做的研究大部分是透過遊說團體與政治壓力推動的結果。為了發生系統性改變和社會轉型，Waller（2013）相信，我們必須願意離開辦公室，參與社區：「我的社會正義行動傾向於聚焦在改變系統內的政策，而這系統會對社區產生衝擊，而非僅是影響個人」（p. 93）。

雖然期望你對社區面臨的一系列問題有深入的了解未必實際，但你可以對這些問題有一個全面概況的了解，並熟悉哪些社區資源對有特定需求的人有價值。在社區中工作，你可能會成為人類服務專業人員團隊的一員，透過

跨專業間的合作，結合實務工作者的不同的專長，可以為問題帶來多元的資源，專業訓練方案有責任使助人者能勝任倡導者角色，以協助高危機的個人或群體，並教導學生影響決策所需要的技巧。

社區工作者很容易覺得過度負荷，社區機構也常是財源不足和人力缺乏的。沒有適當的財源，再有創意的方案都沒有實踐的可能性，機構只能轉向處理危機工作，而非預防問題。因為助人者常常負荷過重，且同一時間有許多衝突性需求，讓他們很難去多做一些這個領域的教育、影響決策、外展和倡導的工作，然而，助人者還是需要找到方法來合理運用時間執行這些活動。社區工作者可以啟動這些改變的唯一方法，是透過機構內的組織動員和發展出一個整合的聲音。

第八節　動員社區資源

在 *Promoting Community Change: Making It Happen in the Real World* 一書中，Homan（2016）表示，如果你想在動員社區資源中擔任一個積極主動的角色、極大化你在社區中的努力，並在這個領域精進你的技巧，擁有下列特定的知識和技巧是有用的：

- 建立你在社區中的誠信與定位。
- 把促進社區內成員有意義的參與，作為社區改變的努力方向。
- 發展與建立社區成員的優勢與能力。
- 認識你的目標、你的議題、你的團隊、你的資源。
- 確認社區中的利害關係人，哪些可能是潛在的盟友和對手。
- 建立並維持個人網絡，特別是那些在幫助案主群上占有一席之地的人。
- 了解用於和個別案主工作與和社區工作之技巧的可移轉性。
- 了解規劃，以及它和行動間的關係。
- 了解權力是用來維持或是改變社區內的環境條件。

- 了解權力的擁有（power with）和權力的消滅（power over）是同等重要的。
- 幫助社區的人們採取行動宣示自己的需求。
- 持續讓參與改變的人能一個接一個連結起來。
- 確認你的策略和戰術能適合情境所需。
- 了解人們在行動前必須先有所感受。
- 運用「賦權的循環」：參與、溝通、決定、行動。
- 如同你說話般積極肯定地傾聽。
- 為策動改變承擔責任。
- 避免為自己隨意設限，相信你所擁有的能力。
- 使自己投入學習——有關於你自己、你的社區、你的議題、你的策略與戰術。
- 專注於社區成員的共同性而非差異性。
- 記住不只是「他們」需要改變，而是「我們」必須改變我們所做的。
- 接受特定問題與條件的現實性，不要讓這些阻礙阻止我們的行動力。
- 輸送服務時要能說明倫理的議題。
- 相信社區中的成員有權利過美滿幸福的生活。

一、承認社區成員就是專家

　　最成功的方案是讓社區成員參與決定他們社區所要採取的方向。作為一個社區工作者，你可能扮演一個主動積極的角色，但要記住只有社區成員本身才是自己需求的「專家」。把社區成員視為專家是有助於增強賦權感，你的角色只是幫助社區成員發展自己的能力以便強化其社區。就如同我們鼓勵個別案主找到自己的解決之道，並認識自己的優勢一樣，你可以幫助社區成員發現他們的內在和外在資源以解決其問題。透過促進社區內的連結，協助個人學會使用可得的資源去實現社區內想要的改變。

　　當你正試圖決定在你的社區中帶來某些改變時，有些不確定性是自然存在的。提醒自己你所擁有的技巧是用來幫你分析情境與建立關係的，很重要

的是，你能認知到理想主義可以是一個有價值的資產，就好像其他的資產一樣，當它付諸實踐時，其重要性就被增強了。通常治療師認為要有所作為，需要一些激進的東西，例如：某個具有里程碑的社區事件或活動，是由治療師獨力組織和贊助的。值得注意的是，做出改變可以從你的社區裡一個微小的日常姿態開始，這對他人的生活會產生積極正向的影響。

二、和社區內的多元人口群工作

鼓勵你思考一下社區內多元的團體，特別是受忽視或是不受歡迎的案主群，並且看看你可以如何動員社區資源來滿足他們的需求。你設計的任何方案都必須整合不同的外展方式，來接觸目標群體和那些可能會接近你服務的潛在案主群。學會與社區一起工作和為社區工作同等重要。美國心理學會（APA, 2017b）說明在社區中執行文化適應性處遇措施的執行方式提到：「心理學家尋求促進系統內和跨系統間的文化適應性處遇措施與倡導，包括預防、早期介入和復原」（Guideline 6）。

當你在社區內和一個目標群體工作，第一步要先釐清你工作中重要的知識和原則，不管案主群是誰，透過回答以下問題開始進行工作：

- 社區中最需要協助的是什麼樣的特定人口群？他們需要何種協助？
- 你對這些目標群體的特別需求了解到什麼程度？這個社區有什麼資源和能力能解決目標群體的困境？
- 你對目標群體的假設和態度是什麼？你對這個群體可能懷有的偏見、成見和刻板印象是什麼？
- 辨識出你和案主群工作時的某些恐懼與擔心。你要如何處理自己的恐懼？
- 你要如何在你的社區中發展教育方案來提供服務給那些案主群？
- 社區的人可能震驚於你正和這群不受歡迎的案主工作，你要如何處理社區內強烈的反應？
- 社會可能會用什麼方式汙名化這些危機案主群，如遊民、物質濫用

者、退役老兵、酒癮家庭的兒童、失業者？
- 特定群體中的個人可能會用什麼方式持續標籤汙名化自己？
- 身為助人者，你會如何去除阻礙有效方案的烙印？

花一點時間思考一下你從社區取向中所學習到的，想想你的教育背景、專業訓練的程度和工作經驗。如果你計畫要加入人群服務的領域，你似乎就要花點時間在社區機構中工作，這樣你就會和社區內許多不同的群體一起工作，如果你已經在這樣的環境中工作，你要如何在個人面向與學術面向裝備自己，以便採取更寬廣的助人觀點，進而成為促進社區改變的媒介？

第九節 在社會行動中有所作為創造改變

Rob Waters（2004）在 Making a Difference 一文中，剖析了五個成為社會行動者的社區取向治療師的工作，這五位「公民治療師」展示了如何深深參與自己的社區事務以及主動促成改變。這五位治療師都展現了改變社區的不同路徑，然而他們每個人也都被同一個問題所驅動：「我該如何有所作為創造改變？」

Ramon Rojano（引自 Waters, 2004）相信，作為一個治療師所採取的助人專業方向是成為社會改變的主動促媒。他本來是一個和英裔美國人工作的精神科醫師，當他把焦點轉移到和拉丁美洲人及非裔美國人工作的兒童診所，很快就發現依賴傳統的心理治療模式來處理一個家庭的心理需求是無意義的，除非他留意這些家庭成員生活中貧窮、暴力、社會經濟危機的部分。關於「社區家庭治療」的取向，Rojano 現在已從傳統精神科醫師的角色轉換成為一個療癒窮人的心理健康系統的另類角色。

Diane Sollee（引自 Waters, 2004）是一位婚姻教育運動的領導者，她的部分工作包括辦理研討會訓練人們成為婚姻教育者，而他們的任務是要教導夫妻基本的婚姻溝通技巧。為了避免被認為有任何政治目的，Sollee 拒絕任何人的資助，她工作的核心是為夫妻提供婚姻和家庭生活取得成功所需要的

資訊與技巧。

Kenneth Hardy（引自 Waters, 2004）是一位家族治療師，多年來都在學校、教堂、企業和美國軍隊發展方案，協助人們處理差異的議題。Hardy 的目標是要讓人們了解各方面的社會不正義和種、性別、社會階級間不平等的社會現實狀況，而這些有助於對社會底層差異發展出更真實的理解。在他的專業工作中，越來越著重在那些被剝奪權利和權力的人。

Jack Saul（引自 Waters, 2004）是紐約大學國際創傷研究計畫的主持人，他致力於協助災難中倖存的人們。在回顧後 911 時期，他主張「集體的苦難需要一個集體的回應」（p. 40），在災難情境下，他相信治療師需要用更寬廣的用語去思考，並發展出動員社區自身療癒資源的模式。目前，他正致力於發展社區資源，來療癒 6,000 名住在史丹島（Staten Island）的賴比瑞亞難民。他大部分時間都在幕後協助成立社會服務慈善中心、就業安置方案以及家庭支持方案等，來連結不同社區的領導者。他說：「進行這類工作的關鍵就是要把你的治療技巧，用一種激發社區自身能量的方式帶給社區，而非喧賓奪主取代他們」（p. 41）。

Barbara Lee（引自 Waters, 2004）畢業於柏克萊加州大學社會福利系，現在是美國國會議員，她學會透過運用政治力來擁有最廣泛的影響力，她將臨床觀點帶入國會辦公室的運作中，她和團隊為低收入者倡導，並共同發起了一項授權協助非洲減緩 AIDS 的議案，而這項議案也由布希總統在 2003 年完成法案簽署。這項成就只是其中一個例子，展示她所指的「我沒有走進政治成為其系統的一部分，而是去改變系統、搖撼它，並使事情變得更好」（p. 43）。

這五位社會行動者都展現了改變系統和制度，以及社區具有內在的療癒力量。採取社會行動家和社會正義觀點的助人者，不會把自己侷限在用矯正個別案主生活問題的名義來思考，而是在案主環境脈絡中執行預防性措施來促成系統性的改變（Crethar et al., 2008）。

重點回顧

- 社區觀點強調社會改變，而非僅止於幫助個人適應其生活環境。
- 只著重在個別個案處遇，卻忽視導致個人問題發生的制度和社會條件是無益的。同時考量個人內在衝突與社區社會因素的過程，才能提供助人者一個均衡的觀點。
- 給學生進行社區處遇的行前訓練方案是很重要的，特別是有關於對社區中高風險（at-risk）團體的早期預防措施。
- 一個綜融性的社區處遇方案有四個面向：直接個案服務著重在社區中高風險團體的外展活動；直接社區服務以預防教育的形式提供給多數人；間接個案服務則是透過個案倡導來主動介入一個人或是一個團體；間接社區服務著重在影響決策者以及在社區內帶來正向的改變。
- 助人者要為被剝奪權利的案主扮演倡導的角色，因為這些案主的背景讓他們自己很難使用專業的協助。
- 在社區中工作的助人者被期待要發展這個領域中的一些技巧，包括外展、提供社區成員教育活動、扮演倡導者和影響決策者。
- 好輔導員綜合症候群好發在當助人者不計代價要促成和平與人際和諧時，只會強化既有的固著狀態。
- 你不需要為這社區中的潛在案主做所有事情，如果你在社區機構中工作，你要做的是成為和個別案主工作的團隊一分子。
- 社會行動是一種有力量的方式，能在社區中帶來顯著的改變。
- 我們每一個人都有力量和能力促成改變。

你可以做什麼？

1. 在你的社區中選一個高風險的團體。做一個班級的方案，你和幾位同學可以探索，用社區模式處理特定案主群所需要的策略有哪些？你要做什麼來喚醒社區中被你認定為高風險團體的需要？
2. 探索一下你在自己的社區中可能會做的外展工作型態。如果你在一個社

區機構中實習或是有工作任務，你對外展計畫有什麼想法？你可以在社區中，外求心理健康專業人員或是找你的學院系所同仁，而這群人是否有專業能力來滿足特定案主群的關鍵需求？你和你的同學如何結合彼此的才能和努力，開發一個方案來觸及你社區中被忽視的部分？在開發這樣一個外展項目時，在你的社區中可以運用哪些機構和資源來發展這樣的外展方案？簡單描述一下你的方案的組成部分，你的方案不需要多崇高的設計，只要一個小小的改變就能幫助從未求助的個人。

3. 為上次自己的課堂作業中描述的外展計畫，起草一份補助金建議書。
4. 以下所列出的參考資料，其完整的書目資訊，請參考本書的參考文獻。Homan（2016）視社區為案主，並提供應對社區改變的挑戰時，所需的基本知識與技巧。參閱 Lewis、Lewis、Daniels 與 D'Andrea（2011），可以對社區諮商觀點獲得一個綜融性的了解。Chung 和 Bemak（2012）在展示如何在社區中應用社會正義方法方面，著墨頗佳。Lee（2018a）編輯的書涵蓋了與社區相關的一系列主題，包括成為社會變革的媒介。有關治療師如何超越傳統的 50 分鐘時間並進入社區的各種觀點，請參閱 Kottler，Englar-Carlson 和 Carlson（2013）。

Chapter 13

壓力、專業耗竭與自我照顧
Stress, Burnout, and Self-Care

| 楊雅嵐 譯 |

學習目標

1. 將 A-B-C 理論描述為一種認知取向方法。
2. 識別三種認知扭曲。
3. 能敘述機構環境有時如何充滿壓力。
4. 描述可能導致專業耗竭的個人因素。
5. 能敘述專業耗竭如何導致能力受損。
6. 確定防止專業耗竭的兩種策略。
7. 解釋自我照顧概念能作為倫理責任的意涵。
8. 確認五項關鍵的治療性生活型態改變。
9. 描述正念如何成為自我照顧的途徑。
10. 解釋自我關懷與關懷他人之間的關聯。
11. 建立你自己的健康策略和自我照顧行動計畫。

焦點問題

1. 當你遇到困難時，你願意在多大程度上尋求他人的協助？
2. 在家庭與工作中，你主要的壓力源是什麼？
3. 你用什麼具體的策略來因應個人生活中的壓力？在你的專業或學術生活中的壓力又是如何呢？
4. 有句話說「不是你控制壓力，就是壓力控制你」。在你生命的這個階段，你會如何將這句格言應用在你自己身上？
5. 你是否覺察到你可能持有任何自我挫敗的態度和信念嗎？你參與自我挫敗的內在對話到何種程度？
6. 如果你已經經歷過專業耗竭，你是如何處理的？
7. 你會做些什麼來減少專業耗竭的可能性？
8. 你如何維持你的活力？
9. 你對自己的自我照顧實踐滿意度如何？有哪些重大的改變是你願意去做的？
10. 自我照顧不是奢侈品，而是一種倫理責任。你對這樣的說詞有什麼看法？

第一節　本章目標

　　在你做為專業助人者的職業生涯中，你也許期待幫助人們解決他們面臨的問題，並協助他們建設性地處理生活中的痛苦。你可能會想到這份滿足感來自於你了解自己可以成為案主產生改變的推動者，以及你作為一個社會正義提倡者正在參與讓世界變得更好的過程。成為一個助人者有很多的收穫，我們期望你能把熱忱和理想主義帶到你的工作中。同時，覺察你工作中相關的潛在壓力以及這些壓力源是如何影響了你。本章主旨是分享一些更有效管理壓力的想法，這樣你就可以防止專業耗竭並發展自我照顧的實際做法，使你在個人和專業工作上都保持活力。

　　本章的主要部分是討論造成壓力的因素。認為你可以擁有毫無壓力的個人及專業生活是不切實際的想法，但壓力是可以管理的。你可以辨識壓力的徵兆並決定如何在壓力的情境中思考、感受與行動。你可以意識到對壓力的無效反應，並學習建設性的方式來因應它。總之，你可以學習管理並掌握壓力，而不是被它控制。

　　當你進入這個行業並開始全職執業時，新的壓力會從你的工作性質和專業角色期待中出現。如果你在危機處理諮商領域工作（見第 14 章），可以預期你會經常遇到壓力源。很多時候，助人者在教育訓練中對於助人專業工作的潛在危險並沒有得到足夠的警示。能覺察壓力的來源並學習因應壓力的策略，將使你保持正向樂觀以及你為他人提供服務的工作信念。

　　本章的重點在於發展有助於你維持對職業選擇的投入與熱情的態度、思考模式及具體的行動計畫。我們同樣也討論到壓力的影響以及長期壓力如何導致專業耗竭（burnout）與專業能力受損（professional impairment）。身為一個人及一個專業人員，保持活力需要的是自我照顧（self-care），我們將討論如何運用你的優勢協助你有效的處理所經歷的壓力。建議你以個人的方式閱讀本章並反思你如何規劃自我照顧，使你可以在整個助人生涯工作中對他人的生活產生顯著的影響。

第二節　助人者的個人壓力來源

　　在助人專業領域，與工作相關的壓力來源分為兩類：個人壓力和環境壓力。為了理解壓力，你必須同時了解通常會引發壓力的外在現實，以及因著你對現實的感知與解釋而促成你壓力的方式。如果你把這些壓力源個人化和內化，會降低你作為一個助人者的效能。

　　個人壓力源（individual stressors）可以透過檢視你作為助人者的態度以及個人特質來發現。思考以下情境中案主的行為（以及同事和督導的行為），會如何讓你感受到壓力。檢查這些行為清單，並根據以下評分量尺進行評定：

1 ＝這對我而言壓力很大
2 ＝這對我而言是普通的壓力
3 ＝這對我而言是輕微的壓力
4 ＝這對我而言不會構成壓力來源

_____ 1. 我正在會見一位似乎缺乏動機的案主，他前來會談只是因為被要求參加。

_____ 2. 我的一位案主想要終止諮商，但我認為她還沒準備好要結束。

_____ 3. 有位案主十分憂鬱消沉，對於生活可以變得更好幾乎不抱希望，卻又一直向我求助。

_____ 4. 我的一位案主做出自殺的威脅，而我有充分理由把他的威脅當真。

_____ 5. 我所在機構的一位同事因為我沒有在會議上充分地支持她而對我感到不滿。

_____ 6. 一位曾有暴力爆發史的案主在會談期間表達對前妻強烈的憤怒，我擔心他可能會違反她提出的限制令並傷害她。

_____ 7. 我所在機構的一位同事時常在個案研討會議上批評我的工作。

_____ 8. 一個讓我有好感的案主告訴我，她（他）也對我存在性吸引力。

_____ 9. 我的案主要求很多，並希望在家中就能與我聯繫，尋求提供如何處理每一個出現的新問題的建議。

_____ 10. 我工作單位的督導並未給予我應有的認可和賞識。

一旦你完成評定結果，試著評估你顯現的模式是什麼。什麼樣特定的行為對你而言似乎是最有壓力的？這種壓力對你有什麼影響？

第三節　認知取向的壓力管理

我們的信念很大程度地決定了我們如何解釋事件。所以，事件本身並不必然地造成我們的壓力；是我們賦予這些事件的意義影響了壓力如何對我們產生作用。理情行為治療（rational emotive behavior therapy, REBT）由 Albert Ellis 創立，是一個人格及心理治療理論，強調的重點在於「認知」扮演著影響感受及行為的角色。認知學派治療師（cognitive therapists）幫助人們覺察他們的認知——我們內在的對話——以及他們的思考如何影響他們的感受與行為。認知取向的方式為案主提供特定的策略，以挑戰與改變自我挫敗的認知，並發展出合理的思考以減輕生活的壓力。在本節當中，我們大量引用 Albert Ellis 及其他認知學派治療師的著作，尤其是 Aaron Beck，介紹了認知學派治療師的策略運用，以幫助你管理壓力。

我們都容易在某些時候掉入自我挫敗的思考以及無效的自我對話。如果我們辨識出自己錯誤信念的本質並了解它們如何導致問題，我們就可以開始化解這些自我挫敗的認知。因為我們有能力增強我們所體驗到的壓力，我們同樣也有辦法減輕它。認知策略可以用於保持個人及專業層面上的活力。在討論這些策略上，提供的範例主要針對你在助人專業工作上最終可能會遇到的情況。

一、A-B-C 理論

Ellis 發展出非理性思考的 A-B-C 理論（A-B-C theory of irrational thinking）（Ellis, 2001b; Ellis & Ellis, 2019）。這個理論解釋了事件、信念以及感受之間的關係。根據 Ellis 所言，我們對事件的解釋經常比實際上所發生的更為重要。他把 A 稱為一個促發事件，B 則是個人的信念系統，而 C 是指情緒的結果。細想一個面試的情境，讓我們想像一下最壞的結局：這個機構的主管與你進行面試，對方表示你缺乏該機構職位所需的必要經驗，結果你沒得到想要的這份工作。在這個案例中的促發事件（A）就是遭到拒絕的；而情緒的結果（C）是指你所經驗到的，可能包括感到沮喪、受傷、甚至可能是被毀滅的感受。你很可能對於未被錄用的情況，對抱有 Ellis 所稱的「非理性信念」。Ellis 會說你這個被拒絕的信念（B）可能包括下列這些想法的結合：「我沒有得到這份工作真是糟透了，這證明我是無能的。」「我必須在每個重要的努力中獲得成功。」「這個拒絕表示我是一個失敗者。」

REBT 以及其他認知行為治療法的基礎假設是情緒和行為的困擾，最初是透過在童年時期從重要他人身上習得的非理性信念，以及我們自己所創造形成得僵化性思考而產生的。我們藉由自我暗示（autosuggestion）以及自我複誦（self-repetition）的過程，主動且持續地強化這些錯誤的信念（Ellis, 2001b; Ellis & Ellis, 2019）。正是我們自己不斷重複這些錯誤的想法，而非父母的重複，使得這些功能失調的態度仍繼續存在。

為了完成 Ellis（Ellis, 2001b; Ellis & Ellis, 2019）的 A-B-C 模式，我們需要考慮（D）駁斥，就是積極駁斥非理性信念的歷程。如果我們在駁斥的過程中能成功，並以建設性的思考替代錯誤的思考，我們就能產生新的效果（E）。這提供我們一個不同的思考、感受與行動的基礎。回顧上述面試的例子，與其因為沒有得到這份工作而感到沮喪，並覺得自己是個失敗者，我們不如用一個新的觀點來看待：在無損我們自我的完整下，可以感到適度的失望。挑戰因為我沒有得到職位就認為自己無能的非理性想法可能會幫助我們感覺好一些，進而可能有助於我們更快地前進並積極追求其他可能性。透過

改變我們的信念，我們也會改變我們的感受，很可能還會改變我們的行為，這對於減輕壓力是一個有用的方法。

REBT（Ellis, 2001b, 2004b; Ellis & Ellis, 2019）所奠基的前提是我們有能力掌握我們情緒的命運。當我們煩憂時，最好看看我們隱藏的教條主義的「必須」和我們絕對主義的「應該」。我們有能力觀察我們的**應該**和**必須**如何在很大程度上**創造**我們破壞性的感受和行為，我們有能力將這些要求轉化為強烈的偏好，而非不切實際的指令。

二、辨識自我挫敗的內在對話

我們這些所謂助人服務的提供者經常內化許多功能失調的信念，這些信念在人們尋求協助時損害了我們有效運作的能力。有時候我們可能扭曲了訊息的處理過程，而容易導致錯誤的假設和誤解。身為一個助人者，我們可能會因相信自己必須無所不知和完美無缺，而使生活複雜化。如果我們對自己所做的工作感到沮喪或煩躁，最重要的是檢視我們的基本假設和信念，以確定它們如何影響我們正在做的事情以及我們的感受。隨著我們更能意識到自己有缺陷的思考，我們就能夠將這些模式轉變為建設性的思考方式（Ellis & Ellis, 2019）。

我們負面的想法往往會產生壓力。透過覺察我們語言的品質，我們可以對於自我對話（self-talk）如何影響我們有一些了解。以下是一些負面思考的例子：

- 我必須在任何情況下都能稱職地表現，而且需要贏得他人的認可。
- 如果我犯了錯，那就證明我是個失敗者。
- 我任何時刻都要求自己必須表現良好。如果我達不到完美，那我就是不夠好。
- 我應該總是把他人的利益放在自己的利益之前。
- 當有任何人需要我時，我應該隨叫隨到。如果我做不到，這表示我不是一個關心他人的人。

- 如果案主中斷治療，一定是我做錯了什麼。
- 如果案主處在痛苦中，我應該要能減緩他們的痛苦。

像這樣的陳述可以在我們的自我對話中無止境地重複著，而且如你所見，這些陳述句大多都是指不夠好的感覺，「我們應該要更好……」的嘮叨信條，以及長期的自我懷疑感。由於承擔了案主大部分的責任，我們就減輕他們引導自己生活的責任，而且還為自己製造了壓力。重讀這些有缺陷的信念陳述，並在你聽到自己有做出這些的陳述句的底下劃線。你是否傾向建立其他相關的陳述，特別是關於你在承擔「完美」助人者責任的角色？你對自己說了些什麼話會為你帶來壓力？

三、改變扭曲及自我挫敗的思考

大多數壓力來自於對生活現狀或應該如何的信念。例如，作為一個學生，透過像是這樣的自我對話：「我必須完美地完成我所有的學業工作」會大大加劇要表現出色的壓力。你可以使用認知技術來改變你關於實現這些不切實際期望的自我挫敗信念。如果你監控你的自我對話，就可以認出你的錯誤信念，你會經驗到壓力減輕。一旦確認那些帶給你壓力的信念，就使用認知技術來修改這些信念。

Aaron T. Beck 透過他對憂鬱症的研究，發展一種取向稱為認知治療（cognitive therapy, CT）。Beck 從憂鬱的案主中觀察到，他們對某些生活事件的解釋具有負面偏見，這導致了他們的認知扭曲（Beck, 1976）。認知治療與理情行為治療和行為療法有許多相似之處，所有這些治療法都是積極的、指導性的、有時間限制的、以現在為中心、以問題為導向的、合作的、結構化的和經驗主義的。他們強調家庭作業，並要求明確識別問題及其發生的情況（Beck & Weishaar, 2019）。認知治療認為心理的問題源於常見的歷程，例如，有缺陷的思考、根據不充分或不正確的資訊做出錯誤的推論，以及無法區分幻想與現實。一些系統性的推論錯誤，可能導致錯誤的假設與誤解，這樣的情形統稱為認知扭曲（cognitive distortions）（Beck & Weishaar,

2019）。讓我們來檢視一些像這樣子的扭曲。

- **獨斷的推論**（arbitrary inferences）是指缺少支持與相關的證據就做出結論，這包括「災難化」（catastrophizing）或在大多數情況下想到極為糟糕的情況以及結果。你可能會在開始你的第一次實習工作時，就確信你的督導和你的案主都不會喜歡你；你可能確信你只是意外地莫名其妙順利進入了研究所課程，而你現在肯定你沒有什麼能力順利完成你的實習工作。

- **選擇性摘要**（selective abstraction）根據事件的孤立細節就得出結論。在此過程中其他訊息是被忽略的，並遺漏整個脈絡背景的重要性。這個假設在於重要的事件，是那些處理失敗和剝奪的事件。作為一名學生，你可能透過你所不知道的和你的弱點來衡量你的價值，而不是根據你的成功來衡量。

- **過度類化**（overgeneralization）是僅根據單一事件而得出的極端信念，並將其不適當地應用在不同事件或情境中的過程。例如，如果你在實習中與一名青少年工作時遇到困難，你可能會得到結論，是你將無法有效地為任何青少年提供諮商。你可能還會得出結論，你將無法有效地與任何案主工作，而這種想法可能會蔓延到讓你在人際關係中產生無能感！

- **誇大與貶低**（magnification and minimization）意指將某個案例或情境看得比實際情況更嚴重或更輕微。你可能會犯這種認知錯誤，假設你在實習期間為案主提供諮商時所犯的小錯誤，都可能輕易地給個人帶來危機，並可能導致心理上的傷害。

- **個人化**（personalization）是指個人習於將外在事件與自身建立關聯的傾向，即使沒有任何可產生關係的根據。如果有案主未再返回尋求第二次諮商，你就確信這次缺席是因為你在第一次會談時「表現不好」所導致。

- **二分法思考**（dichotomous thinking）所指涉的是以全有或全無（all-

or-nothing）的方式來思考與詮釋，或將經驗以非此即彼的極端來分類。你可能沒有給自己成為學習者的彈性，作為一個學生，你不需要什麼都懂。如果你不是在任何時候都能表現高超技術並且總是知道如何與案主工作時，你可能會將自己視為完全成功的學生，或是完全失敗的學生。

改變功能失調情緒與行為，最直接方法是修改錯誤的假設和不正確的信念。認知治療教導人們如何在資訊處理的過程中辨識他們的認知錯誤和偏見，認知治療指導他們修改促進錯誤結論的核心信念（Beck & Weishaar, 2019）。認知行為治療師幫助人們覺察他們的內在對話，以及他們的思考如何影響他們的感受和行為。他們了解認知對他們的感受和行為，甚至對環境事件的影響。所有認知取向的共同主題是識別功能失調的信念，並用更現實導向、更具建設性的自我陳述取而代之。

回顧我們討論過常見的認知扭曲，並想想你可能會傾向做出哪些包含這些錯誤的陳述。你有多常因著這些想法而給你自己帶來壓力？在你辨識出了幾個核心的自我挫敗信念之後，可以開始透過批判性評估的歷程來挑戰它們。一種關於駁斥毫無根據的信念方法，將在下面的案例以一個功能失調的信念、一個駁斥論點以及一個有建設性的信念來說明。

自我陳述：我應該隨時為任何需要我的人提供服務。

駁　　斥：為什麼我必須隨時待命？對我來說比較好的是我必須停止告訴自己：如果有案主需要我而我沒有隨時待在那裡時，我就不是一個關心別人的人。

建設性的信念：雖然我想負責任，但我也想設限。

自我陳述：我應該能夠把每件事做好。要麼我是完美的助人者，要麼我毫無價值。

駁　　斥：我是從哪裡得到這個信念的？「我應該總是能把每件事情做好」這有任何意義嗎？我可不可以把一些事做得不那麼完

美，但在其他方面仍然很傑出？
建設性的信念：雖然我喜歡做得很好，但有時候我可以接受自己的不完美。我可以容忍錯誤，我不需要完美才表示有能力，完美是一個不切實際的理想。

自我陳述：我應該總是把他人的利益置於自己的利益之上。
駁　　　斥：我可以有自己的利益，同時也能關心別人嗎？
建設性的信念：我對他人的關心不能超過對自己的關心。如果我不能照顧好自己，我很可能無法幫助別人照顧好自己。

覺察是自我改變的第一步，接著就是學習如何處理自我挫敗的思考。然而只是確認有缺陷的信念並學會做出功能性陳述並不是唯一確保改變的方式。改變要發生，行動是絕對必要的。你必須在現實中測試並依據新的想法和信念採取行動。與其避免嘗試新事物，不如從這些新的冒險中尋找，並冒著仍然不完美的風險。

第四節　助人者的環境壓力來源

除了個人或內在的壓力來源，外在的因素也會給助人工作者帶來壓力。環境（environmental）壓力來源包括工作環境中物理方面的因素，或是職位本身的結構。一個主要的壓力源在於現實中時間太少卻要做太多的事情，其他的環境壓力還有組織政治行為、保險公司強制的限制規定、機構或單位不切實際的要求、過多的案件量、極大量的文書工作、好批評的同事、方案的縮減以及缺乏適合的督導。管理式照護計畫要求助人者在有限的幾次會談內要解決個別案主及家庭的迫切需求，助人者往往覺得自己有責任提供必要的照護水準，並試圖在不合實際的短時間內完成不可能的任務可能會帶來很大的壓力。在學校工作的助人者也承受著巨大的壓力和挑戰，他們可能有非常多的學生案量需要服務，並對多方利益相關者負責：學校行政人員、同事、家長，以及最重要的——學生。就像在心理健康單位中執業的諮商人員一

樣，學校諮商人員必須應對行政政策設定的高限制的規範和不切實際的期望。

另一個潛在的環境壓力源是你與同事間的工作關係品質。在應對同事及主管的過程，可能是支持也可能是壓力的來源。有些同事可能因為他們負面的人格特質或是令人無法接受的行徑，而覺得難以相處。有些事件可能帶來極大的壓力，例如法律訴訟、財務壓力、重大的生活轉變、裁員的威脅、工作職責變更等。某些案主的行為，例如自殺或殺人的威脅或企圖，以及嚴重的憂鬱症，都屬於高度的壓力。其他由案主引起的壓力包括對助人者的憤怒、攻擊與敵意、冷漠或缺乏動機、案主過早終止、不願合作的案主等。Landrum、Knight 與 Flynn（2012）研究了員工壓力與案主在物質濫用治療機構中的參與度之間的關聯，發現較高的組織壓力與較低的案主參與度相關。充滿壓力的工作環境可能會導致員工耗竭，但也可能對案主產生負面影響。以下案例說明壓力如何影響一位面臨許多要求的助人者。

案例　一個負擔過重的諮商員

Wendy 在一個非常忙碌的縣社會服務機構中工作，承接很大的個案量。該機構人員不足，她經常被要求承接超過她能妥善服務的額外個案。當 Wendy 被要求承擔額外的工作時，她很難說「不」。她喜歡被同事們視為是一個努力工作的人，她省略用餐時間、加班完成文書工作、忙碌工作到每天晚上只睡幾個小時，還要擔心她的行程安排如何影響了她的家庭。在最近一次健康檢查中，Wendy 的醫師開了降血壓的藥方並警告她的健康已經有危險。雖然 Wendy 意識到自己壓力的狀況，但她看不到有任何方法可以改變這種情形。她的先生有嚴重的殘疾，而她是家中唯一的經濟支柱。此外，她的督導也因工作過勞而無暇處理 Wendy 的問題。

你的立場：如果 Wendy 向你諮詢，你會建議她怎麼做？如果你處在 Wendy 的處境，你會怎麼做？你在這個案例中發現什麼樣的倫理議題呢？

討論：Wendy 從被她的同事和主管視為是一個勤奮工作而且盡心盡

力的員工中獲得了滿足感，這是她從維持如此高壓工作量中獲得的回報之一。然而，如果 Wendy 不開始對於那些快把她淹沒的工作責任設限，她可能會因為忽視個人需求而付出更高的代價。如果 Wendy 諮詢你的專業建議，你可以提醒她，學會設限是她倫理責任的一部分。透過不斷承擔超出她能力範圍的工作，她將越來越難為現有案主提供有品質的服務。這會對她的案主造成傷害，並可能危及她的職業生涯。如果 Wendy 不進行一些自我照顧，她可能會耗竭、生重病而無法再工作。作為 Wendy 的諮詢師，你可以鼓勵她挑戰這個非理性的信念：她總是必須承擔每一項新責任，才能被視為是一個勤奮工作、有能力的人。可以提醒她，她只是一個人，有她的限制在。

第五節　機構環境中的壓力

在機構環境中保有你的權力和活力可能有其挑戰性。一位從事退伍軍人復健諮商的工作者告訴我們，因為他的機構要求他在短促的時間內會見更多的個案而覺得有壓力。他感到的壓力是「要快速有效地結案」，但他的案主往往希望他能提供更多服務。事實上，他表示許多案主因為他沒有給予足夠的時間而認為他不關心他們。他沒有告訴案主的是，他其實想要花更多的時間和他們在一起。然而，他卻要為案主所反應的負起全部的責任，而其他工作人員和案主都不認可他。如果他能對案主多說一些他的想法和感受，案主或許會對他有不同的看法。

在機構中擔任專業助人工作的剛開始幾年，通常會經驗到高度的壓力和焦慮，許多助人者描述對於他們工作中未預期的壓力源與要求感到挫折和失望。我們詢問之前進入機構從事助人專業工作的學生，確認他們所面臨的一些主要挫折和壓力。他們最常提及的包括組織系統的耗時緩慢、管理者及同事們對新想法的抗拒，以及不切實際的期望和要求。一位 20 多歲的女性這樣的評論：

我對這個組織系統的緩慢進程感到沮喪，新的想法經常被忽視。因為我的年紀，我有時很難獲得信任。然而，讓我最不滿的就是看著曾經與我一起工作並看到進展的孩子，卻因為回到系統（或家庭）而退回到原先的狀況。

一位年輕的社工人員說：「我最大的挫折是行政部門缺乏支持、共同的目標或團隊合作。」而一位負責管理實習學生志願服務人員的女士，她如此描述：

當員工抵制新想法時，我感到非常沮喪。與政府官僚體制打交道是另一個主要的壓力來源，他們讓事情的完成變得非常困難。

機構經常提出不切實際的要求，尤其是堅決要迅速解決問題。例如，對於那些與法院轉介而來或緩刑中的案主工作的助人者來說，他們面臨在指定的時間內能看到案主發生行為改變的壓力，以便讓更多的案主有機會被服務，這意謂著可以獲得更多的資金提供。

一、維持動力與活力

我們無法提出一個放諸四海皆準的方法，讓你在工作的機構中能順利度過。然而，我們可以提出一些我們認為有用而且可能適合你的策略，最好能根據你自身的狀況制定出來因應組織機構所面臨的相關壓力。

在求職面試中，記得詢問有關該職位的要求和期望的問題，接受機構的職位表示你同意在一定的哲學架構下工作。藉由詢問相關的問題，你開始承擔一個有責任的立場：你正在探索你有多麼想要這份工作，以及你願意放棄什麼來得到它。

在我們的經驗中，創設較久的機構組織往往會抵制重大的變革嘗試。要意識到，小而細微的變化也能帶來顯著的效果。當你試圖想徹底改變政策時，你可能對於從何開始感到茫然和不知所措。如果你轉而專注在你的職位範圍內做出改變，你就更有可能成功。仔細研究你所工作的組織設置這些政

策的原因為何，或許某些規定的制定有其充分的理由。然而，如果一項政策似乎不符合你案主的最佳利益，你可以開始質疑這項政策所依據的假設並提出新的想法，這可能對於創新與改進政策的制定有潛在的影響。我們今天生活在一個數據驅動的世界中，對結果負責（accountability）極為重要。一定要用研究來支持，以證明你的想法是可信的。相較於孤軍奮戰，和同事們形成聯盟可以讓你更有可能實現變革。

二、確定優先事項並培養支持系統

我們發現，在所屬的職位中一開始就決定什麼是我們最想完成的部分是很有幫助的。藉由仔細思量我們的優先事項，我們可以決定在不背離良知的情況下做出哪些妥協，以及哪些立場是我們不願意妥協的。能明白我們認為什麼是最重要的，讓我們能夠更有效地提出我們的需求。此外，與管理者和督導的良好溝通也是不可或缺的。

學習如何在任何組織中有效工作的一個重要因素是意識到你是該系統當中不可或缺的一部分。你與其他員工的關係是系統的核心部分，與你的同事一起合作最有可能提升你的效能。同事可以給予滋養和支援，你與他們的互動可以為你的一些工作活動提供新的觀點。此外，與同事建立真誠的關係也是獲得影響力的一種方式。

雖然在機構中和其他人的互動可以激發活力，但也可能讓人消耗心力，而成為一個長期壓力的來源。有些人在機構中不是發展支持的團體，而是組成派系、心懷隱藏的敵意、通常拒絕面對導致員工分裂的衝突或摩擦。在員工會議上經常有隱藏的議程，導致只討論表面的事情，而真正的議題仍無法解決。我們想強調的是建立能豐富你專業生活的工作關係的重要性，而不是讓這些關係耗盡你的能量。如果你感到孤立，可以主動與那些看起來有生產力且正向積極的而且不會捲入功能失調的職場動力的員工互動。

第六節　認識專業耗竭

　　許多不同職業的人都會經歷專業耗竭，但那些從事專業助人的工作者，由於其工作性質與需要幫助的人密切接觸特別容易受到影響。如果你能提高對專業耗竭早期警訊的覺察，並發展切實可行的策略，將更能有效地應對你工作所帶來的挑戰。當壓力無法有效地因應，最終結果可能會產生專業耗竭。

　　心理健康專業人員可能只是傾聽案主的經歷就足以每天承受，強大的壓力。讓助人者可能特別受到呈現創傷症狀的個案數量之挑戰。Foreman（2018）指出，與早年相比，諮商人員反映現今在他們的案件中，受創傷的案主數量更多。Foreman告誡心理從業人員要知道的是，如果他們有大量經歷過創傷的案主，他們發展出替代性創傷（vicarious traumatization）和因應不當而導致能力受損的風險更大。

　　諮商人員可能會遇到其他一系列的壓力源，而這些壓力源只是他們工作領域的一部分。包括像是：處理高風險案主；撰寫報告和案主紀錄；處理機構、學校體系或其他單位的需求和內部政治；面臨財務壓力；與保險公司打交道；遇到倫理投訴的風險；孤立的狀況下工作；處理與案主的價值衝突；以及學習把工作留在辦公室——僅舉幾例。壓力和必然發生的專業耗竭通常源自於不當地處理長期壓力而導致的，這是助人專業工作者面臨的一個主要倫理問題。目標是用建設性的方法來控制壓力，取代無效的因應策略。你可以學習控制壓力，而不是被它控制。

　　心理健康從業人員也不能倖免於我們在日常生活中經歷的壓力與挑戰。這些各式各樣的個人挑戰可能包括摯愛者的死亡；與家人和其他人的人際衝突；離婚和監護權之爭；財務問題；身心健康問題；種族主義、性別歧視和其他形式的歧視；以及努力掙扎尋找健康的工作與生活平衡。Gregory Moffatt（2018）在 The Hurting Counselor 一書中，運用他自身個人危機帶來壓力的經歷來說明危機如何使諮商員變得衰弱，特別是如果他們沒有建立良

好的自我照顧模式時。Moffatt 描述了與妻子的分居如何影響他的教學、他的諮商實務以及他個人生活的各方面。他相信個人危機不會成為他生活的一部分，儘管他了解自我照顧的價值，但他並沒有發展有效的自我照顧計畫。Moffatt 表示，他的自我照顧習慣充其量是薄弱的，但他確實定期運動，這對他幫助很大。然而，他睡得不好，通常不吃早餐或午餐。

Moffatt 的個人危機以和解告終，但他學到的教訓代價高昂。Moffatt 提供了以下建議，以幫助諮商人員在個人生活中的壓力事件似乎不堪負荷時如何避免專業耗竭。

- 在你真正需要接受諮商之前可以開始尋找諮商人員。不要讓羞愧和尷尬阻礙了你在人生的不同階段尋求個人諮商。
- 尋求督導，以檢視你的個人和專業能力。
- 良好的飲食、充足睡眠，適度運動。
- 不要忘記休閒活動和玩樂的價值。研究顯示玩樂有其益處；休閒活動通常可以幫助人們更有效地管理壓力。
- 當你經歷個人危機時，認清你不能期待自己還能保持高效能，要了解自己在個人和專業上的限制。

Moffatt 想傳達的關鍵是，照顧好自己不僅對你的健康有益，而且可以幫助你為案主提供更好的服務。他勇敢地分享他的艱辛旅程，以此提醒讀者避免犯了和他一樣的錯誤：「我希望，透過比我為自己所做的更好的準備，你可以準備好應對自己視野中不可避免的風暴」（p. 56）。

一、專業耗竭的形成之路

專業耗竭（burnout）是一種身體、情緒以及心理上精疲力竭的狀態，起因於持續而重複的情緒壓力，這種壓力與長期、強烈的涉入他人的狀況有關。專業耗竭的特徵是無助和絕望的感受，以及對自己負面的看法，也對工作、生活及他人產生負面態度。專業耗竭會導致個人抑鬱、士氣低落、孤立感、人格解體、降低生產力，以及應對能力下降。專業耗竭的形成通常與人

們在系統或社區機構中工作有關,他們經歷了與此類工作相關的壓力。

專業耗竭是持續且長期參與在有強烈需求的人們之下的最終結果,是一種心理、情緒和身體精疲力盡的狀態。導致專業耗竭的因素包括工作超負荷、工作條件差、缺乏掌控感、缺乏支持、獎勵不足、社區崩解、不公平以及重大的價值觀衝突。Maslach(2015)將專業耗竭的向度概念化為一個連續體:疲憊 vs. 活力,憤世嫉俗 vs. 投入,無效能 vs. 有效能。壓力是導致疲憊的關鍵因素,對工作本身和工作人員的負面反應可能會導致憤世嫉俗,而無效能是對一個人的成就做出消極反應的表現。專業耗竭通常是慢慢地開始,再透過幾個發展階段前進的一種持續性歷程。在助人工作生涯的開始階段,從業者往往受到高度理想主義的激勵,一旦當他們經歷到作為專業助人者不可避免的挫折和壓力時,他們的理想主義可能會開始減弱。

倫理困境、違反倫理的威脅以及容易受到醫療事故投訴的影響也可能帶來極大的壓力。Mullen、Morris 與 Lord(2017)研究了執業諮商人員在倫理困境中的經歷與其壓力和專業耗竭之間的關係。為了關注遭遇倫理困境的諮商人員的福祉 Mullen 及其同事建議諮商人員要考慮到面對和管理倫理處境的附帶成本,並承認此類經歷造成的壓力。他們指出對從業人員,接受和處理他們遇到倫理問題的情緒反應是很重要的,並建議在工作中融入因應策略來減輕工作壓力對個人的影響。

Lent 與 Schwartz(2012)進行的一項研究表明,社區心理健康門診諮商人員反映其專業耗竭比率明顯高於在住院環境中工作的諮商人員。由於這種工作的重點是給予、幫助他人,因此往往疏忽了自我照顧。Vilardaga 與他的同事(2011)識別出一系列導致成癮和心理健康諮商人員專業耗竭的種種困難條件:資金削減、服務提供的限制、不斷變動的認證和執照標準、強制性案主、特殊需求案主、低薪、員工流動、機構動盪和有限的職業機會。對於私人執業的助人者來說,專業耗竭的可能性也很大,他們與其他專業同儕幾乎沒有交流,也會遇到苛求或精神混亂的案主,或者幾乎沒有什麼工作之外的其他生活重心。

Skovholt(2001)區分出兩種專業耗竭:意義感的專業耗竭以及關懷性

的專業耗竭。如果你經歷的是意義感的專業耗竭（meaning burnout），表示對於照顧他人的工作已不能再給你足夠的生活意義與目標。你已失去工作的意義，你工作存在的目的也不明顯。如果你經驗到的是關懷性的專業耗竭（caring burnout），表示你與案主的專業連結正在消耗你的能量。關懷性的專業耗竭，來自於你的能量持續消耗的結果，以至於你毫無心力可給予。Skovholt（2012a）建議，諮商人員需要「學習同時做到全然投入且保持界線，並能夠策略性地連結、分離、重新連結」（p. 128）。一個以 17 項研究的統合分析顯示，對案主的過度涉入是專業耗竭症狀的主要預測因素（Norcross & VandenBos, 2018）。透過認知取向的一些原則應用於你的個人和專業生活，你可以學習兼顧如何有效地與案主連結同時也能夠與他們分離。

那些從事助人行業的人需要去看見他們所做的工作是有價值的，然而他們職業的本質就是往往無法看到立即性或具體的成果。這樣缺乏增強的情況下可能會產生削弱的影響，因為諮商人員開始懷疑他們所做的一切是否會帶來改變。當助人者發現越來越難全然地與案主同在，且需要以排練過的以及不帶感情的方式做出回應時，表示專業耗竭離自己不遠了。

與工作相關的壓力會導致嚴重的心理、身體和行為障礙。越來越多的研究顯示心理健康專業人員所承受的負向影響會出現像這樣的症狀，如：中度憂鬱、輕度焦慮、情緒耗竭，以及人際關係困擾。Norcross 與 VandenBos（2018）提醒我們，如果我們希望發展有效的自我照顧策略，我們需要承認助人專業工作的危險性：「心理治療師的自我照顧始於認識和準備面對這份工作中不可避免的危險。了解其各種風險能使我們更加清楚這個過程，使我們能夠有效地因應其負面影響」（p. 39）。Norcross 與 VandenBos 指出，專業耗竭並不必然會導致專業能力受損（professional impairment）。專業耗竭是可以被阻止和逆轉的，他們強調積極的自我照顧可以防止專業耗竭。助人工作者必須對專業耗竭的徵兆有所警惕，並需要投入自我照顧，以避免最終成為能力受損的執業者。督導可以在協助受訓者發展持續性的自我評估及自我照顧的練習中，發揮關鍵作用，從而降低專業耗竭和能力受損的風險

（Stebnicki, 2017）。

二、導致專業耗竭的個人因素

助人者也可能因自身的因素造成專業耗竭。某些人格特質及特徵會增加專業耗竭的風險。一些個人因素，例如：強烈的需要被認可、覺得不被賞識、努力追求不切實際的高遠目標、感到高度未解決的焦慮以及消極或悲觀的態度，都會增加專業耗竭的風險。

感到被需要。在第一章我們談論到助人者被需要的需求。這樣的需求可能有助於你，也可能對你不利。在思考及照顧那些需要你的人，需要消耗相當大的能量。當你開始從事助人工作並發展你的業務時，你可能因為人們會尋求你的協助而受寵若驚。更確切地說，能被尋求協助與被需要讓人感受到肯定。所以，有些助人者很難休假，尤其當他們確信案主若沒有他們就無法運作時。這些助人者忘記了他們自己也有需求，這些需求可能沒有得到滿足，因為他們對他人的投入與承諾已經壓垮他們的生活。就你的身體、心理及情緒上的健康而言，在不付出代價的情況下，你所能承擔是有限的。堅定而健康的界限是自我照顧的重要元素，可以作為防止專業耗竭的緩衝劑。

感到不被欣賞。專業耗竭的助人者，一個主要的議題在於沒有感受到自己或自己的工作被認可，他們很少獲得正向回饋，也沒感覺到有人感謝他們專心致力的投入。你也許真誠地投入幫助他人，然而你的努力有時似乎微不足道。你會聽到比較多的是關於你做不好的部分以及你的不足，而不是你做得好的部分。如果在工作中缺少被欣賞，經過一段時間後你會很難知道自己所做的事情是否真的對他人產生影響。這個過程往往會磨損你的理想和熱忱，而導致士氣低落。

感到不堪負荷。有時你可能被期待承接繁重的工作量，要求接更多的個案、提供越來越多的服務內容，以及在更短的時間內做更多的事情，這可能會導致一種幻滅感。在一些機構中案件量可能多到不合理，無論你多麼有效

率，也不太可能完成所有期待的工作。你也許會感到孤立無援，並認為沒有人會理解或關心。如果你也被家庭和其他外在責任壓得喘不過氣來，這些感覺可能會擴大到涵蓋你整個生活。

感到沮喪。專業耗竭的一個重要因素在於你的理想對你是正面還是負面影響。根據我們的經驗，那些給自己設定不切實際的高目標的人也往往對他人抱有很高的期望。只要助人者對他們努力的成果感到滿意，他們就會一直保持高度的活力。多數從事心理衛生的專業工作者，一開始吸引他們進入這個行業很大部分的原因，是因為他們希望能對他人的生命帶來有意義的改變。專業耗竭的一個徵兆就是這些理想趨於黯淡，同時也對工作喪失了熱情和參與感。當助人者的努力得不到認可時，他們就可能變得沮喪氣餒。

當你接觸到因你的熱忱感到威脅而憤世嫉俗的同事時，理想主義就更有可能失去光澤。當你周圍的人不斷破壞你為改變現狀所做的努力時，要維持住你的創意與活力是很困難的。如果你經常聽到關於你想創造改變的提案是行不通的，而且如果你的想法未獲得實質的支持時，你相信你可以有所作為的信念可能會消失殆盡。如果你從別人那裡得到大量的負面反應，你可能會變得自我批判，並懷疑你是否對那些你應該要協助的人有任何影響。當你對自己挑剔和不友善，通常你也會如此對待他人。

如果你在一個有害的環境中工作，對你比較好的方式，是在你現有的工作環境中積極尋求一些支持性的資源，不然就是遠離它。該機構不太可能為你提供這種支援。你可以邀請同事和你一起抽出時間進行定期會議以提供相互支援。在理想主義與現實主義之間取得平衡，對於作為助人專業工作者的生存是非常重要的。

長期接觸不被認可、沮喪和憂鬱的案主，往往會導致助人者以負面的方式看待所有助人關係中的求助者。那些與需要高度耗費心力的案主一起工作的人，可能特別脆弱而容易感到氣餒甚至演變成專業耗竭。依據 Maslach、Jackson 與 Leiter（1996）設計的專業耗竭量表，一群研究人員針對了從事飲食失調治療工作者專業耗竭的人口統計和工作有關的相關性進行調查

（Warren, Schafer, Crowley, & Olivardia, 2013）。他們發現「超過 45% 的參與者報告指出，抗拒治療、與自我的協調性、高復發率、對患者生存的擔憂、情緒消耗、缺乏合宜的財務補償以及額外的工作時間在一定程度到很大程度上導致耗竭的感受」（p. 1）。沮喪氣餒的從業人員可能變得漠不關心，開始對他們的案主出現貶損的評論，忽視他們並希望遠離他們。缺乏人性（dehumanized）的回應是專業耗竭的核心要素。

第七節 能力受損的專業人員

如果不解決專業耗竭問題，可能會導致助人者成為能力受損的專業人員。能力受損（impairment）可以被視為一種疾病或嚴重的心理消耗的呈現，這可能會阻礙專業人員提供有效能的服務，導致助人者始終無法達到可接受的工作標準。許多其他因素也會對專業人員在個人或專業上的效能帶來負面的影響，包括成癮行為、藥物濫用以及身體疾病。能力受損的專業人員（impaired professionals）無法有效地因應壓力事件，他們也無法充分地履行其專業職責。這些專業人員內在的衝突不斷地被案主所談及的素材引發，可能會試圖以穩定自己的狀況而非促進案主的成長來做出回應。

能力受損的從業人員很顯然會加劇案主的痛苦，而非減輕它。因為能力受損的一個常見特徵就是否認，所以專業同行可能需要以尊重和敏銳的方式面對一個能力受損諮商人員的行為，表現關懷的同事將有助於協助能力受損的從業人員突破他們的否認。

一、能力受損的倫理守則

能力受損的助人者願意承認並處理他們的能力受損是倫理上的責任。大多數各職業的倫理守則都特別提及專業人員能力受損的倫理層面，並提到自我照顧是一項基於倫理必要義務。全國社會工作者協會的倫理守則（NASW, 2017）強調以能夠勝任的方式履行個人專業責任：

社會工作者不應允許他們私人的問題、心理社會困擾、法律問題、藥物濫用或精神健康上的困境干擾他們的專業判斷和表現,或危及他們負有專業責任的人們之最佳利益(4.05a.)。

美國諮商學會(ACA, 2014)為助人者提供了以下處理能力受損的步驟:

諮商人員應監測自己是否有因身體、精神或情緒問題而產生的能力受損徵兆,並在能力受損時避免給予或提供專業服務。他們應尋求協助處理已達到專業能力受損程度的問題,並在必要時限制、暫停或終止其專業職責,直到確定他們可以安全地恢復工作。諮商人員應協助同事或主管認識到自己的專業能力受損,並在有正當理由的情況下為表現出能力受損徵兆的同事或主管提供諮詢和協助,並在適當時介入,以防止對案主造成立即的傷害。(C.2.g.)

美國心理學會(2017a)呼籲監控個人問題的影響:

當心理從業人員意識到個人問題可能對他們工作相關的職責履行有一定程度的干擾時,他們應採取適當的措施,例如尋求專業諮詢或協助,並決定是否應該限制、暫停或終止他們工作相關的職責。(2.06.b.)

美國婚姻與家族治療協會(AAMFT, 2015)的標準要求助人者監控自己的行為:

婚姻和家庭治療師必須為可能損害其工作表現或臨床判斷的問題尋求適當的專業協助。(3.3.)

心理健康專業人員倫理守則的一個共同主題是,助人者必須監控自己的行為,並覺察到他們的個人問題會如何干擾他們執行專業活動的能力。專業耗竭是一種內在現象,只有在其晚期階段才會被他人明顯察覺;因此,要特

別注意認識到自己的限制。理想情況下，專業人員自己會意識到需要協助，並採取措施處理使他們陷入功能失調模式的問題。但你不需要獨自面對；向你的同事尋求支持和協助。此外，探索你的機構是否有可取得的寶貴資源，以幫助你維持你的效能。

第八節　預防專業耗竭的策略

有許多途徑可用於對抗專業耗竭和防止能力受損的情況，你可以在個人層面做很多事情來減少能力受損的機會或使自己恢復。你如何處理你的工作以及你從中得到什麼，比你做了多少來得更重要。終歸而言，是否經歷專業耗竭取決於你能否有效監測工作壓力對你的影響，以及你如何選擇處理內部與外部所帶來的壓力。

如果我們不提到組織機構有權力和資源可以做很多事情來防止專業耗竭，那將是我們的疏忽。機構可以在工作場所提供幼童照顧服務，創建支持團體，提供員工諮商服務，為員工在休息時間提供健身鍛鍊的機會。創造一個正向的工作環境可以提高員工的工作產能。當助人者感受到組織機構關心他們的福祉時，他們往往會對自己和工作場所中的其他人產生正向的感覺。

一、你對自己擁有控制權

正如本章前面提到的，你可以透過對事件的解釋來創造自己的壓力。雖然你不能總是控制這些事件，特別是當你必須忍受壓迫的狀況時，你可以控制你如何因應它們，以及採取什麼樣的態度來面對它們。採取預防措施來減輕導致專業耗竭的壓力源可能會導致降低缺勤率、減少疲勞感、對案主有更好的關懷品質，並提高工作滿意度等結果（Lent & Schwartz, 2012）。至關重要的是，你要敏銳的察覺自己正在被耗盡的警訊，並認真對待你自己對於被滋養和認可的需求。Kottler（2017）指出，我們可能會注意到同事何時失去活力並表現出典型的專業耗竭跡象，但對於許多心理健康專業人員來說，辨識專業耗竭的跡象和症狀更加困難。這裡有一些技巧，可以透過積極地參

與在各個層面的自我照顧來預防專業耗竭。

- 檢視你的行為，以確定你正在做的事情是否對你有用。問問自己：「我正在做的事情是我真正想做的嗎？如果不是，我為什麼要繼續朝這個方向走？」「我正在做的事情是否可持續，或者如果我繼續以這個步伐前進，我最終會面臨專業耗竭嗎？」回答了這些問題後，決定你願意採取哪些行動來得到你想要的結果。
- 審視你的期望，以確定它們是否實際可行。用現實來調和你的理想，以避免持續的挫敗感。
- 提醒你自己，只是因為你可以做某事並不意味著你應該做某事。
- 你可能期望你自己可以滿足所有人，而且你必須隨時都為任何需要你的人提供服務。無論你必須為他人提供多少幫助，你能給予什麼以及案主會接受什麼都是有限的。確認你的限制，並學習在這樣的範圍內工作。
- 在工作和教育計畫之外尋找其他意義來源。你是否從靈性或參與信仰的活動中獲得生命的意義？與大自然產生連結或參與旨在保護環境的活動對你來說重要嗎？你是否在發展新的才能或技能以及進修新的學習領域課程來擴展你的心智思維並從中找到了愉悅和意義？這些活動和興趣至少可以幫助你暫時擺脫工作壓力，並在生活中建立一些平衡。
- 注意你的身體、心理和精神需要什麼來減輕壓力。這可能包括身體活動、良好的營養、充分的休息和放鬆、與朋友和親人的聯繫接觸以及某種形式的正念練習等等。
- 你的工作或教育計畫中可能有一些不愉快的部分很難改變，但你可以改變處理工作的方法，找出調整時間表的方式以減輕你的壓力。
- 採取「感恩的態度」（匿名酗酒者的說法）。積極尋找讓人感恩或欣賞的事物，無論多麼微小。練習感恩與良好的身體健康與幸福感受有關（Cormier, 2018）。感恩的態度能將我們從狹隘地關注錯誤

和匱乏轉變為從益處和富足的寬廣視角來看待（Dalai Lama & Tutu, 2016）。

- 學習正向積極的藝術，練習以正向積極的詞語重新框架令人沮喪的環境、互動或事件。
- 當你想到所有的事情都無力改變時，很容易變得不知所措。相反地，專注於你有能力改變的工作或實習安排的部分。
- 同事或同學的陪伴可以成為一份很棒的資產，他們可以為你提供新的資訊、見解和觀點。主動發起並創建一個支持小組，以便你的同事或同學有機會互相聆聽交流並提供協助。
- 辨識專業耗竭的早期徵兆並採取補救措施。最好是將你的力氣用於預防這種情況，而不是發生了再來治療它。

你可以在個人層面做很多事情來減少能力受損的機會或使自己恢復。在你日常工作中尋求變化，從事多樣化的個人和專業活動可以增加你的活力。

我們認識的一對伴侶，都是受僱於一家機構的社會工作者，他們不斷提醒自己不要被無數的要求給壓垮，也不要忘記自己還待在這個工作的原因。他們接受自己不可能做到任何想做的一切，他們創造性地尋找改變活動的方法。他們與兒童及成人工作、共同帶領團體、督導實習生及專業人員、教學、管理方案、提供在職演講等。當機構工作人員以狹隘而瑣碎的方式行事時，因著某部分的幽默感，他們已經形成一種寬容的觀點看待。他們通常評估自己的優先事項並保持界線。可以肯定的是，這不是一件簡單的事情，這涉及到對自我評估的承諾以及對改變的開放度。在某些情況下，最終的解決方案可能是換工作。

二、採取行動改變：設計行動計畫

你無法一直給予而不補充自己的儲備。但是，僅僅認識到自己不能成為一個萬能的給予者是不夠的；你需要一個行動計畫並承諾執行這個計畫。有效的行動計畫可以幫助你管理生活中的壓力。Wubbolding（2017）應用現實

治療法的技術來創立產生積極結果的行動計畫，Wubbolding 將這些確定的特徵標示為幫助你實現目標的途徑：

- 好的計畫是切實可行的，是積極的而非消極的，並且取決於你而不是其他人。儘管計畫需要明確、具體和可測量，但它們應該具有彈性並且可依情況進行修訂。
- 計畫包括以過程為中心的活動，例如參加運動計畫、開始冥想練習、選擇營養食品、參加某種社區服務以及開始學習音樂。
- 好的計畫描述了積極的行動進程或明確說明你願意採取的行動。即使是小計畫也可以幫助你邁出實現期望變化的重要一步。
- 儘快執行計畫：「你今天願意做些什麼來開始更好地管理你的壓力？」
- 有效的計畫可以根據需要來修改。當你執行你的計畫後，對其進行評估並做出你認為必要的修訂是很有幫助的。

你如何將有效計畫的特質應用到你自己的生活中？評估你目前自我照顧的狀況，並考量你最想做出的具體改變。問問自己，「我現在能制定哪些計畫，可以帶來更令人滿意的生活？」在確定你希望自我照顧計畫的具體內容後，設計一個計畫來幫助你獲得你想要的結果。

第九節　在個人和專業上保持活力

你可以從整體的觀點做些什麼來促進生活中的健康與福祉？Skovholt 與 Trotter-Mathison（2016）指出，那些從事助人工作的人是專業工作中單向關懷（one-way caring）的專家，他們呼籲我們反思個人生活中有多少單向關懷的關係。他們鼓勵助人工作者在個人生活中尋求平衡，以平衡太多單向關懷的專業關係所帶來的失衡。

一、自我照顧不是奢侈品，而是一種倫理責任

如果諮商人員不實踐心理上的自我照顧，最終他們將缺乏與案主專注同在所需的精力。Skovholt（2012a, 2016）強調，成為一位有韌性的心理從業人員與健康有關，如果我們期待擁有與案主有效工作所需的能量，這是一種必要的狀態。為了能夠致力讓案主的生活有改變的可能，我們需要滋養自己。如果我們沒有找到持續實踐自我照顧的方法，就很難保持我們的活力。Norcross 與 VandenBos（2018）指出，「自我照顧不是一種自戀的奢侈品，可以在有時間時完成；它是一種人類需求，是臨床上的必要條件，也是倫理上的責任」（p. 15）。簡而言之，自我照顧不是奢侈品，而是一種倫理責任。如果我們疲憊不堪又消耗殆盡，我們就沒有什麼可以給那些需要我們時間和我們在他們身旁的人了。Wise 與 Barnett（2016）強調，如果我們要為案主提供他們應得的專業服務，我們必須願意採取措施保護我們有效的運作。

普遍認為有助於助人者良好運作的因素，包括自我覺察和自我監控；來自同儕、配偶、朋友、指導者和同事的支持；堅定的價值觀；以及有時間能留給家人和朋友的平衡生活。健康的人致力於創造一種生活型態，有助於照顧他們的身體，在智性上接受挑戰，能表達他們的各種情感，找到有益的人際關係，並尋求能為他們的生命指引方向的意義。這種達到健康幸福的整體取向，需要關注我們生活方式的特定面向，包括我們如何工作和休閒、如何放鬆、如何吃以及吃些什麼、如何思考和感受、如何保持身體健康、運動習慣、與自己和他人的關係、我們的價值觀和信仰，以及靈性層面的實踐。如果我們忽略或忽視了其中一個或多個部分，我們就會在最佳功能的運作方面付出代價。

二、追求健康的生活方式

健康不僅是一種生活方式的選擇，還是一個終生的自我照顧過程，這是有意識地承諾以各種方式照顧自己的結果。健康不只是沒有疾病，最好將

其視為一種貫穿整個生命週期的整體健康方法。目標是發展各種自我照顧策略以解決人們運作功能的各個面向。Norcross 與 VandenBos（2018）認為「心理治療人員應該採取多種自我照顧策略，無需受制於理論的束縛」（p. 12）。

健康作為一種生活方式包括確定個人目標，優先考慮你的目標和價值觀，確定可能阻止你實現目標的任何障礙，擬定行動計畫，然後致力於執行你的計畫以實現你的目標。這聽起來像是一條通往健康的簡單途徑，但我們許多人發現很難將這個計畫付諸實踐。實現健康需要努力，而達成結果往往很慢。健康不是一次性的決定，這是一個做出一系列決定的過程，這些決定會給我們整個人的存在帶來熱情、平靜、活力和幸福感（Corey, Muratori, Austin, & Austin, 2018）。

更廣泛地說，自我照顧諮詢可以為許多案主提供所需的幫助。在 *In Wellness Counseling: A Holistic Approach to Prevention and Intervention* 中，Ohrt、Clarke 與 Conley（2019）描述了一個基於優勢和預防的計畫，關注整體的個人（包括心智、身體、靈性、情感與連結）。他們的目的是：(1) 為健康諮詢提供理論背景和實證支持；(2) 探索當前的健康趨勢；(3) 提出健康概念在臨床應用的策略，以及 (4) 描述健康諮詢適合特定人群和環境的方式。健康諮詢適用於整個生命週期，並且適用於案主帶到治療中的各種問題。「將保持健康放在諮詢的第一線可能有助於減少接受諮詢的汙名，潛在地導致更多人尋求和接受服務」（p. 5）。健康諮詢是多功能的，它是跨理論的並尊重改變的過程。

三、老年期的健康

在生命早期做出的生活方式選擇會影響我們在生命後期實現的健康程度。Fullen（2019）認為，最好在多種向度和全人的架構中理解老年期的健康。根據廣泛的學術文獻綜述，Fullen 描述了一個由八個健康向度組成的架構，可用於指引健康知情（wellness-informed）的臨床實踐和未來關於老年期健康的實證研究：

1. **發展性的健康**（developmental wellness）包含培養對於老化的健康、實際的態度。要想活到老，就需要相信生命持續到晚年的生活仍然有其價值。
2. **認知健康**（cognitive wellness）需要的因素像是掌控的需求、自我效能感以及參與促進大腦健康和終身學習的活動等。彈性是一種具可塑性的特質，與認知健康有關。
3. **身體健康**（physical wellness）是晚年主觀幸福感的重要預測指標。這個向度包括飲食和運動，以及人們是否認為自己在照顧身體健康的程度。
4. **情緒健康**（emotional wellness）是讓老年人保持希望並且在面對與衰老相關的挑戰時經驗韌性（resilience）的關鍵因素。在晚年能夠有效地應對壓力源可以提高生活的品質。
5. **靈性健康**（spiritual wellness）包括人類對生命意義的需求。研究顯示，從宗教或靈性感知上獲得意義的老年人在生活滿意度、自尊、樂觀和主觀幸福感的提升具有更高的評分。
6. **關係健康**（relational wellness）意指與朋友、伴侶、家人和其他人建立關係的需求。有意義的人際關係提供了對他人很重要的感覺，並讓老年人有機會為他人提供支持。
7. **職業健康**（vocational wellness）與為老年人的每個階段找到自己的使命有關。儘管正式工作可能會結束，但許多老年人透過兼職工作、志願服務和持續工作找到意義。當老年人能夠利用他們的才能回饋他人時，他們可能會進入一個新的使命，這能夠提供持續的目標感。
8. **情境健康**（contextual wellness）是指財務狀況和生活環境。沒有足夠的財務資源會對生活品質產生負面影響。老年人經常面臨新的生活環境挑戰。當環境能提供支持時，老年人更有可能體驗到更高的生活品質。

Fullen 主張，成年期的健康最好由老年人主觀地定義。與其將客觀的健

康視為固定不變的實體，不如以合作、靈活彈性並適應個別差異的方式促進整體健康。從一個生命週期的觀點，考量的是生命各個階段與健康有關的習慣能否持續與連貫。如果你在早年致力於健康的生活方式，那麼隨著年齡的增長，享受生活的可能性將大大提高。

第十節　促進健康的治療性生活型態改變

大量的研究和臨床證據支持治療性生活型態改變（therapeutic lifestyle changes）的價值：運動、營養和飲食、接觸大自然、人際關係、消遣娛樂、放鬆、壓力管理、宗教或靈性參與以及為他人服務。Roger Walsh （2011）對這些促進案主健康的治療性生活型態改變（TLCs）提供了全面性的回顧。Walsh 認為，TLCs 有時與心理治療或藥物治療一樣有效，TLCs 具有顯著的治療優勢，例如增強健康和福祉。對於心理健康提供者來說，將積極的自我照顧納入他們的日常生活也是至關重要的。許多 TLCs 是令人愉快的，並可能成為健康的自我維持生活模式。

一、正念作為自我照顧的途徑

正念（mindfullness）是「接受當下經驗的覺察」（Siegel, 2010, p. 27）。它與同時做多件事情相反。透過正念練習，我們可以學習一次專注於一件事，並在分心時將注意力帶回當下。透過覺察我們內在產生的思想、情緒和感覺，我們可以減少對痛苦情緒和想法的反應，從而引領我們進入一種更具適應性的意識狀態（Brown, Marquis, & Guiffrida, 2013）。正念包括培養以好奇和慈悲關懷且不帶批判的態度面對當下的經驗。透過正念練習，我們可以訓練自己有意識地專注於我們當下的體驗，而非沉湎於過去或過度關注未來。活在當下可以讓我們充分意識到我們正在從事的任何行動，並且與他人在一起時能完全同在。正念不只侷限於正式練習的時段；相反地，它可以成為我們在日常生活中實踐的一種生活方式（Corey, Corey, & Muratori, 2018）。

透過正念的練習，助人專業工作者能夠學習通往悲憫關懷（compassion）的途徑，而這是與治療性存在相關的個人特質。正念可以提升記憶力、心理彈性和專注力，有助於減少悲憫疲憊（compassion fatigue）和專業耗竭（burnout）。因為正念包含暫停評價，它增加對生活中正向因子的認可。正念還可以增加直覺、洞察力、同理心和悲憫心（Hays, 2014）。從積累的研究證實了正念對心理健康專業人員帶來多種自我照顧的好處（Norcross & VandenBos, 2018）。

一個可以了解更多關於將正念應用於日常生活非常好的資源請參閱 The Mindfulness Solution: Everyday Practices for Everyday Problems（Siegel, 2010）。有關此主題的更多資訊請參閱 The Healing Power of Mindfulness: A New Way of Being（Kabat-Zinn, 2018）。

二、冥想

冥想是一種將注意力引導到單一焦點的過程，藉此增加我們內在的覺察而能讓自己回到當下的一種方式。這種練習可以提高我們的專注力和思維模式，目的是消除雜念和放鬆身體。基本上，冥想就是靜止不動，專注在我們的思緒，並試圖清理和安定我們的心智。冥想是一種注意我們的想法和感受的練習，承認它們只是想法和感受，並輕柔地將注意力引導回我們的呼吸上（Hays, 2014）。

透過縮小我們注意力的範圍，通常會明顯的提升存在感。冥想對健康有很多好處，包括清理我們的思緒、減輕壓力和焦慮，以及為我們的日常生活帶來愉悅。達賴喇嘛曾說過，即使是為他人的福祉進行十分鐘的冥想，也有助於提升他們的愉悅。「當我們閉上心扉時，我們無法感到快樂。當我們有勇氣敞開心扉生活時，我們能感受到自己的痛苦和他人的痛苦，但我們也能夠體驗到更多的快樂」（Dalai Lama & Tutu, 2016, p. 251）。冥想有助於清理紛亂的思緒，使我們能夠更清晰地感知現實（Corey, Corey, & Muratori, 2018）。

有關科學教給我們關於冥想的更多資訊請參閱 Daniel Goleman 與

Richard Davidson（2017）的 *Altered Traits: Science Reveals How Meditation Changes Your Mind, Brain, and Body*（中譯本《平靜的力量》，雷淑雲譯，天下雜誌）。作者介紹了冥想可以為人們帶來的變化以及如何從練習中獲得最大收益。

三、呼吸和放鬆

停止我們緊張忙亂和一心多用的工作，最好方法之一是學習和練習正確的呼吸方式。呼吸是一種控制躁動、恐懼、焦慮和憤怒的有效方法。現在花幾分鐘時間覺察你的呼吸，雖然呼吸是我們最自然的本能，但我們許多人已經忘記了如何正確呼吸。只需緩慢而深長地呼吸，吸氣和呼氣，並專注於呼吸的感覺和聲音。重新學習正確的呼吸方式對你的健康產生顯著的影響，並有助於提升你放鬆的能力。當你能夠正確地呼吸時，你能夠更充分地放鬆（Corey, Corey, & Muratori, 2018）。而呼吸是正念和冥想的重要組成部分。

四、自我關懷是關懷他人的途徑

自我批判會增加我們的壓力，阻礙生產力，並妨礙我們享受生活。自我關懷可以增進我們自身的福祉以及我們與案主建立的治療關係。自我關懷（self-compassion）包括培養關心、不評價、接納和善待自己的態度。「透過自我關懷，我們成為自己內在的盟友，而不是內在的敵人」（Neff & Germer, 2018, p. 9）。Neff's（2011）從事自我關懷的研究並強烈表明，自我關懷的人比自我批評的人過著更健康，更有生產力的生活。他們體驗到更大的幸福感，這包括更多的快樂、生活滿意、自信和身體健康。關鍵是要努力做到自我接納，並設定務實而有意義的個人目標。Patsiopoulos 與 Buchanan（2011）指出「我們希望諮商人員的自我關懷實踐能促進富有關懷和療癒的工作環境，在這種環境中，諮商人員既能照顧自己和彼此又能提供給案主優質的關懷服務」（p. 306）。

學習自我關懷和自我接納是改變生活的起點。要善待他人，我們必須先善待自己。如果我們能夠為自己創造一種富有同理關懷的存在方式，我們就

很有可能對我們的案主表現出同理關懷。Norcross 與 VandenBos（2018）寫道「自我關懷可以撫慰我們內在的批判聲音，使我們重新導向為正向積極，增強對案主的同理心，並促進所有相關人員的療癒」（p. 175）。我們批評和挑剔的聲音給我們帶來了破壞，對抗這種批評聲音的一個有力工具是努力獲得富有同理關懷的聲音，這為我們自己和他人打開了心房和積極思考的可能性（Hays, 2014）。

如果你有興趣閱讀更多關於自我關懷的資訊，請參閱 *Self-Compassion: Stop Beating Up on Yourself and Leave Insecurity Behind*（Neff, 2011）。另請參閱 Neff 與 Germer（2018）的工作手冊 *The Mindful Self-Compassion Workbook*（中譯本《自我疼惜的 51 個練習》，李玉信譯，張老師文化）。

五、身體活動的自我照顧

為了提升整體健康，我們可以為自己做的最重要的事情之一就是將身體活動（physical activity）和規律運動（regular exercise）融入我們的日常生活中。規律運動是實現身體健康和保持健康的核心部分。它有助於預防疾病，促進健康，延長和改善生命，而且是減少壓力帶來負面影響的一種方法。從認知的角度理解壓力非常有用，但身體活動和運動對於照顧自己，無論是在身體還是情緒層面上，都至關重要。運動的心理益處包括提升自我效能感和自尊，以及阻斷負面想法和反芻思考（Walsh, 2011）。如果我們的情緒低落，僅僅分析我們的認知是不夠的。如果我們希望改變情緒，做一些身體活動通常是必要的。事實上，有很多的文獻顯示身體活動是作為壓力管理和整體健康的一個重要方法。

儘管我們可能知道運動的好處，但我們許多人告訴自己和他人，我們太忙了而沒有時間去運動，從事運動是我們生活中可以控制的一個面向，我們建議你找到適合你的年紀、身體狀況和生活環境，以及你希望持續地成為你生活的一部分的運動。許多研究顯示，運動可以幫助人們處理心理健康問題並提升幸福感，但還是存在風險。過多的運動可能會對心理健康產生負面影響（Cohut, 2018）。設計一個適合你的計畫，可以將風險降至最低，並最大

化你的整體健康效益。如果你選擇一種你喜歡的運動方式，你很可能會承諾規律地進行這項活動，這樣做有助於改變你的生活。

六、飲食與營養

大量證據指出營養在身體心理健康中發揮著關鍵作用（Walsh, 2011）。雖然我們很容易對目前可取得的飲食和營養資訊感到不知所措，但我們需要成為知情的消費者，以確定我們如何為自己提供營養。如果我們的主要飲食不佳，我們就沒有能量來滿足日常生活的需求。不規律和不協調的飲食模式對許多人來說是一個營養問題。如果你發現養成健康的飲食模式是一個挑戰，你可以考慮諮詢營養師。健康的營養習慣不必花費大量時間，透過學習如何聰明地吃並且吃得好，如何控制體重，以及如何保持身體健康，我們可以開始邁向健康生活的終生過程。透過建立健康的飲食習慣，我們提高了保持活力的能力，這是我們為案主提供優質服務所必備的（Corey, Muratori, Austin, & Austin, 2018）。

七、親近大自然

城市化和科技往往使我們遠離自然世界。讓自己沉浸在大自然中可以帶來許多好處，作為增強身心健康的途徑，大自然可以作為治療上的夥伴。Phillips（2018）建議諮商人員考慮將大自然（nature）帶入治療工作的方法，並主張「諮商人員不必成為極限冒險的嚮導，就能幫助案主體驗一些與大自然重新連結所帶來的心理和情緒的健康益處」（p. 26）。

與大自然接觸是一個管理壓力和提升幸福感的理想方式。它可以增強自尊、提振心情、促進放鬆。Walsh（2011）肯定的說，大自然可以使身心安定、減輕壓力、消除無關緊要的思緒，並喚起生活中最重要的事情。Walsh 提醒我們，親近大自然可以帶來寧靜的禮物。他指出，在全球城市化和科技的熱潮中，心理健康專業人員向大眾提倡花時間親近大自然就更加迫切重要。達賴喇嘛建議，當我們每天至少在大自然中度過 30 分鐘時，健康和幸福感就會得到增強和支持。我們在大自然的時間越多，我們的感受就越好。

八、人際關係和幸福感

我們如何從內在回應我們的環境和信念，直接關係到我們的自我照顧和我們在專業角色中的效能。如果我們忽視照顧自己，我們照顧他人的能力就會受到限制。我們選擇的人際關係對我們的世界觀和我們的專業工作有著深遠的影響。良好的人際關係對身心健康至關重要（Walsh, 2011），建立充實和支持的關係可以對我們的幸福層次有正向的影響。Hays（2014）將健康的人際關係視為自我照顧的核心，並表示「健康、相互滿足的人際關係是幸福感的最強大因素之一」（p. 10）。

九、宗教/靈性參與和生命意義

宗教和靈性參與可以是自我照顧的重要部分，並幫助你用更廣闊的角度看待生命。越來越多的科學證據顯示，信仰和靈性可以提供內在的力量和平靜來源，並提升你的幸福感（Hales, 2017）。Walsh（2011）確認宗教和靈性參與是生活方式的一個重要面向，把這些納入考量對心理健康從業人員是很有益的，無論是為了他們自己的生活還是用在與案主的工作中。他主張，宗教和靈性關懷對大多數接受治療的人來說至關重要，而宗教或靈性實踐是因應壓力的一個重要方法。Walsh 指出，當宗教和靈性參與以愛、接納和寬恕等主題為中心時，最有可能在治療中受益。

有許多證據顯示，宗教是分歧而非統一的力量。達賴喇嘛（2001）主張，所有宗教的最終目標是培養更好的人，展現出對他人的關懷和接納。儘管我們之間存在差異，但我們可以努力以關懷和仁慈對待彼此來使這個世界變得更美好。達賴喇嘛談到了核心精神價值，包括善良、愛、慈悲、寬容、耐心、知足、寬恕、人性的溫暖、關懷和善待自己等等的素質。我們應該反思這些觀點，以決定如何將這些行動融入作為我們關懷自己和關懷他人的一部分。

有關靈性作為通往意義的途徑更多詳細的論述，請參閱 Anna Yusim（2017）的書：*Fulfilled: How the Science of Spirituality Can Help You Live a*

Happier, More Meaningful Life，作者將西方醫學、心理學和神經生物學的宗旨與她在自身追求圓滿的個人旅程中學到的一些靈性原則相結合。

十、為他人提供服務作為一種生活方式

為他人提供服務是提高我們生活品質的治療性生活型態改變（therapeutic lifestyle changes）的方法之一（Walsh, 2011）。也許你一開始就被諮商這個工作所吸引，是因為你從幫助人們在迷惘掙扎中找到方向而獲得了滿足感和成就感。阿德勒學派心理學家認為社會興趣是心理健康的一項指標，主張我們需要藉由關注自己與他人的連結，超越自我的狹隘侷限，能為他人的生活帶來改變是許多從事助人專業工作者的動力來源。

作為自我照顧的一部分，反思你想為案主提供哪些服務，並思考你可以幫助他們為生活帶來什麼樣的潛在改變。我們常常會因為承擔幫助他人的職責而感到不堪重負。可能有幫助的是可以進行自我反思，了解我們如何以自己的方式帶來積極的改變。為了保護自己的健康，你可能需要對你「服務」他人的程度設定界限，但你們當中的許多人可能會因為尋找機會以新的方式為他人提供服務的想法而變得充滿活力。

十一、休閒在自我照顧中的角色

透過與工作無關的活動找到樂趣是我們健康的關鍵，也是減輕壓力和防止專業耗竭的一種方式。令人愉快的休閒活動，以及隨之而來的正向情緒，促進了一系列身體和心理上的好處（Walsh, 2011）。儘管你可能會覺得自己在工作中投入，但如果你很少休息並且未能發展其他興趣，可能會減少你作為助人者的效能。即使是有成就感的工作也需要花力氣，我們大多數人都需要工作之外的生活來獲得個人滿足感。休閒活動能創造新的興趣，這些興趣成為我們通往活力的途徑。我們許多人面臨的挑戰是如何平衡工作、家庭和休閒活動。我們需要提醒自己停下腳步，品味和享受那些滋養和恢復活力的經歷。運用一些想像力，我們可以發現不僅可以讓我們從工作中抽離，還可以增進我們與他人的關係的活動（Corey, Muratori, Austin, & Austin,

2018）。

第十一節　設計個人的自我照顧和健康策略

　　學習應對個人和職業壓力來源通常涉及在你的生活方式進行一些根本性的改變。在這一點上，花一些時間問問自己，如果有的話，你想做哪些基本的改變來促進你的健康。你個人的自我照顧策略是什麼呢？

　　使用以下建議來激發你思考預防或處理專業耗竭的其他方法。在你思考每一個建議後，使用以下代碼對每個建議進行評分：

3 = 這種方法對我來說非常有意義。

2 = 這種方法對我有一定的價值。

1 = 這種方法對我來說沒有什麼價值。

_____ 1. 追求自我照顧的途徑，如正念、冥想和深度放鬆。

_____ 2. 花點時間體驗大自然。

_____ 3. 尋找工作之外的其他興趣。

_____ 4. 從整體的觀點關注我的健康和福祉。

_____ 5. 確認我正在做的事情是有意義的或是無謂的消耗。

_____ 6. 留時間給自己做一些自己喜歡的事情。

_____ 7. 閱讀有啟發性的書籍，並嘗試一些個人性的書寫。

_____ 8. 在我的工作環境中嘗試變換新的活動。

_____ 9. 從家人與朋友中發現滋養的能量。

_____ 10. 在一天中安排短暫的休息機會。

_____ 11. 運用冥想作為保持專注和穩定在當下的一種方式。

_____ 12. 培養規律的運動計畫。

_____ 13. 建立健康的營養和飲食型態。

_____ 14. 安排時間睡覺和休息。

_____ 15. 在我的生活中尋求並保持平衡。

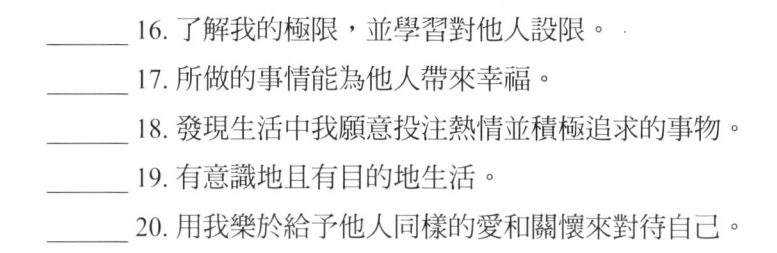

_____ 16. 了解我的極限，並學習對他人設限。
_____ 17. 所做的事情能為他人帶來幸福。
_____ 18. 發現生活中我願意投注熱情並積極追求的事物。
_____ 19. 有意識地且有目的地生活。
_____ 20. 用我樂於給予他人同樣的愛和關懷來對待自己。

　　承認你正在走向能力受損的路上，需要高度的自我誠實。你需要對細微的徵兆保持警覺，然後願意採取行動來補救必然會導致專業耗竭的情況。反思你可以如何在幫助他人的同時照顧自己。我們要再三強調的是，你依據你的省思中所獲得的覺察來採取行動有多麼的重要。

一、我們在自我照顧方面的個人經驗

　　我們很願意分享自己在對抗專業耗竭以及一些自我照顧的方法。首先，即使我們意識到專業耗竭的危險，並不代表我們可以對它免疫。在整個專業生涯的不同時期，我們有可能會面臨對工作意義的懷疑。我們都逐漸明白，答案不只是去除我們不喜歡的事情就可以了。我們非常喜歡我們專業上的大部分工作，但必須提醒自己的是，我們勢必無法接受所有自己感興趣且吸引人的方案工作。無論心理及經濟上的報酬多麼誘人，都不能彌補因過度安排的專業行程而導致的情緒和身體上的消耗。例如，我們曾經有一年在某段時間安排了太多的諮商團體工作，雖然這些團體工作就專業上是很有幫助的，但還是需要耗費很多的能量來組織和協助它們，最後我們只好開始減少帶領的團體數量。另一個例子是我們意識到，我們很多的「休假」與承諾的專業工作行程結合在一起，如：帶領工作坊或參加會議。儘管我們認為這種混合是一種還不錯的平衡，但我們仍然意識到，我們錯過了真正的休假──那些與任何專業工作承諾無關的假期。

　　另一種我們試圖防止專業耗竭及自我照顧的方式，就是注意我們過度負荷的早期警訊。我們參與各種專案並從事各種專業工作，這些對我們來說都是愉快和充實的。但是，我們要了解的是我們無法同時完成所有這些工作。

除了為他人提供服務外，我們意識到自己也需要同業人員的意見和回饋，因此為了我們個人及專業上的發展而參加工作坊和研討會。積極參與專業會議不僅是回饋他人的一種方式，也是我們與同行建立重要聯繫並向他們學習的一種方式。意識到我們的職業對我們的要求，我們要非常有知覺的活出一個健康的生活方式。因此，我們注重自己的營養習慣，無論有多忙，我們都會騰出時間做適當的休息與規律的運動。我們倆都承諾每天堅持運動，我們發現這種做法可以恢復活力。作為生活方式的一部分，我們決定住在一個偏遠的山邊社區，但是，這種偏遠性和忙碌的行程安排使得有時無法見到朋友和同事們。我們必須意識到，如此一來可能會度過將自己與那些對我們來說至關重要，並且是支持與喜悅來源的人際關係分離開來。

重點回顧

- 助人專業工作的風險之一在於助人者通常不擅於為自己尋求協助。
- 讓自己對於導致壓力經驗的內外在因素保持敏感。
- 想從你的生活中消除壓力幾乎是不可能的；關鍵的問題在於，「壓力在多大程度上控制了你，或者你控制了壓力？」
- 自我監控是發展有效的壓力管理計畫的第一步。如果你能辨識出導致壓力的情境，你就可以決定如何思考、感受和表現來應對這些情境。
- 一些非常有用的壓力管理法是認知取向的方法。包括改變你扭曲的自我對話、學習時間管理技能，並將其系統地應用到日常生活中。
- 學習辨識與因應專業耗竭真實狀況，是身為助人者重要的生存法則。長時間與他人密切接觸可能會導致身心疲憊不堪。
- 專業耗竭並非由單一的原因引起，而是綜合個人、人際之間以及組織機構的因素所造成。了解這些因素有助於你學習如何預防或因應專業耗竭的發生。
- 專業耗竭可能是機構對你施加許多要求的結果。學習在機構環境中有保有尊嚴地生存十分重要。
- 正如專業耗竭的發生來自諸多原因，如何預防它也有多樣的方式。

- 有效地因應壓力是減少成為能力受損助人者可能性的一種方式。
- 自我照顧不是奢侈品，而是一種倫理責任。
- 自我照顧計畫需要關注人類的身體、情感、心理、社會和靈性層面的功能。
- 身體活動不僅是一種生存也是一種茁壯成長的方式。運動計畫是管理壓力和幫助你保持活力的有效途徑。
- 正念練習是一種自我照顧方式，無論在個人還是專業上都非常有幫助。
- 具備較多自我關懷相較於自我批判的助人者過著更健康、更有生產力的生活。
- 健康是做出有助於健康生活方式的選擇過程，這包括選擇能帶來熱情、平靜、活力和幸福的生活方式。

你可以做什麼？

1. 列出生活中最具壓力的環境因素。一旦確認外在壓力源，在紀錄中寫下你可能會如何以不同的方式因應它們。你現在可以做些什麼來減少至少其中一些壓力來源？制定一個行動計畫並至少試行一週。考慮與某人簽訂合約，讓你負責採取行動減輕生活中的壓力。
2. 辨識出一些你沒有好好照顧自己的警訊。為了更好地照顧自己，你願意考慮採取哪些具體步驟？
3. 我們鼓勵你誠實地檢視生活中最有可能導致專業耗竭的因素是什麼。在許多專業耗竭的案例中，一個常見的共同點是責任問題。什麼方式的過度承擔責任，會導致專業耗竭的發生？
4. 如果你無法利用可用時間完成所有想做的事情，請考慮嘗試以下所提的時間管理策略。記錄你接下來一週所做的每件事情。在一週結束時，分別加總你花在個人、社交、工作以及學術活動上的時間。檢視你所有的行程，問問自己，是否以有意義的方式運用你所擁有的時間。
5. 安排與一位執業中的專業人士訪談，並問以下問題：「你在工作中面臨的主要壓力是什麼？」「你用什麼樣的方法應對這些壓力？」「對於預

防專業耗竭，你有什麼看法？」

6. 自我照顧和自我更新（self-renewal）包括對我們的身體、情感、心理、社會和靈性層面的全面關注。找出一些具體的方法讓生活可以達到更好的平衡，以持續你的自我更新歷程。在日誌中寫下關於你想要改變的模式，以增強你生活平衡的一些想法，然後運用本章討論的一些策略來擬訂一份能有助於你因應壓力的行動計畫。

7. 以下所列出的參考資料，其完整的書目資訊，請參考本書的參考文獻。關於專業耗竭和自我照顧策略的實用資源可以在 Skovholt（2001, 2012a）和 Skovholt 與 TrotterMathison（2016）中找到。有關壓力如何影響助人者的個人及專業生活之相關討論，請參閱 Kottler（2017）。有兩本關於自我照顧寫得很好的書，請參閱 Corey、Muratori、Austin 與 Austin（2018）和 Norcross 與 VandenBos（2018）。對於同理心疲勞，Stebnicki（2008）的著作有精闢的論述說明如何預防和處理。而 Corey、Corey 與 Muratori（2018）則是探討關於自我更新和保持活力的想法。而自我關懷（self-compassion）的論述，請參閱 Neff（2011）、Neff 和 Germer（2018）。

Chapter 14

管理危機：
兼顧個人與專業層面

Managing Crisis: Personally and Professionally

by Robert Haynes,* Marianne Schneider Corey, and Gerald Corey

| 謝艾美 譯 |

學習目標

1. 描述危機對情緒層面的影響。
2. 描述同理疲乏有哪些特徵。
3. 指出影響危機反應的因素。
4. 闡述復原力在因應危機情境時扮演什麼角色。
5. 討論危機管理涉及到認知、情緒和行為三個構面。
6. 第一序處遇和第二序處遇的差異。
7. 與身陷危機當中的案主工作的五個原則。
8. 指出從事災難心理健康工作所需具備的四項人格特質。

---

* 我們邀請到同事兼好友的 Robert Haynes 來主導本章的編修工作。他是一名合格的臨床心理學家，危機處遇正是他專業興趣和擅長的領域。他著有管理危機情境的自助手冊，目前正在與 Michelle Muratori 合作撰寫一本工具書，給因應壓力當中的諮商師和案主們使用。

焦點問題

1. 你對生活裡的危機掌握得如何?能面對問題果斷地處理?還是容易感到難以承受和挫敗?
2. 你曾遇過重大的個人危機嗎?例如親密的人死亡、離異、病痛、破產、房子被法拍與家庭危機。你怎麼因應的?這些危機可能還留有些未盡事宜,你有打算要處理它們嗎?
3. 如果你遇上了一場天然災害(例如火災、洪水、地震或颶風),你能好好善後嗎?
4. 在處理你自己的及案主的危機期間,你可知道自我對話的重要性?你是否覺查到你在高壓情境下的自我對話?這些內在語言對你來說是幫忙、還是幫倒忙?
5. 你認為自己是一個有復原力的人(a resilient individual)嗎?你是不是容易從壓力事件中迅速恢復?還是容易被壓力打擊而元氣大傷好一陣子?
6. 你會怎麼幫助案主變得更有復原力?你認為在幫助案主之前,自己需要先變得有復原力嗎?
7. 在與遭受洪水、颶風、地震、槍擊或炸彈攻擊事件的倖存者及社區工作之前,你需要具備哪些訓練和準備?
8. 危機處遇是一種短期的助人策略,特別針對受災社群中個體所面對的多重問題。你認為社區工作中最具有挑戰性的是哪些面向?
9. 你能想像自己投入災害心理健康領域嗎?倘若是,吸引你的是什麼?若不是,那麼你最在意的又是什麼呢?

Chapter 14 管理危機：兼顧個人與專業層面

第一節　本章目標

　　助人專業界有一項令人注目的新興領域，即災難心理健康諮商。這個運動是將諮商專業置於災難反應的最前線。災難可能發生在難以預料的情境或時機，很重要的是，助人者得隨時準備好去處理危機中的案主。我們的受訓學員中有許多人反映他們對危機工作裡的需求感到不知所措。所以，應該要讓這些工作者接受基本的危機處遇實務知能訓練。本章節提供這個高度專業領域一個簡要的介紹，不過在你畢業之前，你仍需要接受進一步的課程和訓練。

　　本章包含認識危機情境如何影響個體、學習對自己生命中的危機掌握得更好、以及一套足以應用在幫助案主因應生活危機的系統。後面還會談到復原力（resilience）在危機管理時所扮演的角色，也概括說明危機處遇在社區心理衛生體系裡的發展情形。

第二節　危機如何對我們產生影響

　　在生活和工作中，我們都經驗過壓力——一種源自於外部或內部的張力和壓迫感。壓力可以是急性的、也可以是長期的。多數情況下，我們能主觀地界定壓力程度從1（非常輕微）到10（非常高）。偏向高分的壓力情境可定義為危機，即「知覺或經驗到某個事件或情境，非常人所能承受地艱困，超出個人現有的資源和因應機能所及」（James & Gilliland, 2017, p. 9）。還有人定義危機是「一種高度壓力的事件或時機，人們難以承受，慣有的因應技巧無法正常發揮」（Webber & Mascari, 2018, p. 4）。根據聯合國國際災難消減策略（2009），將災難定義為「對社會運作的一種嚴重侵擾，導致大範圍的人、物或環境遭受損傷，遠遠超過該社會自身資源所能因應的程度」（p. 9）。Caplan（1964）是第一位提出危機處遇（Crisis intervention）作為壓力生活事件之後的處遇模式。文獻中指出「災難」有多重定義，依照它們

的屬性、類型和病因可分成自然災難、人為的及科技的災難這三類。危機與災難不同，諮商者在執業歷程中可能因其一或兩者問題被尋求協助。近20年來，尤其是在911攻擊事件後，災難心理健康諮商領域有了大幅度的成長。

美國聯邦緊急事件管理署（Federal Emergency Management Agency, FEMA）提供了回應緊急事件的標準化訓練。諮商及相關教育計畫認證委員會（CACREP, 2016）則是認可了災難、創傷諮商和危機管理能力是諮商師訓練與執業中的關鍵技術。至此，災難與創傷諮商工作不再僅專屬於災難工作者。回應遭受災難和大規模暴力事件的人們，已成為每一位諮商人員工作的一部分（Mascari & Webber, 2018）。作為一位新進助人者，說不定你曾有或從沒考慮過投入災難心理健康諮商領域。然而，你非常有可能會遇到災難生還者或曾經歷創傷事件的案主。即使你不是專精在這個領域，你仍要有所準備以防不時之需，這點很重要。

試想一個你生命中曾遭遇的危機：你當時怎麼反應？你能保持鎮定，好好思考對策嗎？你的應對是否有效且條理分明？還是整個人的想法和行動都亂了套？當你身為助人者，想像你在諮商情境中遇到危機：你當時怎麼反應？壓力很大嗎？在那個情境下，你的思緒和情緒如何？你覺得那時有幫到案主的忙嗎？你是怎麼讓情況好轉的？那次特別的經驗，對你個人帶來什麼衝擊？你回應危機的方式，將為你下一次遇到危機時的反應立下一個基準點。想要在危機中立即反應、復原以及快速發展出並實踐一個行動計畫，其實是很困難的。所以，你想自己還需要學習什麼？才能提昇作為一位助人者的能力，有效地幫助案主處理危機。

在參與危機工作中產生的個人損傷，對助人者有著莫大的衝擊。讓我們長期生存下來的關鍵在於，能在工作中關懷的、同理的治療性作為，跟下班後將自己從那些影響中抽離，兩種狀態之間取得平衡。當你一開始執業時，將工作中關注的事帶回家貌似正常，但長期下去很可能會造成損害。

有時候助人者會擔心自己在危機情境中做得還不夠。其實，我們能為案主做的是尊重和認知到他們面對的是什麼，讓他們自己講清楚。一旦案主說

他們自己的故事，我們要做的是傾聽、從他們的觀點來了解他們正在經歷些什麼。當案主表達自己的觀點時，我們同步評估他們當下的處境、發掘他們有什麼可用的應變資源。當案主奮力地想要讓生活回歸正常時，助人者願意與他們建立良好關係的這份心意是很療癒且必要的。我們感受到案主想往哪個方向去，以及他們在思考哪些行動選擇。在我們一開始接觸到遭遇危機的案主時，我們的臨在即是幫助，透過我們的話語、透過真誠的關懷和深度的同情心。臨在本身就有力量，甚至超越了我們為了改善情況可做的實際行動。

一、壓力與情緒疲乏可能導致耗竭

助人者接案時會面臨到各式危機情境，自身難免會受到這類強烈而急迫的工作的長期影響。替代性創傷會對助人者的個人及專業兩層面帶來負面衝擊。替代性創傷指的是一種因長期曝露於案主創傷經歷中，助人者也開始承接了案主創傷症狀的情形（James & Gilliland, 2017）。專業人員不斷傾聽案主的創傷、恐懼與極端失落的故事，常常會難以承受，漸漸地也經驗到害怕、痛苦、失落和受難等等這些與案主類似的經歷。雖然只是傾聽而已，然一次又一次聽取危機或創傷故事其實是會逆向地影響到助人者自身。助人者可能對世界、他人或關係產生不同的看法，也許變得更憤世嫉俗，新進的或受訓中的諮商師最容易受到這種影響。

像危機處遇這類第一線心理衛生工作者所承受的壓力，很常導致他們發生耗竭。有哪些壓力因子呢？像是無法充分參與到與工作有關的決策過程；覺得在工作上無法充分發揮自己的能力；感覺不被同僚們重視或支持；負擔許多規定、流程和文書工作；身處於不舒服和危險的工作環境中。曾有一個年輕社工，她在與一個謀殺受害者家庭進行危機處遇工作。雖然她會對案主表達關懷和同理，但這種工作性質還是深深影響她，開始考慮要離職。如同其他從事危機處遇的工作者，她學到耗竭是一種職業傷害，從事這類工作的助人者千萬不能忽視自我照顧的重要性。自我照顧需要借由有計畫的學習和實際操作來維持能量、帶來希望（詳第13章）。雖然每個人的自我照顧行

動計畫不盡相同，不過一定都會有規律的例行性自我照顧活動，才能維持助人專業中必要的活力。

　　與創傷經驗案主工作的專業助人者還可能經驗到同情疲乏（compassion fatigue），這是一種壓力反應症狀，導因於助人者關懷他人的能力，在持續累積的付出中耗損（Figley, 1995）。同情疲乏發生時，助人者會對幫助危機中的案主有著負面感受。不過這是可以治療的，照顧者也可以透過一些特定技巧和練習來增強復原力，預防它的發生（Gentry et al., 2018）。如同第一章提到，成為一位助人者背後的個人需求與動機必須要被檢視，不僅僅在訓練期間，而是在整個執業生涯中，以避免陷入耗損或同情疲乏之中（詳見 Linley & Joseph, 2007; Skovholt, 2012b; Smith, 2007; Stebnicki, 2008）。

　　生活在全球化與社交媒體興盛的時代，人們很難避開在地的、國內與國際壓力事件新聞持續轟炸。心理健康專業人員自己都疲於處理這麼多的壓力訊息了，他們同時還得花大量時間幫助案主處理同樣的壓力訊息。傾聽案主們大量談及創傷故事，形成的壓力可能導致諮商師的復原力或因應能力逐漸退化。Stebnicki（2008, 2016a, 2017）稱之為同理疲乏（empathy fatigue），跟同情疲乏、替代性創傷及耗竭有點類似。不過同理疲乏更聚焦於案主在日常中一天一天磨損的情形。Stebnicki（2017）相信對案主心理產生影響力的助人者，一定也付出相當的生理和情緒方面的代價，自身亦深受案主日常生活中充斥的巨大壓力、哀傷、失落、焦慮、沮喪和創傷所影響。經歷同理疲乏之後，實務工作者可能會進入到專業耗竭的狀態。Stebnicki 強調諮商師要預做準備，在心智、身體和精神層面準備好，使得他們在面對壓力情境中的案主時更具有韌性。Skovholt（2012a）相信諮商師需要達到所謂的同理平衡（empathy balance），意即能進入案主的世界而不會迷失。同理不足讓人感受不到關懷，但太多的同理可能讓實務工作者在案主的世界中迷失自己。

　　Peter R. Teahen 是一位心理健康諮商師，在 2010 年大地震重挫海地之後，他與一位護理師和牙醫師一同服務於海地太子港醫院的一個危機照顧單位（Tarvydas, Levers, & Teahen, 2018）。談到在 50 號病房號稱「近似惡夢一般」，Teahen 回憶起這段痛苦的經驗：

前幾個小時是最困難的，處在那個悶熱而潮溼環境下，我幾乎快悶死了，全身被自己的汗水溼透。在我們摸黑工作的同時，聽見人們痛到大哭、乞求有人來照顧，成年人哭喊著媽媽。有好幾次，我發覺自己得一邊照顧、一邊試著控制自己的情緒。小小孩們讓我想到自己的孫子們。我照顧過一位老婦人，沒有家人在身邊，而我知道她就要走了……三小時後，我的身體和情緒都已經不行了，大步走出前門，後面緊跟著團隊裡的那位牙醫。我們看向彼此，承認自己做不下去了，也接受這一切完全超乎我們所能理解！（pp. 102-103）

接下來的 25 分鐘裡，Teahen 認真地考慮要放棄這個任務，不過醫療人力實在太不足了，最後他決定回到病房繼續照顧他的病人。他和他的團隊無疑是盡其所能地堅持了下來，儘管資源依然匱乏。Teahen 和團隊成員們說出「如果我們不做，還有誰？」反思這段經驗，不禁讓他懷疑當時若選擇放棄這個任務，那將會是怎麼樣的人生？從事災難和創傷工作需要兼具勇氣與承諾。

如果助人者不注意自我照顧的話，這種極端的工作會帶來負面影響，所以，堅持不斷地裝備自己是最基本的工夫。像是花時間跟外界的朋友相處，可以提供必要的喘息空間。此外，參與同業的同儕團體，可以有效處理那些時不時出現的情緒。如果我們一直承擔著過量的心理傷痛，很快地，案主的危機就變成我們的危機。這裡再三強調我們要持續敏感於這份工作如何影響助人者自身！如果忘了好好照顧自己，相信過不了多久，我們也將無法幫助案主走過他們的危機，因為我們會陷入自己危機的泥沼中。預防這種毛病的最佳方式，是積極參與專業的復原計畫，以及長期的自我照顧計畫（詳第 13 章關於耗竭及自我照顧策略的討論）。自我照顧相關標準已經明列在助人專業的倫理守則裡，意即，將之視為倫理基本要求，以確保助人者能夠對所有案主提供有效的服務。

第三節　危機情境常見於諮商中

　　Regina 最近剛從大學心理學系畢業，到一間專治嚴重行為失調兒童的日間照護中心工作，她想這對取得臨床工作經驗以及充實申請研究所入學文件而言會有幫助。她談起自己第一件諮商工作和她遇到的案主，是 7 歲的收養兒童 Tyler，長得很可愛，但曾有暴力行為與胎兒酒精症候群。Regina 跟他建立了很好的關係，但她第一次目睹 Tyler 暴怒時，她整個呆住了。在治療情境中，一度為了要保護他而制止他的行為時，她被 Tyler 咬了！由於咬傷相當嚴重，Regina 隨即被轉介去做 HIV 檢測。學校教育從未幫她準備好面對像 Tyler 這種情形，她壓根沒想過在校園裡工作竟然還會成為 HIV 帶原者。Regina 算是開了眼界，目睹諮商工作真實而複雜的一面，以及這種工作在情緒上需付出的代價。

　　終其專業職涯，你將會接觸到不同的案主各處於嚴重程度不一的生命危機當中。有些情境看似比其他來得容易處理。請試想身為一位助人者，你可能遭遇到的危機程度、以及它對個人生活帶來什麼影響。為了協助案主適應危機情境，你需要具備與創傷有關的完整知識與技能。設想你在以下的情境擔任助人者：

- Mia 因為考慮離開結縭八年的先生而前來諮商。他先生攻擊過她一次，近來變得有更多的惡言相向，也動粗警告她不得離開他。雖然他從沒打過孩子，不過他愈喝愈多、有更多的非理性想法，Mia 為她自己跟孩子擔憂不已。
- Jaleel 是學校諮商師轉介來的一位 16 歲高中生，他曾告訴學校諮商師覺得沮喪、甚至有自殺念頭，所以諮商師認為 Jaleel 需要專業協助。第一次與 Jaleel 的談話中，他提到：「似乎不值得繼續活著。我沒朋友，也剛和女朋友分手。」
- Sammy 來找你尋求悲傷諮詢。她最要好的朋友在當地一間購物中心

的大規模槍擊事件中被擊中身亡,她極其不安,很擔心自己的安危。
- 昨天在一所中學的運動場發生槍擊事件。有一位老師受到輕傷,但全校師生都因此受到了衝擊。你身為校園諮商師,今天將要為三個班級進行減壓團體(debriefing services)。

你認為自己是否有足夠的情緒能力去服務上述案主?如果你得同時服務上述全部的案主,將會怎麼樣?上述情境哪一項最為困難?你如何能減少工作中付出的情緒代價?倘若你發現這工作極度高壓,你可以做些什麼照顧一下自己呢?

第四節 了解我們對危機的反應

　　天然災害並非我們所能掌控的,所以它們引發出人們的行動和情緒反應跟人為災害大不相同;對於死於槍擊事件的人,跟死於颶風或地震的人,我們會有不同的反應。當天然災害來襲時,我們可能感到生氣、無力感,而在暴力事件中,除了生氣外,還有咎責、以及向施暴者報復。所以,指出這些危機的來源並承認它們對我們帶來不同的影響,是很重要的。

　　意外事件帶來的心理干擾尤鉅。預期中的危機——例如即將發生的財務困境——讓我們有機會預先規劃因應策略。短期事件——例如擔心近期的年度體檢或是求職面試——較能快速解決。不過,例行體檢發現罹癌就會變成一個很有壓力的長期危機,因為實在很難去面對它。

　　雖然說有一些典型的危機反應,實際上仍有相當大的個別差異。有的小危機可能大大影響我們,然而大危機則不然。一般而言,涉及傷亡的危機最具衝擊性。此外,我們與危機情境或當事人距離愈近,我們就愈感到害怕、痛苦反應愈強烈。在電視上看到別州的野火成災,那種衝擊遠低於自己身處於野火之中被強制驅離的感受。

　　專業助人者跟許多不同的案主、不同的經歷工作後,對個人和對專業層面多少帶來些折損。所以需要對這些事件在認知與情緒雙方面都做好準備,

需要具備與危機中的案主工作相關知能。以下條列幾項因素，將可能影響你的危機反應：

1. 你的生活近況和壓力程度會影響你如何跟案主的危機工作。對危機的壓力反應涉及心理面向、情緒和認知面向。例如你正在辦離婚、遇到重大的經濟問題、或正在處理孩子的行為問題等，此時有效地兼顧你自身及案主的危機並不容易。

2. 早先的危機經驗可能觸發你面對目前危機的反應。假設你曾成功地度過一個危機，自信未來將能如法炮製，這樣的期許很可能讓你有能力輕鬆過關這來自於成功經驗的支持。相對的，倘若之前處理危機並不成功，一旦這個高壓的情境再次發生，你很可能會對自己的能力存疑。

3. 有一種常見的危機反應是不可置信、不知所措。大多數人可以克服這類反應，不過在較嚴重的危機下，有些人會僵住、反應不過來。

4. 另一種常見的危機反應是戰鬥或逃跑反應（fight or flight reaction），包括心跳加快、呼吸急促、肌肉緊張和血壓升高。此時我們的聽覺與視覺高度警覺，這其實是身體對緊急狀況的系統性反應，不過在現代充滿壓力的世界裡，這種壓力反應一天啟動好幾次，導致疲憊、耗竭、疲於應付，自然而然導致身體失調和疾病。若能有效管理危機，這種戰鬥或逃跑反應可以幫助我們產生動能、縮短反應時間。此外，我們內在的自我語言（self-talk）能夠影響這個生理歷程。

5. 壓力的神經化學反應所涉及的神經傳導物質、荷爾蒙及大腦皮質，比我們以往所知還要更多（James & Gilliland, 2017）。新近研究也發現，持續曝露在壓力情境——例如第一線工作人員或前線軍人——會導致腦部永久性的變化。如此持續地、未獲抒解的高度緊張很可能導致創傷後壓力症候群。經驗重大的壓力與危機，對一個人的情緒、生理、和神經生理各方面都帶來影響。

6. 處於極端危機之中，人的認知與問題解決能力也可能被大大削弱。通

常在危機當下，情緒反應——諸如害怕、生氣、不可置信——先於思考歷程。焦慮可能導致知覺扭曲、失去問題解決能力。此時，評估並重建我們的思緒才能大大地幫助我們管理危機情境。

綜上所述，我們預期會對危機產生一些情緒反應、也預期一段時間後能夠復原。有效管理危機的能力，跟我們以往自我管理的成效有關，也和我們如何覺知情境、是否已準備並充分練習以掌握目前的情勢有關。日常生活中那些點點滴滴的小小危機，足以成為我們的練習場，以學習因應更大的危機事件。

第五節　復原力

復原力是指一種能力，該人能從極度壓力和不利的事件中因應且恢復過來。當人們面對危機、災難或創傷事件時，他們可能會發現自己都不敢置信的力量。通常用來描述復原力的詞彙包括了「韌性」（hardiness）、「應變能力」（resourcefulness）和「抗壓性」（mental toughness）。復原力可視為一連串習得的行為，而且這相當程度仰賴個人對他們自己能否有效應對困難情境的信念。基本上它是一個過程，發生在人們成功因應危機情境時。具有復原力的人能採取適應性的方式去回應危機與創傷情境。根據 Stebnicki 的研究（2017），具有復原力的人並不是能免於壓力或一時地自我懷疑，而是他們可以適應危機情境，並且比缺乏復原力的人恢復地更好。他們通常能進化到一個新的理解深度、找尋生命目標並發展出平和的解決方式。Stebnicki 指出展現出復原力的人會具備以下的特質：

- 具備正向思考，內控者，能自我引導與自我激勵。
- 選擇健康的情緒、行為與想法。
- 對自己有信心、相信自己的能力，高度自信，也自信能對自己及他人帶來正向影響。
- 掌握機會清楚地做出抉擇，並為選擇負起責任。

- 在自己的任務執行中展現堅持，清楚該如何達成人生目標。
- 承擔風險（take healthy risks），務實而彈性，願意嘗試新的事物以強化心智、身體和精神。
- 對不同的問題解決方式表現出包容、開放及尊重的態度。

Meichenbaum（2012）則採取另一個角度，認為透過面對、處理及分享痛苦的經驗，人得以達成積極地成長。不論是個人、團體或社群都能在充滿壓力的生活事件後變得更堅強、深化彼此的關係。Meichenbaum 指出，復原力是一種多重面向的概念，包含下列的元素：

- 適應逆境並挑戰生命經驗。
- 成功地因應生活壓力事件。
- 從不幸中迅速恢復過來。
- 承受創傷事件，且未留下持久的傷害。
- 順應情勢、克服困難。

一、創傷後成長

創傷後成長（Posttraumatic growth，簡稱 PTG）可由創傷後壓力情境中獲致。有些人能走過傷痛、癒合最終變得更堅強。創傷可以成為轉化與生活改變的跳板，讓人們不僅僅從創傷事件中倖存下來，更進一步地從中成長（Calhoun & Tedeschi, 2013; Hays, 2014; James & Gilliland, 2017）。這個概念比復原力更往前推進，論及創傷情境可能導致非預期的正向改變。揮別舊模式、接納新方式正標示著從創傷後壓力到走向創傷後成長的轉變（Cormier, 2018）。

Calhoun 與 Tedeschi 在 2013 年的一項研究指出，從倖存者、戰俘、有創傷後壓力症候群（PTSD）的退伍軍人，以及意外事故的癱瘓者身上，發現他們在五種特定領域展現出成長：更多個人力量、人際關係深化、更懂得生活（appreciation of life），認知到有新的可能性、以及發展出不同的靈性關係。

與其當個悲劇受害者，許多人選擇不如去戰勝極端的生活環境。他們發掘了自己從未知曉的內在力量與資源，像是生存技能、自我接納、復原力、同理心、同情心以及更深入地了解生活（Cormier, 2018）。

創傷後成長是成功因應的成果，為創傷事件本身建立一個意義，涉及一個人轉變了他原本對世界的觀點、也接受了無法改變的事實。美國心理學會（APA）的多元文化指引（Multicultural Guidelines, 2017b）提供助人者的指標，描述如下：

> 心理學家應積極地採取力量觀點，協助個人、家庭、團體、社區和組織，致力於建立復原力並減少社會文化脈絡中的創傷（原則第 10 條）。

Cormier（2018）指出，在這個動盪的全球化時代，創傷事件可能發生在任何的家庭、團體、社區或國家。

部分專家指出，人類是倖存者。雖然我們可能會為了生活中的小事抱怨不休，一旦遇到極端情境時，人類仍展現出驚人的韌性。我們都希望在面臨重大危機當下能保持冷靜，做出行動計畫並予以落實，保持樂觀與希望。經歷可怕的情境後，有人能應對得宜，也有人會遇到一點亂流、感到無助。經由不斷改進我們過往的行為反應並培養復原力，將使我們有能力在危機之中利己助人。

若你想多了解那些經歷失落者在創傷後的成長實績，我們建議你詳讀 Sherry Cormier（2018）的著作：*Sweet Sorrow*。

二、我們何以能更有復原力？

復原力幫助我們有信心向前看、專注在問題解決上，保持樂觀及有希望的態度。有些人天生就有復原力，但我們總是能夠從學習與實踐新技能中強化韌性。

首先，也是最重要的，就是與家人和朋友發展出堅實的關係。像是社區團體或信仰組織都提供了協助和支持，許多人在社區參與的過程中，因助人

而讓自己也感受到力量和強化。社會聯結與支持對發展進而維持復原力是非常重要的。Herlihy 與 James（2018）指出了幾點，是透過諮商人員在卡崔娜颶風帶來多重系統性災難後學到的教訓。諮商處遇若能以社區為基礎將更有效益，Herlihy 和 James 建議發展鄰里團體，用來提供災難倖存者有效的理解和情感支持。這類團體可讓彼此聯繫、減少孤立、創造支持網絡，並分享取得復原資源的訊息。

其次，花點時間反思我們既有的力量，學習如何一面發展新的力量、一面擴張它們。Carol Dweck（2006）將此描述為一種「成長式思維」（growth mindset），人們透過投入於實踐和學習之中，得以超越既有的知能基礎。凡是陷入「固著式思維」的人，沒有辦法相信自己能學更多、也不想努力去完成更多。有復原力的人能向前進，靠的正是希望與樂觀。

第三點，認清並努力實現我們的人生目標。我們也許一次帶著一個目標，看看我們朝向這個目標邁出一小步時會發生什麼。在設定目標時，首重認清我們可以改變的是什麼、不能改變的又是什麼。我們也許無法改變已經發生的事情，但是我們可以改變對事情的看法、我們當下的反應以及做出對事件的回應。痛苦常常來自於無法接受現實。然而經由回顧過去因應或克服危機的成功經驗，立基於此並接受未來的挑戰。此等人性精神具備復原力、適應力、足以成就大業。

第四點，從生活、逆境和錯誤中學習。與其批評自己選擇失當，不如將這些糟糕的選擇重新定義為成長的契機。於此，我們可以規劃個人的自我照顧計畫並持之以恆地投入自我照顧中（Corey, Muratori, Austin, & Austin, 2018；或詳第 13 章）。

最後一個發展與維持復原力的重要因素，即是信念系統（belief system）與自我語言（self-talk）。要成為一個有復原力的人，相信自己有能力因應危機至為重要。這樣的人堅強、自信、有決心、相信自己有能力解決問題。復原力幫助我們在遭遇逆境時表現得比預期更好，我們致力於在生活中培養自己的復原力，在助人工作中對待案主亦復如是。

第六節　危機的認知、情緒與行為構面

在 Take Control of Life's Crises Today! A Practical Guide（Haynes, 2014）這本書中提供讀者有效處理生活危機的基本原則。書中談到了危機處理過程中的三個構面：認知（思考與自我語言）、情緒（感覺和反應）和行為（行動計畫）。

一、認知構面

在第 13 章裡，我們討論過以認知行為取向管理壓力，並評估認知與自我語言如何影響你的感覺與行動。**自我語言**（self-talk）可視為我們在意識或前意識層次（semiconscious level）中持續不斷的內在獨白。當我們的自我語言不合理、不正確，我們會感到壓力和不安，很難下決定。下面是一段負面自我語言的例子：「我不懂案主到底怎麼回事？要如何處理他們的自殺念頭讓我毫無頭緒，我一定是個糟透的諮商師，我不知道該怎麼辦，我就是幫不上忙。」這段自我語言會導向失敗。正向的提問應該像以下的範例導向問題解決：「現在是什麼情況？做什麼最能掌握情勢？有什麼是我需要了解的嗎？有沒有立即性的危險？做什麼最能確保案主的安全？」一旦我們向前看，聚焦於我們能做的事情上時，我們更有機會成功度過危機。

我該如何幫助這位案主？我是 Bob，在私人診所裡在和一位有物質濫用和家庭問題的案主 Colleen 會談。在一次會談中 Colleen 提到她因為不舒服而去服用阿斯匹靈，但不確定吃了多少顆。當下，我的自我語言是：「這是醫療危機嗎？還是只為了吸引我的注意才這麼說？她有死亡的風險嗎？要是我沒做正確的決定呢？要是我沒採取行動然後她死了？我能擔得起責任嗎？我的執照會被取消嗎？這真是一團糟。」顯而易見地，這段自我語言並未導向問題解決。事實上，它製造了懷疑和害怕，毫無建設性。我刻意地轉換我的自我語言，同時開始運作一個行動計畫：「詳細問清楚她吃了什麼、什

麼時候吃的、她服用阿斯匹靈時在想什麼。她有沒有表現出任何自殺念頭？有出現生理症狀嗎？我可以帶她去醫院或是叫救護車。應該先打電話給她先生、看他可不可以帶她去嗎？我應該跟 Colleen 問清楚她到底吃了多少阿斯匹靈。如果我不能確定，就打給護理人員讓她就醫，再打給她先生。我必須首要確保案主的安全，再來處理其他後續影響。」這些想法瞬間閃過我的腦海，接著我就從自我懷疑和困惑中走出來，立即為案主的利益定出行動計畫。於是，在取得 Colleen 的同意後，我打給她先生、接著打 911 叫救護車。後來她住院洗胃，花了幾天在精神科接受自殺風險評估。

現在就開始檢查你的自我語言，看看它對你及你的問題解決能力有什麼利弊。一旦我們改變了想法，自我語言會影響我們所做與所感，不論在日常生活或在助人專業中皆是如此。就讓我們更細膩地了解如何讓自我語言更有效益。

二、掌握你的自我語言

第一步：學習承認你的自我語言。專注你腦海中發生的對話。它看起來對你有用嗎？還是有破壞性？你的自我語言可能如此自然而然地發生，以至於你幾乎覺察不到，所以，試著全天候提高警覺關注它。在你跟案主諮商時也留意你的自我語言，看看它是否影響你的評估處遇。

第二步：細究你的自我語言模式。你的自我語言傾向積極還是消極？你是否會用諸如「我不知道我的案主怎麼了」或「我很難講這位案主的情況」或是「我搞不清楚，我想我應該把案主轉介給別的諮商師」。這種時候，請重新聚焦在解決問題的自我語言，把你當成自己的內部危機教練、引導自己去協助案主。你可能會對自己說：「看看這個情況，是什麼原因造成的，然後做些什麼來解決問題」或「這似乎有點難以招架，但重點是它對案主的影響以及我怎麼幫助她掌握情勢」或「各種解決方案的優缺點是什麼？哪個最有機會成功？」或「各種行動涉及的道德和法律議題是什麼？」

記錄很不錯，可以讓你更覺察自己的自我語言，以及它對你是好是壞。

你可以定時取樣，連續幾天在每天同一時間記下 15 分鐘的自我語言。因為這些念頭如此自然而然地發生，以至於我們往往不會注意到，所以你必須努力提高覺察力。也可以考慮記錄在特定情況下的自我語言，例如：與督導諮詢或與案主會談時。紀錄就可以幫助你分析並開始修正你的自我語言，簡要寫下自我語言發生的情境與脈絡，包括你的第一個想法和由此引發的情緒。等你記錄下自我語言，觀察你的思考模式，看看你可能想要改變哪些模式，藉此幫助你成功地掌控局勢。

第三步：修正你的自我語言。 在充分了解你的自我語言模式後，你就準備好學習改變這些模式了。分析紀錄中的各個客觀事實，你對自己說些什麼？是有助還是有礙問題的解決？是不是有點歪曲事實（如誇大或避重就輕），還是有如實評估形勢？你會對自己說些什麼好讓結果更為正向？此時，試著採用新的自我語言，淡化批判性的語言，轉為自我接納和自我同情的語句。看看什麼話對你有效、什麼無效，了解自我語言如何能讓你管理情境的能力變得更好。

第四步：練習與實作新的自我語言技能。 練習是改進新自我語言模式最好的方法。要有耐心，給自己一點時間嘗試新思惟。運用大量的練習來修改和實作更有效的自我語言，以俾在危機情境中為你所用。而這也會幫助你建立信心，最終你會自然而然地使用它，隨時準備好面對危機。

第五步：評估你的新技能。 評估這些新技能的成效如何，必要時進行修正。將這些習得不易的技能應用到日常生活裡，再接著應用到訓練和助人工作中，成為你的助力。當你在跟案主工作、與督導面談、或參加團體訓練時，請傾聽你的自我語言。

三、情緒構面

我們有能力去影響我們所經歷過的情緒強度。我們的情緒也許會很強烈，使我們感到失控。相關的內在語言可能有以下這些：

- 我沮喪到無法做出決定。
- 為什麼總是發生在我身上？
- 這個督導快要讓我抓狂了——在這裡我什麼也學不到。
- 我無法忍受跟這個人工作。

我們可以採取建設性的態度，用自我語言把我們帶離情緒反應並採取行動。屆時，我們的內在聲音與自我語言會產生戲劇性地鎮靜效果。下面是一些鎮靜的自我語言例子：

- 我知道我很沮喪也很震驚，但我需要面對現實。
- 現在，我會冷靜下來，專注在需要完成的事情上。
- 現在，我不需要擔心我以前是怎麼處理的，我只需要活在當下。

自我語言如何帶來正向影響，我們看看下面這個例子。Olivia 是一位地區型安寧照顧機構的社工，她每天都在面對死亡與臨終，以及這些對案主家人和朋友的衝擊。如果她沉浸在案主的傷痛之中，她的自我語言很容易變得沮喪、消沉和灰心。事實不然，Olivia 關注在自己如何藉由地方資源來幫助案主的親人好友，以及他們透過她所提供的服務和諮詢獲得安慰。簡言之，她將自我語言的重點放在工作的正向成效，致使她保持樂觀。

對某些人來講，對單次或持續的危機狀態的情緒反應，例如在戰時，可能會導致情緒失調。這時，個人被喚起的情緒狀態可能如此強烈而難以承受，以致於個體必須採取一些失功能的因應策略，例如：解離、否認或逃避承認情緒。在這種情況下，情緒的調節規律必須先被重建，才能進行後續的危機復原工作。恢復情緒調節的技術包括放鬆訓練、認知療法、冥想、焦慮管理，以及壓力減敏感法。在某些情況下，嚴重的情緒失調可能還需要藥物治療。

有的時候，情緒可能會阻礙我們的問題解決能力，但我們需要盡快從情緒反應中恢復過來，接著做出應有的表現。舉例來說，假如有人想要在街上搶劫，恐懼、憤怒、戰鬥或逃跑反應都可能自動發生。如果你心中有一個行

動計畫（在下一節中有更詳細的討論），在這些情況下可能會很有幫助。

　　練習和預演各種問題解決的行動計畫，將提昇我們在真正危機中有效回應的能力，同時有助管理我們的情緒。做好應對各種情況的心理準備，一旦真實危機發生時就很有用。當然我們無法預知在諮商中遇到的所有可能危機，但我們可以辨識並想清楚我們面對種種情境可能出現的反應：自殺談話、精神疾患的談話和行為、各種虐待的通報、離婚討論、案主具有攻擊性或敵意的談話和行為、以及談論受壓抑的記憶。

四、行為構面

　　在危機中的行為行動計畫包括情勢評估、各種行動方案、以及實施最佳方案。管理我們的情緒並練習有效的自我語言，將會影響我們如何執行上述行動方案。而練習、和在心中預演這些潛在問題，兩者並行將使我們更有效地在危機中與人合作。

　　行為行動計畫包含以下的系統化步驟，幫助於我們採取行動：

- 觀察情勢並蒐集必要資訊。
- 評估多種問題解決的行動方案。
- 選擇並實踐最佳行動計畫。
- 評估計畫實施效果。
- 必要時修正計畫。

　　問題解決模式（problem-solving method）是應用來處理危機情境的好方法。把問題解決公式加到你的劇本之中，在任何危機時都能幫得上忙，無論是你個人的還是諮商工作中遇到的危機。

　　問題解決模式：陪你走完整個過程。在一個小時之前，有一所高中發生槍擊事件，你被找去為目擊學生提供危機諮詢，而解決問題的方法將能引導你完成這段歷程。首先，你跟所有學生見面，以團體形式先進行心理分類，評估他們對事件的反應。你收集訊息，詢問每個人的見聞、他們

的第一個想法是什麼、他們認為是什麼情況、以及他們現在如何。你從他們所揭露的訊息來評估各種可行的行動方案。有可能包括立即舉辦一場減壓時段（debriefing session），讓他們了解在接下來的幾個小時和幾天內可能會經歷些什麼，計畫一兩天內再舉辦另一場追蹤的減壓時段（follow-up debriefing session），確認哪些學生有較強烈的反應，須轉介他們進行個人諮詢並通知家長。你的下一步，將是落實最適合每位學生個人需求的行動計畫。有的人需要更深入的諮詢，有的人則不太需要做後續追蹤。根據學校的協定，你必須且被要求要聯繫家長。過一段時間，你將會評估各種行動方案，以及它們是否對這些學生有效益，後續可能還會持續修正和改善某些處遇計畫。

現在，我們去思考從事危機處遇和災難心衛生工作助人者所需的知識和技能。我們檢視危機工作者的角色，描述災難心理健康領域的諮商專業人員所提供的服務，此外，也看看不同面向的危機處遇工作。

第七節　危機處遇

危機處遇是一種以社區為基礎的工作方法，來幫助生活中面臨各種危機的個人、團體和社區。它是社區機構主要的工作模式之一。你將會學到處理你所督導的領域中各種危機情境的方法，可能有很多機會練習這些技能。Kanel（2018）所發展的危機處遇模型與社區為基礎的心理健康計畫相關。這項社區心理健康運動強調預防計畫，多數危機處遇都是立基於最小化心理創傷及提昇心理健康。在某些社區裡，危機小組會透過定期會議不斷地更新資訊、修定對危機情況的回應程序。顯然，這類工作者需要具備知識、技能及培訓，方得以提供即時的評估、處遇、轉介和追蹤。

危機處遇屬於一種短期的助人取向，在案主處於急性心理失衡的狀態時得以選擇這種治療。像危機中的個人或社區，他們在認知、情緒和行為層面暫時受到干擾，需要接受立即和熟練的協助，而這整個協助過程應該一直持續到人們回復到之前日常功能的水準，通常至多要六週的時間。

一、幫助案主檢視他們有哪些選擇

　　危機中的案主可能會感到束手無策、無力思考自己有什麼選擇可用。事實上，他們可能看不到任何選擇。有效的協助包括了引導案主認識各種可能性，哪些可能性會更有利。James 與 Gilliland（2017, p. 54）提出三種策略，幫助危機中的案主衡量他們可以有什麼選擇：(1) 指認出**環境的支持**（situational supports），包括在案主生活周遭能夠在危機中帶給他力量的人；(2) 討論**因應機制**（coping mechanisms），即案主可用以度過危機的行動、行為或環境資源；(3) 強調**正向和建設性的思考模式**（positive and constructive thinking patterns），包括經由大幅改變案主對問題的觀點，來重新建構一個減壓與降低焦慮的情境。

　　危機工作者要去檢視多種的行動可能性，幫助案主發展出不同的觀點，尤其是當案主感到絕望且缺乏選擇的時候。

二、第一序處遇

　　第一序處遇（First-Order Intervention）可視為心理急救。這個階段的處遇是由心理健康專業者進行，以及由部長級的、法官、警消人員、護理師、醫護人員、校園諮商師、假釋官、教師以及各式人群服務工作者所組成的助人網絡來共同執行。

　　第一序處遇涉及立即的救援以及下一步短程計畫，主要的目標放在重建個人的立即應變能力。為了達成這個目標，助人者提供支持、盡力減少死亡的可能性、並將他們與資源聯結起來，例如：在醫院急診室或危機通報熱線這些地方，工作人員可能遇到的危機情境範圍非常廣，需要被充分準備。所以，工作人員和非專業的參與助人者都應接受訓練，一旦遇到危機個案，他們才能快速有效地回應。

　　你的首要任務是確保案主的安全。有的案主可能會感到太過煩躁、太難以應對，就把自殺視為唯一的出路。自殺衝動可能只短暫地出現在絕望當下，而你的工作就是防止任何致命的行動。通常會有一些線索來了解他們的

絕望程度。在評估案主採取致命行動可能性的時候，很重要的是，要知道如何提出適當的問題並意識到危險的跡象。轉介是這項工作中非常重要的一環，你需要衡量自己是不是具備了足夠的知識和技能來幫助你的案主。助人者應當去了解自身的限制以及社區可用資源，是否足以作為危機中案主的生命線。如果你進入與案主的危機處遇中，就需要密切的督導。

Corey、Corey與Corey（2019）提到了安全計畫對自殺高風險案主十分重要。最好做法是與高風險案主一起撰寫安全計畫，請他們列出自己活著的理由，如果他們想不出來，就可能診斷和顯示為需要更高等級的照護。具有高風險會採取致命行動的案主，他們必須列出兩個姓名和電話號碼，用來打電話求助或僅用於有自殺意念時可以講講話，以分散注意力。同樣，如果給不出人名電話，就表示他需要更高等級的照護。我們會提供自殺防治專線電話（例如：自殺熱線、機動救援單位）並建議最近的急診室，當他們試了安全計畫中的所有方法後還是覺得不舒服的話，就直接去急診。安全計畫並不屬於諮商處遇之內，而且一定要以書面形式提供，因為處於自殺危機的案主通常無法記住治療過程中所有的建議內容。

人在危機之中，可能會因為覺得每件事都要馬上處理，以致於覺得不知所措，你可以幫助案主衡量優先順序。案主常常因為看不到能有什麼選擇以致於什麼都不能做，你可以安撫他們，再幫助他們看到可用的資源網絡，像是家人、朋友和社區。透過心理層面的立即救援，人們通常就能理解、得到支持和引導，以免自傷或傷人。此時，你接下來的任務之一就是幫助案主找到及評估後續用以度過危機的各種可能方法。

對某些人來說，危機透過第一序處遇就能解決，特別是工作者可以讓案主順利連結到他生活中的社區資源。這些社區機構、學校、信仰組織和社區裡各種其他的自然支持系統屬於較自然的方式，得以幫助人們面對無止境的壓力源（意指可能會導致危機狀態的各種突發狀況）。第一序處遇為案主創造了一個機會，去了解在未來當生活變得太困難而無法獨自承受時，社區能為他們做些什麼。這類社區服務創造了一種社會連結感，它對能否成功管理生活中的掙扎至為關鍵。

心理立即救援。心理立即救援（Psychological first aid，簡稱 PFA）的任務是幫助個人盡所有可用資源來恢復平衡感，這使他們能走過整個反應歷程，得以應付未來的挑戰（James & Gilliland, 2017）。危機處遇的目標是把人的功能拉回正常或更高層次，經由協助他們用不同的方式覺察事件並習得因應技巧（Kanel, 2018）。助人者透過自身的態度和行為提供支持，如同前面提到的，助人者的臨在也許是最實在的幫助。這種所謂「完全臨在」（to be fully there）的能力是說，當案主講述自己的故事，想要找人引導自己，在身處混亂的當下，能從助人者的臨在獲得一些穩定感。

三、第二序處遇

有時，第一序這種初始的介入程度無法解決案主的危機。危機殘餘的影響力可能持續著，必須消除它。這就是第二序處遇（Second-Order Intervention）（也稱為危機治療）存在的必要性。它屬於短期治療過程，在立即因應之後才會進行，目的即在危機的解決和改變。主要目標在於讓危機中的人們能好好地面對未來，同時減少心理傷害的發生機會。所以關鍵的是案主要從危機中學習，運用這個機會處理未竟事宜。理想的情況下，他們將獲得幫助，使他們能夠對生活和新的選擇保持開放的態度，而不是封閉自己於未來種種可能性之外。

在危機諮商中，諮商師鼓勵案主表達並處理感受，包括一些可能被壓抑的感覺。案主可以非常自在地表達這些感受並將其轉化為正向的情緒能量、能被建設性地運用。一般來講，拒絕表達出來的感受（例如愧疚或憤怒）帶給人們最大的困難。通常，去表達壓抑的情感本身就具有心理治療的效果。

第二序處遇的另一個任務是幫助案主對危機事件有真實的觀點。需要了解危機事件如何影響自己，包括了解危機對他們生活的意義。案主必須重建被危機重創的認知，危機治療有一部分的過程是讓案主學習到他們的思維模式已經導致某些行為的產生。案主在認知層面重新理解事件，進而允許了新的行為可能性。這項進階工作需要大量專業投入，並且由具備特定知能的專業人士提供服務。

第八節　與身陷危機當中的案主的工作指南

接下來是一系列的快捷導引，幾乎涵蓋所有危機情境種類下的案主，你可以採取的工作策略有：

- 確保案主的安全。
- 幫助案主了解這個危機如何影響他們的情緒、認知、行為和精神各方面。
- 探索並促進復原力。
- 鼓舞案主看到以往自己曾用任何度過難關的方法。
- 臨在、尊重、表達出同理心，並給予充分的關注。
- 讓案主「講他們自己的故事」。
- 監控任何的暴力、自殘及其他危險行為。
- 評估既有的社會支持並幫助案主接觸到適切的資源。
- 幫助案主透過辨認與修正自我語言來管理情緒，得以順利適應。
- 演練各種行動計畫，準備好在各種危機處遇情境中去實踐它們。
- 幫助案主發展出行動計畫來管理自己的危機。
- 經由督導、課程、閱讀、工作坊和同儕諮詢等方式來精進危機處遇知能。

處理危機是助人者很重要的一項工作。盡你所能的做好準備去處理自己的個人危機，處理案主的亦是如此。一位訓練有素的心理健康工作者兼具必要的技能和力量來跟案主工作，在艱困時期依然能保持正向的遠景，充滿希望、支持與激勵。

第九節　災難心理健康工作者

　　進行災難管理工作的心理健康工作者通常被視為從事「災難心理健康諮商」，包括許多急救人員和公共衛生工作者。過去 20 年間，災難心理健康工作者學到大量的與各種災害心理影響有關的知識，以及有效的個人和社區處遇計畫。這些助人者參與火災、洪水、戰爭、地震、颶風、龍捲風，以及人為災害像是校園槍擊、爆炸、車禍、恐怖行動、破產、強暴和謀殺。助人專業經由特別的訓練，得以在任何災難發生甚而產生廣泛的心理影響時化為行動。有一些組織非常積極地贊助以協調這類服務，包括了美國諮商學會（ACA）、美國心理學會（APA）、全國社會工作者協會（NASW）和美國紅十字會（American Red Cross）。

　　在災難心理健康工作中，諮商師提供創傷諮商和災難諮詢。創傷（trauma）意思是「傷口」，傷口可以是身體上的，也可以是心理上的，也可能兩者都有。心理創傷是個人直接經歷了一個事件，無論是單次還是重複發生，總之它壓跨了個人的因應能力。這通常涉及到人的世界觀與信念產生劇變，以及生活頓失安全感和穩定性帶來的不安（ACA, 2011; Briere & Scott, 2013）。**創傷諮商**採取多元取向例如心理動力學、認知行為和其他治療方法來幫助個人因應個人經驗與創傷事件的反應（Briere & Scott, 2013）。

　　災難心理健康工作者接受訓練，得以協助個人、家庭、團體和社區。心理社會處遇在急救和軍隊中很普遍，用來幫助人們進行災後因應並儘速復原。Lawson（2015）提到，從事災難心理健康諮詢其實很有趣、收獲很多，但也帶來了新的挑戰，因為大部分都不是在傳統的諮商室裡工作。諮商師可能在現場提供支持、給予食宿等基本服務，甚至就在庇護所裡、在沒有界限分明的空間中提供非正式的諮商服務，告知同意幾乎是不可能的也不切實際。所以諮商師要受過訓練、具備這樣的技能在這般與傳統諮商室完全不同的界限和諮商關係下工作。這些諮商師很容易受到替代性創傷、同理疲

乏、同情疲乏，甚至耗竭。所以這類訓練就非常重要，而且諮商師必須要有強而有力的支持系統、尋求同儕督導，一步一步穩紮穩打。災難心理健康諮商工作可能要求極為嚴峻、像要把人給榨乾似的，所以，培養耐力和復原力至為重要。

剛才提到過，災難對身體、心理都帶來衝擊。回想 2001 年 9 月 11 日的恐怖攻擊事件，世界貿易中心被摧毀了、五角大樓也受損。這些恐怖行動無從預期，是人為、故意的，導致約 3,000 人死亡、將近 6,000 人受傷。物理層面影響了 9,000 人左右，但心理層面影響了上億人。先說物理痕跡（The physical footprint），它是直接受到災難影響的物理區域，限於紐約市、五角大廈，另外還有一架飛機在賓州墜毀。而心理痕跡（The psychological footprint），是受到事件影響的個人和社區所在的地理區域，涵括美國人及全世界的人們。我們任何人都會記得自己是怎樣聽到那場災難的，以及它在接下來的幾天甚至幾個月裡對我們的心理造成什麼影響。從這個例子裡，你能看出這種災難造成多大的心理影響。天然災害有徵兆、非人為的，造成的心理痕跡小多了。如果我們沒有住在颶風的路徑上，我們看了颶風的報導、知道很強烈，一旦颶風過了，我們一般就會恢復到日常運作。這兩種災難為個人和社區帶來的心理課題非常不一樣，採取的處遇和所需要的時間自然也不盡相同。

我們了解到災難幾乎總會伴隨著心理後果。視其類型和嚴重程度，幾乎人人都會經歷到痛苦、焦慮和恐懼。多數人在沒有心理處遇介入的情況下，一段時間都能復原並恢復過來。有的人沒辦法，他們需要幫助。心理處遇可以經由幫助他們理解自己的反應、學習一些促進復原過程的做法，來加速療癒和恢復的過程。

災難心理健康諮商不僅僅提供心理處遇，它其實需要一個全方位的取向，結合所需的各種助人專業，一起為受災的個人、團體和社區提供領導、研究、評估、諮詢、訓練與處遇。一場大型災難涉及數十種文化和次團體，因此了解多元文化議題對從事災難諮詢工作而言非常關鍵。此外，基於這項工作嚴峻的本質，基本上你必須學會善加處理你自己生活中的危機和災難，

如此在助人過程裡才不致發生反移情。

心理學家、社工和執業諮商師都越來越活躍於災害心理健康諮商工作中。這份工作需要諮商者具備許多足以辨識的能量：

- 認識各類型的危機，以及它們如何影響人。
- 針對如何在各類型危機工作的知識與訓練，像是天災、槍擊及其他犯罪、自殺行為、物質濫用及其他。
- 熟悉危機處遇有關的各項法律和規範，例如危及自己和他人、施虐通報，以及和有嚴重心理疾病的重殘人士工作。
- 具備多元文化議題的知能，跨越多個文化、族群、宗教、性取向、殘疾和年齡。尤其在災難中與大型團體合作時，案主可能涵括一群不同背景和經驗的人，這點尤其必要。
- 踏實地（Being well grounded）扮演自己與助人者的角色，明辨你自己的需求跟危機中案主的需求。你必須保持專業，準備好處理任何情境且保持對案主的關懷與尊重。同時，你也要把自己的情緒準備好，才能把自己與所聽來的故事區分開來。這種能力可以透過進行個人諮商來增強，它是專門設計來幫助諮商者探索自己如何在工作中做好自我照顧。

如果你自認具備了災難心理健康領域所需要的特質，我們鼓勵你考慮更進一步學習這個重要的領域。

以上介紹了災難心理健康這個發展中的工作領域。這裡推薦兩本很棒的書幫助你學習：*Disaster Mental Health Counseling: Responding to Trauma in a Multicultural Context*（Stebnicki, 2017）與 *Disaster Mental Health Counseling: A Guide to Preparing and Responding*（Webber & Mascari, 2018）

重點回顧

- 諮商是一種獲益良多的專業，通常在幫助人們度過危機。
- 幫助案主度過危機的最好方式之一，是把你自己準備好去處理自己生活中

- 的危機，意味著你練習過、也準備好去面對案主尋求諮商時所面對各式各樣的危機。
- 有時，幫助危機中的案主，最好的方法是你的臨在、傾聽、尊重他們，以及鼓勵他們說出自己的故事。
- 自我語言在覺察我們如何反應及回應危機事件，有顯著的效果。
- 復原力是指個人因應壓力與逆境，並從中恢復的一種能力。這種能力可以培養、發展出來，而其中主要的方法之一就是與家人、朋友和社區組織保持聯繫。
- 危機處遇是社區機構的主要工作方式之一。許多危機中的團體需要立即的短期協助來度過危機情境及危機發展。
- 在心理健康、校園諮商、心理學和社會工作領域，災難心理健康是發展最快、最受歡迎的新興次領域之一。
- 對大型團體和社區進行災難心理健康諮商與危機處遇工作時，需要對多元文化議題和群體之間的差異有廣泛的認識。

你可以做什麼？

1. 假如你是一位學校諮商師，得知有一位男國中生在學校裡持刀威脅幾位同學。你被指派來提供教師培訓，幫助教師處理這個問題危機和這對學生們的心理影響。你會怎麼做？

2. 身為一位危機諮商師，你被要求訂出一個計畫來幫助社區中的居民復原，社區中發生了爆炸事件，造成兩人死亡；另一個龍捲風造成城鎮部分地區受損，多人受傷，但無人死亡；或是，一場地方工廠的火災造成五人死亡、數十人受傷。針對上述場景，請考慮以下的問題：
   - 你需要知道些什麼？
   - 你會諮詢誰？找誰幫忙？
   - 你如何評估處遇是否有效？

3. 你認為有什麼是最好的方式，讓危機諮商師能掌控替代性創傷、同理疲乏或是耗竭的影響？有沒有辦法預防它們發生？

4. 在災難心理健康領域，你視自己可成為諮商師、教育者或顧問的潛在角色有哪些？你有哪些力量？哪些部分是你需要提昇的？哪些資源可以幫助你提昇它們？

5. 從這章中你學到了哪些，幫助你更能因應未來的個人危機？哪些案主危機對你而言特別具有挑戰性？從跟危機中的案主工作裡，你學到了什麼？你認為還需要學習和練習什麼，可以將危機處遇做得更好？

6. 調查一下，你所在的社區裡有提供危機人們的服務項目。查看你的學院或大學有提供什麼，詢問你們社區機構提供的危機服務，查詢目前有哪些志工培訓進行危機處遇，例如電話熱線。考慮看看擔任你們社區地方志工，成為危機團隊的一部分。問問看有沒有培訓計畫，有沒有可能擔任為特殊需求發生時的待命（on-call）人員。

7. 以下所列出的參考資料，其完整的書目資訊，請參考本書的參考文獻。成功掌控生活危機的實務指南，請參考 Haynes（2014）；介紹危機處遇的理論和實踐的好書，請參考 James 與 Gilliland（2017）；危機處遇技巧的實務指南，請參考 Kanel（2018）。

結語

| 林淑娥 譯 |

　　現在你讀完了這本書，我們有幾項特別建議可以鞏固你的學習，如果你不想做所有的事情，選擇幾個對你最有幫助的來練習一下。回到第一章，再完成一次自我評估：助人態度與信念的量表。你可以在這門課的一開始，把此問卷當作前測。現在這門課結束了，你可以利用這個自我測量來決定你對這個助人專業之態度與行為的改變程度有多大。

　　建議你花點時間再讀一下每個章節末尾的「重點回顧」來幫助你鞏固關鍵的學習內容，最後，從每章末尾的部分「你可以做什麼？」中選擇一項活動，並自我實踐。

　　如果這本書有助於提供你想要成為助人者的一些想法，那麼我們就已經達到目的了。我們鼓勵你要有夢想，並讓自己能成為你想要的助人者面貌。請記住，我們在這些章節中所提出的挑戰，未必立刻顯現或是全部呈現。你要克制自己避免過度雄心勃勃；請記住，我們在第一章中描述的「理想的助人者」，也不過就是「一個要努力達成的理想型」。現在你可以開始透過成為積極主動、敢於質疑的學生，並全然投入實習的場域來實現願景。我們希望當你了解這項助人專業時，會對自我探索之旅感到興奮。

　　「成為助人者」的過程和「成為一個人」的過程在本質上是有關的。我們已強調檢視你的人生和了解你的動機的重要性。雖然對你來說沒問題（problem-free）不是重要的，但我們強調你要成為案主的模範，這反映著你對自己的生活做了什麼，就如同你鼓勵你的案主做什麼。如果你鼓勵案主冒任何成長的風險，代表你也在自己的生活中做這些事情。

　　這本書對你來說是一個反映個人意義的好時機，問問自己這些問題：你覺得自己適合助人專業嗎？你想你可以帶給工作什麼？你的工作會如何影響

個人的生活？你預期將面對最大的挑戰是什麼？我們在這本書中說明的重點，你有什麼不同的觀點？而在這點上，你如何看待自己最大的優勢與限制？你會採取什麼步驟來處理自己的限制？又如何建立你的優勢？我們希望你現在越來越清楚知道，你想成為的助人專業類型和你是哪一類型的人之間是如此地相關聯，我們誠摯祝福你在未來旅程的修行大有所獲。